中国物流与供应链金融发展报告（2018）

中国物流与采购联合会物流与供应链金融分会　编

U0845667

中国财富出版社

图书在版编目（CIP）数据

中国物流与供应链金融发展报告．2018／中国物流与采购联合会物流与供应链金融分会编．—北京：中国财富出版社，2018．12

ISBN 978－7－5047－6807－0

Ⅰ．①中…　Ⅱ．①中…　Ⅲ．①物流—金融业务—研究报告—中国—2018 ②物资供应—供应链—金融学—研究报告—中国—2018　Ⅳ．①F259．2

中国版本图书馆 CIP 数据核字（2018）第 276032 号

策划编辑 郑欣怡　　**责任编辑** 邢有涛　赵雅馨

责任印制 尚立业　　**责任校对** 孙丽丽　　**责任发行** 敬　东

出版发行 中国财富出版社

社　址 北京市丰台区南四环西路 188 号 5 区 20 楼　　**邮政编码** 100070

电　话 010－52227588 转 2048/2028（发行部）　010－52227588 转 321（总编室）

010－52227588 转 100（读者服务部）　010－52227588 转 305（质检部）

网　址 http://www.cfpress.com.cn

经　销 新华书店

印　刷 北京京都六环印刷厂

书　号 ISBN 978－7－5047－6807－0/F・2986

开　本 787mm×1092mm　1/16　　**版　次** 2018 年 12 月第 1 版

印　张 25.5　　**印　次** 2018 年 12 月第 1 次印刷

字　数 528 千字　　**定　价** 288.00 元

窦彦红　普洛斯金融控股有限公司总裁

王启杰　中国建设银行股份有限公司国际业务部国际结算和贸易融资处处长

金晓龙　网商银行副行长

刘　江　中企云链（北京）金融信息服务有限公司董事长

丁东华　国美金控投资有限公司高级副总裁

姚柱达　传化智联总裁助理、传化商业保理有限公司 CEO（首席执行官）

刘泽丰　上海银沛数据管理有限公司董事长

洪　君　海通恒信国际租赁股份有限公司现代物流与供应链金融业务部总经理

刘海燕　上海雷励投资管理有限公司总裁

周著峰　永辉金融联合创始人、总经理

李　耿　山东高速信联支付有限公司董事长

周建民　光大五道口投资基金管理有限公司董事长

林　川　远洋资本副总经理

邓　辉　中物动产信息服务股份有限公司总经理

种　永　上海卡行天下供应链管理有限公司金融中心总经理

郑燕萍　湖南三正电子商务有限公司总经理

汤京阳　湖南省京阳物流有限公司董事长

雷　湘　上海融链科技有限公司总裁

孟碧辉　卡力互联科技（上海）有限公司董事长兼 CEO

韩家平　中国服务贸易协会商业保理专委会主任兼秘书长

霍建民　霍氏集团 CEO

李　毅　微众营创科技（北京）有限公司董事总经理

杨　平　中国物流与采购联合会物流与供应链金融分会常务副秘书长

李　鹏　中国物流与采购联合会物流与供应链金融分会研究咨询中心主任

《中国物流与供应链金融发展报告（2018）》

编 辑 部

主　　编： 张　炜

副 主 编： 肖和森　耿　勇　杨达卿　杨　平

编辑人员： 李　鹏　郭苏慧　柴凤伟　安宏瑞　于　森

联系方式：

中国物流与采购联合会物流与供应链金融分会

电话：010－68536740

传真：010－68536740

邮箱：zwljrw@cn156.com

地址：北京市丰台区双营路9号亿达丽泽中心6层613室

序

2018 年是我国供应链金融市场规范发展的重要一年。2017 年 10 月，国务院办公厅发布了《关于积极推进供应链创新与应用的指导意见》（国办发〔2017〕84 号），提出"积极稳妥发展供应链金融，推动供应链金融服务实体经济，有效防范供应链金融风险"。2018 年 4 月，商务部、工业和信息化部、生态环境部、农业农村部、人民银行、市场监管总局、银保监会、中国物流与采购联合会联合印发《关于开展供应链创新与应用试点的通知》（商建函〔2018〕142 号），决定在全国范围内开展供应链创新与应用城市试点和企业试点，并于 2018 年 11 月确定了全国 55 个试点城市和 266 家试点企业。这一系列政策的出台和推动，为供应链创新发展带来了新的机遇和挑战。

物流与供应链金融创新发展是供给侧结构性改革的一个重要抓手。供给侧改革推进的过程中，一个非常重要的任务是降成本。物流组织模式的创新，特别是供应链的创新，通过供应链的整合、优化、协同能力，能够使得整个经济运行更加高效、便利、有序、协同，从而显著地降低成本，提升效率。供应链的创新和实践既是降低成本的结果，更是降低成本的根本途径；物流与供应链金融是解决中小微企业融资难、降低融资成本、减少供应链风险、建立高质量、高稳定性供应链生态体系的有效手段，如果没有供应链的有效支撑，供应链金融就无从谈起，供应链运行的质量和稳定性直接决定了供应链金融的规模和稳定性；供应链生态系统是建设供应链金融服务体系的必要手段，在供应链金融商业业态的构建中，包括资金供给端、资金需求端、供应链参与服务者以及管理部门和其他经济组织，共同构成了供应链金融生态圈，在整合产业链上下游资源，产生协同发展效应的同时，增强了产业整体竞争实力，促进了产业结构调整和优化，进一步推动产融结合，助推产业升级。

物流与供应链金融成为传统企业转型升级助力工具。在大力发展普惠金融和支持民营经济转型升级发展等政策利好的基础上，市场规模的扩大和宏观经济形势的变化也是物流与供应链金融创新发展的主要驱动力。在我国经济形势下行、去杠杆、去通道、强监管的大背景下，传统银行面临着业务拓展的困境，中小微企业融资渠道进一步收窄，工商银行、平安银行、招商银行等传统商业银行借助金融科技，不断创新服务，大力推进供应链金融业务，加快供应链金融创新迭代。与此同时，各级供应商融资成本的上升也引起了核心企业的关注，中小供应商融资成本的上升不但推高整个供应链的成本，也会影响供应链的稳定性，核心企业为了保障产业链的稳定性和优化供应链成本，也逐步开始在融资方面为供应链内中小微企业提供服务，联想、富士康、格力、美的、苏宁等工商龙头企业也将其作为推进企业转型升级的重要抓手，在缓解产业链上中小微企业融资困境的同时，不断加强上下游协同能力，强化产业生态圈建设。

金融科技的深入应用将重构供应链上企业的内在关系。供应链金融的核心是产业供应链，需要高效、高质量的供应链管理水平作为支撑，供应链金融的最终目标是提高整个供应链的管理效率和优化供应链成本；运用大数据、云计算、人工智能、区块链等新技术在金融行业的深入应用，能够真实勾勒出产业链上下游供应链企业间的关系，将中小微企业真正纳入供应链网络体系，使中小微企业在产业链中的经营行为数据成为“可评价的信用”和“可流通的资产”，进而建立公平、高效的交易规则和信用体系；基于核心企业的供应链金融服务模式通过运用金融科技建立高效的供应链生态圈，把供应链上下游各环节的主体联结起来，打造一个高效运转的平台，而对于平台类企业运用大量的交易数据、物流类企业运用海量的物流数据，利用大数据、区块链等技术，显著降低供应链交易中的验证成本和信息不对称难题，从而让更多的企业能够参与到供应链金融产品的设计中。蚂蚁金服、平安银行、招商银行、京东数科、腾讯等已经开始在物流与供应链金融领域应用区块链技术。中国物流与采购联合会也在区块链方面与腾讯达成了战略合作，联合发布了区块供应链联盟链及云单平台，中国物流与采购联合会会员企业蚂蚁金服及菜鸟网络合推区块链技术，对海外商品和国内商品用区块链进行产品溯源。

数字化赋能和行业垂直细分发展。科技创新引领行业发展，以菜鸟、京东为代表的互联网科技企业率先进行科技变革，推进物流与供应链全流程数字化。菜鸟今年全面启动的物流物联网（IoT）战略，不断加大在物联网技术领域的投入，并提速全球化布局，使菜鸟智能物流骨干网成为全球基础设施。京东物流提出搭建全球智能供应链基础网络（GSSC），依靠技术和模式创新提升整个社会的供应链效率，节约供应链成本。全流程数字化的不断推进，将大大降低物流与供应链金融的信用和操作风险。小米公司供应链金融资产证券化（ABS）、德邦蚂蚁供应链金融应收账款 ABS，滴滴新型供应链金融 ABS 等创新模式也在行业中推出。与此同时，物流与供应链金融呈现出行业垂直细分发展的态势。由于物流与供应链金融所依托的不同产业的主体特征、生态、周期等不尽相同，决定了不同产业的供应链管理差异巨大，难以形成普遍适用的供应链管理模式，横向发展很难形成规模化，纵向市场的深度垂直成为未来供应链金融发展的重要方向。

2018 年，中国物流与采购联合会物流金融专业委员会已经更名为中国物流与采购联合会物流与供应链金融分会，在宣贯国家政策文件、推进行业标准制定、服务中小微企业投融资、开展行业企业交流等方面做了大量卓有成效的工作。牵头开展《公路货运企业融资能力评价指标体系团体标准》建设工作，设立了投融资服务中心、供应链金融研究服务中心等，努力推动物流与供应链金融规范、健康和有序发展。

《中国物流与供应链金融发展报告（2018）》在业内专家、学者和广大会员企业的积极参与和支持帮助下，经过深入地调研分析和多次征求意见与核稿，即将出版发行。该报告对近一年来，中国物流与供应链金融各细分领域做了系统的解读与剖析，注重前沿理论对企业经营的指导性、实践经验对行业发展的促进性、供需匹配对产品设计的创新性等，还甄选了大量优秀案例，总结经验规律，值得参考借鉴。

中国物流与采购联合会会长

中国物流学会会长

国际采购与供应管理联盟主席

2018 年 11 月 12 日

目　录

第一章　2017年中国物流与供应链金融发展回顾与展望

第一节　发展回顾

在多项政策利好的背景下，2017年我国物流与供应链领域质量和效益稳步提升，大数据、物联网、区块链等技术驱动，改变了行业的发展轨迹，"金融+互联网+物流与供应链"融合发展正呈现出蓬勃的活力。

一、物流与供应链金融领域的支持政策加码

国家多部委频频发布支持物流与供应链金融发展的政策，推进产业资本和金融资本积极投入到物流与供应链金融发展中。供应链金融正在成为企业拓展融资渠道的重要途径之一。

为进一步促进物流发展，降低中小微物流企业融资成本，拓宽融资渠道，多部委相继出台支持政策，给物流与供应链金融的发展带来了新机遇。2017年1月，商务部、发展改革委等五部门联合发布了《商贸物流发展"十三五"规划》，明确提出扩大融资渠道，推动供应链金融，鼓励商贸物流企业通过股权投资、债券融资等方式直接融资，引导金融机构探索适合商贸物流发展特点的信贷产品和服务方式。

为贯彻落实国务院关于加大金融对实体经济和小微企业支持力度的有关要求，推动开展小微企业应收账款融资，人民银行、工业和信息化部会同财政部、商务部、国资委、银监会、外汇局决定共同开展小微企业应收账款融资专项行动。2017年4月，七部门联合印发《小微企业应收账款融资专项行动工作方案（2017—2019年）》。2017年8月，国务院发布《关于进一步推进物流降本增效促进实体经济发展的意见》，支持符合条件的国有企业、金融机构、大型物流企业集团等设立现代物流产业发展投资基金，按照市场化原则运作，加强重要节点物流基础设施建设，支持应用新技术新模式的轻资产物流企业发展。鼓励银行业金融机构开发支持物流业发展的供应链金融产品和融资服务方案，通过完善供应链信息系统研发，实现对供应链上下游客户的内外部信用评级、综合金融服务、系统性风险管理，支持银行依法探索扩大与物流企业的电

子化系统合作。2017 年 8 月，发展改革委印发《关于对运输物流行业严重违法失信市场主体及其有关人员实施联合惩戒的合作备忘录》，将失信状况作为金融机构融资授信时的审慎性参考。

二、物流与供应链领域的投融资增强

据不完全统计，2017 年物流与供应链领域共完成 131 件投融资事件（详见附录）。从领域来看，投资者更青睐快递、本地生活服务及平台领域（见图 1－1）。

平台领域投融资事件 39 件，其中货物运输类信息平台投融资事件占平台领域的 54%。如 2017 年 3 月福佑卡车获得 2. 5 亿元 C 轮融资，11 月运满满获得 1. 2 亿美元 D3 轮融资，1 月和 10 月货拉拉共获得融资 1. 3 亿美元。

快递领域投融资事件 17 件，其中涉及"最后一公里"的投融资事件占快递领域的 56%。如 2017 年 1 月和 9 月丰巢科技共获得 33. 1 亿元融资，7 月速递易获得 4. 8 亿元融资。

本地生活服务领域投融资事件 20 件，其中涉及本地生鲜服务的投融资事件占本地生活服务领域的 45%。如 2017 年 1 月和 9 月每日优鲜共获得 3. 3 亿美元的融资，9 月食行生鲜获得 2. 9 亿元 C＋轮融资。

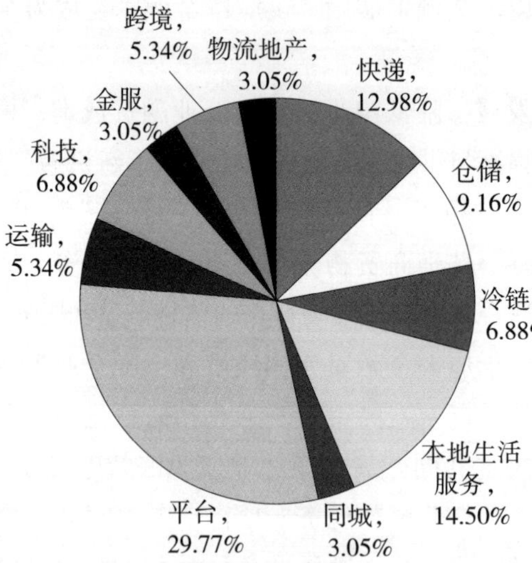

图 1－1　2017 年物流与供应链领域投融资事件数量占比

资料来源：中物联金融委。

从投资方向来看，渗透供应链各个环节的科技已成为企业生存和发展的要素，各类物流科技企业和科技实力强的物流企业融资能力较强。如 2017 年 7 月仓储机器人公司 Geek＋宣布完成 6000 万美元 B 轮融资；鲸仓自主研发出了第三类解决方案——"高密度低成本智能仓”，并获得了全球发明专利授权，并于2017年9月鲸仓科技获得亿元级B轮融资；雷励金服公司定位于利用“金融+技术”的力量为传统物流运输行业赋能，2017年9月获得6000万元A轮融资。

从投融资类型来看，成熟市场的集中度日益提高。如快递领域苏宁收购天天快递、申通整合快捷快递、丰巢收购中集e栈等；本地生活领域，饿了么收购百度外卖；仓储领域，中资财团收购普洛斯、苏宁物流与深创投成立物流地产基金等。

据不完全统计，2017年物流与供应链领域共完成融资额1523亿元。从领域来看，融资额度最高的是物流地产板块，其次是快递和平台领域（见图1-2）。

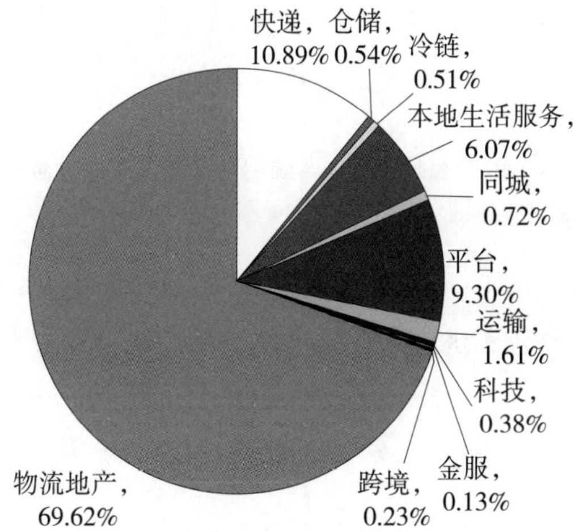

图1-2　2017年物流与供应链领域投融资事件融资额占比

资料来源：中物联金融委。

三、物流与供应链金融领域证券市值攀升

物流类企业加快进入证券市场。截至2017年12月，8家企业跻身国内主板，5家在境外证券交易所上市，45家登陆国内新三板。根据中国银保监会上市公司行业分类，交通运输、仓储和邮政业门类中，A股上市企业93家，其中，主板上市77家，中小板上市14家，创业板上市2家。截至2017年12月，物流类A股企业市值合计226716552亿元，其中，主板31家企业市值上涨；中小板表现突出，较2016年上涨了117%，顺丰控股市值上涨21243947亿元。B股上市企业2家。

按照行业大类分，铁路运输业4家，道路运输业34家，水上运输业28家，航空运输业12家，装卸搬运和其他运输代理业4家，仓储业9家，邮政业4家（见图1-3）。

其中，邮政业表现突出，市值较上年上涨102.83%，顺丰控股市值贡献率115%。

航空运输业受供给侧改革与票价上限放开共同促进，业绩进入快速增长期，市值

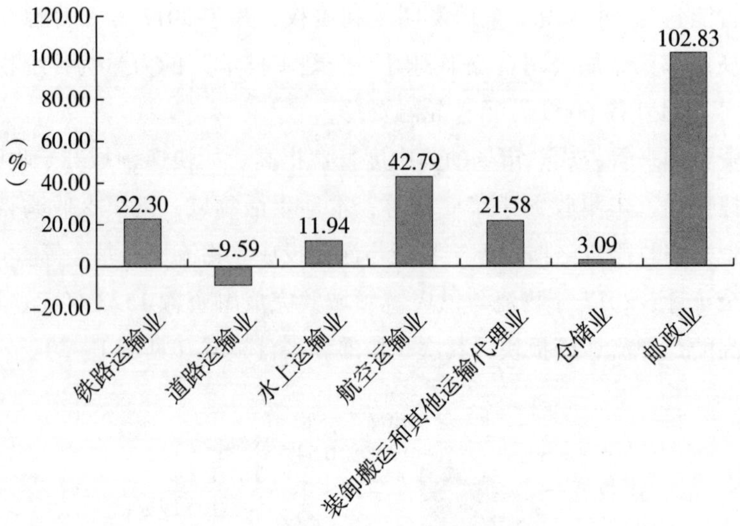

图 1 –3　2017 年物流行业各领域市值较上年涨（跌）幅

资料来源：中国银保监会、同花顺。

较上年上涨 42.79%。

铁路运输业受益于火电复苏及下游补库存需求，铁路货运表现良好，市值较上年上涨 22.30%。

道路运输业 32 家企业中，21 家市值下降，2017 年道路运输业市值较上年下跌 9.59%。

根据同花顺分类统计，物流类新三板上市企业 167 家，其中，截至 2017 年 12 月，新三板企业市值排名前 100 名的企业中，物流类企业有两家，分别是川山甲市值 301.01 亿元，京博物流市值 46.87 亿元。

港股上市企业 60 家，市值较上年上涨 36.69%。

四、物流与供应链金融领域的市场潜力巨大

据国家统计局统计，2017 年年末，规模以上工业企业应收账款 13.5 万亿元，比上年增长 8.5%；产成品存货 41886.1 亿元，比上年增长 8.5%。

2016 年年末，财产保险公司货物运输保险保费 85.51 亿元，比上年减少 3.05%；财产保险公司货物运输保险赔款及给付 55.28 亿元，比上年增长 19.65%。

2016 年年末，财产保险公司船舶保险保费 51.19 亿元，比上年减少 7.1%；财产保险公司船舶保险赔款及给付 36.70 亿元，比上年增长 9.88%。

根据中国银行保险监督管理委员会统计，2017 年年末，互联网保险签单件数 124.91 亿件，增长 102.60%，其中退货运费险 68.19 亿件，增长 51.91%。

据中国租赁联盟和天津滨海融资租赁研究院测算，截至 2017 年年底，全国融资租

赁合同余额约为 60600 亿元，同比增长 13.7%（见表 1－1）。

表 1－1　　全国物流与供应链金融潜在市场规模

类　别	2016 年	2017 年
规模以上工业企业应收账款	12.6 万亿	13.5 万亿
规模以上工业企业产成品存货	39752 亿元	41886.1 亿元
融资租赁合同余额（约）	53300 亿元	60600 亿元
类　别	2015 年	2016 年
财产保险公司货物运输保险保费	88.2 亿元	85.51 亿元
财产保险公司船舶保险保费	55.1 亿元	51.19 亿元

资料来源：国家统计局、中国租赁联盟。

截至 2017 年年末，全国共有小额贷款公司 8551 家。贷款余额 9799 亿元，比上年增加 504 亿元（见图 1－4）。

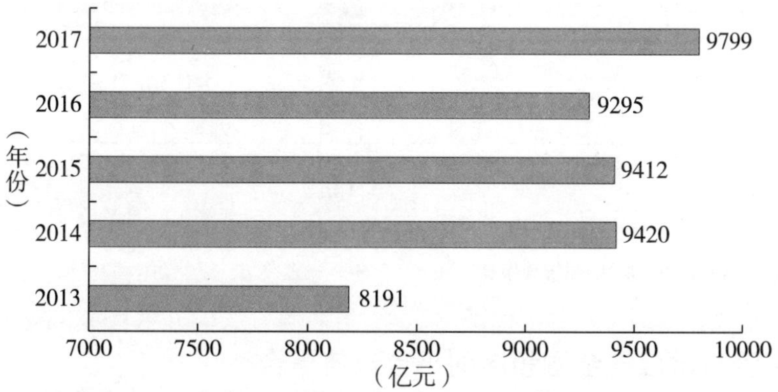

图 1－4　2013—2017 年我国小额贷款公司资金规模及贷款余额

资料来源：中国人民银行。

2017 年，物流业总收入为 8.8 万亿元，比上年增长 11.5%，增速提高 6.9 个百分点（见图 1－5）。从细分市场来看，与产业升级相关的物流细分行业增势良好，冷链市场规模预计仍将超过 20%，快递服务企业业务收入比上年增长 24.7%，增速均高于物流业平均水平。

根据《2017 年国内外油气行业发展报告》，2017 年，中国石油表观消费量增速回升，石油表观消费量约为 5.88 亿吨，增速为 5.9%。

根据《2018 年 BP 世界能源统计年鉴》，全球石油消费增长 1.8%，即 170 万桶/日，连续三年超过十年平均增速（1.2%）。中国（见图 1－6）和美国贡献了较多的增量。

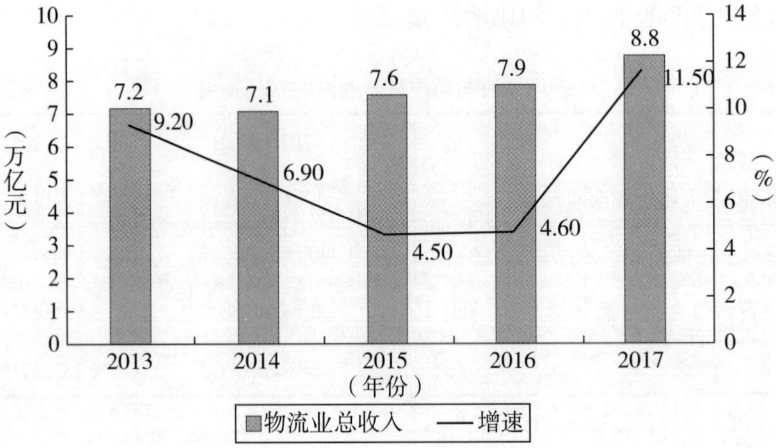

图1-5　2013—2017年我国物流业总收入及增速

资料来源：中国物流与采购联合会，增速是按可比价格计算的，其中2014年的物流业总收入进行了相应调整。

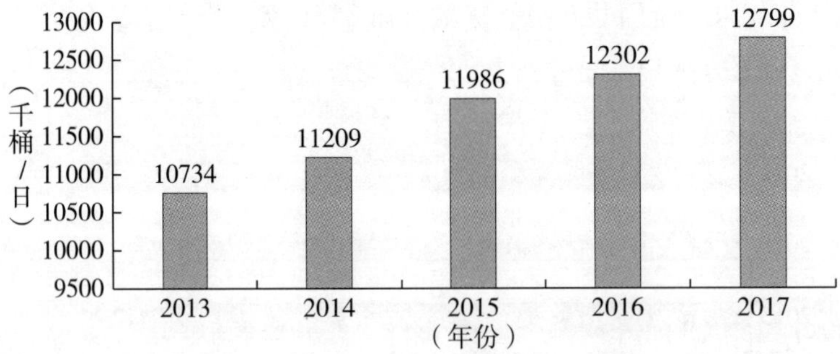

图1-6　2013—2017年中国石油消费量

资料来源：2018年BP世界能源统计年鉴。

五、物流与供应链金融领域的平台价值聚合

相较于以龙头企业为核心的“链式”模式，以平台为核心的，融合交易、物流、金融等多流为一体的生态圈模式引领了物流与供应链金融的发展。“互联网平台+金融科技+物流与供应链”运作模式，实现了中小微企业动态、及时、低成本地获得流动资金。2017年“双11”期间，菜鸟供应链金融简化了放贷流程，贷款额度高至8000万元、利率低于银行基准利率、线上审批3分钟放款、随借随还无手续费。2017年苏宁“物流”和“金融”两驾马车持续高速增长，其中，金融业务（支付业务、供应链金融等业务）2017年总体交易规模同比增长129.71%。

数字和科技驱动下的信用生态促进了多链条、多领域的融合发展。各类金融工具可以在平台上通过互联网技术相互组合形成一站式解决方案，加速了产品创新、迭代升级。如菜鸟的科技金融平台链接三方，一是链接金融机构，如传统银行、互联网银

行、小贷公司、信托公司以及供应链金融服务商等；二是链接物流合作伙伴；三是链接中小企业，通过数据来服务包括商家、品牌商和末端物流生态。2017 年 5 月，唯品会宣布分拆互联网金融业务和重组物流业务；11 月，唯品会公布了其第三季度的财务报告。数据显示，唯品会各项业务呈现稳健增长态势，且以连续 20 个季度盈利的纪录继续领跑中国电商行业，其中，唯品会金融服务平台发展成为囊括线上线下各场景的综合性金融服务平台。

六、物流与供应链金融领域的垂直领域延伸

各行业都有其自身特点，在垂直领域深耕细作，更有利于优化供应链、控制金融风险点、提高融资效率。在大宗商品领域和专业领域，物流与供应链金融的垂直化发展趋势明显。如钢铁领域的钢铁电商基于交易提供的附加服务来变现，其中，基于交易场景提供融资的供应链金融，能很好地解决产业链的痛点，已然成为诸多电商平台现在以及未来的主要盈利点。

木材领域，链金所以木材供应链为核心，依托“互联网 + 木材供应链金融”的形式，为数以万家木材贸易商及家具工厂提供专业、个性化的金融服务，同时为网贷投资人搭建了一个安全、高效、便捷的互联网网贷投资平台。

医药领域，医加医供应链金融服务平台深入医药产业链，先后帮助山西老百姓大药房、山西药易通医药、太原弘生万民药房、山西博元药业等众多优质连锁药店解决了产业链融资难题，实现了多方共赢。

农业领域，希望金融已经在山东、河南、安徽、河北、山西等多个省份布局 60 余家分公司及业务中心，服务当地县域及乡镇，已成功助力数万个家庭脱贫致富。

七、物流与供应链金融领域的金融机构抢滩

物流与供应链金融提供给传统金融机构跳出传统信贷模式，切入实体企业经营环节的机会，并依托供应链对中小微企业提供融资。在金融科技加持下，各大商业银行纷纷抢滩物流与供应链金融市场。如 2017 年上半年，工商银行已累计发展供应链 3200 余条，为 1.1 万余户小微企业发放融资 8000 多亿元，融资金额五年中同比翻了八番。其中，在线供应链融资成为最受小微企业欢迎的产品之一，五年来工商银行累计为 1000 余户小微企业发放线上供应链融资 300 多亿元，客户涵盖一汽大众、华为集团、奇瑞路虎、中建集团、吉大附属医院、蒙牛股份、天津物产等多个优质供应链的上下游小微企业。

光大银行“阳光融 e 链”在线供应链保理融资系统在与核心企业直连方面，实现了与以蒙牛为核心企业的 ERP 系统直连。在与第三方平台对接方面，实现了与医药平台“银企链通”系统对接，后又陆续实现了与 TCL 集团“简单汇平台”、中国建筑工

程总公司旗下“云筑网平台”等第三方平台系统全面对接，与“中企云链”供应链平台对接已完成系统开发。

互联网金融业务创新，加速 P2P 网贷平台切入供应链金融并向上下游延伸。目前，P2P 网贷供应链金融已渗透多行业，如汽车供应链金融、三农供应链金融、医药供应链金融、大宗商品供应链金融、批发零售供应链金融等。据网贷之家研究中心不完全统计，2017 年 9 月 P2P 网贷行业涉及供应链金融业务的正常运营平台至少有 118 家，占同期 P2P 网贷行业正常运营平台的比例为 5.89%。2017 年 1—9 月 P2P 网贷行业供应链金融业务成交量约为 688.3 亿元，占同期 P2P 网贷行业成交量的比例为 3.23%。

八、物流与供应链金融领域的科技赋能凸显

云计算、大数据、移动互联网、物联网、虚拟现实、人工智能、生物特征识别等技术的研发和应用，已经深入物流与供应链金融产品开发、运营管理、风险管理的各个环节，并加速提升物流与供应链金融的价值。科技智能为普惠金融的推进提供了更多的可能性，2017 年 6 月，传化支付第三方支付牌照正式获得央行公示。传化智联智能物流业务（传化网）通过将原有物流各交易场景中的线下支付逐步引导转换成线上支付，成功完成了涵盖 B 端货主、物流企业和 C 端货运司机、商户等全场景、全流程的支付闭环。

区块链技术给物流与供应链金融领域强化风控提供了一个全新的途径，在 2017 受到关注和热捧。区块链是一种防止篡改的分布式记账系统，它在分布式共识算法、智能合约、加密算法等基础上，可解决信任缺失场景下进行交易的问题。如菜鸟国际在海淘领域，通过商家、海关等各方上传物流数据，这些数据包括了商品的原产国、启运国、装货港、运输方式、进口口岸、保税仓检验检疫单号、海关申报单号等，消费者可以交叉认证自己购买商品的各项信息。2017 年 5 月，京东金融与中国银联宣布合作，完成了区块链技术底层打通并测试成功，这是中国银联与互联网企业之间建设的首条联盟链。9 月，苏宁银行成功接入基于区块链技术的国内信用证信息传输系统，苏宁银行聚焦供应链金融、消费金融、微小商户金融和产品销售平台四大核心业务，将科技元素贯穿于业务全流程、全渠道、全管理。

第二节 存在的问题

一、完善法律制度

健全的法律法规是行业健康发展的重要保障。中国的物流与供应链金融在短短的十几年内从无到有，从简单到复杂，并针对中国本土企业进行了诸多创新。目前我国

的供应链金融主要包括应收类、存货类、预付类三种融资模式，其下又依照质押物的差异及商业银行服务类型的不同再做细化。尽管三类融资模式的具体操作方式及质押物类别有所不同，但其所涉及的法律关系却大致相同。如基本的合同法律关系、债权法律关系、物权法法律关系等。此外，由于涉及票据的出质、商业银行的金融服务等问题，供应链金融的运作还需依照《中华人民共和国票据法》（以下简称《票据法》）、《中华人民共和国商业银行法》（以下简称《商业银行法》）、《中华人民共和国信托法》（以下简称《信托法》）及其他相关法律法规的规定进行。

在金融科技的催化下，各国都在法律层面试图予以调整和适应。我国始终大力支持供应链金融发展与创新，但是现有法律制度尚存在许多空白之处，无法跟上供应链金融发展的步伐。其中，部分法律问题已成为学界讨论的焦点，如供应链金融融资最核心的质押行为中，动产质押、应收账款质押、票据质押等方面均存在争议，供应链融资模式的不断创新又引发了资产证券化等法律问题的讨论。

二、优化金融监管

在金融创新加速物流与供应链金融产品更新迭代的背景下，在效益倍增的同时，也带来了更多的金融风险。互联网促进了金融的网络化，同时，也加剧了跨行业的网络化风险。因此，传统的金融监管手段已不足以应对行业快速发展转型和风险传播变化。

此外，随着跨境供应链金融业务的增多，金融科技带来的风险隐患也渗透到跨境金融领域。如数字货币洗钱的潜在威胁，用各种金牌（token）、虚拟币作为中介，先将汇款人所在地的法币转为代币，再在收款端将代币转为收款人所在地的法币，事实上完成了跨境支付。

一方面，传统的监管部门、监管措施需要与时俱进，适应科技时代的金融监管，不断完善相应的制度，加强跨部门的互通和协作；另一方面，监管者的知识结构和监管理念也需要加快更新，并主动探索监管部门、金融机构、科技企业的良性合作与试点机制。

三、加强人才建设

科技的发展在一定程度上对劳动力有替代作用，但是金融科技仍需要高层次人才的支持才能保持快速发展。不论是行业主体，还是监管部门、科研院所，推动科技在物流与供应链金融领域的应用和发展，都需要懂金融、懂技术、懂规范的跨领域人才。因此，制定有力的政策，加强跨领域、跨国界的交流，支持跨界人才的培养和成长显得尤为重要。

第三节　未来展望

虽然，物流与供应链金融整体发展趋势向好，但在具体操作上仍然存在资金使用方与供给方数据衔接不匹配、供应链征信缺失等问题。不过，2018 年，物流与供应链金融业依然在探索中前行，在行业发展大趋势中迈上新台阶，并在细分领域取得新成绩。

一、标准促进行业良性发展

在国家政策积极鼓励物流与供应链金融发展的背景下，为了促进行业规范、健康、有序地发展，基于具体场景应用，相应的国家、行业和团体标准将陆续出台。

例如，中物联金融委编制的《公路货运企业融资能力评价指标体系》及其实施细则。细则依托物联网、区块链、人工智能、云计算等前沿技术和智能终端等科技措施，以金融科技手段构建公路货运行业立体化数据生态，拟通过标准化的数据信息采集和技术分析方法，围绕企业评价和场景风控，凭借模型和决策引擎技术，迅速、全面、精准地刻画企业肖像，动态、实时地评估企业供应链金融价值。这有助于金融机构甄别优质客户、提高风控能力，促进融资的成功，以及行业生态良性发展。

二、技术创新加速产品升级

金融科技在物流与供应链金融中的应用将更加广泛和深入，互联网时代，企业的信用价值已不再只基于历史财务数据和有效担保，而是基于数据，可以动态反映企业经营的现在和未来，从而有效促进运行良好的中小微企业发展壮大。技术创新将推动物流与供应链金融服务模式和产品加速迭代，更多科技型、平台型企业将成为物流与供应链金融创新的主导力量。2017 年 3 月，百度云宣布与民生银行达成合作，百度云将依靠其在人工智能、大数据、云计算 ABC 领域里强大的技术优势，为民生银行提供其信贷企业的风险管理和预警服务。4 月，中外运与腾讯云正式达成战略合作，利用腾讯大数据平台能力和资产，进行市场趋势预测和相关产品的设计优化，以更好地服务目标用户。

三、产融结合提升市场规模

在较为成熟的市场，如快递、仓储等，兼并重组将继续，从而进一步提高该领域市场的规模化和集中度。而兼并重组后的新实体，将基于其核心业务，依托新技术，加快开发和应用物流与供应链金融等综合服务产品。

此外，据工业互联网产业联盟专家测算，2017—2019 年，我国工业互联网直接产业规模年均增长约为 18%，预计 2020 年将达到万亿元规模。随着工业互联网产业、生态、国际化的创新发展，工业流通领域将被深度开发，物流与供应链金融市场价值将更加凸显。

随着跨产业、跨链条、多模式、高科技的更深融合，一个铺盖面更广的大市场正在形成。

四、跨境金融成为创新亮点

在各部门的主导下，“一带一路”计划促进了各国之间的贸易投资自由化与便利化，以及经济技术合作，跨境商业得以迅速发展。伴随着贸易和物流通道的打通，物流与供应链金融也将逐步发展。2017 年 3 月，由民生银行、中国中车、中国中铁等 40 余家金融机构和核心企业共同成立了“一带一路”供应链金融联盟。5 月，海航集团在西安成立了现代物流集团，由西安起步，全力推动中国“孟菲斯”建设，引入物流与供应链金融服务，打造金融、数字物流产业基地。跨境物流与供应链金融将成为“一带一路”贸易和物流发展的新亮点。

此外，据艾媒咨询发布，2017 年跨境电商整体交易规模达 7.6 万亿元，2018 年还将继续增长。服务于跨境电商的仓储、运输和金融为一体的综合服务将更加重要，同时，保外贷、仓单质押、融资租赁等物流与供应链金融产品也将更加丰富。

五、金融创新赋能现代农业

为适应现代农业发展，国家陆续出台了发展农村金融、普惠金融的相关政策。中国农业银行、中国邮政储蓄银行先后成立“三农金融事业部”。京东金融、蚂蚁金服等提供了涵盖支付、信贷、农业保险等方面的综合型金融服务。农业的现代化发展要改变传统分散、孤立的经营模式，向科学、高效的生态农业转变。农业供应链覆盖农业从原材料采购、生产、加工、仓储到销售的全链条，从农业供应链层面通过上下游的捆绑提供融资服务，为农业赋能，可以有效提高农业供应链价值。

2018 年 2 月，《中共中央　国务院关于实施乡村振兴战略的意见》发布，提出构建农村第一、二、三产业融合发展体系。大力开发农业多种功能，延长产业链、提升价值链、完善利益链，通过保底分红、股份合作、利润返还等多种形式，让农民合理分享全产业链增值收益。

着眼于整个农业供应链，农户不再是分散孤立、高风险、低收益的信贷群体，而是与农业企业利益共享与风险共担的优质客户。以应收账款、龙头农业企业、大数据互联网平台等为核心，融合第一、二、三产业深耕细作，农业供应链金融服务将迎来快速发展。

（撰稿人：中物联金融委研究咨询中心副主任　郭苏慧）

第二章 中国物流与供应链金融发展的宏观环境

第一节 政策环境

2017年，监管频频“亮剑”，被业内看作是“史上最严”的金融监管年。党的十九大、全国金融工作会议、中央经济工作会议，频频将金融服务实体经济、防控金融风险、守住不发生系统性金融风险的底线“划为重点”。物流与供应链金融方面，国家多部委频频发布支持物流与供应链金融发展的政策。

一、监管助力金融脱虚向实

2017年，第五次全国金融工作会议围绕服务实体经济、防控金融风险、深化金融改革三项任务做出重大部署。通过加强监管引导经济去杠杆，推动资金重新脱虚向实，最终构建普惠金融体系。“一行三会”等监管机构针对资管行业、银行、公募、保险等出台一系列金融监管政策。

2017年3—4月，银监会连续发布了8份监管文件，要求银行对过去几年开展的各类套利、空转和不当创新的业务模式进行自查，对银行业内存在的风险进行摸底排查，陆续规范上述业务模式，引导行业支持实体经济的发展。其中45号文件整治“三违反”、46号文件整治“三套利”、53号文件整治“四不当”、5号文件整治“十乱象”等文件直指影子银行业务灰色地带。

4月，保监会发布《保险公司章程指引》，着力构建风险防范的长效机制，切实提升保险公司治理有效性，进一步强化公司治理规则体系建设，丰富公司治理监管工具，夯实公司治理制度基础。

5月，央行等国家十七部门联合印发的《关于进一步做好互联网金融风险专项整治清理整顿工作的通知》要求互联网金融从业机构数量及业务规模双降，并做好严格准入或备案管理。12月，央行与银监会联合发布《关于规范整顿“现金贷”业务的通知》，清理整顿现金贷行业乱象，划定从业机构的红线。

2017年，证监会做出行政处罚决定224件，罚没款金额74.79亿元，同比增长74.74%，市场禁入44人，同比增长18.91%，行政处罚决定数量、罚没款金额、市场禁入人数再创历史新高。

2017 年以来，在金融监管风暴下，机构逐步开始实质性去杠杆，宏观杠杆率整体回落，银行资产扩张增速回归到与 M2、信贷等实体需求相一致的水平。债市微观杠杆大幅下降，无风险利率快速上行。股份行和中小行资产扩表放缓甚至缩表，同业、理财、非标、委外业务全面收缩。券商资管、基金子公司等影子银行通道业务大幅缩水。

二、政策推动供应链金融发展

为了使小微企业拥有的大量应收账款、存货等流动资产得到有效利用，2017 年 1 月，商务部、发展改革委等五部门联合发布了《商贸物流发展“十三五”规划》。为贯彻落实国务院关于加大金融对实体经济和小微企业支持力度的有关要求，推动开展小微企业应收账款融资，人民银行、工业和信息化部会同财政部、商务部、国资委、银监会、外汇局决定共同开展小微企业应收账款融资专项行动。2017 年 4 月，七部门联合印发《小微企业应收账款融资专项行动工作方案（2017—2019 年）》。

随着高新技术的发展，为了发展以新兴技术为基础的现代金融服务业，2017 年 4 月，科技部发布《“十三五”现代服务业科技创新专项规划》。其指出在金融产品开发、运营管理、风险管理等环节，加强云计算、大数据、移动互联网、物联网、虚拟现实、人工智能、生物特征识别等技术的研发和应用，提升金融服务业信息化和现代化管理水平。支持互联网金融商业模式建模、量化、可计算等基础理论研究，鼓励银行、证券、保险、基金、信托和消费金融等现代金融机构依托互联网技术，开发基于互联网技术的新产品和新服务，促进“互联网 + 金融”发展。依托大型电商平台、位置服务平台等，建设“金融 + ”创新服务平台，提供快捷支付、供应链金融等多元化服务，培育一批金融信息技术服务、第三方征信、大数据分析等金融科技服务企业。

2017 年 8 月，国务院办公厅印发《关于进一步推进物流降本增效促进实体经济发展的意见》。为了鼓励商业银行、供应链核心企业等建立供应链金融服务平台，提供高效便捷的融资渠道；推动金融机构、供应链核心企业建立债项评级和主体评级相结合的风险控制体系，加强供应链大数据分析和应用，确保借贷资金基于真实交易。2017 年 10 月，国务院办公厅印发《关于积极推进供应链创新与应用的指导意见》，《意见》将“积极稳妥发展供应链金融”作为六大重点任务之一，指出推动供应链金融服务实体经济，有效防范供应链金融风险。

报告整理了 2017 年物流与供应链金融相关政策，如表 2 – 1 所示。这些政策为我国物流与供应链金融发展提供了良好的政策环境，加快了物流与供应链金融的发展，使其迎来了新的机遇。

表 2-1　　2017 年物流与供应链金融相关政策

编号	文件名	文件号	发布单位	发布日期
1	商贸物流发展“十三五”规划		商务部、国家发展改革委、国土资源部、交通运输部、国家邮政局	2017 年 1 月
2	“十三五”现代综合交通运输体系发展规划	国发〔2017〕11 号	国务院	2017 年 2 月
3	快递业发展“十三五”规划		国家邮政局	2017 年 2 月
4	粮食物流业“十三五”发展规划	发改经贸〔2017〕432 号	国家发展改革委、国家粮食局	2017 年 3 月
5	“十三五”现代服务业科技创新专项规划	国科发高〔2017〕91 号	科技部	2017 年 4 月
6	“十三五”铁路集装箱多式联运发展规划	发改基础〔2017〕738 号	国家发展改革委、交通运输部、中国铁路总公司	2017 年 4 月
7	小微企业应收账款融资专项行动工作方案（2017—2019 年）	银发〔2017〕104 号	人民银行、工业和信息化部、财政部、商务部、国有资产监督管理委员会、银监会、国家外汇管理局	2017 年 4 月
8	关于加快发展冷链物流保障食品安全促进消费升级的意见	国办发〔2017〕29 号	国务院办公厅	2017 年 4 月
9	“十三五”交通领域科技创新专项规划	国科发高〔2017〕121 号	科技部、交通运输部	2017 年 6 月
10	关于进一步推进物流降本增效促进实体经济发展的意见	国办发〔2017〕73 号	国务院办公厅	2017 年 8 月
11	关于对运输物流行业严重违法失信市场主体及其有关人员实施联合惩戒的合作备忘录	发改运行〔2017〕1553 号	国家发展改革委、人民银行、交通运输部、中央编办、中央文明办、公安部、财政部、人力资源社会保障部、国土资源部、国资委、海关总署、税务总局、工商总局、质检总局、银监会、证监会、保监会、国家铁路局、中国民航局、国家邮政局	2017 年 8 月
12	关于开展供应链体系建设工作的通知	商办流通发〔2017〕337 号	商务部办公厅、财政部办公厅	2017 年 8 月

续　表

编号	文件名	文件号	发布单位	发布日期
13	关于积极推进供应链创新与应用的指导意见	国办发〔2017〕84 号	国务院办公厅	2017 年 10 月
14	铁路“十三五”发展规划	发改基础〔2017〕1996 号	国家发展改革委、交通运输部、国家铁路局、中国铁路总公司	2017 年 11 月

资料来源：中物联金融委整理。

2017 年商务部、财政部通知在天津、上海、重庆、深圳、青岛、大连、宁波、沈阳、长春、哈尔滨、济南、郑州、苏州、福州、长沙、成都、西安（以下简称首批重点城市）17 个省市开展供应链体系建设。在国家政策的引导下，各地方陆续出台物流与供应链金融相关政策，以促进和落实物流与供应链金融支持实体经济。报告整理了 2017 年各省市区物流与供应链金融相关政策，如表 2－2 所示。

表 2－2　2017 年各省市区物流与供应链金融相关政策

序号	省市区	文件	文件号	发布单位	发布日期
1	北京市	北京市推进“互联网＋”招标采购行动工作方案	京发改〔2017〕1671 号	北京市发展和改革委员会	2017－10－25
2		北京市快递业价格行为规则	京发改规〔2017〕5 号	北京市发展和改革委员会	2017－10－18
3		北京市推进两化深度融合推动制造业与互联网融合发展行动计划	京制创组发〔2017〕2 号	北京市经济和信息化委员会	2017－09－22
4		关于进一步加强国有粮油仓储物流设施管理的通知	京粮发〔2016〕100 号	北京市粮食局	2017－03－10
5	天津市	天津市供应链体系建设项目和资金管理办法	津商务流通〔2017〕40 号	天津市商务委、市财政局	2017－11－6
6		天津市关于加快发展冷链物流保障食品安全促进消费升级的工作方案	津商务流通〔2017〕28 号	天津市商务委	2017－08－18
7	河北省	河北省国有粮油仓储物流设施保护实施办法	冀粮规〔2016〕1 号	省粮食局	2017－01－12
8	山西省	山西省人民政府办公厅关于现代物流发展的实施意见	晋政办发〔2017〕131 号	山西省人民政府办公厅	2017－10－31
9		山西省人民政府办公厅关于推动交通物流发展的实施意见	晋政办发〔2017〕130 号	山西省人民政府办公厅	2017－10－17

续 表

序号	省市区	文件	文件号	发布单位	发布日期
10	辽宁省	辽宁省人民政府办公厅关于进一步推进物流降本增效促进实体经济发展的实施意见	辽政办发〔2017〕119号	辽宁省人民政府办公厅	2017-11-17
11	辽宁省	辽宁省“十三五”综合交通运输发展规划	辽政发〔2017〕49号	辽宁省人民政府	2017-11-13
12	辽宁省	辽宁省人民政府办公厅关于加快发展冷链物流保障食品安全促进消费升级的实施意见	辽政办发〔2017〕100号	辽宁省人民政府办公厅	2017-09-11
13	吉林省	吉林省物流业降本增效专项行动方案（2016—2018年）	吉政办发〔2017〕3号	吉林省人民政府办公厅	2017-01-13
14	黑龙江省	黑龙江省人民政府办公厅关于加快发展冷链物流保障食品安全促进消费升级的实施意见	黑政办规〔2017〕40号	省政府办公厅	2017-08-08
15	黑龙江省	黑龙江省关于促进商贸物流业发展的实施意见	黑商发〔2017〕128号	省商务厅	2017-04-24
16	黑龙江省	黑龙江省商贸物流业（2016—2020年）发展规划	黑商发〔2017〕129号	省商务厅	2017-04-24
17	黑龙江省	黑龙江省商贸物流园区（2016—2020年）发展规划	黑商发〔2017〕130号	省商务厅	2017-04-24
18	上海市	本市托盘标准化及社会化循环共用推广专项行动计划		上海市商务委员会、上海市质量技术监督局	2017-04-01
19	江苏省	关于加快推进省级示范物流园区创新发展的意见	苏政办发〔2017〕97号	江苏省人民政府办公厅	2017-06-30
20	安徽省	安徽省物流业降本增效专项行动实施方案（2016—2018年）	皖政办〔2016〕80号	安徽省人民政府办公厅	2017-01-11
21	福建省	加快我省物流园区发展促进物流业供给侧结构性改革的指导意见	闽经信服务〔2017〕194号	省经信委	2017-07-27
22	福建省	福建省加快物流业发展实施方案（2016—2020年）	闽经信服务〔2016〕409号	省经信委	2017-07-27

续　表

序号	省市区	文件	文件号	发布单位	发布日期
23	江西省	江西省"十三五"现代物流业发展规划	赣府厅发〔2017〕22号	江西省人民政府办公厅	2017-07-14
24		江西省物流业降本增效专项行动实施方案	赣府厅发〔2017〕4号	江西省人民政府办公厅	2017-07-10
25	山东省	物流业降本增效专项行动实施方案	鲁政办发〔2017〕50号	山东省人民政府办公厅	2017-07-03
26		山东省国有粮油仓储物流设施保护实施细则	鲁粮发〔2016〕18号	山东省粮食局	2017-01-24
27	河南省	河南省冷链物流转型发展工作方案	豫政办〔2017〕126号	河南省人民政府办公厅	2017-10-26
28		河南省快递物流转型发展工作方案	豫政办〔2017〕126号	河南省人民政府办公厅	2017-10-26
29		河南省电商物流转型发展工作方案	豫政办〔2017〕126号	河南省人民政府办公厅	2017-10-26
30		河南省物流业转型发展规划（2018—2020年）	豫政办〔2017〕109号	河南省人民政府办公厅	2017-09-18
31	湖南省	湖南省物流业降本增效专项行动方案（2017—2020年）	湘政办发〔2017〕37号	省政府办公厅	2017-07-11
32	广西省	关于推动交通物流融合发展三年行动计划工作方案	桂政办发〔2017〕77号	广西壮族自治区人民政府办公厅	2017-06-17
33	海南省	海南省加快推进物流降本增效促进实体经济发展实施方案	琼府办〔2017〕221号	海南省人民政府办公厅	2017-12-29
34		海南省加快推动冷链物流发展保障食品流通安全的实施方案	琼府办〔2017〕212号	海南省人民政府办公厅	2017-12-19
35	四川省	推动交通物流融合发展实施方案	川办发〔2017〕52号	四川省人民政府办公厅	2017-05-31
36	贵州省	贵州省发展冷链物流业助推脱贫攻坚三年行动方案（2017—2019年）	黔府办发〔2017〕40号	省人民政府办公厅	2017-09-13
37	青海省	青海省物流业降本增效专项行动实施方案	青政办〔2017〕188号	青海省人民政府办公厅	2017-10-10

续　表

序号	省市区	文件	文件号	发布单位	发布日期
38	宁夏回族自治区	宁夏回族自治区物流业“十三五”发展规划	宁政办发〔2017〕66号	政府办公厅	2017-04-11
39	宁夏回族自治区	全区物流业降本增效专项行动实施方案（2017—2018年）	宁政办发〔2017〕64号	政府办公厅	2017-04-05

资料来源：中物联金融委整理。

（撰稿人：中物联金融委研究咨询中心副主任　郭苏慧）

第二节　经济环境

2017年，我国经济增长总体平稳，经济结构不断优化，服务业对经济增长的贡献持续提升，消费需求仍是经济增长的主要拉动力，新动能为经济增长的重要动力，经济增长质量不断提高，物流运行延续了稳中有进、稳中向好的发展态势，物流发展的质量和效益稳步提升。

一、经济总体情况

（一）增速略有回升

从近五年统计数据看，我国国内生产总值持续增长。2013—2016年国内生产总值增速逐步趋缓，2017年略有回升，这是自2011年以来的首次回升，保持了中高速增长。2017年，我国国内生产总值为827122亿元，比2016年增加83537亿元，按可比价格计算，比2016年增长6.9%，提高0.2个百分点（见图2-1）。

（二）结构持续调整

从2013—2017年三次产业增加值占国内生产总值的比重看，五年来我国国民经济增长方式转变，结构调整稳步推进，产业结构不断优化，经济结构由工业主导转向服务业主导的趋势更加明显。2017年，第一产业增加值占国内生产总值的比重为7.9%，第二产业增加值比重为40.5%，第三产业增加值比重为51.6%（见图2-2）。

第三产业已成为国民经济的第一大产业，对国民经济增长的贡献进一步提高。2017年，第一产业增加值65468亿元，增长3.9%；第二产业增加值334623亿元，增长6.1%；第三产业增加值427032亿元，增长8.0%。

从对经济增长的贡献率来看，2017年三次产业的贡献率分别为4.9%、36.3%和

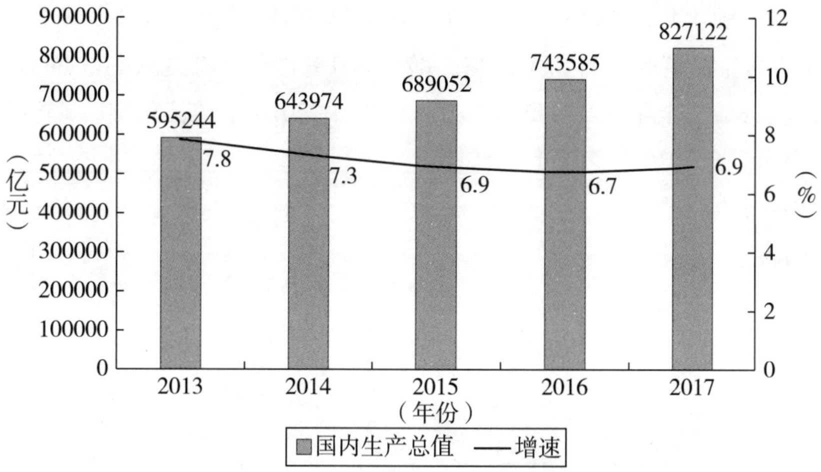

图 2－1 2013—2017 年国内生产总值及增速

资料来源：国家统计局。

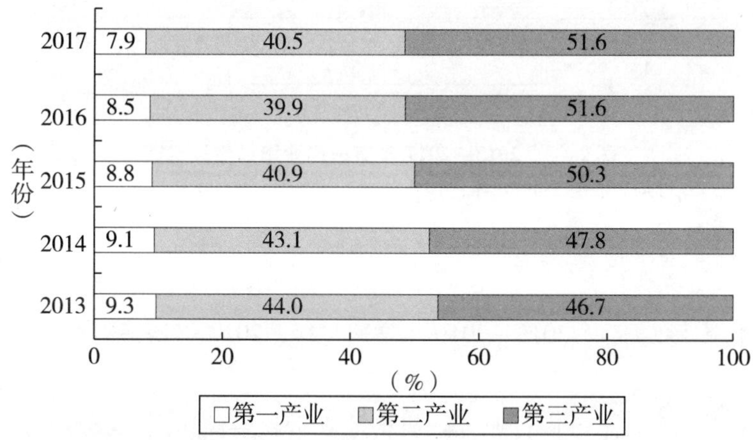

图 2－2 2013—2017 年三次产业增加值占国内生产总值的比重

资料来源：国家统计局。

58.8%，三次产业分别拉动经济增长 0.4、2.5 和 4.0 个百分点。第三产业对经济增长的贡献率比第二产业高 22.5 个百分点，比 2016 年第三产业对经济增长的贡献率提高 1.3 个百分点。

二、第一产业经济整体环境

（一）增速略有回升

从近五年统计数据来看，2013—2016 年增速趋缓，2017 年增速有所回升，但低于同期 GDP 增速（见图 2－3）。

2017 年，全年粮食产量 61791 万吨，比上年增加 166 万吨，增产 0.3%。全年棉花产量549万吨，比上年增产3.5%。油料产量3732万吨，增产2.8%。糖料产量12556万吨，增产1.7%。茶叶产量255万吨，增产6.0%。全年肉类总产量8431万吨，比2016年增长0.8%。全年水产品产量6938万吨，比2016年增长0.5%。全年木材产量7682万立方米，比2016年下降1.2%。

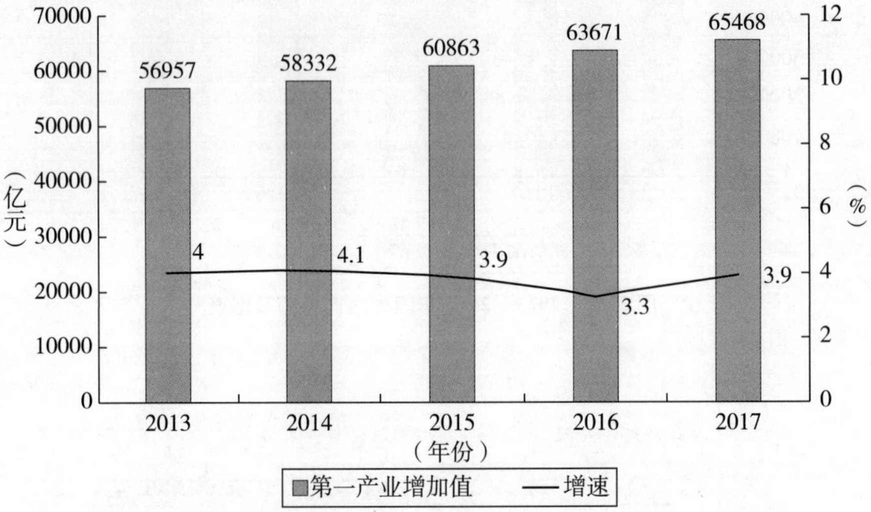

图2－3　2013—2017年第一产业增加值及增速

资料来源：国家统计局，增速按可比价格计算。

（二）涉农信贷持续增长

从近五年统计数据看，2013—2016年增速趋缓，2017年增速有所回升，但总体规模不断扩大。

截至2017年12月末，银行业金融机构涉农贷款余额达到30.95万亿元，比2017年年初增长3.08万亿元，同比增长9.64%。其中，农户贷款余额8.11万亿元，比2017年年初增长1.04万亿元，同比增长14.41%；农村企业及各类组织贷款余额17.03万亿元，比2017年年初增长1.51万亿元，同比增长6.97%；城市涉农贷款余额5.81万亿元，比2017年年初增长0.54万亿元，同比增长11.30%。[①] 2013—2017年银行业金融机构涉农贷款余额如图2－4所示。

三、第二产业经济整体环境

（一）增速平稳

从近五年统计数据看，2013年以后第二产业增加值增速逐步放缓，2015—2017年

① 数据计算过程中存在四舍五入，不用调整。

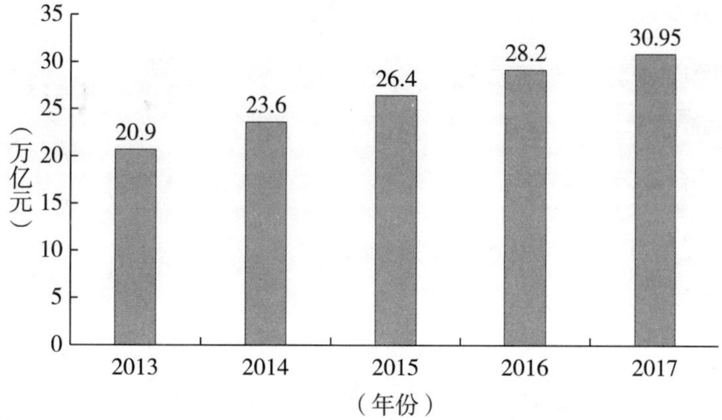

图2-4　2013—2017年银行业金融机构涉农贷款余额

资料来源：中国银保监会。

增速趋于平稳，但低于同期GDP增速。2017年第二产业增加值334623亿元，比2016年增长6.1%（见图2-5）。

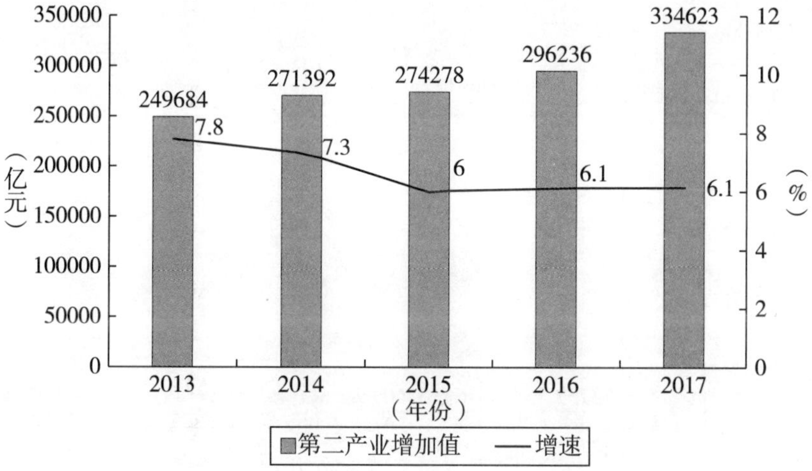

图2-5　2013—2017年第二产业增加值及增速

资料来源：国家统计局，增速按可比价格计算。

（二）规模以上工业增加值

2017年，规模以上工业增加值增长6.6%。分门类看，采矿业下降1.5%，制造业增长7.2%，电力、热力、燃气及水生产和供应业增长8.1%。全年规模以上工业企业2017年实现利润75187亿元，比上年增长21.0%。采矿业实现利润4586.8亿元（见图2-6）；制造业实现利润66511.1亿元（见图2-7）；电力、热力、燃气及水生产和供应业实现利润4089.2亿元（见图2-8），下降10.7%。

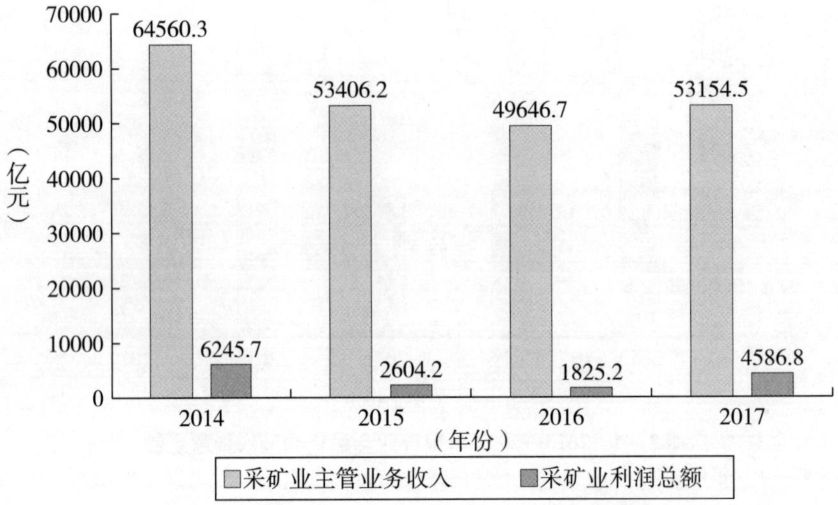

图 2－6　2014—2017 年规模以上采矿业企业经济指标

资料来源：国家统计局。

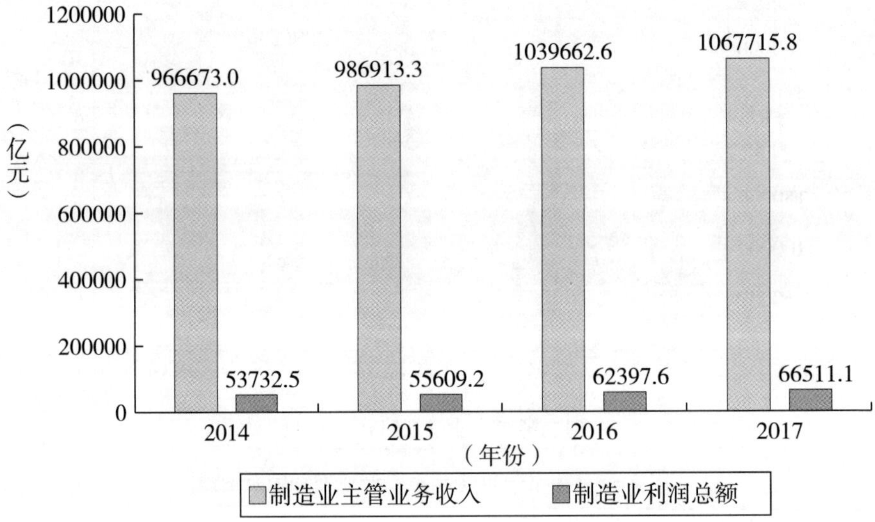

图 2－7　2014—2017 年规模以上制造业企业经济指标

资料来源：国家统计局。

（三）工业品物流市场需求

从近五年统计数据看，2013—2016 年增速趋稳，2017 年增速有所回升。2017 年，工业品物流总额达 234.5 万亿元，按可比价格计算，比 2016 年增长 6.6%，增速比上年提高 0.6 个百分点（见图 2－9）。

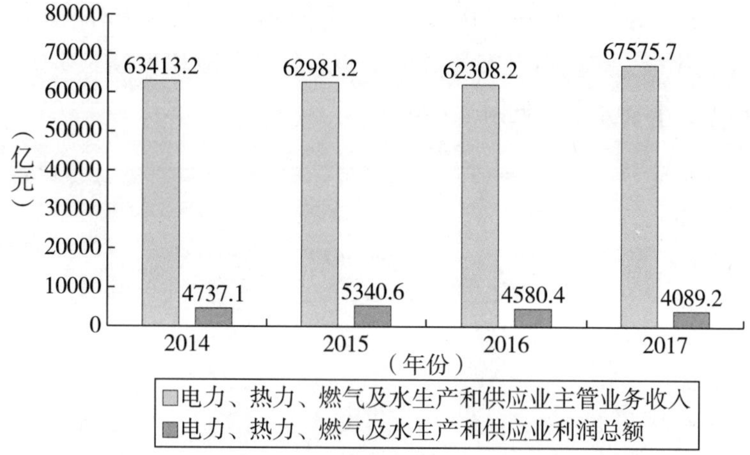

图 2-8　2014—2017 年规模以上电力、热力、燃气及水生产和供应业企业经济指标

资料来源：国家统计局。

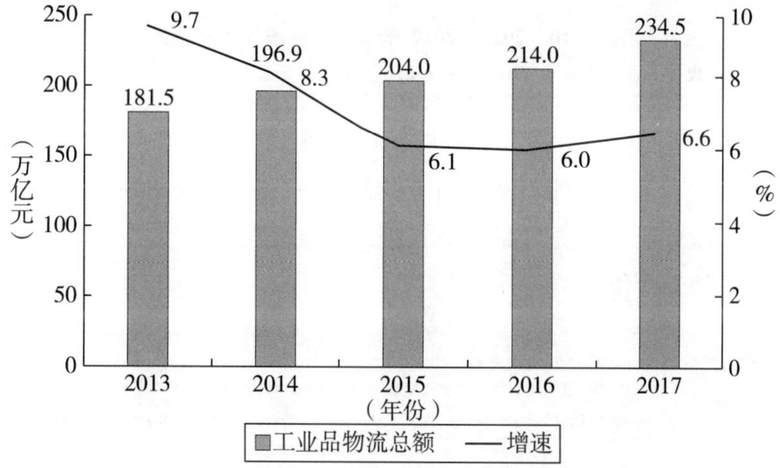

图 2-9　2013—2017 年工业品物流总额及增速

资料来源：中国物流与采购联合会。

四、第三产业经济整体环境

（一）增速较快

从近五年统计数据来看，2013—2017 年，第三产业增速保持平稳且高于同期 GDP 增速，对 GDP 带动作用显著。第三产业保持稳定较快增长，在经济发展中的主体作用进一步增强。2017 年，第三产业增加值 427032 亿元，占全国 GDP 比重为 51.6%；第三产业增加值比上年增长 8.0%，比国内生产总值和第二产业增加值增速分别高出 1.1

和1.9个百分点，已连续五年在三次产业中领跑；第三产业增长对国民经济增长的贡献率为58.8%，比第二产业高出22.5个百分点；拉动全国GDP增长4.0个百分点，比第二产业高出1.5个百分点（见图2－10）。

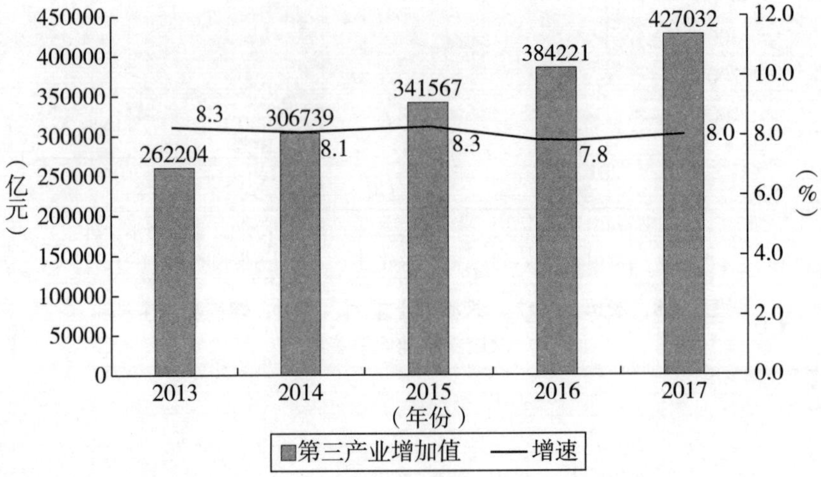

图2－10　2013—2017年第三产业增加值及增速

资料来源：国家统计局，增速是按可比价格计算的。

全年服务业生产指数累计比上年增长8.2%，较上年加快0.1个百分点；在主要行业中，除房地产业、金融业外，其他行业的服务业生产指数均高于上年。信息传输、软件和信息技术服务业，租赁和商务服务业，交通运输、仓储和邮政业等行业增长较快，增速达到或接近两位数。

（二）服务业企业效益继续改善

服务业生产经营效益摆脱了近年来低迷状况。2017年，规模以上服务业企业实现营业利润23644.9亿元，同比增长24.5%，比上年提高25.6个百分点。10个行业门类中有8个行业营业利润实现了两位数增长。扣除投资收益后，规模以上服务业企业经营性利润同比增长43.5%。

在第三产业中，受工业生产增长加快等因素的带动，交通运输、仓储和邮政业实现了较快增长，全年交通运输、仓储和邮政业增加值比上年增长9.0%，提高2.4个百分点。规模以上交通运输、仓储和邮政业企业营业利润大幅增长。

（三）物流降本增效成绩显著

从近五年统计数据看，服务业增加值占GDP的比率逐年上升，2017年，增加值占GDP比重为51.6%。相反，社会物流总费用与GDP的比重逐年下降。2017年，社会物流总费用与 GDP 的比率为 14.6%，比上年下降 0.3 个百分点。即每万元 GDP 所消耗的社会物流总费用为 1460 元，比上年下降 2.0%，社会物流总费用占 GDP 的比率进入连续回落阶段，物流领域“降成本”成效显著（见图 2-11）。

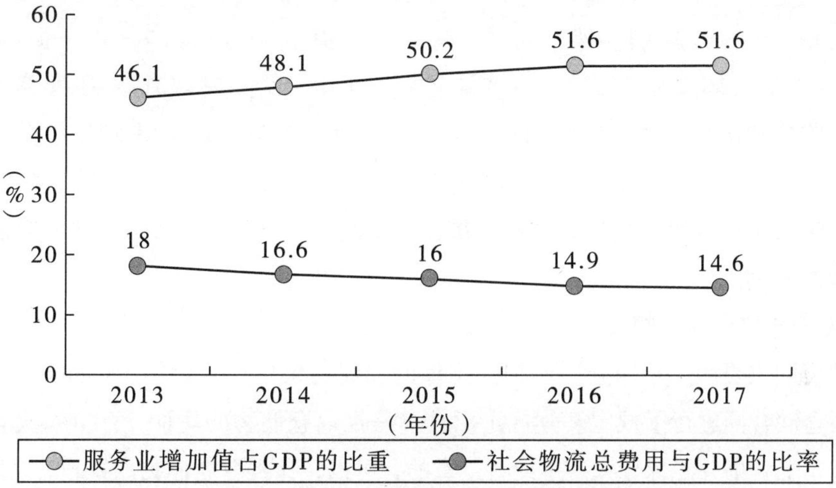

图 2-11　2013—2017 年服务业增加值占 GDP 比重变化和社会物流总费用与 GDP 比率变化

资料来源：中国物流与采购联合会。

（撰稿人：中物联金融委研究咨询中心副主任　郭苏慧）

第三节　法律环境

一、相关法律制度现状

中国物流与供应链金融的发展有赖于改革开放 40 年制造业的快速发展。“世界制造中心”吸引了越来越多的国际产业分工，中国成为大量跨国企业供应链的汇集点。物流与供应链金融领域的相关法律制度主要包括以下几点。

（一）《合同法》

供应链金融业务中所涉及的合同主要为三种有名合同：买卖合同、借款合同以及仓储合同。

1. 关于买卖合同的规定

买卖合同是物流与供应链金融产生的基础。核心企业与上下游企业之间签订的买卖合同是供应链金融业务的起点。我国关于买卖合同的规定大多属于任意性规定，即给予合同双方很大的自治空间，仅在双方未约定处给予限制。

2. **关于借款合同的规定**

借款合同主要产生于融资者与借款人之间。在我国，主要产生于商业银行与上下游中小企业之间。借款合同是物流与供应链金融的核心文件，是维系供应链金融各主体（主要是三方主体）的桥梁。我国《中华人民共和国合同法》（以下简称《合同法》）对于借款合同有专章规定，对借款人提供担保、信息披露和按约还款等义务以及对贷款人监督和接触合同的权利均有所规定。此外，物流与供应链金融有些模式中的借款人并非商业银行等金融机构，如物流企业作为贷款人的模式，此时还要适用《最高人民法院关于审理民间借贷案件适用法律若干问题的规定》，此规定对于贷款利率做出了明确的限制。

3. **关于仓储合同的规定**

仓储合同主要运用于以仓单质押为担保的物流与供应链金融模式。我国《合同法》设专章对仓储合同进行了规定。其规定了仓单是提取仓储物的凭证。存货人或者仓单持有人在仓单上背书并经保管人签字或者盖章的，可以转让提取仓储物的权利。这使得仓单成为所有权凭证，使得货物质押更加方便，也给物流与供应链金融提供了一种可能的模式。

（二）《物权法》和《担保法》

《中华人民共和国物权法》（以下简称《物权法》）和《中华人民共和国担保法》（以下简称《担保法》）为物流与供应链金融的展开提供了最主要的法律保障。《物权法》设有担保物权，规定了抵押权和质权的设立以及种类，特别是“权利质权”规定了可以出质的权利范围包括：汇票、支票、本票；债券、存款单；仓单、提单；可以转让的基金份额、股权；可以转让的注册商标专用权、专利权、著作权等知识产权中的财产权；应收账款。此规定不仅促进了物流与供应链金融在中国的发展与应用，且为物流与供应链金融授信模式提供了丰富的创新思路。此外，为了进一步规范应收账款质押和动产抵押的运用，相关部门还在近两年制定了详细的实施办法，包括《应收账款质押登记办法（2017 修订）》《动产抵押登记办法（2016 修订）》，使我国的物流与供应链金融业务更具有可操作性，弥补了部分规范空白。

（三）《票据法》

由于《物权法》规定了本票、汇票、支票也可作为可出质的权利，使得鲜少使用的票据也重新发挥作用。我国的《票据法》自 2004 年修正后，再未修正和解释，留下了许多立法空白，在许多方面已经不能满足实际应用的需要，因此，为了使其能够更好地运用于物流与供应链金融中，需要进一步完善和修正。

（四）《商业银行法》

我国物流与供应链金融模式离不开商业银行。《商业银行法》对于商业银行的贷款服务进行了特别规定，因此在遵守借款合同和担保合同规定的基础上还要符合《商业银行法》的规定。

（五）《信托法》

应收账款证券化是物流与供应链金融中新兴的融资方式，需要遵守《信托法》的规定，此外还包括《证券公司及基金管理公司子公司资产证券化业务管理规定》《信贷资产证券化试点管理办法》《信贷资产证券化基础资产池信息披露有关事项公告》等规章制度，但立法层级大部分为部门规章，立法层级太低，且没有针对应收账款证券化的专门立法。

（六）相关行政法规

2017 年 8 月，国务院办公厅发布的《关于进一步推进物流降本增效促进实体经济发展的意见》，鼓励银行业金融机构开发支持物流业发展的供应链金融产品和融资服务方案。2017 年 10 月，国务院办公厅发布了《关于积极推进供应链创新与应用的指导意见》，阐述了供应链的重要意义、总体要求、重点任务。提出供应链金融的规范发展，有利于拓宽中小微企业的融资渠道，确保资金流向实体经济，应推动供应链金融服务实体经济。此外，《国务院关于大力发展电子商务加快培育经济新动力的意见》和《国务院办公厅关于推进线上线下互动加快商贸流通创新发展转型升级的意见》要求促进供应链金融与互联网的结合。

二、相关法律制度问题

根据我国物流与供应链金融相关法律制度环境的现状，可以看出尽管国家始终大力支持物流与供应链金融发展与创新，但是我国现有法律制度尚存在许多空白之处，无法跟上供应链金融发展的速度。

（一）动产质押法律问题

动产质押中最为典型的是厂商银业务。厂商银业务是银行借助物流企业提供的动产质押监管服务而开发的动产质押融资产品，是生产厂家（卖方）、经销商（买方）和银行签订“厂商银三方合作协议”进行合作，由银行为经销商向生产厂家购买货物提供授信支持。生产厂家按“购销合同”约定的货物数量、品种、规格向银行指定的物流监管公司发货，同时经销商将所购货物质押于银行，银行根据经销商提前还款或补存提货保证金（或货物）的状况通知物流监管公司释放相应金额质押货物的一种金融服务。2013 年中国物资储运协会等有关单位起草报商务部办公厅审批的《动产质押监管服务规范》中将动产质押界定为“债务人或者第三人将可支配动产交债权人占有，作为偿还债务的担保行为”。将质押监管界定为：“出质人以合法占有的物品向质权人出质，作为偿还债务的担保，监管人接受质权人的委托，在一定期限内代质权人对质物进行占有、管理的行为。当事人约定委托保管的，依据《合同法》签订合同。”

从法律关系的角度看，厂商银业务作为银行的信贷产品，与传统借款业务一样仍以贷款人（银行）与借款人（买方）之间的借贷与担保两层法律关系为核心；只是在担保的关系上延伸至第三方物流公司、在信贷资金流转上加入了卖方；形成了三个两方协议（买方与银行的质押协议、授信协议，买方与卖方的购销协议）、两个三方协议（买方、银行与物流公司签订的质押监管协议，买方、卖方与银行签订的厂商银合作协议），具有主体多、法律关系组合多且互相交织的特点。

1. 动产质押监管合同的法律性质

动产质押监管合同的双方主体为银行与物流企业，通常定位为融资框架中的子协议。根据动产质押监管协议，物流公司需要完成的事项涵盖了保管、仓储等内容，如“建立质物登记统计制度，定期对质物进行查验、核对种类、清点数目、检查包装和标识，对质物的出入库”。从表面上看，动产质押监管协议应定性为保管合同或仓储合同，但其实质上应该为委托合同。因为签订动产质押监管合同的主要目的在于确保质权的确定，《物权法》第二百一十二条规定：质权自出质人交付质押财产时设立。而在厂商银业务中采用的是指示交付，因此明确银行与物流企业之间的委托关系才是重点。根据《物权法》第二百一十五条，当物流企业保管不当而产生的责任首先应由质权人即银行承担，随后银行可根据《合同法》四百零六条第一款的规定向物流企业追责，而并非一定要以保管合同或仓储合同来追责。因此，动产质押监管合同应定性为委托合同，银行与物流企业之间的关系为委托关系。

2. 动产质押模式的质权设立效力

物流企业开展质押监管业务的模式有三种。①自营仓库内的质押监管。物流企业可能是仓库的所有权人也可能是承租人，但是整个场地由物流企业占有经营，物流企业在这个物理范围内完成质押监管活动。②客户仓库内的质押监管。这不仅仅是空间的改变，也带来了物流企业所提供的监管服务内容的改变。与自营仓库质押不同的是，物流企业仅核查库存，并根据银行的指示接收和释放货物；对货物的实际操作改由客户即厂商银业务中的买方（质押人）负责，包括库内保管、出入库操作、监管场地的消防安保。有时候，出质人甚至保留了在物流企业监管之下加工质物的权利。③第三方仓库内的质押监管。这里的第三方为出质人提供仓储、保管服务，双方往往另有协议。与客户仓库内的质押监管类似，物流企业仅核查库存，并根据银行的指示接收和释放货物。

《物权法》第二百零八条规定："为担保债务的履行，债务人或者第三人将其动产出质给债权人占有的，债务人不履行到期债务或者发生当事人约定的实现质权的情形，债权人有权就该动产优先受偿。"第二百一十二条规定："质权自出质人交付质押财产时设立。"说明动产质权的设立须将动产交付给债权人占有。《物权法》拟制的动产交付方式有简易交付、指示交付和占有改定。同时《最高人民法院关于适用〈中华人民共和国担保法〉若干问题的解释》第八十七条规定："出质人代质权人占有质物的，质押合同不生效。"这里的"代"的法律关系应包括出质人与质权人之间成立的一切以出质人继续占有质物的合同约定，因此通常认为不能通过占有改定的交付方式设立质权。按照上述规定可以判断，物流企业的第一种监管模式中，物流企业作为银行的代理人直接占有动产，而银行则作为间接占有人，此种质权显然是成立的。但有争议的是第二种和第三种监管模式中，是谁占有动产？首先必须明确"占有"的法律内涵，我国《物权法》在"占有"一章并未解释该词的内涵，但是根据"所有权"一词的定义，即"所有权人对自己的不动产或者动产，依法享有占有、使用、收益和处分的权利。"可知，占有不包括"使用、收益和处分"，但"占有"往往是"使用、收益和处分"的前提。因此大多数情况下，我们所理解的"占有"含有控制之意，但在后两种监管模式中，出质人均对质物有一定的控制权。此外，质权设立的公示只能通过转移占有的方式才能对抗第三人，使得质权人的权利能够得到保障，若允许出质人占有质物或对质物有一定的控制权，将使得质权十分脆弱。因此在物流企业的后两种监管模式中，不能认为出质人完全转移了占有，质权未能成立。

3. 动产质押与仓单、提单质押的区别

动产质押与仓单、提单质押，前者是实物质押，后者是权利质押，质押标的不同，但从实际的操作上看，两者的操作流程差不多，只不过仓单、提单质押需要物流企业向出质人提供仓单、提单，出质人再交付给银行。从操作模式上，仓单、提单质押的融资类型比动产质押丰富，包括了保兑仓、融通仓、统一授信等模式，分别适用于不同类型的企业。此外，仓单、提单质押有着比动产质押更大的法律风险，首先《物权法》《担保法》仅确认了仓单、提单可作为质押的权利，但是并未明确规定仓单出质是否需要在仓单上标记及其内容，且在仓储协议和仓单的关系问题上也有较大的争议。首先，关于仓单质权的设立，《物权法》和《担保法》仅提到交付，并未说明是否需要背书、标明"质押"字样，此外根据《合同法》规定的仓单转让规则："仓单是提取仓储物的凭证。存货人或者仓单持有人在仓单上背书并经保管人签字或者盖章的，可以转让提取仓储物的权利。"那么，仓单出质是否需要经保管人签字或者盖章？这些问题现行法都未做出明确规定。

（二）应收账款质押法律问题

应收账款质押是物流与供应链金融中最重要的担保方式，但我国现有法律对其规定笼统且模糊，因此产生许多法律风险。第一，应收账款具有无形性，既无实物形态，也无有价证券一样的权利证书，因此难以特定。第二，应收账款质押的实现更多地依赖于第三方债务人的资产和信用，因此对质权人的信息收集和辨别能力提出了较高的要求。第三，应收账款质押与应收账款让与担保之间的界限模糊。第四，由于应收账款质押是"一种请求权担保另一种请求权"，因此十分容易发生权利瑕疵。

对于上述法律风险，2017 年 12 月份修订的《应收账款质押登记办法》解决了一部分问题。例如：仿照了美国的《统一商法典》以"定义 + 列举 + 除外"的方式进一步明晰了"应收账款"的内涵与外延。为了避免质权人欺诈、虚构质权，进行质权登记时要求质权人与质押人之间签订登记合同，对质权成立的效力和先后顺序也进行了较为详细的规定。但仍有未解决的问题：首先，应收账款质权的设立是否需要通知第三方债务人，这也涉及了债权质押与债权让与的区分问题。《合同法》第八十条规定："债权人转让权利的，应当通知债务人。未经通知，该转让对债务人不发生效力。"应收账款作为一种债权，其被出质时是否需要通知。虽然出质并非转让，但当质权人实现担保时，第三方债务人直接将钱款支付给质权人，其中并没有质押协议双方的协商变价过程，相当于质权人直接向第三方债务人行使追偿权，与债权人直接行使债权一样。若第三方债务人向出质人履行了债务是否还有效。也许会有人认为，应收账款登记后所具有的公示效力可以对抗第三方债务人自行向出质人履行债务，但从实践操作层面上考虑，企业之间有着无数的债务，若要求债务人履行债务前须查明该债权是否被质押显然是不现实的，登记的对抗效力应当是指对抗善意债权受让人和质权人。此外，应收账款的实现对第三方债务人的配合要求很高，因此有必要要求出质人将出质的事实通知第三方债务人。由于合同抗辩权、撤销权、解除权的存在，应收账款的债权效力需要出质人的保全与配合，若出质人故意破坏应收账款基础合同的效力，使得应收账款不存在或者有瑕疵，此时质权人不仅无法实现质权，且出质人本身资信不足而受损，因此出质人的保全义务十分重要，虽然《物权法》在权利质权一章有参照动产质权的规定，但是由于权利质权有其本身的特殊性，因此应详细规定出质人保全质权的义务。《应收账款质押登记办法》仅为部门规章，效力层次不高，且主要规定质押登记方面，因此需要提高效力层级，并对应收账款质押的各个方面进行详细规定。

（三）票据质押法律问题

票据质押涉及《物权法》《票据法》和《担保法》及其解释等多部法律法规，不仅均未详细规定，且相关规定之间还存在冲突，因此在适用上存在着较多的问题。

首先，《物权法》规定了票据可作为出质设立权利质权，质权设立 = 签订书面合同 + 交付权利凭证（或登记）；而《担保法》及其解释规定：质权合同生效 = 交付权利凭证，且以汇票、支票、本票出质，出质人与质权人没有背书记载“质押”字样，以票据出质对抗善意第三人的，人民法院不予支持；《票据法》规定：质权设立 = 以背书记载“质押”字样。对于《物权法》与《担保法》之间的冲突，《物权法》第一百七十八条规定：“担保法与本法的规定不一致的，适用本法。”但《物权法》《担保法》与《票据法》的关系问题，现行法并无明确的答案，这就引起了关于票据质押是票据行为还是民事法律行为的争论。票据质押是否更应当视为票据行为：第一，根据特别法优先于普通法的原则，票据质押应当优先适用《票据法》。第二，根据《最高人民法院关于审理票据纠纷案件若干问题的规定》第五十五条规定：“以汇票设定质押时，出质人在汇票上只记载了‘质押’字样未在票据上签章的，出质人未在汇票、粘单上记载‘质押’字样而另行签订质押合同、质押条款的，不构成票据质押。”可以看出仅签订质押合同并不能代表质权成立，需要记载“质押”二字并由出质人签章才成立，说明票据质押具有票据的要式性。第三，票据质押的目的就是为了能够既满足出质人的融资需求又保障质权人的权利实现，将票据质押视为票据行为，可利用票据的无因性和独立性保障质权人的权利，票据之所以能够用来融资，主要在于其相当于由所有的背书人以及承兑人进行担保，且独立于出质人与前手的基础合同，实现了信用最大化，比应收账款融资更为安全便捷，有利于降低中小企业融资的难度。

定性了票据出质为票据行为后，可以确定票据出质成立的条件为：①注明背书人、被背书人以及“质押”字样；②交付，无权利凭证的则须登记。进一步的问题是如何实现质权？《物权法》和《担保法》规定的质权实现前提是债务人期满未清偿债务，但《票据法》规定的票据权利实现是无条件的。如果要求质权人在行使票据权利时须证明债务人期满未清偿债务，则不利于质权人的权利保障，影响票据的流转；若无须证明，则相当于票据转让，可能会使出质人受损。质权人实现票据权利时无须证明债务人是否履行义务：第一，票据质押的目的在于担保，即充分保障质权人权利的实现；第二，出质人与质权人之间的关系也就是《票据法》上的背书人与被背书人，若出质人已偿还债务，其可根据质押合同直接对质权人进行抗辩，理由为清偿债务后质权消灭应返还质物，或者直接依据《合同法》的规定要求质权人承担违约责任。

（四）资产证券化法律问题

供应链金融的资产证券化主要是指在以供应商为核心的应收账款资产证券化基础上展开的供应链融资创新模式，在上游供应商回笼应收账款的前提下，实现核心企业在应付账款和现金流的有效管理。通过资产证券化这一金融工具，降低供应链两端的综合融资成本，优化企业报表，平衡供应链上下游企业之间的利益，促进闭环产业链的良性发展。

1. 特殊目的载体设立的法律问题

根据《证券公司及基金管理公司子公司资产证券化业务管理规定》（以下简称“《管理规定》”）：“特殊目的载体是指证券公司、基金管理公司子公司为开展资产证券化业务专门设立的资产支持专项计划或者中国证监会认可的其他特殊目的载体。”特殊目的机构的设立问题是应收账款资产证券化项目能否成功施行的关键，选择资产支持专项计划也只是暂时性的处理方式，因为在应收账款资产证券化的过程中，资产支持专项计划并不具备独立的权利能力和行为能力，其签署和履行相关协议都是通过证券公司或者基金子公司作为计划管理人进行的，因此资产支持专项计划和计划管理人两者不能完全区分开来，一旦计划管理人发生诸如破产等问题，资产支持专项计划也会受到影响。

2. 基础资产转让的法律问题

《合同法》第79条规定了三种不得转让的债权，其中包括当事人约定禁止转让的债权，而《管理规定》并未说明基础财产不能为当事人约定禁止转让的债权，而资产证券化要求真实转让，往往涉及三次转让：融资者→保理商→SPV→投资者。无论是哪个环节约定了禁止转让，必然导致下一环节转让的效力问题，一旦要求买方履行付款义务时，买方可能会以合同中的禁止转让条款进行抗辩，拒绝支付应收账款项下的款项。由于合同是相对的，禁止转让条款不应约束善意第三人，且参考国外立法，大多规定贸易双方当事人在合同中或者补充协议中签订的禁止转让的条款效力不得对抗第三人。法律应进一步明确在债权资产证券化过程中，“禁止转让”条款不得对抗善意第三人，由此可促进资产证券化的顺利进行。

3. 真实销售的法律问题

目前，我国商业保理资产证券化过程中对于真实销售的标准在实践中操作性较低，在资产证券化交易过程中存在担保融资，具体到商业保理资产证券化。担保融资指的是作为原始权益人的商业保理公司将其受让的应收账款作为担保向SPV（特殊目的公司）融资，当买方履行还款义务后，原始权益人再向SPV偿还本金与利息的融资模式。从操作上来看，真实销售和担保融资存在相似性，但是在风险隔离上却大相径庭，担保融资模式下，当作为发起人的保理公司出现破产风险时，一旦真实销售被视为担保融资，将难以有效隔离风险，进而导致投资人的合法权益难以得到有效保障。

（撰稿人：中国政法大学互联网金融法律研究院院长　李爱君）

第四节　科技环境

在中国互联网快速发展与应用背景下，企业触网进行转型发展的步伐日益加快。习近平总书记曾指出，要充分发挥企业利用互联网转变发展方式的积极性，支持和鼓励企业开展技术创新、服务创新、商业模式创新，进行创业探索。如何以成熟的互联网为基础，推进企业的创新驱动和技术赋能成为战略重点。供应链金融作为产融结合与协同的新模式，一方面解决了供应链资产端的融资问题，另一方面解决了资金端的资金投放问题，有效地实现了产融协同、降本增效、风险控制。

在企业普遍性的触网运营下，供应链金融正从“1 + N”阶段向在线化、平台化、智慧化和生态化方向发展，强调商流、物流、信息流和资金流的合一和协同，更加强调技术赋能供应链金融的发展。从目前供应链金融行业应用和发展实践看，正在研发和应用于供应链金融的技术主要包括：人工智能（Artificial Intelligence）、区块链（Block Chain）、大数据（Big Data）和云计算（Cloud Computing）、物联网（Internet of Things）。

一、人工智能技术（AI）及其供应链金融应用

人工智能（Artificial Intelligence，AI）是集数门学科精华的“前沿学科中的交叉学科”。其研究目的是研发用于模拟、延伸和扩展人的智慧和能力的理论、方法、技术及应用系统。与人工智能相关性最高的三门学科是计算机科学、数学和逻辑学。

与传统融资模式相比，供应链金融的融资模式具有更强的融资优势。依据对融资企业的智能供应链环节中上下游企业“产—供—销”链条的稳固和流转顺畅度等数据的挖掘和分析，不光提升了供应链的效率和竞争力，更可以为企业解决融资问题。创新型企业组织正在应用人工智能和机器学习来处理大量供应链数据，以实现企业供应链管理的优化。将 AI 应用于供应链金融需要关注以下几个问题。

1. 明确需要解决的特定问题

供应链包含了从计划到生产、包装、仓储、分销和物流等多个过程，供应链金融依据特定供应链环节设计产品和风险控制，相应地需要特定的 AI 项目。例如，我们能依托供应链，规划采购贷、订单贷、应收贷等多种供应链金融产品的额度和利率，我们也可以依据供应链设计基于 AI 技术的风险控制模型。

2. 具备大数据基础

人工智能应用于供应链金融的基础条件是拥有充分的数据。我们可以从企业的不同系统（ERP、MRP、CRM 和其他系统）中提取数据，也可以从外部获得互联网上的

挖掘数据，或者政府对于企业的监管数据。理想状态下，这些数据集之间最好具有时间框架一致性。如果我们有某个企业超过半年的原材料数据、库存数据和销售数据等，AI 应用于供应链金融将更加有意义。

3. 选择一个熟悉供应链的技术伙伴

人工智能应用于供应链金融是个创新的领域，对于有志于将该技术应用于业务领域的公司而言，选择一个熟悉供应链业务的技术服务公司至关重要。从目前供应链金融发展的实践看，我们的企业迫切需要一个数据科学团队来开始使用 AI，需要具有供应链领域专业知识的人来规划 AI 环境、设计 AI 应用供应链金融的各类模型与算法等。

人工智能技术应用于供应链金融是从事该项业务公司的必然选择，虽然我们有些公司目前还不具备很好的应用条件，但也要充实重视人工智能技术，随着公司供应链金融业务的开展，人工智能技术将带来巨大红利。

二、区块链技术（BC）及其在供应链金融领域的应用

区块链提供了一个可信赖的记录系统，可以解决供应链的三个痛点：数据可视化、流程优化和需求管理。区块链应实现跨供应链层级的金融合作，所有的参与方都可以通过分布式账本对整个供应链的流程有清晰的认识。供应链金融的每一个参与方都是点对点网络中的一员，网络不存在单点故障，整个网络都可用。各方可以减少人力成本、操作风险和系统性风险。基于区块链技术的特点，其在各行业领域供应链金融发展中的应用模式表现在以下几方面。

1. 区块链应用于预付款融资模式

企业向金融机构申请融资用于向核心企业采购，包括保兑仓模式、替代采购模式等。此时，区块链技术需要侧重的关键点便在于如何确保下游企业贸易的真实性、融资用途不被篡改等，常用的方法是通过引入第三方监管企业（一般是物流企业）对货物进行监管。

2. 区块链应用于应收账款模式

核心企业的上游供应商以应收账款的转让或者质押进行融资，包括明保理、暗保理、ABS 等。区块链技术侧重的关键点是贸易背景的真实性以及应收账款的回款信息等。贸易的真实性是整个融资业务的基础，回款信息是融资风险控制的保障。

3. 区块链应用于存货质押融资模式

由第三方监管公司负责货物的监管、货价的评估以及货物的发放等，一定程度上借鉴监管公司给出的货价评估后金融机构发放贷款。中小融资企业用运营所得还贷，如果中小企业丧失还款能力，也可以提前与核心企业签购销协议，通过核心企业的回收来解决货物的处理问题。区块链技术的侧重点在于第三方监管公司的货物评估与监

管信息、中小企业的资金信息等。

三、物联网技术（IoT）及其在供应链金融领域的应用

“物联网技术 + 供应链金融”模式通过全球定位系统（GPS）、生物识别等手段，对动态和静态的目标进行识别、定位、跟踪、监控等系统化、智能化管理，然后进行数据汇总并分析，使客户、监管方和银行等各方参与者均可以从时间、空间两个维度全面感知和监督动产存续的状态和发生的变化，进行风险监控和市场预测。

物联网的技术特点和在供应链金融领域的应用一方面有效控制供应链金融风险；另一方面获得各类数据信息，反向协同进行风险控制，其应用主要体现在以下几方面。

1. 物联网应用于静态存货质押模式

借助物联网技术对存货质押、仓单质押、融通仓等服务的进一步提升，实现融资过程中监管服务的网络化、可视化、智能化，实现对存货质押融资的数据有效获取和风险有效控制。2015 年，平安银行将物联网智能监管拓展到钢铁行业中来，通过引入感知罩、感知箱等物联网传感设备，建立起“重力传感器 + 精准定位 + 电子围栏 + 仓位划分 + 轮廓扫描”的智能监管系统，赋予动产以不动产属性，实现对钢材的识别、定位、跟踪、监控等系统化、智能化管理。

2. 物联网应用于动态存货质押融资

该模式主要针对运输过程中的货物进行监管、监控，从而完成货物在送达客户过程中的融资，如华夏物联网研究中心提出的货运物联网金融。货运物联网金融是在货运车联网技术的基础上创新的金融服务，通过复合金融卡技术（RFID 卡与银行卡合一），面向货运车辆，实现一车一卡，集成卡车运营中的一切商务活动，进行金融服务创新。如集成加油、运费、保险等服务，可实现庞大客户群的团购，使得货运出行服务费用得到较大幅度的优惠。

四、大数据技术（BD）及其在供应链金融领域的应用

国务院《促进大数据发展行动纲要》将大数据定位为“新一代信息技术和服务业态”，赋予大数据“推动经济转型发展”“重塑国家竞争优势”“提升政府治理能力”的战略功能，并将数据界定为“国家基础性战略资源”。大数据在供应链金融正在得到应用是事实，但应用的好坏需要关注以下几个问题。

1. 数据来源

①通过互联网获取数据。在互联网逐步普及应用的今天，我们可以通过互联网获得各类数据，如通过各类搜索、社交、媒体、交易等各自核心业务领域获取数据。

②通过物联网获取数据。随着物联网在各个领域的应用，物联网大数据来源与日俱增。③通过企业自身的经营积累数据。企业在运营过程中产生了大量的数据，但我们的企业在这方面的数据积累不足，特别是在供应链上的数据积累和挖掘不足，造成数据价值没有充分体现。④通过政府部门获得监管数据。这类数据质量好、价值高，但开放程度低。《促进大数据发展行动纲要》把公共数据互联开放共享作为努力方向，实际上，长期以来政府部门间信息数据相互封闭割裂，面向社会的公共数据开放还有一个过程。

通过各种渠道获得的数据要特别关注：①数据的数量；②数据的质量；③数据的合法性；④数据的合规性。

2. 数据处理

大数据只是一种手段，关键要善于通过数据的处理解决问题。大数据主要有以下几种较为常用的功能。

（1）追溯功能。通过大数据可以追踪、追溯各种记录，形成真实的历史轨迹，从而触发在各个领域的应用。如客户购买行为、购买偏好、支付手段、搜索和浏览历史、位置信息等。

（2）识别功能。在对各种因素全面追溯的基础上，通过比对、筛选，可以实现精准识别，尤其是对语音、图像、视频进行识别，使可分析内容大大丰富，得到的结果更为精准。

（3）画像功能。通过对同一主体不同数据源的追溯、识别，形成立体的刻画和更全面的认识。对客户画像，可以精准推送广告、产品，准确判断信用及风险等。

（4）预警功能。在历史轨迹、识别和画像基础上，对未来趋势及重复出现的可能性进行预测，当某些指标出现预期变化或超预期变化时给予预警。

（5）匹配功能。在大量信息中精准追踪和识别，利用相关性、接近性等进行筛选比对，更有效实现供需匹配。

通过大数据应用解决中小企业融资难问题，可以看作通过识别、画像对优质中小企业进行精准筛选和界定，找准优质的中小企业；通过追溯、预警可以对贷款资金、贷后管理等进行监控和评估；通过匹配和优化，更好地实现资金的最优化配置使用。

3. 数据价值

不创造价值的大数据应用不是好应用。大数据应用于供应链金融的效果在于是否提升了能力、改善了绩效。如金融机构、供应链金融服务企业的风险控制能力、盈利能力、获客能力等；融资企业的融资的可得性、成本及便利性等。

随着供应链金融在线化、平台化和智慧化发展趋势，重视大数据、应用大数据是供应链金融生态圈中各方的必然选择。

五、云计算技术（CC）及其在供应链金融领域的应用

云计算是分布式计算、并行计算、网络存储、虚拟化等传统计算机和网络技术发展融合的产物。云计算有 3 种类型。

（1）软件即服务（Software as a Service，SaaS）：用户只是租用具体的应用程序和数据库来满足自身需求，不能控制云中的操作系统、硬件和框架设施等。

（2）平台即服务（Platform as a Service，PaaS）：用户除了使用服务器之外，还包括服务器上的系统软件的租用，不能控制云中的操作系统和框架等。

（3）基础即服务（Infrastructure as a Service，IaaS）：用户根据实际需要租用尽可能多的服务器，通过服务器的使用获得需求满足，可以更改和控制云操作系统，并根据情况进行调整。

云计算技术发展已经进入成熟期，金融云的应用也正在向更加核心和关键的"深水区"迈进。调研资料显示，已有过半数的金融机构使用 OpenStack 等开源云计算技术。云计算技术为金融机构提供了统一平台，有效整合金融结构的信息系统，消除信息孤岛，在充分考虑信息安全、监管合规、数据隔离和中立性等要求的情况下，为机构处理突发业务需求、实现业务创新改革提供有力支持。近年来，云计算计算在众多企业得到了很好的应用。

（1）云物联。应用云计算技术使物联网中数以兆计的各类物品的实时动态管理、智能分析变得可能。2017 年 4 月，中国外运股份有限公司与腾讯云正式达成战略合作，中国外运逐步将公司的交易型应用、公共服务生产系统和开发测试应用系统部署迁移到腾讯共有云。同时，利用腾讯的云管理平台能力和技术力量，协助扩充私有云平台，共同构建安全混合云平台。

（2）云存储。云存储通过集群应用、网格技术或分布式文件系统等功能，将网络中各种不同类型的存储设备通过应用软件集合起来协同工作，共同对外提供数据存储和业务访问功能的系统。亚马逊 2006 年就推出弹性云计算服务，核心是分享系统内部的运算、数据资源，达到使中小企业以更小的成本获得更理想的数据分析、处理、储存的效果。

（3）云安全。通过网状的大量客户端对网络中软件行为的异常监测，获取互联网中木马、恶意程序的最新信息，推送到服务器（Server）端进行自动分析和处理，再把病毒和木马的解决方案分发到每一个客户端。2017 年，百度云与民生银行合作，为民生银行提供其信贷企业的风险管理和预警服务。

（4）云计算。近年来，许多大型的互联网技术提供商提出了金融云的概念，即利用云计算的运算和服务优势，将金融业的数据、客户、流程、服务及价值通过数据中

心、客户端等技术手段分散到“云”中，以改善系统体验，提升运算能力、重组数据价值，为客户提供更高水平的金融服务，并同时达到降低运行成本的目的。

人工智能、区块链、物联网、大数据和云计算等新兴技术并非彼此孤立，而是相辅相成、相互促进的。大数据是基础资源，云计算是基础设施，人工智能依托于云计算和大数据进行智能管控，区块链实现分布式记账，物联网实现物物互联，动态获取数据。从发展趋势看，上述各项技术在商业实践领域的应用会更加紧密，技术边界在不断削弱，新一代信息技术的发展正在形成融合生态，并推动供应链金融发展进入新阶段。

（撰稿人：中央财经大学副教授、供应链与运营管理系主任　耿勇）

第三章　中国物流与供应链金融产品发展概况

第一节　预付类融资的发展概况

预付款融资是指在具备真实贸易背景的基础上，银行、买方和卖方签订三方合作协议，约定在卖方承诺回购的前提下，由银行向买方授信，专项用于其向卖方支付预付货款，同时买方以商品销售回款作为第一还款来源的供应链金融业务。预付款融资的担保基础是预付款项下客户对供应商的提货权，或提货权实现后通过发货、运输等环节形成的在途存货和库存存货。这种融资多用于企业的采购阶段。

预付账款融资模式的出现主要是为了解决中小企业在与大型企业进行稳定、长期的贸易时面临的资金短缺问题，为中小企业提供相对宽松、便捷的融资服务。供应链上的中小企业在市场交易中，劣势地位比较明显，在采购过程中，一般需要预付账款给供应商或者制造商，才能够获得连续生产所需的相关生产或者销售物料，产生的预付账款延长了企业资金的占用时间，若自有资金缺乏，即产生融资需求。而核心企业为了实现批量销售，愿意为经销商提供担保。同时预付账款融资业务能够帮助供应商避免产生大量应收账款，起到优化公司财务的作用。金融机构能够对供应链统一授信，贷款风险可控，是增加新的收益来源的优质业务。

一、预付类融资主要类型

（一）先票（款）后货模式

先票（款）后货是动产及货权质押授信业务的一种。是基于核心企业（卖方）与客户（买方）的供销关系，客户通过银行提前支付预付款给卖方并以融资项下所购买货物向银行出质，银行按照客户的销售回款进度逐步通知监管方释放质押货物的授信业务。适用于需要向上游企业采购商品的贸易型和生产型企业。

先票（款）后货标准授信融资产品可以使企业在没有其他抵/质押物或保证的情况下，从银行获得授信支持，解决资金压力，扩大经营规模。企业可以利用银行授信实现商品大额采购，获得较高的商品采购折扣，同时，还可能通过该产品提前锁定商品采购价格，防止涨价风险。

先票（款）后货授信流程如图 3－1 所示。

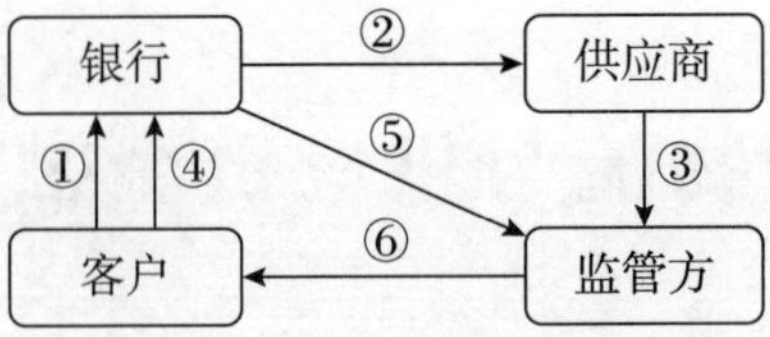

图 3－1 先票（款）后货授信流程

①买卖双方签订贸易合同，客户缴纳一定比例的保证金。买方（客户）向银行提出先票（款）后货业务申请，并向银行提交相应的业务单据和申请信息。核心企业确认买方信息的真实性。根据业务类型及客户级别对保证金金额、保证金来源、利率、比例、客户银行结算账户等信息进行审核并划转至相应保证金账户。

②银行向客户提供授信，并直接用于向卖方的采购付款。客户先票（款）后货业务申请审核通过后，放款中心进行出账审查，并向卖方进行付款。

③卖方发货，直接进入监管方的监管仓库。卖方确认收票（款）后，根据“合作协议书”在规定的发货期内办理发货，将货物运到协议约定监管仓库。监管仓库接收货物后向银行发送监管清单，确保担保物的及时交付。

④客户根据经营需要，向银行补充保证金。

⑤银行根据补充保证金的量，通知监管方向客户释放部分抵/质押物。

⑥客户向监管方提取部分抵/质押物。

（二）担保提货模式

担保提货也称为“保兑仓”，是动产及货权授信业务的一种，是指商品买方缴纳一定比例的保证金，从银行取得授信支付给贸易项下的卖方，在买方需要提货时向银行补足保证金后，银行给卖方发送相应价值的提货通知，卖方根据银行的提货通知给买方发货，如果提货期满，买方没有按时补足保证金赎货，卖方将向银行退还未补足部分的款项。该业务模式下，核心企业、经营商与银行签署“三方协议”，协议约定卖方承担收款确认，按提货通知发货，对未发货部分实行差额退款。

保兑仓与先票后货标准授信非常类似，两者最大的区别在于，保兑仓业务不涉及监管企业，而先票（款）后货则需要对货物进行严格的监控。适用于需要向上游企业采购商品的贸易型和生产型企业。

担保提货授信流程如图 3－2 所示。

①客户、供应商与银行签署“合作协议”。客户向银行提出担保提货业务申请，并

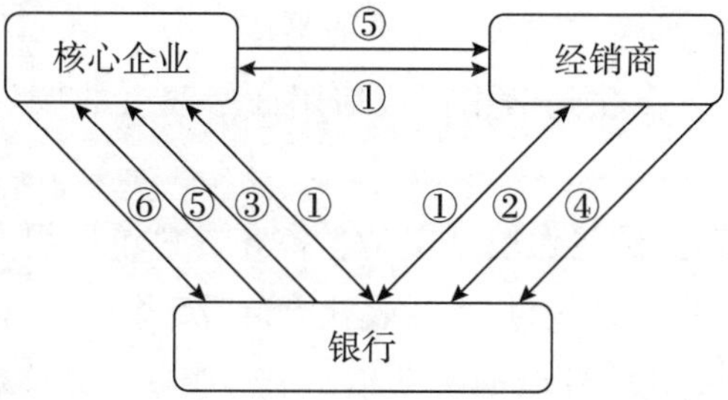

图3－2　担保提货授信流程

提交相关业务资料，核心企业（卖方）对相关业务材料进行确认。

②客户缴存保证金或匹配自有资金，并签署相关授信协议文本。对保证金金额、保证金来源、利率、比例、客户银行结算账户等信息进行审核，并将保证金划转至相应账户。

③银行将授信资金定向支付给核心企业（卖方）。授信业务通过审核后，向核心企业（卖方）支付款项，核心企业确认收款。

④客户划付赎货款项。

⑤银行通知核心企业（卖方）按协议约定发货。核心企业接收到银行《提货通知书》，办理提货操作。

⑥授信到期客户若未完全提货，供应商承担差额退款责任。

（三）国内信用证模式

国内信用证是指开证行依照申请人的申请向国内受益人开出的，凭符合信用证条款规定的单据支付一定金额的付款承诺。国内信用证为不可撤销、不可转让的跟单信用证，有效期最长为开证日后 180 天。国内信用证必须以人民币计价，而且只限于转账结算，不得支取现金。适用于经营正常、贸易关系稳定、现金流稳定的国内贸易经销商和采购方。

围绕国内信用证这一结算方式展开的信用证项下买方融资、卖方融资业务还包括：适用于买方的有信用证项下买方押汇、信用证代付；适用于卖方的有信用证项下卖方押汇、打包贷款、卖方贴现、卖方议付等。其中买方的有信用证项下买方押汇、信用证代付属于预付款融资业务。

国内信用证的主要环节包括以下几点。

（1）开证：开证申请人备齐资料申请，开证行审核通过后开证，采用信开或电开方式，如信开，寄送通知行的同时须以 SWIFT MT799 电文证实（开证行与通知行为同一家行时除外）。

（2）修改：开证申请人备齐资料向原开证行提交信用证修改申请，并由受益人出具同意修改的书面证明，加盖与原合同一致的签章。

（3）通知：通知行应在收到信用证或信用证修改书的次日起一个营业日内做出处理。

（4）议付/委托收款：受益人填制申请、备齐资料单据提交议付行/委托收款行，议付行/委托收款行一般在受理议付/委托收款申请后5个营业日内完成审单。

（5）付款：开证行应在收到单据次日起5个营业日内，核对单据表面与信用证条款是否相符，并决定是否履行付款责任。

（6）注销：支付后余额为零的信用证，以及不允许分批装运且无须支付尾款的信用证，无论是否过有效期，均可在支付后即予注销。

信用证项下未发生过支付，或有支付但仍有余额，开证行应在信用证逾期1个月后注销，对于议付信用证，须向议付行查询其是否办理了议付并取得议付行未办理议付的确认后方可注销。

信用证未逾期的，如开证申请人向开证行要求注销，开证行经通知行征得受益人同意，并收回全套正本信用证（包括修改和有关附件），该证方可注销。

如受益人经通知行主动要求注销信用证，应提交书面委托书及全套正本信用证，开证行应联系开证申请人同意，通知行在征得开证行同意后，方予办理。

信用证逾期3个月后，可予自动注销。

国内信用证业务流程如图3-3所示。

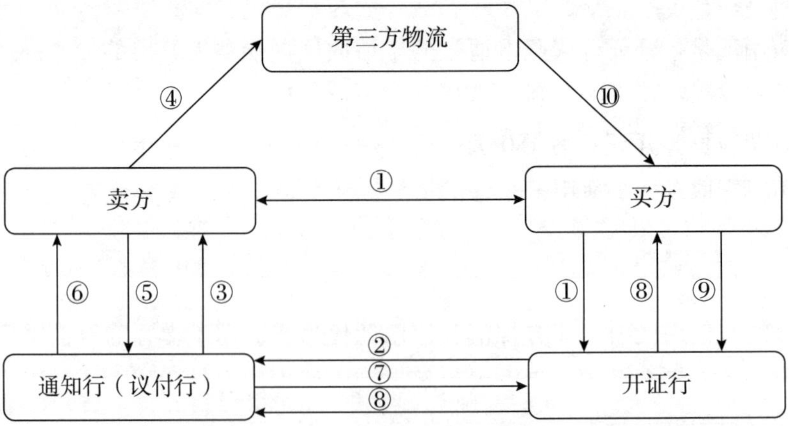

图3-3 国内信用证业务流程

①签订购销合同，买方向开证行提交材料申请开证。

②开证行受理申请，向通知行开立国内信用证。

③通知行收到信用证并通知卖方。

④卖方收到国内信用证后，按照信用证条款和合同规定发货。

⑤卖方发货后备齐单据，向议付行交单。

⑥议付行审单议付，向卖方支付对价。

⑦议付行将全套单据寄送开证行，办理委托收款。

⑧开证行收到全套单据，审查单据后，向议付行付款或发出到期付款确认书，同时通知买方付款赎单。

⑨买方向开证行付款，收到符合信用证条款的单据。

⑩买方提货。

二、预付类融资的风险规避

（一）预付类融资的风险来源

（1）信用风险。核心企业信用风险：核心企业掌握供应链的核心价值，在整个供应链的物流、信息流和资金流中承担关键角色，在借款企业无法还款的情况下对银行承担还款、回购责任。核心客户的主体风险将直接触发其间接授信项下直接授信客户的风险，波及范围较广，金额较大。借款企业信用风险：借款企业作为上下游的中小企业，本身治理结构不健全、财务报表不完善、抗风险能力低等问题突出。

（2）监管公司或监管人员道德风险。监管公司或监管人员出于自身利益考虑，与核心企业和借款企业联合骗取贷款，比如采取重复出具仓单的方法，这是目前先票（款）后货模式中出现风险最高的关键环节。

（3）操作风险。先票（款）后货模式中涉及主体多，且需要多次缴纳保证金和提货，加大了业务中的操作风险。比如，虚假保证金风险，在没有实际资金从买方账户划入银行保证金账户的情况下，买家向银行申请提货并获得了银行的同意，导致此后银行“货、财”两空的风险发生。这种预付款融资中的质押物品始终是处于动态的，是随着企业经营不断变化的，这使得银行的风险也在动态变化。另外，借款人提赎货间隔时间长或者延迟提货都会加大款项的回收难度。

（4）市场风险。由于市场环境的变化和供求关系的影响，质押物的价格也会随之变动，从而影响质押物的变现能力。比如2012年前后该业务在煤炭、燃料油、钢铁、铁矿石、有色金属等行业出现的风险事件。

（二）预付类融资的风险规避

（1）加强企业资质审核，严禁关联交易。加强对授信业务上游卖方（核心企业）的主体准入级别，禁止介入上下游企业为关联企业的业务，严格审核上下游的交易习惯和交易条件。银行在选择第三方监管人时，也应该关注监管人的实际运营能力及企业信誉，同时第三方监管人还应具备足够的违约赔偿能力。

（2）通过对质押物的选择规避风险。对质押物的选择主要有产权清晰、价格稳定和流动性强。质押物产权清晰，避免陷入法律纠纷，影响处置清收进度。价格稳定的好处是可以降低商业银行的盯市频率，减少工作量，处置时不会面临较大的价格波动。另外，质押物的流动性越强，需求面越广，通用程度越高，越容易处置。

（3）完善银行内部管理机制，规避操作风险。严格审查借款人存入保证金的资金来源，确保为自有资金，一旦发现保证金来源于上游企业，立即退出。严格核查借款人提赎货情况，发现提货频率不正常或延迟提货应该给予重点关注。

（撰稿人：平安银行交通物流金融事业部总裁　冉旭）

第二节　存货类融资的发展概况

存货是处于闲置状态、具有一定价值的货物，没有价值的货物是不能用作抵押或质押物品的。但笔者更倾向于把存货叫作动产，这是因为动产对应不动产，而不动产是更传统融资担保物。存货抵押融资和质押融资的区别在于前者不转移存货的占有权，后者必须转移存货占有权。两者的共同点是以存货作为借款的还款保证。

外国的动产质押产生于18世纪甚至更久远的年代，根本原因是经济发展速度快，金融服务产品跟不上而产生的融资担保模式。但在很长时期内，外国的融资质押物仅限于有色金属和谷物。我国的动产质押融资产生于20世纪90年代，在经济的高速增长时期，传统的融资抵押物——不动产资源枯竭，不得不选择动产。动产抵/质押融资模式有不同的分类方式。

一、存货类融资主要类型

目前，我国主要的存货类物流与供应链金融产品包括：静态抵/质押授信、动态抵/质押授信、标准仓单质押授信、非标准仓单质押授信等。

（一）静态抵/质押

静态抵/质押是指银行根据客户申请，以授信申请人（或第三人）合法拥有的货物为担保物，由银行认可的仓储企业对货物进行质押监管的融资授信业务。在此模式下，客户每次提货均需补充相当于提货金额的保证金，经过银行审核后签发提货指令，仓储企业按指令发货。静态抵/质押授信业务详解如表3-1所示。

表3-1　静态抵/质押授信业务详解

项　目	内　容
业务优势	①盘活企业存货，解决资金占压问题，扩大经营规模； ②对银行来说，抵/质押物的变现能力相对较强
适用范围	适用于除了存货以外没有其他合适的抵/质押物的客户，而且客户的购销模式为批量进货、分次销售，更多地适用于贸易型客户
业务流程	①在银行、客户、监督方三方签订“仓储监管协议”的前提下，客户向监督方交付抵/质押物； ②银行为客户提供授信； ③客户向银行追加保证金； ④银行向监管方发出发货指令； ⑤监管方发货

资料来源：中物联金融委整理。

（二）动态抵/质押

动态抵/质押是指银行根据客户申请，以授信申请人（或第三人）合法拥有的货物为担保物，由银行认可的仓储企业对货物在最低价值范围内进行质押监管的融资授信业务。在此模式下，超过银行确定最低价值的部分申请人可向仓储企业申请自行提货；低于确认最低价值的，货物均需补充相当于提货金额的保证金，经过银行审核后签发提货指令，仓储企业按指令发货。动态抵/质押授信业务详解如表3-2所示。

表3-2　动态抵/质押授信业务详解

项　目	内　容
业务优势	①对于客户而言，由于可以以货易货，因此抵/质押设定对于生产经营活动的影响相对较小，对盘活存活的作用非常明显； ②对银行来说，该产品的保证金效应相对小于静态抵/质押授信
适用范围	①适用于库存稳定、货物品类较为一致、抵/质押物的价值核定较为容易的客户； ②对于一些客户的存货进出频繁、难以采用静态抵/质押授信的情况，也可运用本产品； ③多用于生产型用户
业务流程	①在银行、客户、监督方三方签订“仓储监管协议”的前提下，客户向监督方交付抵/质押物； ②银行为客户提供授信； ③最低限额让提货； ④低于最低限额追加保证金； ⑤通知监管方发货； ⑥最低限额下提货

资料来源：中物联金融委整理。

（三）标准仓单质押

标准仓单质押是指银行根据客户申请，以授信申请人在期货交易所标签发标准仓单为担保物的融资授信业务。标准仓单是指由期货交易所统一制定，由交易所指定交割仓库完成入库商品的验收、确认后，由交易所签发给货主的，用于提取商品的电子凭证。标准仓单质押授信业务详解如表3－3所示。

表3－3　标准仓单质押授信业务详解

项　目	内　容
业务优势	①相对于动态抵/质押，标准仓单质押手续简单、成本较低； ②对银行而言，成本和风险较低； ③标准仓单的流动性很强，也有利于银行在客户违约的情况下对质押物的处置
适用范围	适用于通过期货交易市场进行采购或者销售的客户，以及通过期货交易市场套期保值、规避经营风险的客户
业务流程	①客户将标准仓单及“质押申明书”交给银行； ②银行办理质押手续； ③银行为客户提供出账； ④客户补交保证金或归还银行授信； ⑤银行释放标准仓单。 或者 ⑥在需要客户以标准仓单参与实物交割偿还银行授信的情况下，银行将标准仓单直接交给期货经纪公司，授权其代理参与实物交割； ⑦交易款项首先用于偿还银行授信

资料来源：中物联金融委整理。

（四）非标准仓单质押

非标准仓单质押是指银行根据客户申请，以授信申请人在银行认可的仓储企业存放货物并取得的仓单为担保物，向申请人发放的融资授信业务。当授信申请人不能履行还款义务时，银行有权依法处置仓单项下质押物。非标准仓单质押授信业务详解如表3－4所示。

表3－4　非标准仓单质押授信业务详解

项　目	内　容
业务优势	①以仓单质押申请融资，盘活企业所占压的流动资金，降低客户资金周转压力，使物流与资金流形成了较为良性的互动； ②充分利用杠杆效应，有效扩大企业经营规模

续　表

项　目	内　容
适用范围	①除仓单项下货物以外缺乏其他合适的抵/质押物或者担保条件的企业； ②适用于持有的仓单占压大量资金，严重影响流动性的贸易或生产企业； ③出具仓单的仓储企业资质较好，仓单变现能力较强
业务流程	①客户向仓库交付货物，申请制作仓单； ②仓库向客户出具仓单； ③客户向银行提交仓单并制作出质背书； ④银行向客户提供授信出账； ⑤客户向银行存入追加保证金； ⑥银行向客户释放仓单； ⑦银行通知仓库释放仓单项下货物； ⑧客户凭仓单向仓库提货

资料来源：中物联金融委整理。

二、存货类融资的风险规避

（一）存货类融资的风险来源

企业在其生产经营过程中具有存货所有权，而且在企业整个资产中，存货占有很大份额。那么如果存在闲置的存货，就会影响到企业整个资产的使用情况。当前，存货融资方式被我国很多企业所采用，银行会根据企业抵押的货物量来进行放贷额的考虑。因此，如果银行得到虚假提单的话，整个供应链上就会出现一种提单风险。而这种模式下风险是由存货引起的，金融风险会受到存货价格、数量以及质量的影响。①

1. 信用风险

在供应链金融中，由于中小企业和核心企业在供应链中是客户和服务或产品提供方的角色，而客户或供应商的能力、商品来源，以及一些合法性对于银行来说都是潜在的风险。比如客户的商品是走私商品，则存在被罚没的风险；再比如客户的商品或服务不具有完全的资格，则又存在一定的合法性。无论是哪种情况，都有可能给银行带来风险。或者客户信誉较差，在实际的运营中可能存在种种不良行为，比如将商品以次充好等，都是一种信用风险。

2. 市场风险

由于市场价格的波动，或者汇率的变化，或者原材料自身价格的变化，或者其他

① 费超．论供应链金融风险控制［J］．中国市场，2016（2）：42－43.

可能产生的成本的影响，使得在存货质押融资中，质押物在某段时间的价格随时可能发生变化，从而改变了质押的变现能力，这对银行来说质押物的价值下降则会产生损失。所以，对于那些应用不广、不易处理、易变质或价格波动较大的商品则不适宜作为质押物，因为可能产生较大的风险。因此在开展此类业务的时候，物流企业要替银行对质押商品是否适合质押做出判断。

3. 法律风险

在仓单质押业务方面，某些层面会存在一定的法律缺失，让违法行为钻了法律的空子而产生风险，也有可能是法律过于原则化，而给操作带来困难。比如，在《担保法》等相关法律法规中，对动产质押的有效性、排他性的规范条款过于原则化，在一定程度上较为模糊，同时操作也比较困难。这方面的风险也表现在所有权及货物的合同条款规定方面。货物的所有权在流动的同时，有可能产生所有权的纠纷。

4. 操作风险

在商品监管的时候，由于仓库和银行之间存在一定的信息不对称、失真或者滞后的情况，有可能让任何一方造成决策上的失误，造成了商品监管的风险。目前，在多数的物流企业的管理中，设备陈旧、信息化程度低等问题易造成监管脱节。此外，在异地质押中，部分仓库是第三方仓库或者是客户自己的仓库，给物流企业的监管带来极大的风险，同时也给银行的质押业务带来风险。

（二）存货类融资的风险规避

发展动产抵/质押融资，重要的是理顺关系和建立规则。

一是理顺当事人的法律关系。《担保法》充分体现了对出质人、质权人利益的公平保护。债权人优先受偿，质权人有妥善保管质物的义务。当质权人没有能力保管质物时，就委托有能力的物流公司代为保管。因此，在存货质押融资监管业务中，多个法规在起作用。出质活动归《物权法》、仓储保管活动归《合同法》。由此引出下列问题：质物权属由质权人确认，但写入监管协议便转移到监管人那里；监管与保管的概念区分，银行认为监管应包括保管，而监管者认为保管是一项专门的业务。

二是重复抵/质押问题。法律允许同一物品重复抵押，但抵押品必须到有关部门登记。不同的抵押物规定了不同的登记部门。未登记的不得对抗善意第三人。因此，登记的功能在于对抗。质押物没规定登记部门，因此，高法司法解释第三部分第十八条规定，同一财产法定登记的抵押权与质权并存时，抵押权人优于质权人受偿。如果有国家部门授权，也可开展质押登记，抵押与质押并存时，则要看时序先后。为防止重复质押，也可采取公示方式，警示后人和留存证据。至于有关当事人虚开仓单和质物清单、重复质押骗取贷款、以假充真、以次充好，则应按刑法规定追究责任，如行贿受贿、失职、高利转贷、金融诈骗等。2017 年，国务院办公厅发布《关于积极推进供应链创新与应用的指导意见》（国办发〔2017〕84 号），商务部等 8 部门关于开展供应链创新与应用试点的通知中要求，推动供应链核心企业与商业银行、相关企业等开展合作，创新供应链金融服务模式，发挥上海票据交易所、中征应收账款融资服务平台和动产融资统一登记公示系统等金融基础设施作用，在有效防范风险的基础上，积极稳妥开展供应链金融业务，为资金进入实体经济提供安全通道，为符合条件的中小微企业提供成本相对较低、高效快捷的金融服务。

推动政府、银行与核心企业加强系统互联互通和数据共享，加强供应链金融监管，打击融资性贸易、恶意重复抵/质押、恶意转让质物等违法行为，建立失信企业惩戒机制，推动供应链金融市场规范运行，确保资金流向实体经济。

三是监管与保管的区别。法律上没有对监管的解释，行内约定俗成地认为，监管是监督和管理，并不涉及对担保财产的作业。而保管是对担保财产作业，如收货、登记、堆码、装卸、保养、分拣、包装、盘点等项活动，需动用设备、设施、人员及产生费用。同时，保管业务不问货物权属、不关心货物的价值、只对存货的数量负责；而监管业务则需关心质物的权属、质物的价格波动，因为，质物是贷款的担保物，是与贷款捆绑在一起的。质物的质量是要由质权人来确认的，监管和保管只对担保财产的外观质量负责。

四是仓单的地位。在《合同法》中，规定了存货人存入货物，仓储企业应给付仓单。但在实际运作中，几乎所有的仓储企业都不开具仓单。因为仓单可以转让、质押，具有较强的流动性。流转的手续不严格，会形成很多纠纷。仓单具有唯一性，对应一笔货物只能开出一张仓单，否则就会发生提货混乱。由于以上原因，仓单的开具手续非常复杂，对于一次存入多次提取的业务，频繁更换仓单费力费时。这时就出现了问题，是仓储集体违法还是法律条文考虑不周？还有，在供应链金融业务中，仓单是必不可少的工具之一。应该让仓单流动起来，成为可转让仓单。问题是，所有仓储企业是否都有权力开出仓单？这些仓单的金融属性由谁来认定？会不会造成仓单这种有价证券的泛滥？

五是互联网金融的信用。在很多情况下，从事在线供应链金融业务是由金融机构进行的，它们有较大的注册资本和净资产，有正式的金融机构牌照，接受金融当局的管理，按规定提取存款准备金，一般情况下，可以应对挤提风潮和其他危机事件。但也有一些互联网金融网站，注册资金少、不受金融当局的约束，如何应对风险，是一个值得研究的问题。一些涉及资金借贷的网站，一般都依托于电子商务网站，因为电子商务网站积累了较好的信用，代收货款业务使电商沉淀了大量的资金，碎片化的客户对电商的承付能力并不怀疑，这种信任延及金融网站。

六是对融资性贸易的管理。融资性贸易是最普通、最大量的业务之一。拥有资金的企业和缺少资金的企业之间不能融资。需采用代理采购、定向销售的方式间接融资。销售是把资金利息、佣金计入销售价格。做好这类业务的条件是：买卖双方真实的交易需求、各方信用记录良好、货品物理化学性能稳定、价格平稳、市场销售渠道畅通、买卖双方对标的货物质量型号规格等无异议、买方交付一定保证金、卖方保证按时交货、融资企业适时控货。

国家国资委对此类业务持严格控制的态度，造成此业务量急剧下跌。最近，刚刚组建的银保监会发出的《关于规范民间借贷行为维护经济金融秩序有关事项的通知》（银保监发〔2018〕10号）要求，未经有权机关依法批准，任何单位和个人不得设立从事或者主要从事发放贷款业务的机构或以发放贷款为日常业务活动；民间借贷中，出借人的资金必须是其合法收入的自有资金，禁止吸收或变相吸收他人资金用于借贷；严厉打击利用非法吸收公众存款、变相吸收公众存款等非法集资资金发放民间贷款。

综上所述，从存货的视角看供应链金融，应该有以下趋势。

一是存货依然是融资的重要担保物。虽然在互联网飞速发展的今天，信用评价的手段和可信度大幅度提高，许多金融机构建设了强大的计算机管理体系，对借款人经营情况进行全方位、多角度的扫描分析，风险控制的时效大幅提高。存货是借款人经济实力的组成部分，没有存货的企业是僵尸类企业。存货的担保是最安全的担保。存货担保的风险防范在于确认货物权属、控货、控价、保管、执行合同和诚信建设。不能把质押融资的案件原因归结为业务模式。大量的中小企业的融资成本普遍高于10%，长此以往，必然加大制造成本，使中国制造在国际上竞争力下降，后果十分严重。中小企业能够提供的担保物恐怕只有存货。

二是在防范系统性金融风险的大背景下，银行业和保险行业都在整顿，必将会回到服务实体经济的轨道上来。前一时期，保险业放宽投资渠道，投资型保险产品万能险问题，金融集团超范围经营，资产管理、银行、证券、信托、金融租赁、投资、期货、消费金融、置业等全牌照问题；采取欺骗，虚假财务报表、披露虚假讯息、虚假增资、虚构偿付能力、瞒报并隐匿保费收入等手段，欺骗监管机构和社会公众，以承诺还本付息且高于银行同期存款利率为诱饵，非法吸收巨额资金问题；互联网金融企业发展以代币发行融资（ICO）、各类虚拟货币，以“互联网金融创新”为幌子，用私募基金、股权众筹、融资担保、资产管理、互联网借贷平台（P2P），理财等高利息引诱等进行非法集资；银行信贷资金没有转入实体经济而在金融体系内部循环。银行非信贷资产快速增长，有些银行非信贷资产已经超过了它的信贷资产。表外业务也在不断地扩大，有些银行表外业务超过了表内业务。2017年7月14—15日召开的全国金融工作会议上，中共中央总书记习近平出席会议并发表重要讲话。会议提出将设立国务院金融稳定发展委员会，并提出了服务实体经济、防控金融风险、深化金融改革三项任务。这表现出国家建立良好金融体系的决心。我们相信，实物担保融资会重新回到应有的位置上。

（撰稿人：原中国物资储运协会会长　姜超峰）

第三节　应收类融资的发展概况

供应链应收账款融资模式是卖方企业为提前取得销售款，以与买方签订的真实贸易合同项下应收账款为基础和还款来源，向金融机构申请短期融资的过程。与传统银行授信类似，金融机构在同意向融资企业提供应收账款融资服务前，仍然要对供应链企业进行风险评估。区别于传统银行信贷，金融机构除了会对卖方企业本身信用进行评估外，还会重点关注下游企业的还款能力、交易风险以及整个供应链的运作状况。具体到物流领域，基于供应链的应收账款融资模式，能够帮助中小物流企业克服资产规模小和盈利水平不高等不足，使其借助核心企业信用获取银行等金融机构授信。同时，对于金融机构而言，基于真实供应链贸易背景的贷款风险显著低于一般信用贷款。

近年来，随着企业赊销比例加大、账期延长，企业应收账款规模越来越大。据国家统计局发布的数据，到 2017 年年底，全国规模以上工业企业应收账款累计达 13.5 万亿元，创历史新高，市场估计我国应收账款总规模达到 20 万亿元以上。另外，根据同花顺统计，仅上市公司层面截至 2017 年年末应收账款余额规模已达 4.23 万亿元，是 2010 年年底的 1.26 万亿元的 3 倍多，比 2016 年四季度增加了 0.56 万亿元。整体来看，2010 年至今，上市公司的应收账款余额呈持续上涨趋势。

随着企业应收账款资产规模的增加，应收类金融产品的需求也逐渐增加，成为促进应收类金融产品的丰富和发展的基础动力。

一、企业的内生需求

应收账款是企业的主要流动资产之一，对其管理是企业财务管理的一个重要部分。在市场经济条件下，随着竞争的白热化，企业为了稳住自己的销售管道、扩大产品销路、减少存货、增加收入，常常需要向客户提供信用业务，这样就导致了应收账款的产生。

（一）大量应收账款对企业的影响

1. 影响企业的现金周转效率

应收账款主要是企业赊销形成的，是现金的一种占用形式，长期占有企业资金造成企业资金周转减慢，降低资金的使用效率，增加企业的经营成本，而且影响企业持续发展能力，致使企业的长期发展受阻。应收账款的增加直接削弱企业短期偿债能力，由于占有企业大量现金，还影响到企业的支付、偿债和周转能力。我国许多企业包括一些经营状况良好的上市公司经常出现利润表好看、现金匮乏的状况。

2. 夸大企业的经营成果

我国会计制度规定企业以权责发生制为基础，当期的赊销收入全部确认为收入。因此企业账面的利润不能够真实反映企业的现金流入情况。企业按期提取的坏账准备也减少企业的经营利润。所以，企业账面的应收账款，虚增了销售收入，在一定程度上不能完全反映企业的真实经营状况。

3. 坏账风险影响企业盈利状况

企业有了应收账款，就有了坏账损失的可能，如果企业应收账款数额过大，其实现的利润就会包含大量的应收账款，尤其如果发生逾期则对企业的危害直接体现在坏账风险上，使企业的经营利润受到不利影响，企业应收账款不能及时收回，不仅会影响企业正常的生产经营活动，甚至将会导致企业破产倒闭。

由于大量应收账款的存在对企业有诸多不利影响，企业存在降低应收账款占比、管理应收账款的诉求，应收类金融产品应运而生。

（二）应收类金融产品对企业带来的益处

（1）改善企业的资产负债率，优化财务报表。企业通过应收账款融资既可以获得资金又不增加负债，用所获得的资金来加快发展。

（2）能够降低企业应收账款的机会成本，通过应收账款融资，将应收账款转化为现金，充分利用了资金的时间价值，并且将流动性较差的应收账款转变为货币资金，大大增强了企业资产的流动性，提高了企业的偿债能力和盈利能力。

（3）化解企业潜在财务风险。能降低在途资金成本，节约管理应收账款的人力、物力，进一步提高资金流动性，化解潜在的财务风险。同时企业可以迅速地筹集到短期资金，以弥补资金的临时性短缺，融资费用也可以通过加速资金周转得到补偿。

由于应收类金融产品能够给企业带来诸多好处，因此市场存在应收类金融产品发展的内生需求。同时，由于应收账款具有真实的贸易背景，应收账款融资产品在供应链金融中占据相当重要地位，“国际上供应链金融的主要媒介资产——应收账款——正在被列入优质的贷款支持性资产之列，因为对应应收账款的发票池可以被有效地分散化和结构化，从而规避因资产和衍生工具质量的突然变化而导致的风险”①。国际供应

① 深圳发展银行中欧国际商学院供应链金融课题组．供应链金融——新经济下的新金融［M］．上海：上海远东出版社，2009.

链金融中应收账款融资是一条一以贯之的主线，在国内供应链金融实践中，应收类金融产品也越来越受到企业和金融机构的重视，应收类金融产品的重要地位愈加凸显。

二、应收类融资主要类型

应收账款融资主要有三种方式：保理、质押和资产证券化。经过多年发展，国内供应链应收账款融资逐步形成了以保理、反向保理、应收账款质押、票据池授信等一系列金融产品，金融机构能够根据供应链交易实际情况灵活向应收账款方提供贷款服务。

（一）保理融资

保理又称托收保付，卖方将其现在或将来的基于其与买方订立的货物销售或服务合同所产生的应收账款转让给保理商，由保理商向其提供资金融通、买方资信评估、销售账户管理、信用风险担保、账款催收等一系列服务的综合金融服务方式。保理业务的本质是短期贴现，其中的应收账款价差收入本质是一种利息收入。

1. 保理业务分类

按保理商类型，可分为银行保理和商业保理。前者是银行从事保理业务，后者是商业保理公司从事保理业务。

按地域划分，可分为国内保理和国际保理。国内保理是债权人和债务人均在境内的保理业务，国际保理是债权人和债务人中至少有一方在境外（包括保税区、自贸区、境内关外等）的保理业务。

按是否有追索权，可分为有追索权保理和无追索权保理。有追索权保理是指在应收账款到期无法从债务人处收回时，保理商有权向卖方进行追索，要求债权人回购应收账款或归还融资。无追索权保理是指应收账款在商业纠纷等情况下无法得到清偿的，由保理公司承担应收账款的坏账风险。

按是否通知买方，可分为明保理和暗保理。明保理是指将应收账款债权转让事实以书面形式通知买方，暗保理是指不将应收账款债权转让事实通知买方。

按是否融资预付，可分为折扣保理和到期保理。如果保理商按一定折扣提供预付款融资，则为融资保理，又称为折扣保理。如果保理商不提供预付账款融资，而是在赊销到期时才支付，则为到期保理。

2. 保理模式延伸

（1）保理池融资。这是与发票对应的单笔应收账款融资模式相对而言，即保理池融资不根据单笔发票金额及期限设定融资金额及期限，而基于供应链卖方将其对特定买方或所有买方的应收账款整体转让给金融机构，金融机构在受让的应收账款保持稳定余额情况下，以应收账款回款为风险保障措施，根据稳定的应收账款余额向供应链卖方提供一定比例的融资。

（2）反向保理。即金融机构与资质强的供应链核心企业达成协议，针对其上游供应商，为其上游供应商提供结算、融资等金融服务。与传统保理主要区别在于，反向保理从核心企业切入供应链，直接针对核心企业开展业务，通过对其上游供应商准入实现从1到*N*的保理融资，在应收账款的确认和贸易真实性的把控上更容易。

（二）应收账款质押融资

应收账款质押融资是供应链卖方企业以应收账款作为质押品，从银行等金融机构获得短期借款的融资方式，通常在金融机构给定的期限和信贷限额条件下，采取随用随支、循环信用的产品形式。对于有融资需求的企业来讲，以应收账款出质，可以借助应收账款付款方较高的信用来弥补其自身信用不足，从而获得金融机构授信，来解决经营周转中资金紧张的问题。应收账款质押授信额度期限最长1年，单笔业务期限原则上不超过6个月，但随着新修订的《应收账款质押登记办法》的出台，期限应会逐渐拉长。

根据是否可以用新的应收账款置换原质押的应收账款，应收账款质押融资可分为静态和动态两种模式，动态质押模式允许在保证不高于批准的质押率的前提下，可以用新的应收账款置换原质押的应收账款或回款专户内的资金。

（三）应收账款资产证券化

企业应收账款证券化是企业为原始权益人和发起人，将向其客户提供产品和服务所取得的应收账款债权出售给为发行证券而特设的机构SPV（Special Purpose Vehicle，特殊目的公司），SPV公司以购买的应收账款组合为担保发行债券，用发行债券取得的收入购买发起人的应收账款资产。

保理资产证券化是指保理公司出于融资需求，将从各个卖方手中受让的缺乏流动性，但具有可预期的、稳定的未来现金收入流的应收账款集中起来，形成一个应收账款的资产池，然后对这些资产进行信用评级和分层，将它们转变成可在证券市场上流通和出售的证券。从法律关系的客体来看，保理资产证券化仍属于应收账款资产证券化。

从市场统计数据来看，2017年，企业ABS发行7967.57亿元，同比增长70%，存量为10829.26亿元，同比增长82%。企业ABS继2016年发行量超越信贷ABS后，2017年存量也超越信贷ABS，成为市场规模最大的品种。企业ABS产品中，仍以小额贷款、应收账款、企业债权类为主。

三、应收账款融资进展和趋势

（一）相关法律法规更加完善

2016 年，央行等 8 部委联合发布《关于金融支持工业稳增长调结构增效益的若干意见》，大力发展应收账款融资，加强动产融资统一登记系统建设，改进完善应收账款质押和转让，推动更多供应链加入应收账款质押融资服务平台，支持商业银行进一步扩大应收账款质押融资规模。

2017 年 9 月 1 日，新修订的《中华人民共和国中小企业促进法》正式颁布，在进一步规范财税支持政策、增强中小企业权益保护的同时，特别将中小企业“融资促进”相关举措单设一章。其中，第二十条明确提出：“中小企业以应收账款申请担保融资时，其应收账款的付款方，应当及时确认债权债务关系，支持中小企业融资。国家鼓励中小企业及付款方通过应收账款融资服务平台确认债权债务关系，提高融资效率，降低融资成本。”应收账款融资作为中小企业融资促进的重要内容，首次写入《中华人民共和国中小企业促进法》。

2017 年 10 月 25 日，人民银行发布修订后的《应收账款质押登记办法》。与旧版本相比，在完善应收账款定义、增加应收账款“转让登记”规定、调整登记期限等方面做出修订。关于应收账款的定义做了两方面修订：一是增加兜底条款，满足金融机构目前已开展的应收账款质押融资业务创新需要；二是将“提供服务产生的债权”细化为“提供医疗、教育、旅游等服务或劳务产生的债权”，以契合目前市场发展的实际情况。新办法还增加了应收账款“转让登记”的规定，央行相关负责人解释称，转让和质押是应收账款融资的两种形式，但我国应收账款转让登记立法缺失，使得实际业务中交易一方面临一笔应收账款同时被质押和转让，或被重复转让的风险。为顺应市场发展需要，《应收账款质押登记办法》在不突破现有法律框架的前提下，增加应收账款转让登记参照质押登记办理的条款。

此外，新的《应收账款质押登记办法》还将应收账款质押的登记期限从“1～5 年”扩展为“0.5～30 年”，此举将更好地满足账期较短的普通贸易类应收账款融资，以及账期较长的以基础设施和公用事业特许经营管理权为质押的融资需要。

（二）应收账款资产证券化快速发展

应收账款资产证券化能够为企业拓宽融资渠道，降低对传统银行的信贷依赖，加快资金回笼，对中小企业盘活应收账款资产、解决中小企业融资难题具有重要意义。

根据国家统计局的数据，我国仅规模以上工业类企业2017年年末应收账款余额已达13.5万亿元，且近年来呈递增趋势，近5年复合增长率达10.4%，增速明显高于我国GDP年均7%左右的增速。与此同时，应收账款周转次数逐年下降。如果考虑规模以下工业类企业、其他行业企业，则应收账款2017年年末余额可能超过30万亿元。因此，市场分析认为，企业应收账款证券化将很快成为一个万亿级的市场。

从基础资产来源来看，供应链应收账款融资通常以保理的形式实现，再将保理债权打包为ABS产品。2017年中国保理年会上，中国国际经济交流中心副理事长、商务部原副部长魏建国指出，当前是中国保理事业发展的最好时期，预计未来5年将迎来一个大发展，将为证券化业务快速提升规模提供充足的基础资产。

此外，企业资产证券化的监管标准将日益统一、明确和规范完善。2017年12月15日，证监会主管下的上海证券交易所、深圳证券交易所和机构间报价系统三大资产支持证券挂牌交易场所同步发布了《企业应收账款资产支持证券挂牌条件确认指南》《企业应收账款资产支持证券信息披露指南》等文件，针对企业应收账款的资产证券化，从应收账款入池标准、资产池分散度要求、原始权益人及其关联方风险自留、循环购买、应收账款回款路径和归集周期、原始权益人及重要债务人诚信状况等多个方面提出了清晰、明确的要求；针对以核心企业供应链应付款为基础资产的资产证券化项目给予了优惠政策；针对绿色金融、创新创业、住房租赁等政策支持鼓励领域项目提升工作效率，积极推动资产证券化业务在这些领域的发展，以金融支持实体经济的发展。这些制度提升了企业应收账款证券化产品的标准化水平，为此类业务规范快速发展奠定了坚实的制度基础。

（三）应收账款融资技术不断创新

随着信息技术的快速发展，供应链已发展到与互联网、区块链等技术深度融合的智慧供应链新阶段。

早在2013年，为充分发挥应收账款流转在缓解中小企业融资难问题中的作用，中国人民银行征信中心依托应收账款质押登记公示系统，组织建设了应收账款融资服务平台，这是国家层面推动应收账款融资的重大举措。该平台旨在促进应收账款融资主体基于供应链信息合作，引导更多金融机构和应收账款相关企业参与到应收账款融资中来。随着平台功能的逐步完善，该平台已经与众多供应链核心企业、资金提供方进行系统对接，实现了全流程、高效率和可持续的线上应收账款融资模式，有效缓解了供应链中小企业融资难、融资贵的问题，促进了中小微企业发展。

此外，近几年越来越多金融机构和供应链核心企业纷纷加大了应收账款融资业务系统建设和推广，各类应收账款融资平台层出不穷，尤其是区块链技术与供应链融资的紧密结合，从技术层面解决了各参与方的信任问题，获得众多金融和供应链行业专家的高度认可，发展前景十分看好。2017 年，平安银行、浙商银行、佰链科技等银行和金融科技公司在国内较早推出了基于区块链技术的应收账款服务平台，借助区块链技术，各参与方能够获取真实完整的交易信息，确保贸易背景真实，从而建立和提供更加可靠的供应链信用体系和更加高效融资产品服务。以平安银行供应链应收账款服务平台（详见附件）为例，该平台集平安银行 18 年供应链金融服务经验之大成，充分发挥区块链技术不可篡改等优势，为核心企业及其上游中小微企业提供线上应收账款转让及管理服务。只要核心企业对赊销贸易下的付款责任进行确认，各级供应商可将确认后的应收账款转让给其供应商，用以抵偿债务，或转让给其他受让方获取融资，从而盘活存量应收资产，得到便利的应收账款融资服务。截至 2018 年一季度，超过 200 家核心企业已经成为平台用户，较好地满足了各类中小企业应收账款融资需求。

（四）融资业务中反向保理产品备受市场青睐

反向保理是供应链金融中近些年来逐渐兴起的产品形式。反向保理是指保理机构以具备履约付款实力的买方作为产业链中的核心企业，为其上游供应商提供的保理融资。其与正向保理最大的区别在于侧重审核的对象不同。正向保理业务主要的审核对象是应收账款的转让方（卖方），而反向保理是对作为供应链核心的企业（买方）侧重进行风险评估。

反向保理有助于拓展中小企业的融资渠道，解决小微企业融资难融资贵的问题，在当前国家扶持小微企业融资发展的大形式下，反向保理的运用和发展具备较大的市场发展优势。

（五）无追保理和资产证券化等降杠杆产品运用加大

“去杠杆”是中国正在推动的五大供给侧结构性改革任务之一。2008 年金融危机以来，中国企业的杠杆率高企，尤其是国有企业的债务规模增长过快，债务负担不断加重，成为去杠杆的主攻方向。近年来，国家对国有企业去杠杆的要求持续加码，2017 年 8 月，国务院部署深化央企降低杠杆工作，提出要建立严格的分行业负债率警戒线管控制度，高负债央企要严控相关投资项目；还要强化问责，对负债率持续攀升的企业要约谈提醒，对造成重大损失或不良影响的严肃追责；2018 年以来，为严控央企负债，国资委持续发力，动态调整不同类型央企的负债率警戒线。

在“去杠杆”的背景下，企业对应收账款资产出表存在非常大的需求，因此，在供应链金融产品中，能够达到出表的无追保理和应收账款资产证券化等产品的市场运用力度将不断加大。

（撰稿人：平安银行交通物流金融事业部总裁　冉旭
华夏银行产品经理　郝金朋）

第四节　案例分享

一、中起供应链："互联网 + 医疗"供应链金融服务模式

（一）企业简介

中起投资基金（北京）有限公司为集团化经营模式，下设中起供应链管理（天津）有限公司与上海津城金融信息服务有限公司。其中上海津城金融信息服务有限公司为互联网金融信息中介服务平台"易投资"的运营主体。

上海津城金融信息服务有限公司是一家致力于互联网金融网络借贷信息中介服务机构，成立于2015年，总部位于上海市，公司注册资金1亿元人民币，主营业务包括金融信息服务、借贷咨询服务等领域。

实体行业平稳发展的理想背景，和普惠金融政策引导下的发展潜力，为公司呈现了良好的市场环境。在上海津城金融信息服务有限公司成立之初就以深耕资产端、专注医疗供应链金融作为核心发展模式，以上海为中心辐射全国优质医疗供应链金融资产。

公司拥有创新的金融服务商业模式与独立专业的运营、风控及法务团队，经营团队均有丰富的银行业金融机构、投资领域背景。通过"互联网 + 供应链金融创新"模式，公司将数千家医疗企业与数万名出借人连线。通过严格的风控模型，将真实的医疗供应链金融项目展示给出借人。当前平台出借人的实名比例达到80%，从正式上线运营以来，平台整体服务的好评率达到97%，截至2018年4月平台累计撮合借款成交量已超过40亿元。

"37℃的财富，做有温度的金融"，这是公司建立平台的初心，也是经营的核心理念。公司致力于创新金融服务模式，成为中国医疗供应链金融解决方案提供商的领先平台，全方位助力中小企业健康成长稳步发展。

（二）案例阐述

1. 背景介绍

在经济转型升级大背景下，中小企业融资需求不断增加，供应链金融应产业需求

应运而生。契合“供给侧改革、金融改革脱虚向实”的政策方针，供应链金融能够有效解决中小企业的融资需求，同时服务于实体经济，供应链金融已经开始步入高速发展的新阶段。

医疗供应链金融领域具有庞大的市场空间。目前政府大力推动医改，全国财政医疗卫生支出逐年增加，2017 年达到 14044 亿元，占总财政支出的比重提高到 8.0%，比 2016 年医疗财政支出增长 6.7%。预计 2020 年，医疗销售企业相关借款需求所能够形成的资金规模将达到 1 万亿元。

公立医院对医疗设施产品需求不断增长。公立医院规模扩大会导致资金紧张，从而延长对医疗销售企业付款的时间；同时，医疗药品、器械行业的两票制政策对医疗销售企业财务、营销等全方位会产生冲击。所以医疗销售企业面临一个问题：医疗销售企业对上游生产厂商全款预付，且有阶段性压货压力，而下游医院无任何预付款，全部赊销，且账期处于延长趋势。这种短期借款需求为上海津城金融信息服务有限公司带来了市场机会。

2. 产品设计

（1）商业模式。

价值链定位：考虑目前的市场环境与自身优势，在医疗供应链金融领域上海津城金融信息服务有限公司定位于服务医疗核心企业上下游中小企业，为其提供金融服务。

业务系统：平台以应收账款融资为主要业务模式，基于如二级以上甲等公立医院等大型核心企业的应收账款为上游医疗销售企业通过互联网形式进行借款融资。

公司将借款需求通过自主研发的风控模型进行严格审核。按照模型进行贷前线上信息审核，与国内知名征信公司合作，实现配合排查借款企业，并由风控人员实地调查；到贷中建立动态跟踪，监控企业动向与资金流向；再到贷后企业回访、循环授信，我们将风控体系打造成一个“从获客、审批、到贷中的维护、客户价值的提升、再利用、深挖，再到客户的挽留、催收和退出”的完整的借贷生命周期闭环。最终将详尽的项目风控审核信息，通过分析得出调查结论，并交由平台审贷会做终审，审贷会将根据风控部汇总的详细风控审核结果做出最终判断。通过审贷会终审，再将需求通过互联网展示给出借人，由出借人自主选择出借项目。

通过对医疗供应链金融领域的细分市场的定位与业务系统，可有效保障供应链上下游企业的资金链稳定，因此借款企业具有较强的还款能力与意愿，能有效降低资金还款风险，而且借款需求长期稳定、具有可持续性。

公司的核心产品包括：应收账款融资模式、预付款融资模式、存货融资模式。核心产品如图 3－4 所示。

应收账款融资模式——以医院为例如图 3－5 所示。

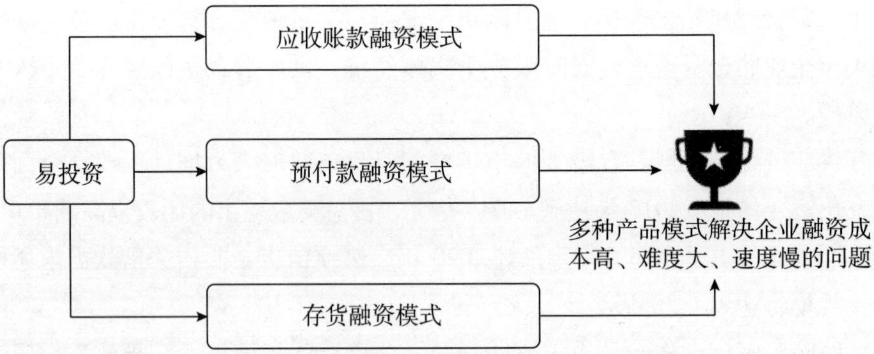

图3-4　核心产品

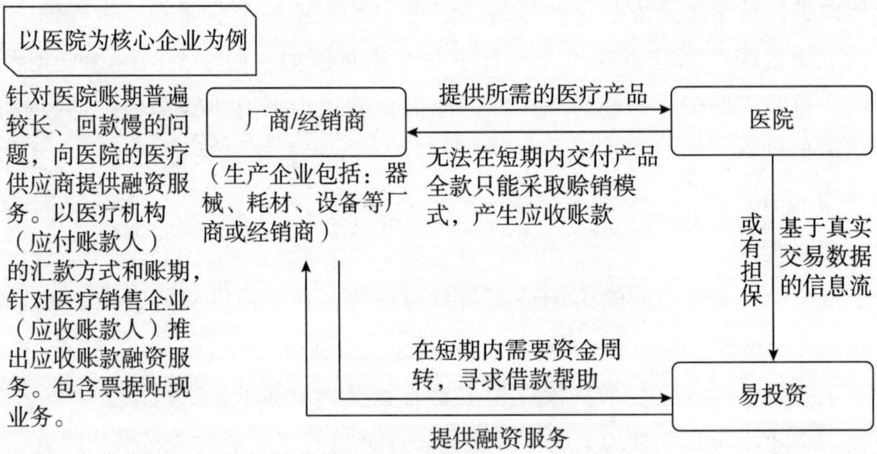

图3-5　应收账款融资模式——以医院为例

应收账款融资模式——以托管平台为例如图3-6所示。

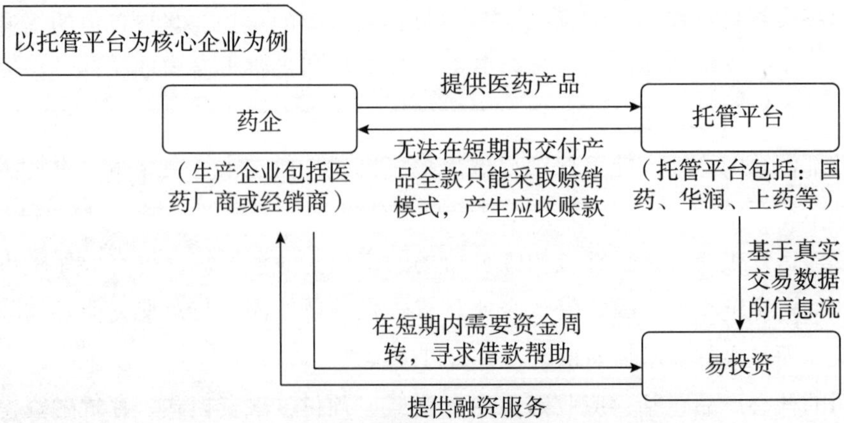

图3-6　应收账款融资模式——以托管平台为例

预付款融资模式——以生产企业为例如图3－7所示。

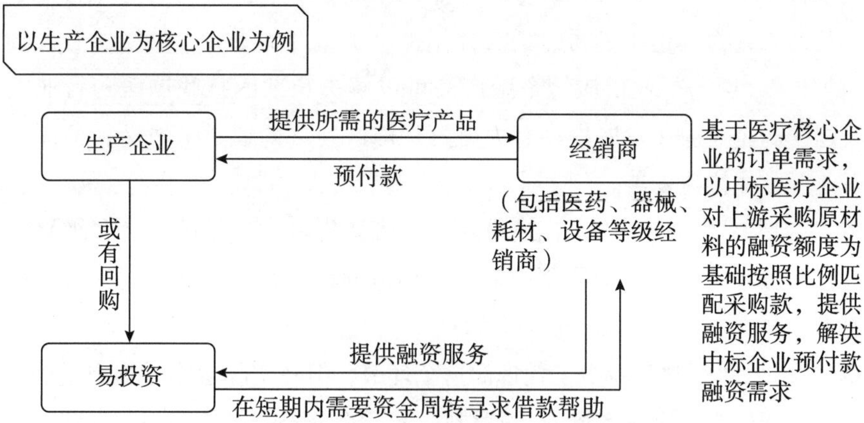

图3－7　预付款融资模式——以生产企业为例

存货融资模式——以生产企业为例如图3－8所示。

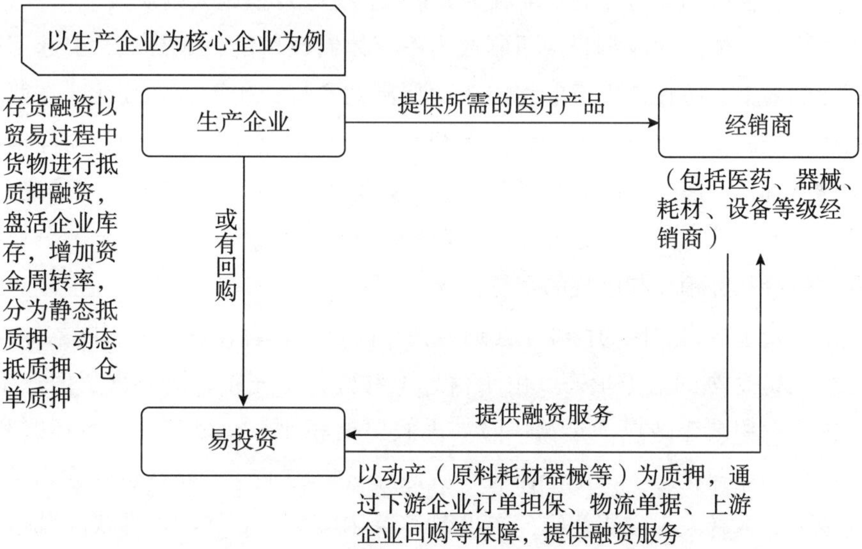

图3－8　存货融资模式——以生产企业为例

关键资源及能力：公司拥有医疗供应链金融所需关键资源与管理关键资源的能力，包括重点城市大型甲等公立医院的核心企业资源、国内外知名品牌设备、器械、耗材产品代理销售企业资源、通过互联网积累了全国范围的十数万出借人资源为企业借款需求提供了持续的资金来源。同时公司还与知名征信机构合作为风控工作提供支持，与银行合作资金存管业务，对借款与出借双方的资金账户安全起到保护的作用。

我国医药行业市场潜力巨大，受国家相关政策的影响，医药行业规模正持续保持快速增长的势头，发展前景良好。伴随着金融创新，金融机构与医药企业在供应链金融领域联系日益紧密，作为对传统金融产品的革新，供应链金融为金融机构、供应链企业，以及第三方物流企业之间的紧密合作提供了良好的平台，使得所有合作能达到“共赢”的效果。医药行业供应链金融产品可以解决长期困扰我国医药行业发展的问题，为我国医药企业快速发展提供有力融资保障，并可以通过对医药行业服务带动供应链融资业务整体快速发展。

实施“两票制”以前，医药流通模式是：药品公司→产品代理（多级）→医药配送商→医院→患者。实施“两票制”后，医药流通模式是：药品公司→医药配送商→医院→患者。

直观来看，“两票制”减少了代理商这个环节，但在实际运作过程中却催生了一个万亿级医药流通供应链金融市场。“两票制”实行后，没有了更多中间商帮忙分解资金链压力，剩下的医药配送商将面临巨大的资金压力。

医院回款时间较长，这是导致医药配送商资金成本压力较大的主要原因。医院账期进一步延长，使医药配送商的现金流更加紧张，企业规模越大越缺钱。

随着医疗卫生体制的改革，两票制成为医疗体制改革的一大热点，引起了医疗产品销售行业的震动，医疗销售行业将因为两票制的实行产生巨大的变化。在两票制实施之前的医药产品销售市场，由于大型医药产品生产企业的强势地位，与经销商的琐碎、分散的状况，一般经销商与医药产品生产企业之间采用的是先款后货的交易模式，因此在经销商与医药产品生产企业存在应收账款的空间很小，供应链金融公司切入医药行业最佳选择从经销商与医院的交易一端。

为了应对资金压力，医药商业企业通常会与商业银行合作进行应收账款保理业务。这种基于供应链金融的业务形态，由于信息不对称、不完整，诸如供货信息不准确、不完整，加之信用缺乏造成的道德风险如虚假票据和业务，很容易产生坏账和风险。即便是在明保理业务状态下，由于需要下游医疗机构的确认，往往也会因为医院信息不能及时获取，或者人为确认差错，产生各类潜在风险。显然，这种状况既不利于医药行业的稳定持续发展，也不利于相关利益主体的正常业务运营。但正是这一状况，使得供应链金融成为优化医药流通现金流、促进医院医药产业共同发展的重要战略手段之一。

盈利模式：平台通过为医疗企业应收账款融资收取中介信息服务费用、借款手续费等进行盈利，由于医疗市场空间较大，应收账款融资需求对企业来说有较大的可持续性，合作关系长期稳定，所以平台有拥有可持续盈利能力。

现金流结构：与传统的银行业金融机构不同，上海津城金融信息服务有限公司不是用自有资金为企业提供借款，而是通过互联网模式将出借人的资金提供给借款企业，将风险分散不占用平台自有资金。同时，借款项目期限较多元化，短期、中期、长期项目均有涉及，从而优化现金流结构。

（2）竞争优势。

政府对医疗卫生领域的财政支出逐年上升，医疗领域发展始终具备理想的宏观大环境。我国医疗市场整体的分销系统尚未完善，给予供应链金融广阔的市场空间。公司充分利用在供应链金融领域的丰富经验，融合借款企业的优质资源，配备有全面的风控体系与团队。公司具有将供应链资产端需求量身打造成为优质借款产品的能力，在为借款以及出借双方带来互利价值的同时实现平台普惠金融的使命。综上所述，公司的选择、能力、资源是主要的竞争优势。

3. 绩效分析

通过“互联网＋供应链创新”模式，公司将数千家医疗企业与数万名出借人连线。截至 2018 年 4 月，平台累计撮合借款成交量已超过 40 亿元。

（三）发展愿景

公司致力于互联网创新金融服务模式，成为中国医疗供应链金融解决方案提供商的领先平台，全方位助力医疗领域中小企业健康成长稳步发展。公司为借款企业以及出借人双方带来互利价值的同时，实现平台普惠金融的使命。

未来公司将从上海为中心的长三角区域以及京津冀区域为核心，逐步面向全国范围布局业务，通过互联网技术打造资产端大数据平台。在医疗供应链这一垂直领域的某一细分市场全程参与上下游，实现全新的金融服务模式，最终打造医疗生态闭环，成为医疗供应链金融全平台、集团化服务商及细分领域内的领先企业。

（供稿单位：上海津城金融信息服务有限公司）

二、一力钢铁网：协同让产业链更高效

（一）企业简介

湖南三正电子商务有限公司（以下简称“三正电商”）创立于 2013 年，在此之前，其母公司一力股份投资并运营了中南地区最大的钢铁现货交易中心和物流中心。自 2003 年开始，一力股份与银行合作仓单类融资产品，其后更开发了担保预付类和厂、商、银、库四方协议类融资产品。

三正电商的创始团队在实践中看到了银行融资产品的一些不足，产业供应链金融风控手段中必不可缺的定价、产品变现能力、物流管控，以及各个参与方协同的需求。

另外，实体经济中供应链金融产品的主要服务对象是中小企业，它们很难在银行获得贴合其需求的金融产品，甚至连授信都无法取得；尤其是上海钢贸危机后，行业性的大规模抽贷使整个行业陷入绝境。在此背景下，三正电商带着为实体经济服务的使命，着手研发基于产业供应链的“B2B 电商 + 供应链金融 + 物流云服务”的全协同产业链服务平台。并先后荣获“长沙市民营企业创新成长力百强企业”“2015—2016 中国物流金融杰出贡献企业”“2016 年中国物流十佳成长型企业”“2017 年中国物流与供应链金融年度创新服务企业”“2017 中国钢铁电商领域杰出实践奖”“2018 湖南省电子商务示范企业”等。

一力钢铁网（elsteel. com. cn）于 2013 年 4 月上线，由三正电商开发并运营，是国内首批钢铁电商平台。三正电商专注于协同产业链金融、钢铁 B2B、云物流、信息科技四大要素，并运用领先的技术及行业解决方案开发了一系列钢铁供应链及云物流产品。

（二）电子商务平台的系统结构

三正电商通过构建包括 B2B 交易平台、供应链金融平台、物流云仓平台、风控平台在内的供应链协同管理系统，全面支撑电子商务平台的各项业务开展。以 B2B 交易平台为纽带，以全流程透视化管理为主线，以供应链金融平台和物流云仓平台的业务实现为支撑，互联互通实现物流、信息流和资金流整合，构建高效的线上平台以支撑交易中心业务开展；协同钢铁行业上中下游客户、金融机构、物流机构等参与者重构产业流通链条，打造了由用户访问、业务应用和数据三层体系构成的三正供应链协同平台。三正电商功能框架如图 3 -9 所示。

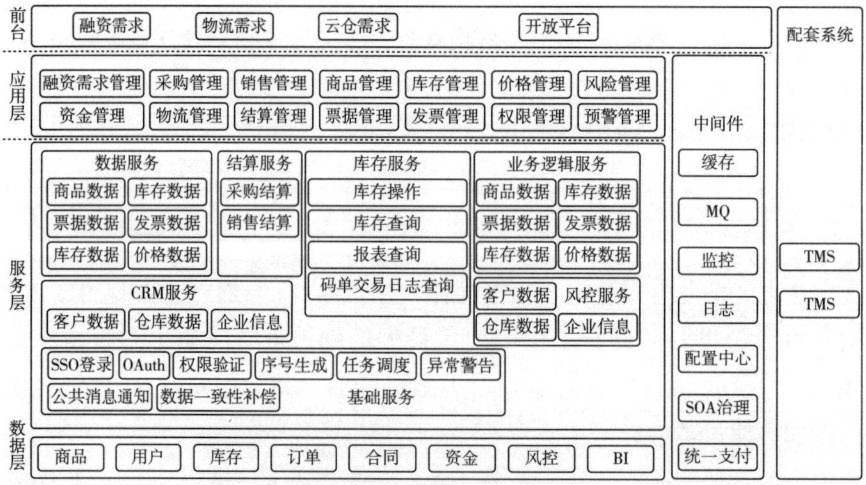

图 3 -9　三正电商功能框架

1. B2B 交易平台

（1）数据中心。以交易、金融、物流数据为基础，抓取、挖掘、分析各类数据，用户可自定义（自配置）分析模型，建立库存、价格、供需等指数体系；形成覆盖产业链各环节的分析报告，迅速驱动用户进行商业决策。

（2）在线交易系统。包括会员、权限、资源、订单、合同、报表等模块，支持商城、集市、专场、招标等多种交易模式。在线交易系统与物流平台联动，有效保障交易的完整性和线下交割可靠性；与供应链金融平台联动，多方式高效快速地解决买卖过程融资。

（3）ERP 系统。基于 SaaS 的 ERP 信息化系统，提供采购、销售、库存、资金、应收应付、发票管理、报表支持等管理功能，以数据交换为核心，钢厂、钢贸商、终端等涉钢企业间实现采销协同、计划执行协同、资金结算协同。

（4）在线支付系统。交易平台完整接入在线支付结算功能，包括会员保证金、在线直接支付（第三方支付、银联、企业网银）、分期支付、后台对账。

2. 供应链金融平台

供应链金融平台产品覆盖应收、预付和存货多种类别。

一托宝是基于融资企业承担回购责任的预付类金融产品。产品提供合同及订单管理、保证金管理、融资资金用途管理、跟踪融资企业发货过程、融资企业分批回购、资金计息等功能，该类产品也可与存货类产品组合，实现跨阶段的金融产品。

应收类产品包括传统贸易金融的保理产品和项目集采基于应收账款的金融产品，提供应收账款质押融资、账款自动收款、账款回款自动偿还融资、账款催收及提醒、合同管理、项目管理、项目监管等功能。

存货类产品是基于货权质押产生的金融产品，提供货物权属管理、货物价格管理（自动更新货物价格、货物核价）、货物监管管理（库存检查、监管下限控制）、货物解押等功能，该产品与在线交易平台对接，使质押物进入再销售流程，提高货物变现能力。

3. 物流平台

（1）智慧云仓系统。支持多分支机构、多仓库管理，提供云化及本地化服务。支持货物出入存、盘库、加工、结算、人员绩效管理和决策支持报表，进行业务、成本、仓储、质量管理，同时兼具即时化、可视化。仓储现场采用 PDA 作业，与物流设备对接自动交互作业数据。

（2）配送系统。系统可视化实时监控配送的各种作业进度，清晰快捷地显示配送业务的处理状态情况、车辆运行轨迹及状态、配送进出量等。系统分为业务管理和车辆管理。业务管理包括取货、理货、运输安排、路径优化、货物跟踪、目的地送货、收货和物流信息反馈管理；车辆管理包括入网验证、道路运输许可验证、套牌验证、轨迹查询、位置查询、异常离线提醒等。

4. 风控平台

风控平台的核心是“信用评估+模型规则”，核心系统为金融CRM（客户关系管理)、信用管理、风险预警。

金融CRM包括客户基础信息动态管理、客户交易行为信息管理（核心贸易方稳定性分析、采销规模分析、逾期分析等)、供应商准入管理、供应商动态考核等；信用管理包括信用评估模型、信用额度核定及调整、融资比例及准入等；风险预警包括交易订单监控、资金监控、还款提醒、违约及逾期预警等。

风控平台通过良好的产品及运营流程设计并在各个操作环节皆有系统记录，来达到操作系统良好的管控，利用交易、金融、物流平台上传的交易流水明细、融资还款行为数据、物流配送数据，实时获取供应链中的每一笔数据来对客户行为进行预警及调控。

（三）案例阐述

1. 背景介绍

案例的行业背景：在工程建筑项目中，由供应商垫资采购原材料供应给建筑企业，双方待项目完成或约定时间来进行结算，这种垫资、回款、结算的问题是很普遍的存在。但因工程的验收、回款等问题，双方结算账期较长。这样的情况存在多个问题：①制约了供应商的发展；②提高了供应商入围的资金门槛；③提高了双方面临的风险，一旦出现问题风险难以控制。

案例的企业背景：某钢铁供应商（以下简称“供应商A”）为某核心建筑企业（以下简称“建筑企业B”）的多个在建项目供应钢材，供应商A对建筑企业B以应收账款的形式进行结算。供应商A近期又与某核心企业C（以下简称“核心企业C”）达成了钢材供应的合作意向，项目即将开展。但供应商A面临资金周转困难的问题，新的供应业务难以为继，供应商A为解决垫资的资金长期占用问题，一般找金融机构或社会融资渠道进行融资，维持现有业务和开展新的业务。但这种融资过程冗长，风险不易把控，所融得的资金有限。

2018年，三正电商根据项目中实际存在的问题，运用协同的思维，将旗下产品进行组合设计，推出了针对此问题的解决方案（见图3-10)。

2. 产品设计

（1）产品特点。三正供应链产品大体可以分为预付类、存货类、应收类、统购分销等，并可根据客户需求进行业务组合。预付+统购分销产品如表3-5所示。

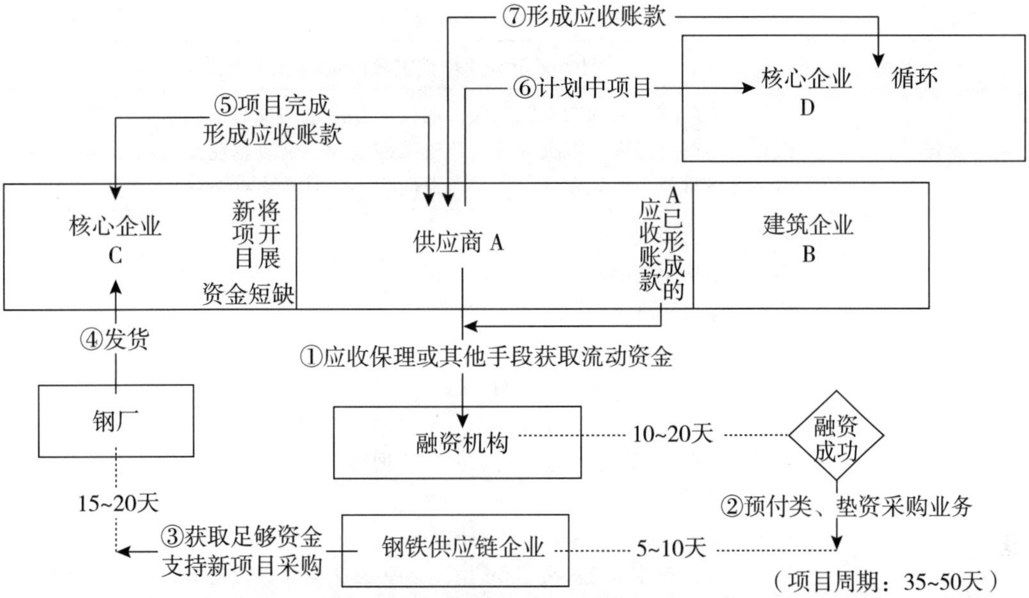

图 3－10　此案例的行业常规解决方案

注：10～20 天能够融资成功是指在理想情况下的结果。在现实情况中：融资机构考虑到风险，凡以应收账款为担保的融资都是周期长、融资难的，或需要其他足够的担保。

表 3－5　　　　　　　　　　预付＋统购分销产品

产品名称	湖南三正电商钢铁供应链金融系列产品
产品类型	预付＋统购分销
行业	钢铁
参与方	钢铁供应链金融资金提供方（垫资方）生产企业（钢厂）、钢贸企业（融资方、分销商）
申请供应链融资的主要原因	中小企业融资难，钢贸企业融资难上加难； 钢铁作为资金密集型行业，钢贸企业作为钢厂与下游终端的资金蓄水池，属于资金需求最集中的环节，其资金需求量大； 三正电商作为湖南钢铁电商龙头，公信力极佳，建立了非常强的线上线下风控体系
融资目的（即融资用途）	补充经营过程中的周转资金
授信额度与还款	贷款额度原则上不设上限； 还款来源为销售货物后回款
申请条件	正常经营、有真实采购需求的企业； 资金与货物管控条件与供应链管控要求相吻合
申请对象	钢贸企业、钢厂分（子）公司

续 表

产品名称	湖南三正电商钢铁供应链金融系列产品
业务流程	有垫资采购融资需求的钢贸企业→通过一力钢铁网发起采购申请→客户经理进行资信调查→审查审批→签订垫资采购合同→钢贸企业支付保证金→三正电商支付货款→钢厂发货→钢贸企业回购、一力钢铁网分销
产品主要优势	门槛低，无须额外担保； 不过于要求企业经营规模、资产或存货等； 主要根据客户真实的贸易背景和资金需求来操作； 效率高，若各方对协议内容无异议，一般2天内即可进入操作； 操作灵活，一站式灵活而实用的融资方案； 专款专用； “钱货票互换、随借、随用、随还”，方便客户将在厂、在途、在库货物或资金全面盘活； 提高资金综合效益，降低业务总成本； 期限灵活，弹性的借款额度和期限，如由三正电商直接垫资，在保证金充足的条件下，不设资金额度上限； 客户也可根据企业实际业务需要选择合适的周转期

预付＋统购分销流程如图3－11所示。

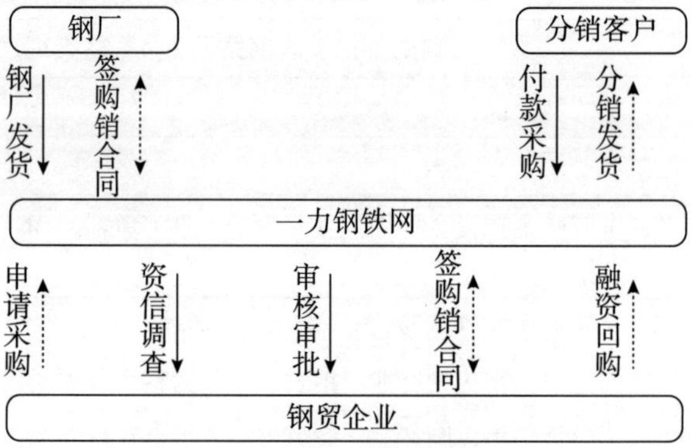

图3－11　预付＋统购分销流程

保理＋应收产品如表3－6所示。

表3－6　　保理＋应收产品

产品名称	湖南三正电商钢铁供应链金融系列产品
产品类型	保理＋应收
行业	钢铁
参与方	钢铁供应链金融资金提供方（垫资方）、核心企业（需方）、钢贸企业（融资方、服务提供方）

续　表

产品名称	湖南三正电商钢铁供应链金融系列产品
融资目的（即融资用途）	补充经营过程中的周转资金
授信额度与还款	根据需方资质及需求量核定时点最高额度； 还款来源为应收账款回款
申请条件	正常经营、有真实项目需求的企业； 应收账款与货物管控条件与供应链管控要求相吻合
申请对象	钢贸企业
业务流程	项目垫资流程：有项目融资需求的钢贸企业→通过一力钢铁网发起融资申请→客户经理进行资信调查→审查审批→签订供应链合作框架协议→钢贸企业支付保证金（或者钢贸企业将自身在其他核心企业的应收账款转让给三正保理、核定保理额度，将保理额度充抵保证金）→三正电商支付货款→钢厂/一级经销商发货→核心企业收货→定期结算，核心企业确认应收账款→核心企业回款，充抵钢贸企业在三正电商的借款→退回对应结算期保证金→结算利润 应收转保理流程：有项目融资需求的钢贸企业，本身持有一些核心企业的应收账款→通过一力钢铁网发起融资申请→客户经理进行资信调查→审查审批→签订保理协议、开立保理专户→核心企业对应收账款确权→三正保理核定保理额度→钢贸企业将保理额度充抵应付三正电商的保证金→核心企业回款→钢贸企业将应付保证金支付给三正电商→三正保理核销对应的保理额度

（2）产品设计。本案例共涉及三个业务，分别是预付类融资产品、应收账款保理产品和集采供应。根据本案例的特殊性和需求，三正电商将三款产品进行了组合设计，并通过 SaaS 协同平台保障三款产品无缝对接，实现高效运转。

此模式可视为将企业的应收账款直接转化为企业在三正供应链平台的各类融资产品所需的保证金或费用，省去企业应收账款变现和融资申请多次重复审核的时间，体现了协同高效的钢铁供应链服务平台对钢铁产业的促进意义（见图 3－12）。

在 SaaS 协同平台下，企业从应收账款保理到集采供应融资的周期仅需 3 天。

3. 实施过程

前提：建筑企业 B 及其总公司同意深圳前海三正商业保理有限公司（以下简称“三正保理”）受让其应付账款，总公司和分公司财务同意配合保理公司对转让的应收账款进行确权。同时，供应商 A 与前海三正供应链有限公司（以下简称“三正供应链”）有项目垫资合作，由三正供应链配资供货给核心企业 C。

供应商 A 与三正保理签订保理协议，同意其在建筑企业 B 的应收账款转让给三正保理，并对供应商 A 核定保理授信总额度。

供应商 A 向建筑企业 B 的在线项目供应钢材，进行月度对账，并依据对账单向建筑企业 B 开具增值税专用发票。

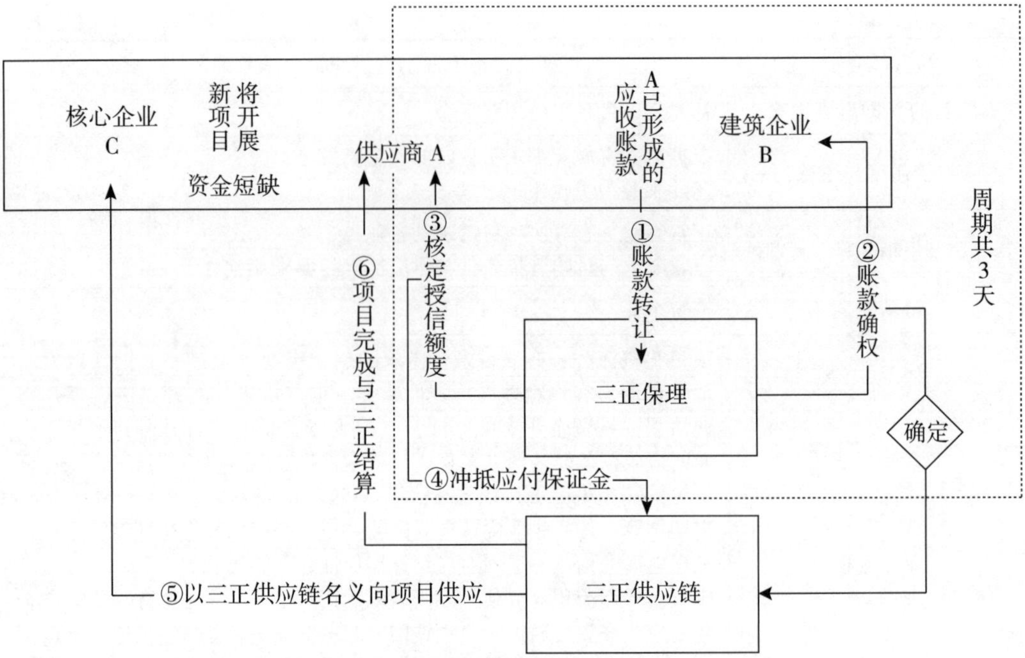

图 3－12　此案例三正电商的解决方案和产品设计

三正保理根据供货合同、月度对账单、发票与建筑企业 B 进行应收账款转让确权，取得经建筑企业 B 确权的应收账款转让通知书回执，并在人行系统登记。

此时进入产品一（预付＋统购分销）的流程，将已确权的应收账款直接转化为供应商 A 在三正供应链平台的各类融资业务所需的保证金或费用，三正供应链锁定核定的保理额度，按比例配资向钢厂或平台一级经销商下达采购计划。

钢厂或一级经销商将货物送达核心企业 C，回款后，充抵供应商 A 在三正供应链的融资款和费用（此时无须退回保证金给供应商 A），释放锁定的保理额度，进入结算流程。实施过程如图 3－13 所示。

4. **绩效分析**

（1）应收账款保理（变现）效率的提升：此案例中，从供应商 A 的应收账款转让到与建筑企业 B 的应付账款确权、人行系统登记再到风控审批，核定授信额度等流程仅花了 3 天时间。对比在常规的应收账款保理（变现）的渠道平均需要 15 天（理想情况下），效率提升了 500%。

（2）预付业务效率的提升：此案例中，预付类融资业务与应收账款保理业务同步进行，核定授信额度完成即刻向钢厂进行采购，省去了二次审核、二次风控、二次授信的环节，使项目周期缩短了 5～10 天。

（3）回款、结算保障：此案例中，供应企业直接与电商平台结算，不需要垫付资金，在项目进行中也能按周期回款，保障了供应企业的现金流，助力其发展。

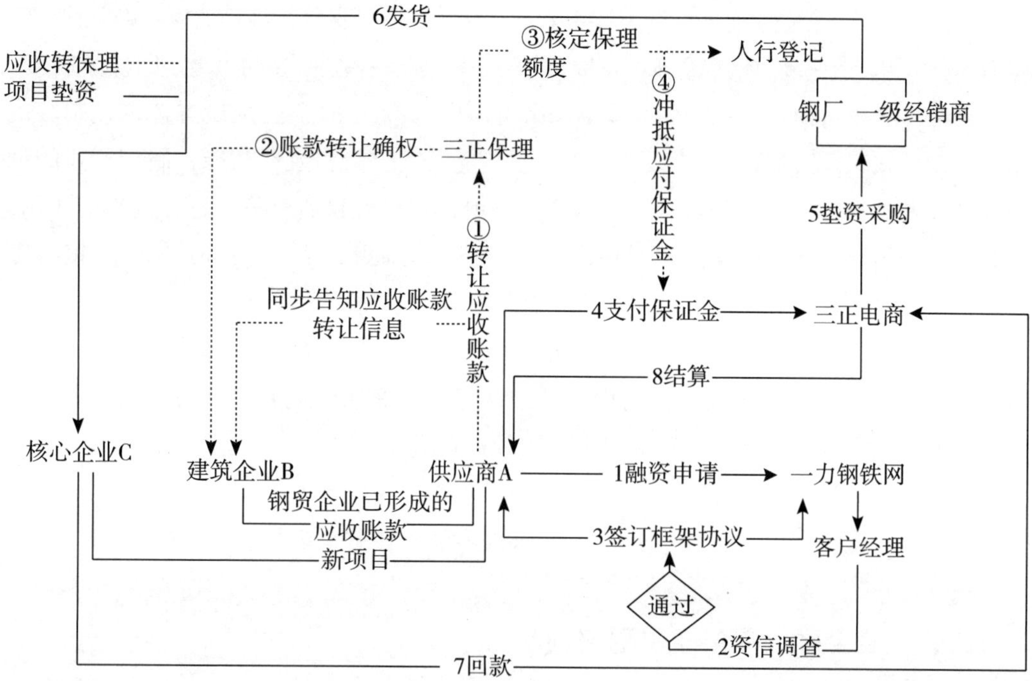

图3-13　实施过程

（4）供应商融总成本的降低：在协同平台中，项目和产业之间的衔接效率得到提升，项目周期的缩短同时意味着资金占用成本的减少，降低了供应商融资总成本。

5. 创新成果

（1）进一步提升了产业链效率，此模式可视为将企业的应收账款直接转化为供应商A在三正供应链平台的各类融资业务所需的保证金或费用，盘活了供应商A的应收账款。

（2）通过保理与供应链业务搭配的方式给供应商A提供融资，既有利于缓解供应商在送货和确权环节的资金压力，又有利于平台在对核心建筑企业保供的同时，有释放“集采供应业务中存在的诸如零星或特殊材料品质或用途不可控之类的风险”的缓冲空间。

（四）发展愿景

第一，对终端核心企业而言，能获得更优的品质、效率和服务保障。①品质有保障。平台的资信优于供应商，钢材的采购由平台把关，杜绝以次充好等问题的出现。一旦出现质量异议，较之供应商，平台更具有谈判话语权。②高效率。平台所具备的资源整合与产业间协同能力是供应企业所不能比拟的。③服务有保障。钢铁行业是资金密集型的行业，供应企业自身资金实力有限、融资难、资金周转压力大、垫资能力有限，而平台资金实力雄厚，服务有保障。

第二，对于钢贸企业而言，助力业务发展，结算回款有保障。经销商应收账款回款有保障、资金周转效率高。钢贸企业可直接与电商平台结算，不需要垫付资金，回款有保障。

第三，对平台而言，可增强话语权和影响力。“优秀的企业是设置标准，制定规则，开创模式”用互联网协同来为钢铁产业、金融、产品和数据赋能，制定行业的创新标准和发展方向，开创全新的业务模式。在项目中，可起到为参与各方增信的作用，同时，由于平台在项目中提供和展现出来的价值，从而更容易在终端、钢厂、银行等获得话语权，更容易碰撞出有利于多方的合作模式。

三正电商以“协同构建创新力、智慧优化产业链”为使命，以“让我们的每一步都带动产业链进步”为愿景。在钢铁领域中，三正电商融合创新、敢为人先，一次次用创新的产品和服务优化钢铁流通过程，引领产业进步。

（供稿单位：湖南三正电子商务有限公司）

三、天虹金融：零售仓单融资创新

（一）企业简介

深圳市天虹小额贷款有限公司（以下简称“天虹金融”）由天虹商场股份有限公司（股票简称：天虹股份，股票代码：002419）发起投资，根据人民银行、银监会相关的规定以及《深圳市小额贷款公司试点管理暂行办法》，于2015年11月25日经深圳市政府金融发展办公室批准登记设立，公司注册于深圳市前海深港合作区，办公地址位于深圳市南山区中心路3019号天虹商场总部大厦12楼，注册资本为3亿余元。

公司成立两年多来，主要解决天虹商场股份有限公司内部生态圈的供应商、服务提供商、品牌商、物业商在内的合作伙伴在发展过程中遇到的中短期资金周转难题。提供的常规产品包括应收账款质押融资、员工虹薪贷、VIP客户消费金融以及动产质押融资等。截至2018年5月10日，融资贷款在途余额近4亿元，累计贷款金额14.4亿元，坏账率为0。

公司秉承立足华南、辐射全国的战略版图，在零售生态圈精耕细作，致力于将天虹金融打造成零售供应链金融的标杆。公司在2017年6月推出一项创新金融产品，即零售仓单融资。

（二）案例阐述

1. 背景介绍

2012—2014年市场出现仓单质押违约事件后，几乎所有的银行都暂停止了仓单质押融资业务，从台前退到幕后，取而代之的是各类B2B电商平台、保理公司，银行只做资金提供方。如果能够解决贸易真实性、货权不清、重复质押以及质押物的处置变现四个核心问题，仓单融资需求仍将是非常巨大的。

传统的仓单质押业务主要是指：在协议约定下，出质企业把在库存（包括原材料、产成品等）存储在第三方物流企业的仓库中，然后凭有仓单认证资格的企业开具的仓单凭证——向金融机构申请贷款，金融机构根据仓单名下货物的价值向出质企业提供贷款。

零售仓单质押融资与传统的仓单质押类似，但是会存在以下几点区别。

①零售仓单的出质方会有更高的周转率要求，比如奶粉、纸尿裤、鞋子、化妆品之类商品随时会有周转的需要，这对于既定生成的仓单要求更频繁的解付、置换、再质押等操作。

②零售仓单的质押物有保质期，或者过季风险。若借款未及时归还，需要一个强有力的处置变现体系。在保质期之前，或产品过季之前处理完毕，不然仓单将会出现掉价情况，出现无法弥补融资本金风险。

2. **产品设计**

鉴于此，很多金融机构根本无法对零售仓单进行融资操作。天虹金融依托于母公司天虹商场股份有限公司，可以有效解决这两个零售仓单融资痛点。天虹金融的优势主要包括以下几点。

①依托于母公司在零售圈30多年的沉淀，天虹金融有专业的市场招商团队，对押品的市场前景、竞争环境进行深度分析，确定押品的折扣率，控制终极风险。

②借助母公司的质检团队，对押品企业的准入条件、合规性，进行分析确定，规避合规风险。

③背靠母公司天虹商场股份有限公司67家百货超市店、5家购物中心、200多家便利店终端，在押品出现风险后，在保质期内或过季期内，天虹金融能有效对押品进行变现，从而控制终极风险。

④在零售仓单质押产品设计方面，天虹金融兼顾了客户的周转需求，引入押品浮动概念，押品浮动也即是说该仓单项下的押品，天虹金融能接受其20%（该规定值以双方设定为准）货值浮动，在押品货值浮动范围内，天虹金融可以不要求其对押品进行补充，出现押品货值浮动的情况可以是汇率浮动，也可以是押品正常周转。设定押品浮动的核心逻辑，是天虹金融对于其商品考察以及出险后控制手段的自信。

天虹金融可以保持“小规模运作 + 非核心业务外包”，有效降低客户的融资成本的同时，确保自身收益，控制风险。同时给第三方物流公司及仓单认证公司带来一部分收益。仓单质押融资流程如图3－14所示。

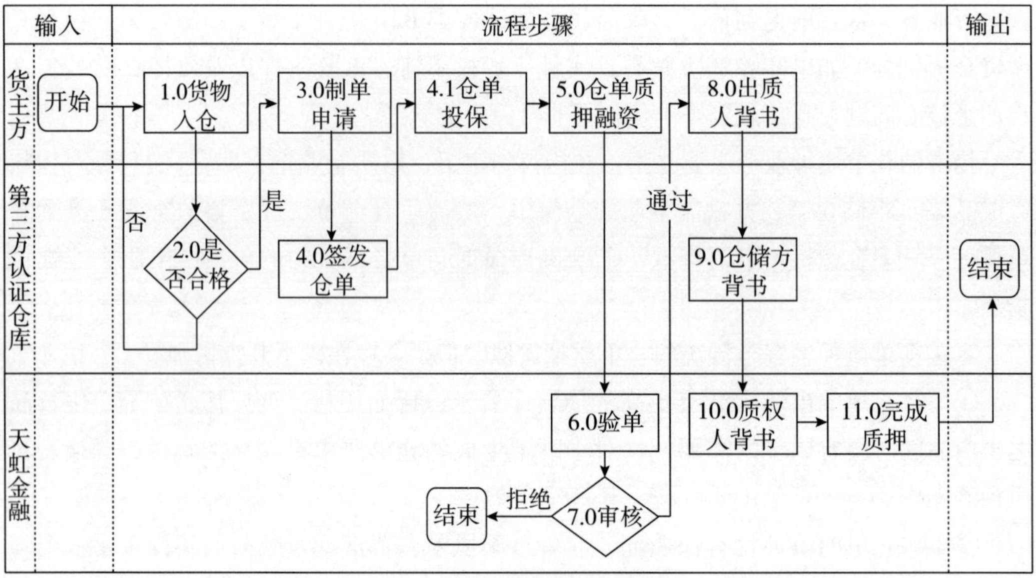

图3－14　仓单质押融资流程

操作要点及货物权属如表3－7所示。

表3－7　　操作要点及货物权属

流程步骤	操作方	要　点	货物权属
1.0货物入仓	货主方	入仓价格为采购价7折； 货物入仓前承担货物质量、数量、单位等责任	货主方
2.0是否合格	第三方物流	确定入仓货物的数量质量，对入库验收的数量、单位承担责任； 保证与仓单记录数量一致	货主方
3.0/4.0/5.0	货主方/第三方物流	—	货主方
6.0验单	天虹金融	验单前提条件包括确定融资协议是否已经签署完毕； 标的物采购价确定	货主方
7.0审核	天虹金融	审核人与验单人不能为同一人，确保相互监督	货主方
8.0/9.0	货主方/第三方物流	—	货主方
10.0/11.0	天虹金融	完成质押后，动产权属已质押给天虹金融，因此货物不能正常移动； 若需要使用或移动某质押货物，需要做质押置换或解押仓单流程	天虹金融

鉴于篇幅有限，详细的操作细节以及后续押品解押、置换等流程就不在该报告里

一一呈现。

3. 风险点及风险控制措施

零售仓单质押业务的风险主要在开具仓单、资信审查、价值评估、质押物出库等过程当中产生。在出质企业的质押物入库到第三方仓库，出具仓单以及质押物出库的过程中，第三方物流企业是仓单的出具者与保管者，负有无条件根据仓单交付货物的义务，所以必须保证实际货物的数量或价值与仓单完全符合，因此产生了质押物的监管风险；在资信审查和价值评估过程中，一旦出质企业因各类主客观因素违约也就意味着其利润受损，甚至影响到贷款无法得到回收和补偿，因此产生了出质企业可能违约的资信审查风险和贷款无法得到补偿的质押物价值评估风险。

（1）对出质企业的真实状态审查因信息不对称而存在的资信风险：由于信息的非对称性，在与出质企业的信贷交易过程中，出质企业拥有自己盈利水平、质押物合法性与质量状况等方面的更多、更真实的企业内部信息，处于信息优势地位，其风险主要在于信息不对称情况下，如果出质企业存在故意的隐瞒或欺骗，质权方难于判断企业所提供的企业经营状况和物品信息的真伪，一旦在对出质企业所提供的信息进行评估时出现失误，就可能造成质权方财货两空的局面。

（2）质押物监管风险：比如内部人员作案私自允许提单的风险、重复质押风险。

（3）押品价值评估风险：出质企业为了更多地获得贷款，刻意虚报、高报押品的价值，对押品高估的情形就成为零售仓单融资业务的核心风险。该风险包括以下两个方面：一是押品的选择风险，并不是所有商品都适合做押品，所选择的押品价值不稳定，其价格和质量随时间变化较大，其变现能力弱，这样会在出现风险后，实行质权时导致损失；二是押品的质押率确定风险。

鉴于此，天虹金融开展零售仓单融资的主要风控手段包括以下几点。

（1）出质企业的资信审查风险控制：在对出质企业的资信审查中，依托天虹的零售优势，对于押品在市场上的定位进行深度分析，对出质企业目前所处的市场地位进行对标判断，从而控制出质企业的资信审查风险。

（2）押品监管风险控制：借助专业的仓单公司，采用无线射频识别技术对货物进行严格监管，在托盘底部加入重量识别设备，若托盘重量比入仓时的重量出现差异，会自动报警。24 小时的视频监控及作业监控手段，可有效控制押品的监管风险。同时会对已质押仓单进行仓单质押登记，规避重复质押风险。

（3）押品价值评估风险控制：押品价值评估风险主要是因为在仓单质押期限内，押品过季的价格失真和汇率浮动所带来的押品减值。一方面，天虹金融会通过对押品相关品类在圈内的定位进行深度分析，考虑到押品竞争力因素，对押品确定相对较为稳妥的折率，在短期出现风险的可能性不大；另一方面，因为母公司在零售圈深耕细作，当押品出现贬值情况，能从母公司第一时间反馈过来，从而有更充分的时间去补充押品或收回贷款。

4. **绩效分析**

深圳××生物科技有限公司，主营德国进口××化妆品，作为德国××化妆品全国总代理，下半年需要大量囤货，因此在高峰期有资金需求。但作为一个贸易公司，在银行拿授信额度难度大，同时难以满足其业务发展需求，因此与天虹金融接洽零售仓单融资业务。对方核心需求，高峰期需要500万~1000万元资金用于囤货，需求期限4个月，中途会有货物周转需要。经过天虹金融团队对产品的深度分析，公司的合规审核，天虹金融同意其零售仓单融资申请，期限4个月，合作情况良好。

（三）发展愿景

零售仓单融资属于仓单融资的细分领域，该领域由于有快速周转需求，押品处置能力要求，对普通的金融机构形成了天然屏障，普通的金融机构要么无法响应零售出质企业的快速周转需求，要么缺失对押品的处置能力。天虹金融依托于母公司天虹商场股份有限公司在零售生态圈的影响力，恰好具备这两项核心能力。目前，天虹金融已有实际操作案例，接下来需要投入更多的资源去完善整个操作系统，不断PDCA（计划、执行、检查、调整）优化，最终形成自身产品的核心竞争力，解决中小供应商（中小企业）零售仓单融资的大难题。

（供稿单位：深圳市天虹小额贷款有限公司）

四、马上银：赋能上下游企业，重塑行业信用

（一）企业简介

湖南马上银电子商务有限公司（以下简称“马上银”）是一家专注于白银全产业链服务的产业互联网公司。公司控股股东深圳正威（集团）有限公司是一家以有色金属完整产业链为主导的全球化集团公司，2017年，以逾4900亿元的营业收入排名世界500强第111位。

马上银B2B产业电商平台以信息技术为基础，运用区块链、物联网、电子签章、电子合同等技术，提升行业整体信用；以供应链服务为核心，整合和服务于精矿、冶炼、银锭、工业用银企业、银制品企业等白银产业链；以区域布局为抓手，通过遍布全国重点区域的仓储物流合作，提升物流仓储效率。围绕在线供应链服务、行情资讯、期现结合工具、智慧物流、产业特色采购与销售等服务，构建开放、共享、公平、互

惠的白银产业链服务平台。

马上银产业电商平台从品牌、信用、效率和供应链四方面赋能。一是以自营贸易为突破，通过业务渠道直接对接大宗工业用银客户，提升郴州白银品牌知名度，为白银产业品牌赋能；二是引入先进信息技术，对接中国人民银行征信系统，构建白银行业全新信用体系，为白银产业信用赋能；三是通过郴州、上海、深圳“一体两翼”的布局，实现“线上成交、就近配货”，增效产业协同；四是以供应链服务为核心，为郴州白银产业赋能，例如开展代采购、代开信用证、白银租赁等业务。

通过四个方面的赋能，形成马上银的核心价值：快、准、稳。快是指：成交快、融资快、交货快；准是指：信息准、检测准、服务准；稳是指：货源稳、质量稳、盈利稳。基于公司的核心价值，公司提出了自己的经营理念：第一点，客户是公司存在的唯一价值；第二点，保持合理利润是业务开拓的基本原则；第三点，以客户为中心，解决客户痛点，增加客户盈利点。

（二）案例阐述

1. 背景介绍

当前信用缺乏成为制约以白银冶炼为代表的稀贵金属产业发展的瓶颈。稀贵金属货值极高上游原料检测陷阱多，重复质押、虚假贸易，信用体系缺失，难以对原材料及产成品的质量进行监控，进而造成企业资金链进一步紧绷甚至断裂，最终导致行业整体的信用危机，使得优质企业和劣质企业处于同一起跑线上，劣币驱逐良币成为普遍现象。

拥抱产业互联网是解决传统产业发展瓶颈和存在痛点的必然选择。2017 年 9 月马上银产业电商平台成立并布局白银贸易以及供应链服务。目前，马上银推出“货易融”“仓易融”“小马白条”等多款产品。2018 年年初，马上银把供应链服务产品进一步延伸，推出基于未来点价权的白银质押服务产品“银价宝”，形成白银全产业链供应链服务的圈层。

2. 产品设计

马上银充分考虑当下白银冶炼及消费端企业在资金方面的需求，将供应链服务嵌入马上银电商平台，通过对产业链上下游高效的整合能力，以及线上线下结合的风控手段，通过对传统贸易进行赋能，形成了从上游原料采购到生产端监管再到成品质押以及消费端信用赊销全覆盖的电商供应链服务圈层。马上银电商供应链服务产品如图 3 – 15 所示。

（1）规模企业采购原材料难，马上银提供“货易融”。

“货易融”属于应收类模式，马上银结合白银冶炼行业对高校灵活资金周转率的追

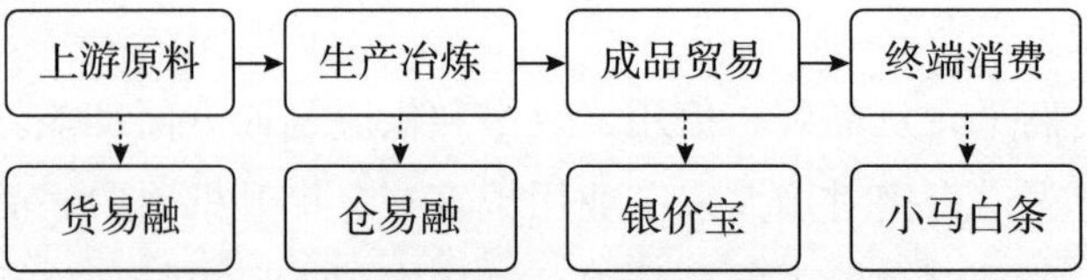

图3－15　马上银电商供应链服务产品

求以及行业属于资金密集型产业的特殊性，分析当下有色冶炼企业的资金周转困境，通过平台联合上游原料货物提供方实现平台授信，先货后款，全流程实现线上化，解决规模企业采购原料难的问题。

（2）大宗采购缺资金，马上银提供“仓易融”。

“仓易融”为融通仓模式，马上银联合合作物流仓储企业，通过对企业是否有稳定的存货，以及评估企业的生产经营情况、长期合作交易对象状况和整个供应链的整体运作情况提供的基于原材料控货模式的供应链服务产品。

经审核资质通过的企业可委托马上银平台向国企或上市公司采购原材料，冶炼企业将履约保证资金划款至马上银平台，马上银平台根据对企业的授信全额出资采购货物。冶炼企业按生产需求部分提货，最终以成品白银置换原材料，国标银通过马上银自营贸易团队销售回款，形成产销的闭环控制。

（3）大量白银存货缺短期资金，马上银提供“银价宝”。

“银价宝”，是马上银电商平台与仓储物流企业以及资金提供方合作，通过多方平台的互联互通，为国标一号银持有者特别定制的一项全流程在线融资产品服务。

客户因高位囤货或未来生产经营需要，在约定融资期限后有赎回白银的需求，客户可以向我平台申请短期融资，将融资款项用于补充流动资金，待资金充裕并归还货款后，客户就持仓单提货，以用于生产经营，同时基于马上银自营贸易的库存管理以及销售能力，我们还给予客户到期线上申请点价直接交易以及展期的在线一站式交易服务。

“银价宝”在线模式创新主要体现在以下两方面。

①交易行为与融资服务无缝嵌入。客户无须改变交易操作习惯——交易、融资、交收、支付一站式完成，通过马上银电商平台的交易系统和合作物流企业仓单管理平台的互联互通和数据协同，实现了会员交易、交收、支付行为与平台结算、融资服务的无缝衔接和高效融合。

②业务全程在线操作。实现电子仓单生成、质押、冻结、解除的全线上操作，高效便捷，各业务参与方均可通过相应的业务处理平台轻松实现自身的流程操作处理，降低手工线下操作压力，减少交易及风控监管成本，而且交易信息安全、易存储、易跟踪、易查证。

（4）平台中小企业缺乏采购资金，马上银提供“小马白条”。

“小马白条”为平台上提出采购申请的中小企业提供短期赊销服务，简单、快捷，满足其流动资金或短期业务发展需求，帮助企业建立平台信用。

“小马白条”在线模式创新主要体现在以下几方面。

①真正基于企业和企业主个人信用。（小企业很难提供传统银行接受的抵押物或担保），通过平台交易大数据的积累实现客户信用等级分类评价以及授信额度确认。

②简单、快捷。文件完整，3 个工作日内批复，1 ~ 2 周放款赊销，所需文件简单。

③可灵活选择相应账期。专为中小企业设计，配合企业经营现金流，减少利息负担和财务压力。

④通过技术创新以及平台风控与合作银行以及相关互联网金融机构建立起信用关系，助力企业长远发展。

（5）平台风控措施。

马上银针对稀贵金属冶炼以及规模有色企业生产周期特点开发了自身独特的客户价值评估体系标准以及线上、线下监管预警体系，从客户准入到贷后预警为业务开展提供强有力的支持。同时马上银实现了作业流程的标准化、制度化，建立了与合作客户实际业务和生产情况相匹配的实时风险监控系统。

相关业务可能存在的风险主要有：客户资信风险、道德风险、商业纠纷风险、违约风险、市场风险、法律风险等。针对这些风险，马上银一是建立起了基于大数据以及线下具体实操经验的客户资信调查和价值评估体系，实现了客户评估的线上线下融合；二是加强过程管理和对接相关数据来源，加强客户授信管理；三是建立强有力的应收账款管理和回款保障机制，通过多种手段提高回款保障；四是成立了独立的风控部门和执行小组，并从人员培养和人才不断引进两方面加强风控部门执行能力。

3. 成效分析

第一，实现流程自动化。为了满足供应链上下游企业短期、多频次、高时效性的融资需求，通过流程自动化、风控智能化的供应链服务系统架构，实现高频次的资金流转和优质的客户体验。通过对数据分类识别出非结构化数据，并将非结构化数据进行结构化处理，使得系统可通过影像技术自动触发流程流转。只有出现问题、可能引发风险时，才需要人工介入，从而大大提高了运营效率，使得有限的人力资源只关注有问题的流程，没有问题的流程自动流转，实现流程的自动化。

第二，实现风险可控。针对不同市场主体、不同产品模式，提供差异化的业务处理、报表统计及风险预警功能。采集并分析多方市场主体的有效信息，通过“商流、物流、资金流、信息流”数据钩稽，构建网络信用评估体系和授信体系，对业务过程中的各类货权、账权信息进行全面管理与监控。

第三，建立稀贵金属产业的信用体系，提升整个行业的风险控制水平。在白银贸易中，由于货值极高，因此白银贸易通常是基于熟人的交易，以工业互联网平台为基础，紧密围绕核心企业，借助现代电子签章、电子合同等，构建白银生态圈信用体系，实现白银贸易环节中陌生客户之间的交易。为了解决在业务审核中的“信息孤岛”问题，借力全国信用信息共享平台、国家企业信用信息公示系统和“信用中国”网站，实现与政府部门和机构之间公共数据资源的互联互通。利用区块链、人工智能等新兴技术，建立信用评价机制，加强稀贵金属行业中信用评级、信用记录、风险预警、违法失信行为等信息的收集和整理。平台将以大数据及物联网手段为客户整理和提供上下游产业的订单信息、结算信息、对账核销信息、资金流水与欠款信息，提升整个行业的风险控制水平，增强防范和化解系统性风险的能力。

第四，基于大数据，为上下游企业对接银行授信、政府扶持和社会资本。通过平台自身的大数据应用能力、系统分析能力、情景分析能力、压力测试，进行资源整合，搭建了一整套风险监控评级体系，并对接政府、银行、基金公司的后台系统，通过第三方服务，赋能企业资金效应，帮助他们把控风险，实现更加精确的风险洞察、现金流管理和数据分析。运用大数据和人工智能分析支撑目标遴选，以增值服务提供企业精准孵化。与此同时，公司将大数据和人工智能所得的分析数据直接对接政府、产业园区和投资基金、银行、社会资本，以电商平台作为孵化器，优选适合当地环境和产业经济发展的优质企业在高速成长期引导至孵化器，助力企业实现规范性和高成长性，进入成熟的市场发展阶段或者是获得资本关注。

（三）发展愿景

目前阻碍有色金属行业发展的难题在于来料加工中原材料采购“质”的不稳定、原材料供货“量”的不稳定、原材料为卖方市场，经常性持币待购，无货可售以及信用体系缺失。2018 年，湖南马上银电子商务有限公司将结合互联网技术，通过马上银搭建的白银产业链平台彻底解决白银贸易环节中的陌生交易的担保属性，建立起自营贸易的销售渠道，进一步拓展销售渠道。结合产业特点以及客户价值评估体系提供有特色的交易服务。通过聚合中远期长单的采购和销售，结合期货的套保交易，锁定相关风险，严格执行，推出最符合行业标准的白银贸易渠道模式。实现自营贸易客户的库存共享，集中配送，仓单自由转让。以电子仓单为抓手，实现线上成交、就近配货，通过物流上的集约化服务，最大化提高服务效率和降低物流成本。同时针对行业客户特性，成立客户价值评估委员会对客户进行合理的等级划分并给予相应权限，区分长尾、头部、中间层不同用户类型的不同需求，并有针对性地做差异化服务，提升产业效率。

作为世界500强企业的下属公司，拥有丰富的资源优势和资金优势。通过向有色金属冶炼企业提供供应链服务，具有广阔的市场和较好的收益，在支持郴州有色金属企业发展的同时，也为拓展公司业务，与客户互利双赢，提升公司行业地位带来好处。为此，公司将设计一系列操作性强、风险可控、效益可观的供应链服务产品和业务模式。未来，公司将通过联盟仓储的方式，打造仓储加工服务平台，为客户提供专业化的一站式仓储、加工、供应链服务监管等增值服务。

（供稿单位：湖南马上银电子商务有限公司）

五、趣链科技：基于区块链的应收账款多级流转平台

（一）企业简介

杭州趣链科技有限公司（以下简称“趣链科技”）成立于2016年，核心团队成员均毕业于浙江大学且具有博士学位，并由中国工程院陈纯院士担任董事长。公司的核心技术为自主可控的国产区块链平台，并在数字票据、数据交易、股权债券、供应链金融、物流管理等众多领域提供企业级区块链网络解决方案。凭借自身领先的技术实力以及丰富的行业经验和资源，趣链科技在众多领域都取得了显著成绩，尤其是在金融领域，趣链科技更是与中国银联、上海证券交易所、中国银行间市场交易商协会、中国工商银行、中国农业银行、中国光大银行、兴业银行、浙商银行、北京银行、美国道富银行、德邦证券等一大批国内外大型金融机构开展了区块链相关重要合作，是国际领先的区块链技术供应商。公司目前已获得连连科技、浙大网新和信雅达的 Pre - A 轮融资，以及复星国际郭广昌旗下亚东星辰的 A 轮融资，融资金额已累计超过 1 亿元。

趣链科技的核心竞争力源于自主研发的区块链平台，该平台是第一批通过国家工信部区块链标准测试的核心系统平台，具有节点验证授权机制、多级加密机制、图灵完备的智能合约执行引擎等核心特性，是一个功能完善、性能高效的联盟链基础技术平台，同时支持企业基于现有云平台快速部署、扩展和配置区块链网络，并可对区块链网络的运行状态进行实时可视化监控。在面向企业和产业联盟的应用场景中，该区块链平台能够为数字资产清算、数据可信存证和去中介交易等应用提供优质的底层区块链技术支撑和便捷可靠的一体化解决方案。

（二）案例阐述

1. 背景介绍

在传统供应链金融模式下，产业链上的中小微企业往往是大型核心企业（大型国

企、民营上市公司）的供应商。核心企业相对来说对上下游的话语权较强，因此资金压力较小，并且可以得到较多的银行授信。而中小微供应商的应收账款较多，又难以得到更多的银行授信，因此进一步加剧了其资金压力。

此外，由于中小微企业本身的财务管理机制不够健全，在得到核心企业的应收账款票据后，难以提供完整有效材料来证明交易的真实性，同时票据不能拆分，导致核心企业的三级、四级以及上游的多级供应商无法使用其应收账款债权实现融资，只能从其他渠道借贷高成本的资金。

因此，非常有必要利用科技手段，开发一种金融产品，帮助和扶持供应链金融链条后端的中小供应商，以便使得供应链体系整体更加强健，间接促进实体经济的发展。

2. 产品设计

针对上述问题，趣链科技推出了基于区块链的应收账款多级流转平台，为核心企业、成员企业及其多级供应商提供了可流转的数字凭证。

凭借基于核心企业信用的应收账款凭证，供应商可以便捷地将应收账款进行拆分、转让和融资，并有效惠及除一级供应商外的多级供应商，那里是传统供应链金融很难触及的地方；核心企业的信用资源实现了有效的多级传导，通过引入外部金融机构，为应收账款提供低成本融资利率，实现了自金融模式。应收账款多级转让业务示意如图 3 – 16 所示。

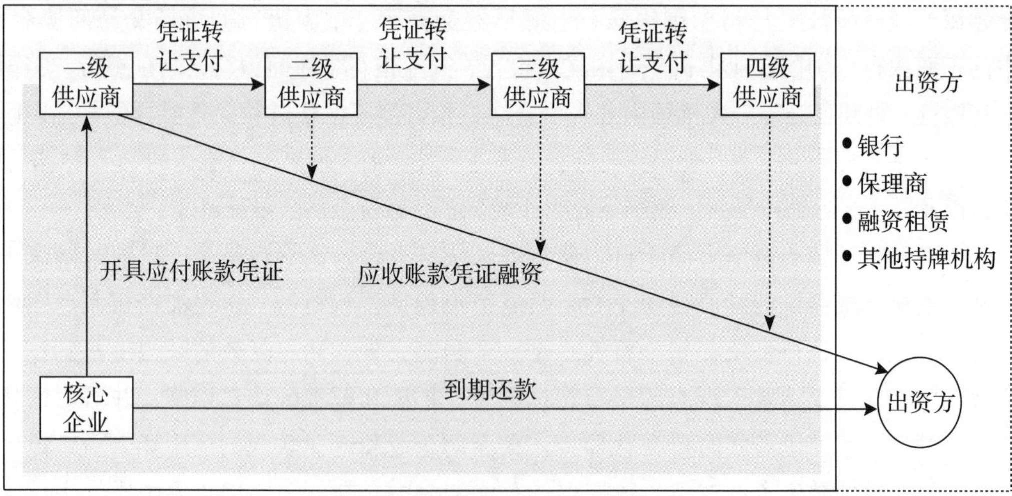

图 3 – 16　应收账款多级转让业务示意

基于区块链架构，可以实现多方对同一笔交易的确认，且数据不能篡改，融资需求发生前的交易数据可为需要融资的应收账款提供强有力的信用背书。同时基于区块链底层的清算特性，可以实现对核心企业应收账款的债权拆分，并顺着产业链逐级向上流转。

每一笔应收账款的流转都在区块链上登记结算，可确保债权的真实性。同时，由于债权数据本身是高度可信的，金融机构可以以较低的风险来为中小微供应商提供低成本融资，通过使用核心企业的信贷额度来为其供应商提供贷款。在债权到期后，核心企业基于区块链上记录的信息，直接支付账款到实际债权人处，完成整个流程的闭环。同时，结合保理业务，产业链上的中小微企业可以通过贴现更方便地获取资金。

基于区块链的应收账款多级流转平台大大增强了业务场景的透明度，使核心企业的信用能够有效流转，从而有效降低了中小企业的融资成本。

总体业务流程如图 3 – 17 所示。

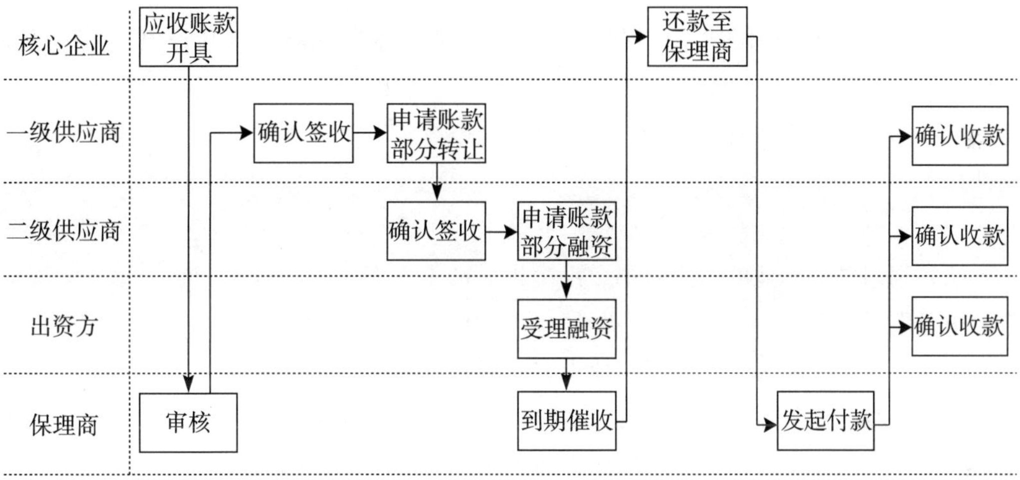

图 3 – 17　总体业务流程

①核心企业（或成员企业）根据真实贸易下的应付账款向一级供应商开具应收账款数字凭证。

②保理商对开具的应收账款进行审核。

③一级供应商确认签收应收账款。

④若一级供应商谈判力相对较强，在进行相关贸易时，可以将账款全额或部分转让给其上游的二级供应商。

⑤二级供应商确认签收应收账款。

⑥若二级供应商有资金需求可以向银行及金融机构等出资方申请全额或部分融资，出资方受理融资后将相应的金额交付融资方。

⑦在账款到期时由保理商向核心企业发起催收，由核心企业进行还款。

⑧保理商在收到还款后，依次将还款金额支付给相应的应收账款持有人。

3. **绩效分析**

2017 年 6 月，浙商银行基于趣链科技底层区块链平台开发的“应收款链平台”上线。该平台是利用区块链技术将企业应收账款转化为在线支付和融资工具，帮助企业去杠杆、降成本的一款创新金融科技产品。专门用于办理企业应收账款的签发、承兑、保兑、支付、转让、质押和兑付等业务。截至2018年5月，已有600多家企业入驻该平台，为诸多企业带来便利的支付和融资手段。

2018年4月，趣链科技与生意家集团合作，基于国产自主可控区块链平台打造的生意家供应链服务平台正式上线，第一批核心企业（20余家）及其供应商已成功入驻。

（三）发展愿景

通过趣链科技的底层技术，赋能金融机构，使得应收账款多级转让模式得以逐渐落地，真正实现了供应链的闭环——从源头到上游各级供应商，进而实现以下几点。

（1）解决中小企业融资难的问题，降低应收账款对资金流的占用，增强其资金流动性。

（2）增强核心企业对整个供应链上下游体系的掌控力，进一步促进实体企业发展。

（3）通过核心企业的信用背书，助力供应链生态圈成员降低资产负债率，实现资产结构优化。

此外，扎扎实实地把底层平台建设好，通过区块链技术解决实际问题，为社会创造真实的价值，是趣链科技始终秉持的价值观，而供应链服务平台的上线，是区块链落地的第一步，在此之后，趣链科技将通过不断探索区块链的应用价值，为社会信任的增强，贡献自己的力量。

（供稿单位：杭州趣链科技有限公司）

六、北农所：创新型会员体系下的供应链电子商务

（一）企业简介

北京农副产品交易所（以下简称“北农所”）是经北京市金融工作局批准，由北京市农业投资有限公司于2009年12月16日独资发起设立的国有企业。公司主要经营范围为农副产品的现货电子交易、农产品供应链金融及相关仓储物流、信息资讯服务。

北农所目前基于坚果类现货交易和冻肉类国际进出口交易平台的定位，着手大力发展相关农产品供应链现货电子交易的相关服务，致力于打造成集电子交易、产业金融、仓储物流、信息资讯、风险管理、认证追溯等功能为一体的农产品综合性供应链交易服务平台。

经过多年发展，北农所已在粮油、冻肉、干鲜果品等领域形成综合性交易服务能力，业务范围覆盖北京、河北、山东、内蒙古及东北三省等全国各地和美洲、澳洲等地域。

（二）案例阐述

1. 背景介绍

（1）金融需求。北农所交易会员在交易过程中存在大量的囤货、采购、销售需求，针对此需求，传统的做法是对接银行金融机构。很多的银行也有非常成熟的产品，但是由于农产品标准化程度低、经营管理体制不完善等现实问题，平台上真正能够获得银行授信的会员很少。就农产品会员特点和农产品商品特点，北农所在2017年尝试丰富会员体系，在原来的普通交易会员和核心交易会员的基础上，引入了小贷公司、供应链管理公司、保理公司、P2P等非银行金融机构，与北农所签署资金会员合作协议，向通过北农所审核认证的交易会员提供交易和资金服务。

（2）信息需求。在传统的农产品现货贸易中，因地域差异、各地区局部供需关系等因素影响，往往造成价格、库存等信息的不对称。广大农产品贸易商无法获得丰富的、准确的交易信息。而北农所作为一个综合性的供应链服务平台，本身是一个集各种资源与服务为一体的平台，在其平台上汇集了大量有价值的行业信息和行业资源，广大交易会员在北农所交易平台上不仅可以了解到最新的行业资讯，更可以了解到相关农产品即时的价格和库存信息。

（3）物流需求。在农产品贸易行业中，仓储物流需求可以说是广大农产品贸易商的基础需求。北农所在此需求的基础上，基于线下布局全国的仓储网络，提供覆盖坚果、冻肉、粮食等主要产区和销区的交割库服务和各种衍生服务。北农所基于完善的仓储物流系统，实施标准化管理，提供（电子）仓单产品及服务，极大地优化了物流流程，降低了贸易成本，解决了许多农产品销售中的问题，对提升整个农产品贸易行业的效率起到了巨大的促进作用。

（4）交易需求。能够达成交易，实现农产品的销售与采购是广大交易会员的根本性需求，针对这一根本性需求，北农所在供应链服务的基础上提供了现货挂牌、现货竞价（拍卖）、现货寄售等多种线上线下相结合的交易化产品，多种交易模式相互补充和促进，不仅满足了广大交易会员的交易需求，更是提升了农产品的流通速率和规模。这对推动改善传统的农产品的交易模式起到了很大的促进作用。

2. 实施方案

1）金融服务

资金会员的引入解决了交易会员在存货、采购、销售供应链环节的交易和资金需求。具体相关方案如下所示。

（1）存货环节。

①方案内容。

在农产品上市季和价格处于低谷期，集中收购和囤货需求使农产品经营者面临资金的集中性运转压力。北农所交易会员在将货物存入北农所交割仓库后，可向北农所提出申请，通过北农所审核后，可自主选择资金会员，资金会员接到北农所指令后，即时将款项直接划拨至交易会员账户，无须任何额外审批手续。

此类需求对接的资金会员为小贷类、P2P 等非银行金融机构，认同北农所出具的承诺函。交易会员在收到资金会员资金后当日，须向北农所支付一定的交易服务费，并按资金会员要求向其支付资金使用成本。

②方案设计流程。存货环节方案设计流程如图 3 – 18 所示。

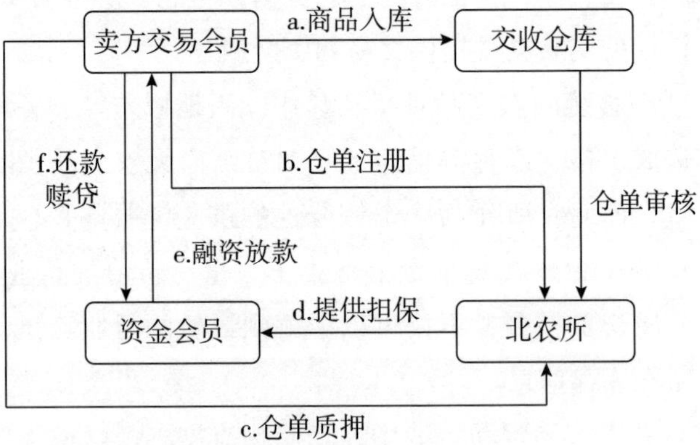

图 3 – 18　存货环节方案设计流程

流程说明：a. 卖方交易会员将商品存入北农所的指定交收仓库。

b. 卖方交易会员向北农所申请仓单注册，北农所进行仓单注册审核。

c. 卖方交易会员将注册的仓单质押给北农所。

d. 北农所向资金会员提供融资担保。

e. 资金会员向卖方交易会员进行融资放款。

f. 卖方交易会员向资金会员进行还款赎贷。

③对存货方的好处。通过以存货作抵押，解决了中小企业缺乏固定资产作为抵押、担保难的问题，盘活了存货资金。

（2）采购环节。

①方案内容。

北农所交易会员通过北农所电子平台采购货物、无法向卖方直接支付全额货款时，可委托北农所资金会员代为采购，资金会员接到北农所指令后，可直接将采购资金汇入卖方交易会员账户，将采购货物锁定在北农所交割仓库。

此类需求对接的资金会员为供应链公司，供应链公司在线接受买方交易会员的委托，收到买方定金并在卖方将货物存到北农所交割仓库后，向卖方支付全额货款。

买方交易会员在资金会员向卖方交易会员支付全额货款当日，须向北农所支付一定的交易服务费，并按资金会员要求向其支付资金使用成本。

②方案设计流程。采购环节方案设计流程如图 3－19 所示。

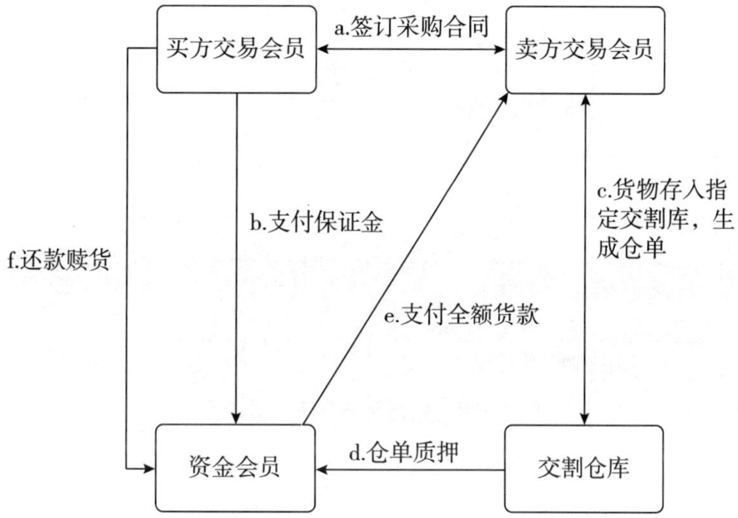

图 3－19　采购环节方案设计流程

流程说明：a. 买方交易会员与卖方交易会员签订采购合同。

b. 买方交易会员向资金会员支付保证金。

c. 卖方交易会员将货物存入北农所指定交割库，生成仓单。

d. 卖方交易会员将仓单质押给资金会员。

e. 资金会员向卖方交易会员支付全额货款。

f. 买方交易会员向资金会员进行还款赎货。

③对上下游的好处。

节约了买方交易会员的采购资金，也就是节约了经营资金，有助于企业获取采购的主动权；使卖方交易会员增加了销售客户，扩大市场份额。

（3）销售环节。

①方案内容。

北农所交易会员通过北农所电子平台销售货物、无法及时获得回笼资金时，可委托北农所资金会员提前收回资金，资金会员接到北农所指令后，可直接将销售资金汇入卖方交易会员账户。

此类需求对接的资金会员为保理公司，认同北农所出具的承诺函。交易会员在收到资金会员资金后当日，须向北农所支付一定的交易服务费，并按资金会员要求向其支付资金使用成本。

②方案设计流程。销售环节方案设计流程如图3－20所示。

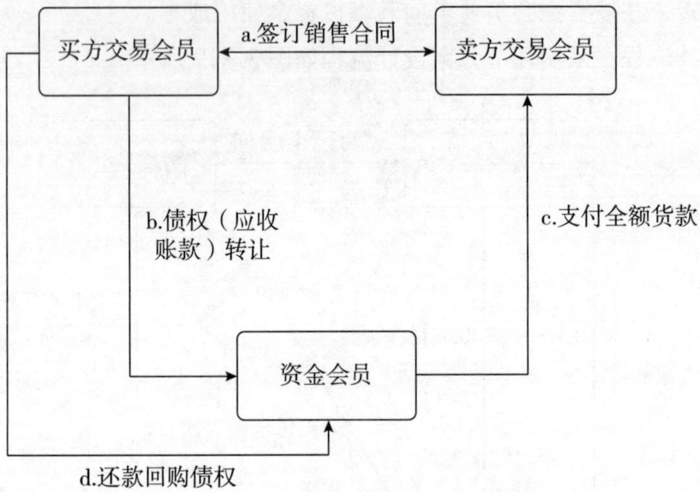

图3－20　销售环节方案设计流程

流程说明：a. 买方交易会员与卖方交易会员签订销售合同。

b. 买方交易会员将债权（应收账款）转让给资金会员。

c. 资金会员向卖方交易会员支付全额货款。

d. 买方交易会员向资金会员还款回购债权。

③对上下游的好处。

减轻了买方交易会员的资金压力，节约了企业的经营资金，能够为后续的融资活动奠定良好的基础；使卖方交易会员的存货周转速度加快，增加了销售客户，扩大市场份额。

2）信息服务

北农所目前基于坚果类现货交易和冻肉类国际进出口交易平台的定位，着手大力发展相关农产品供应链现货电子交易的相关服务，致力于打造成集电子交易、产业金融、仓储物流、信息资讯、风险管理、认证追溯等功能为一体的农产品综合性供应链交易服务平台。目前，公司已有包括准备推出的信息化产品和服务包括：①北农所网站及个人计算机（PC）端交易系统；②北农所“坚果汇”App；③北农所“冷鲜汇”App；④北农所坚果类价格指数；⑤北农所冻肉类价格指数；⑥北农所微信公众号。

3）交易服务

北农所的交易化产品及服务包括现货挂牌、现货竞价（拍卖）、现货寄售等。

（1）现货挂牌。

①方案内容。

现货挂牌销售即买卖双方交易支付保证金、签约结算银行，实现资金监管、诚信交易。卖方通过平台挂牌销售商品，买方在线自主选购商品，买卖双方达成电子交易合同，通过交易所结算或自行结算，买方进行货款支付，根据合同约定办理货物交收，完成交易。

②对上下游的好处。商品销售的公开、公平、公正；大大节约了人力、物力和时间等成本；帮助交易商提高其销售价值和销售量。

（2）现货竞价（拍卖）。

①方案内容。现货竞价销售即根据竞价商品的价格优先、时间优先的原则，在成为交易所交易会员的前提下，竞买方从底价开始按竞价幅度整数倍递升报价，竞价的买卖双方通过竞价流程规则，本着公平、公正和公开（可不公开）的原则，竞买方以价格（最高）、时间（最早）的方式中标，中标后将按照交易所的流程进行买卖的双方交易。

②对上下游的好处。吸引交易商在平台线上进行商品销售；提高其销售价值，产生更大的经济效益；享受全方位服务，积累人气，促进交易。

（3）现货寄售。

①方案内容。寄售交易是指在成为交易所交易会员的前提下，寄售方交易会员将货物寄售给北农所推荐的其平台上有分销能力的其他会员企业（以下简称分销会员企业），委托其代为销售，分销会员企业确认寄售货物后，向寄售方交易会员支付一定比例的交易保证金；同时，寄售方交易会员在北农所的电子交易平台将寄售货物挂牌，并最终以寄售方交易会员名义与采购方交易会员通过北农所电子交易平台完成签订货物购销合同等各项事宜。

②对上下游的好处。

第一，北农所的寄售业务是帮助寄售方拓宽销售渠道，盘活资金，增加业务量的模式。寄售方将货物交付给北农所分销会员企业进行寄售后，可从相应的资金会员处获得相当于货物货款金额一定比例的保证金，这样就盘活了资金，减少了资金占用。

第二，寄售方通过北农所开展寄售业务可以缩短供应半径，节约仓储，节约流通费用。寄售方可以把货物存储到北农所在全国各销售区的指定仓库，便于货物集散。代储货物可以由寄售方根据采购方的要求直接发给客户，节约了仓储和流通费用。

第三，采购方通过北农所电子交易平台实施的寄售业务进行采购，可以节约其采购资金。北农所可以利用其自身品牌、资源的优势，对形成批量的货物品种货比三家，利用批量采购优势，与寄售方进行价格谈判，从而使采购的寄售货物价格要优惠于市场普遍价格。

第四，采购方通过北农所电子交易平台实施的寄售业务进行采购，还可以获得资金会员一定的资金支持和优惠。

4）物流服务

北农所基于线下布局的各类指定交割库和完善的仓储物流系统，提供由交割库衍生出的各种产品和服务以及（电子）仓单产品及服务。

（1）指定交割库。

①方案内容。指定交割库是指经北农所审定注册的，为交易会员提供相关物流仓储服务的第三方机构。

②功能作用。

指定交割库是指经交易所审定注册的，为交易会员提供相关物流仓储服务的第三方机构。因此交收功能是其具备的基础的功能和服务。

监管服务包括动产抵/质押监管，运输及在途监管，仓储保管等。指定交割库负责对交易所业务项下的商品进行验收、保管等工作，因此其具备监管功能。

交易会员可将自有货物存入北农所的指定交割库，向北农所申请生成“质押物仓单”，该仓单经北农所审定注册后可用于参与交易，因此其具备服务交易的功能。

交易会员可将自有货物存入北农所的指定交割库，向北农所资金会员申请融资，因此指定交割库具备融资服务的功能。

（2）（电子）仓单。

①方案内容。

北农所（电子）仓单是指北农所交易会员在北农所认证的交割库存入符合要求的货物，按照北农所相关规则进行入库、质检、认证等操作，注册生成北农所的（电子）仓单。（电子）仓单具有一货一码的专属性和排他性，可直接用于交易、交收、融资等业务。

②对上下游的好处。

第一，传统交易必须有场地或者购买费用、人工费用、运输费用、购销费用及其他固定投入费用成本，然后才是流动资金。而仓单交易不需要投入前期的大量资金和费用。

第二，传统现货交易其价格因地理环境、各地区局部供需关系等原因而存在地区差价。而仓单交易采用同货异地，同步集中竞价，最后在离购买者最近的定点仓库提货，大大降低其时间成本和交易成本。

第三，传统现货交易一般是买卖双方签订购销合同，然后双方按合同逐步完成货物的交换和资金的结算；而仓单交易运用货物履约金制度，买卖双方均受其约束，资金在线结算避免了欺诈行为和“三角债”。

第四，仓单交易有商品质量标准化，买卖交易快速、灵活、安全等特点，仓单交易的广泛推广，有助于降低企业成本，提高企业竞争力。

第五，通过以存货作抵押，解决了中小企业缺乏固定资产作抵押、担保难的问题，盘活了企业的存货资金，有助于企业获得资金会员贷款支持；使企业的存货周转速度加快，有助于企业获取采购的主动权，同时能够使企业增加销售客户，扩大市场份额；节约了企业的经营资金，能够为后续的融资活动奠定良好的基础。

第六，通过与北农所的合作，能够加深仓储公司与服务企业的业务合作关系；通过提供供应链金融服务功能，可以增加仓储公司的客户数量。

第七，通过与北农所平台的合作，突破了金融机构传统信贷模式，通过仓单有效管控、价值跟踪和零违约处理等，有效解决金融机构风控体系"盲点"和"痛点"，有助于实现融资标准化、规模化、便捷化，实现信贷结构优化。

3. 实施成果

已建成利于支撑实体经济发展的基本服务体系，内容涵盖电子交易、供应链金融、仓储物流、信息资讯等。至今，公司已发展线上和线下交易会员 200 多家，累计交易额超 100 亿元，为 100 多家农业企业提供运营资金支持超 10 亿元，在全国范围内指定仓库近 50 家，库容超 30 万吨，构建了包含 PC 端系统、手机 App（应用程序）端系统、微信公众号等多个平台的信息资讯服务体系。

例一：资金会员提供采购融资服务。

北农所平台买方交易会员（河北栗源食品有限公司）计划向卖方交易会员（山东栗欣源工贸有限公司）采购 2017 年产鲜板栗，但资金不足。为解决河北栗源食品有限公司的采购需求，北农所交易平台资金会员（北京康安平谷分公司）出资，于 2017 年 9 月与山东栗欣源工贸有限公司签订采购协议，采购金额为 1000 万元，代替河北栗源食品有限公司采购这批鲜板栗，板栗采购后货物存入北农所指定交割库，生成仓单，之后将此仓单质押给北京康安平谷分公司作为担保；北京康安平谷分公司与河北栗源食品有限公司签订服务协议及销售协议等相关合同，约定 2 个月后由河北栗源食品有限公司向北京康安平谷分公司支付此笔货款，进行还款赎货。

例二：资金会员提供库存融资服务。

北农所平台交易会员迁西融通农产品交易有限公司计划采购 2017 年产鲜板栗，由于采购过程中，采购量较大，出现了采购资金缺口，特向北农所资金会员（北京小额贷款投资管理有限公司）申请货押融资服务。迁西融通农产品交易有限公司先将其库存货物存入北农所指定交割库，进行仓单注册，将仓单质押给北农所，之后北农所与北京小额贷款投资管理有限公司达成协议，由北农所向北京小额贷款投资管理有限公司提供担保，由北京小额贷款投资管理有限公司作为资金方向迁西融通农产品交易有限公司进行融资放款，放款金额根据迁西融通农产品交易有限公司所提供质押的货物评估总价确定。最后由迁西融通农产品交易有限公司向北京小额贷款投资管理有限公司进行还款赎货。

4. 创新点

多元化会员结构模式下，普通交易会员在资金充足的情况下，可以直接在线完成全国范围内的买卖，信息公开透明，货物存放北农所指定交割库，品质得以保障的同时，减少违约风险；在资金短缺的情况下，可以选择直接与资金会员达成交易协议，进而间接完成与核心交易会员的买卖行为。该体系的构建在增加平台交易活跃度的同时，高效地解决了交易会员在线下实际交易过程中的资金周转问题；多个资金会员的存在，在提高交易匹配成功率的同时，降低了交易成本。

两套线上操作系统共同支撑信息、交易、物流、金融综合性服务。北农所基于农产品的现货交易，搭建了两套线上交易系统，包括 PC 端交易系统和手机 App 端交易系统，再辅以公司网站和微信公众号等信息资讯服务，以及准备推出的“坚果类价格指数”和“冻肉类价格指数”；北农所正全力打造集电子交易、产业金融、仓储物流、信息资讯、风险管理、认证追溯等功能为一体的农产品综合性交易服务平台。广大会员可以在北农所平台完成包括线上信息资讯查询、线上交易、线上融资、便捷的仓储物流服务、风险管理等一站式的综合性服务。

（三）发展愿景

北农所通过构建普通交易会员、核心交易会员、资金会员多元化的会员结构和信息、交易、金融、物流四大板块产品体系，为农产品经营企业提供一站式供应链服务。

2018 年，通过北农所综合性交易服务平台，将对接更多类型的非银行金融机构，更好地服务于现货企业库存、采购、销售各个交易环节需求，在最大化降低企业运营成本的同时，提高交易效率。

（供稿单位：北京农副产品交易所有限责任公司）

第四章　基础服务

第一节　科技助力物流与供应链金融发展

一、科技在物流与供应链金融领域的应用现状

互联网、云计算、大数据、物联网、人工智能等技术的研发和应用，已经深入物流与供应链金融产品开发、运营管理、风险管理的各个环节，并加速提升物流金融的价值。科技改变了物流与供应链金融全行业的发展轨迹，“金融+互联网+物流与供应链”融合发展正呈现出蓬勃的活力。

（一）科技重构信用生态

2017年，国务院办公厅印发《关于积极推进供应链创新与应用的指导意见》，提出加强供应链大数据分析和应用，确保借贷资金基于真实交易。互联网时代，企业的信用价值已不再只基于历史财务数据和有效担保，而是基于数据，可以动态反映企业经营的现在和未来，从而有效促进运行良好的中小微企业发展壮大。技术创新将推动物流与供应链金融服务模式和产品加速迭代，更多科技型、平台型企业将成为物流与供应链金融创新的主导力量。2017年3月，百度云宣布与民生银行达成合作，并将依靠其在人工智能、大数据、云计算ABC领域里强大的技术优势，为民生银行提供其信贷企业的风险管理和预警服务。

（二）科技驱动管理创新

科技创新驱动了供应链管理的数据化和智能化，为供应链金融的发展提供了模式创新的基础和原动力。正是信息技术的广泛运用使我们看到，越来越多的企业在完成内部的信息化整合后，信息化建设向供应链上下游自然延伸。① 通过云平台的建设，核心企业应用电子商务等模式与上下游企业完成采购、库存、物流、分销等活动，通过整合优化

① 周徽，黄韬．科技驱动供应链金融创新［J］．新理财，2018（Z1）：18－20.

线上、线下服务资源，优化企业内外部管控体系，推动运营效率持续提升，推进供应链管理的数据化和智能化，实现供应链信息的贯穿整合，使供应链金融的数据基础不断夯实。一方面，在线数据采集直接提供了供应链金融的交易基础；另一方面，由数据驱动供应链金融决策的机制也在逐步建立和完善。供应链金融模式创新的基础不断具备。

（三）科技降低交易成本

科技创新驱动了供应链金融交易成本的降低。在传统供应链金融实践中，企业、银行均面临着纸质单据多、内部审批处理流程长、企业往返银行次数多等痛点，交易成本比较高。而科技创新实现了传统供应链金融的在线化，将业务信息电子化，实现在线数字单据信息推送、在线合格账款受理、在线债权转让确认、在线授信审批和在线融资放款，带来供应链金融服务效率的提升和服务的标准化，能够降低供应链金融各参与方的交易成本，实现边际成本快速下降，从而发展成为科技创造生产力的最佳商业模式。

（四）科技升级贸易金融

贸易金融信息化喜迎政策东风。① 2017 年 5 月，央行、工信部会同财政部、商务部、国资委、银监会、外汇局联合印发《小微企业应收账款融资专项行动工作方案（2017—2019 年）》，提出“要动员国有大企业、大型民营企业等供应链核心企业支持小微企业供应商开展在线应收账款融资业务”；11 月，国务院办公厅发布《关于积极推进供应链创新与应用的指导意见》，提出要“打造大数据支撑、网络化共享、智能化协作的智慧供应链体系”，并“积极稳妥发展供应链金融”。上述政策的出台，为贸易金融信息化的发展提供了正确的指导思想。

金融机构与外部机构的跨界开放式合作风生水起，2017 年商业银行与科技巨头 BATJ（百度、阿里、腾讯和京东）之间的合作项目激增，步入了全面深入合作的新时代。与此同时，基于聚焦特定行业的外部机构（包括产业龙头、商业保理公司、租赁公司、物流平台、电商平台和贸易综合服务平台等）在市场、行业、技术、流量和数据等方面所具有的独特优势，商业银行积极利用信息技术，开展与这些外部机构的合作。以信息技术为支撑的跨界开放式合作，具有化学反应式效果，为金融资源更有效地融入产业生态及商业银行更深入地开发贸易金融领域提供了新路径。

垂直化供应链自金融势如破竹。2017 年也是实体经济自金融加速发展的一年。越来越多的核心企业，利用信息技术，通过深入掌控供应链全部业务和全流程数据，有效管理供应链风险，为垂直细分供应链上的企业提供个性化的供应链金融服务，从而

---

① 王栋涛．信息化：构筑贸易金融蓝海［J］．中国外汇，2018（Z1）：65－67.

构建起稳健和共享的供应链利益共同体。如某著名手机品牌供应商富士康科技集团下属的富金通金服，与某互联网借贷平台于2017年3月推出基于区块链的供应链融资方案，借助区块链技术对供应链各节点交易的真实性进行自动验证和同步，实现了富士康科技集团对其供应商多笔线上放款。2017年10月，供应链核心企业天润乳业与金蝶征信公司和京东金融共同推出了供应链金融新模式。借助金蝶EAS（企业应用套件）服务软件，金蝶征信公司线上采集供应链数据，并输出数据评分指标；京东金融则基于交易数据分析，提供智能化信用评估和风险决策，从而可高效响应天润乳业供应链下游经销商的融资需求。

（五）科技促进跨境金融

在各部门的主导之下，“一带一路”倡议促进了各国间的贸易投资自由化与便利化，以及经济技术合作，跨境商业得以迅速发展。伴随着贸易和物流通道的打通，物流与供应链金融也迅速发展，金融科技让跨境供应链金融随时随地互联互通。2017年3月，由民生银行、中国中车、中国中铁等40余家金融机构和核心企业共同成立了“一带一路”供应链金融联盟，着眼于整合“一带一路”的信息流、物流和资金流，基于金融理念和手段创新，努力服务于“一带一路”建设和实体经济发展。5月，海航集团在西安成立了现代物流集团，由西安起步，全力推动中国“孟菲斯”建设，引入物流与供应链金融服务，打造金融、数字物流产业基地。跨境物流与供应链金融将成为“一带一路”贸易和物流发展的新亮点。

此外，据艾媒咨询发布，2017年跨境电商整体交易规模达7.6万亿元，2018年还将继续增长。服务于跨境电商的仓储、运输和金融为一体的综合服务将更加重要。同时，保外贷、仓单质押、融资租赁等物流与供应链金融产品借助物联网、互联网等技术支持也将更加丰富。

二、科技在物流与供应链金融领域未来展望

虽然，物流与供应链金融整体发展趋势向好，但在具体操作上仍然存在法律法规、行业监管不匹配，专业人才储备不足的情况。物流与供应链金融业依然会在探索中前行，在行业发展大趋势中迈上新台阶，并在细分领域取得新成绩。

（一）市场融合继续加速

党的十九大报告不仅要求“推动互联网、大数据、人工智能和实体经济深度融合”，而且首次提出“现代供应链”的概念，要在现代供应链等领域培育新增长点、形成新动能。国务院办公厅发布的《关于积极推进供应链创新与应用的指导意见》指出：

“以供应链与互联网、物联网深度融合为路径，以信息化、标准化、信用体系建设和人才培养为支撑，创新发展供应链新理念、新技术、新模式，高效整合各类资源和要素，提升产业集成和协同水平，打造大数据支撑、网络化共享、智能化协作的智慧供应链体系。”上述政策的出台，彰显了在传统经济增长引擎疲弱的背景下，信息技术对促进供应链乃至制造业升级和转型，推进供给侧结构性改革，提升我国经济全球竞争力所具有的作用。贸易金融是贸易生态、商业生态乃至产业生态与金融生态互动的产物，信息技术作为实体经济生态圈中越来越重要的生产要素，也必然成为贸易金融生态越来越重要的生产要素和具有主导作用的创新发展驱动力。

（二）完善相关法律法规

新技术的创新运用，必然伴随一些相关的法律问题，比如在线供应链金融遇到的电子签章问题，区块链技术在供应链金融运用时遇到的智能合约的相关法律问题等，都需要我们各参与方开展合作研究和探索，并提出完善相关法律法规的建议，加强对科技创新伴随的相关法律问题的共同研究和探索。

（三）加强监管部门协同

新的科技创新在供应链金融中运用后，传统的供应链金融管理运营模式需要进行大的调整和改变，会对现行一些基于线下模式的制度进行突破。因此，在运用科技创新手段驱动供应链金融模式创新的同时，需要各参与方加强与监管部门的沟通，加强与人民银行、商务部等监管部门的沟通，在开展创新时得到更多的监管与指导，同时有利于监管方制定出台相应配套的新监管规则。

（四）强化信息开放共享

随着电子政务的发展，政府相关部门也积累了大量的数据，包括征信、工商、税务、海关、司法等，而这些数据的运用与交叉验证，对于完善供应链交易方的信用评估和推动供应链金融向智慧供应链金融、数字供应链金融转型发展有着重要的意义。部分电子政务信息的开放共享将积极推动供应链金融模式的创新，更好地助力供给侧结构性改革。

第二节　“标准＋”物流与供应链金融

本书梳理了2015年至今的物流与供应链金融相关标准，涉及物流、供应链、物流与供应链金融标准，整理42个标准，其中，国家标准33个，行业标准1个，地方标准7个，团体标准1个（见表4－1）。

表 4－1　物流与供应链金融相关标准

标准名称	标准号	发布日期	实施日期	归口单位	发布单位
供应链安全管理系统　电子口岸通关（EPC）	GB/T 36147—2018	2018/05/14	2018－12－01	全国海洋船标准化技术委员会	国家质量监督检验检疫总局 国家标准化委员会
冷链物流信息管理要求	GB/T 36088—2018	2018/03/15	2018－10－01	全国物流信息管理标准化技术委员会	国家质量监督检验检疫总局 国家标准化管理委员会
法人和其他组织统一社会信用代码赋码操作规范	GB/T 36105—2018	2018/03/15	2018－07－01	全国社会信用标准化技术委员会	国家质量监督检验检疫总局 国家标准化委员会
法人和其他组织统一社会信用代码数据管理规范	GB/T 36106—2018	2018/03/15	2018－07－01	全国社会信用标准化技术委员会	国家质量监督检验检疫总局 国家标准化委员会
法人和其他组织统一社会信用代码数据交换接口	GB/T 36107—2018	2018/03/15	2018－07－01	全国社会信用标准化技术委员会	国家质量监督检验检疫总局 国家标准化委员会
信用标准体系总体架构	GB/T 35431—2017	2017/12/29	2018－04－01	全国社会信用标准化技术委员会	国家质量监督检验检疫总局 国家标准化委员会
商贸物流企业信用评价指标	GB/T 35434—2017	2017/12/29	2018－04－01	全国社会信用标准化技术委员会	国家质量监督检验检疫总局 国家标准化委员会
全程供应链管理服务平台参考功能框架	GB/T 35121—2017	2017/12/29	2018－04－01	全国自动化系统与集成标准化技术委员会	国家质量监督检验检疫总局 国家标准化管理委员会
信用服务机构　诚信评价业务规范	GB/T 22119—2017	2017/11/01	2018－02－01	全国社会信用标准化技术委员会	国家质量监督检验检疫总局 国家标准化委员会
信用信息征集规范	GB/T 34830—2017	2017/11/01	2018－02－01	全国社会信用标准化技术委员会	国家质量监督检验检疫总局 国家标准化委员会
射频识别在供应链中的应用	GB/T 34594—2017	2017/10/14	2018－05－01	全国集装箱标准化技术委员会	国家质量监督检验检疫总局 国家标准化委员会

续 表

标准名称	标准号	发布日期	实施日期	归口单位	发布单位
钢铁物流互联网信息交互技术规范	GB/T 34113—2017	2017/07/31	2018-02-01	全国物流信息管理标准化技术委员会	国家质量监督检验检疫总局 国家标准化管理委员会
钢铁物流互联网公共商务信息平台建设	GB/T 34111—2017	2017/07/31	2018-02-01	全国物流信息管理标准化技术委员会	国家质量监督检验检疫总局 国家标准化管理委员会
电子商务信用 网络零售信用评价指标体系	GB/T 34056—2017	2017/07/31	2017-11-01	全国社会信用标准化技术委员会	国家质量监督检验检疫总局 国家标准化委员会
电子商务信用 网络零售信用基本要求 消费品零售	GB/T 34057—2017	2017/07/31	2018-02-01	全国社会信用标准化技术委员会	国家质量监督检验检疫总局 国家标准化委员会
电子商务信用 B2B 网络交易卖方信用评价指标	GB/T 34058—2017	2017/07/31	2018-02-01	全国社会信用标准化技术委员会	国家质量监督检验检疫总局 国家标准化委员会
电子商务信用 B2B 第三方交易平台信用规范	GB/T 33717—2017	2017/05/12	2017-12-01	全国社会信用标准化技术委员会	国家质量监督检验检疫总局 国家标准化委员会
物流单证基本要求	GB/T 33449—2016	2016/12/30	2017-07-01	全国物流标准化技术委员会	国家质量监督检验检疫总局 国家标准化管理委员会
公路物流主要单证要素要求	GB/T 33458—2016	2016/12/30	2017-07-01	全国物流标准化技术委员会	国家质量监督检验检疫总局 国家标准化管理委员会
仓储货架使用规范	GB/T 33454—2016	2016/12/30	2017-07-01	全国物流标准化技术委员会	国家质量监督检验检疫总局 国家标准化管理委员会
物流装备管理监控系统功能体系	GB/T 32827—2016	2016/08/29	2017-03-01	全国自动化系统与集成标准化技术委员会	国家质量监督检验检疫总局 国家标准化管理委员会
仓储物流自动化系统功能安全规范	GB/T 32828—2016	2016/08/29	2017-03-01	全国自动化系统与集成标准化技术委员会	国家质量监督检验检疫总局 国家标准化管理委员会

续 表

标准名称	标准号	发布日期	实施日期	归口单位	发布单位
国际货运代理系列单证 基于 ebXML 订舱申请报文	GB/T 32850—2016	2016/08/29	2017－03－01	全国国际货运代理标准化技术委员会	国家质量监督检验检疫总局 国家标准化管理委员会
国际货运代理报检服务质量要求	GB/T 32849—2016	2016/08/29	2017－03－01	商务部	国家质量监督检验检疫总局 国家标准化管理委员会
国际货运代理包机运输服务质量要求	GB/T 32848—2016	2016/08/29	2017－03－01	商务部	国家质量监督检验检疫总局 国家标准化管理委员会
家电物流信息管理要求	GB/T 32701—2016	2016/06/14	2017－01－01	全国物流信息管理标准化技术委员会	国家质量监督检验检疫总局 国家标准化管理委员会
金融租赁服务流程规范	GB/T 32316—2015	2015/12/28	2016－06－01	全国金融标准化技术委员会	国家质量监督检验检疫总局 国家标准化管理委员会
移动通信网面向物流信息服务的 M2M 通信模块技术要求	GB/T 32407—2015	2015/12/31	2016－03－01	全国通信标准化技术委员会	国家质量监督检验检疫总局 国家标准化管理委员会
移动通信网面向物流信息服务的 M2M 平台技术要求	GB/T 32406—2015	2015/12/31	2016－03－01	全国通信标准化技术委员会	国家质量监督检验检疫总局 国家标准化管理委员会
移动通信网面向物流信息服务的 M2M 协议	GB/T 32405—2015	2015/12/31	2016－03－01	全国通信标准化技术委员会	国家质量监督检验检疫总局 国家标准化管理委员会
基于 M2M 技术的移动通信网物流信息服务总体技术框架	GB/T 32404—2015	2015/12/31	2016－03－01	全国通信标准化技术委员会	国家质量监督检验检疫总局 国家标准化管理委员会
中药在供应链管理中的编码与表示	GB/T 31775—2015	2015/05/29	2015－12－01	全国中药标准化技术委员会	国家质量监督检验检疫总局 国家标准化管理委员会
担保存货第三方管理规范	GB/T 31300—2014	2014/12/05	2015－03－01	商务部	国家质量监督检验检疫总局 国家标准化委员会

续 表

标准名称	标准号	发布日期	实施日期	归口单位	发布单位
电子商务物流信用评价体系	SB/T 11156—2016	2016/09/18	2017-05-01	商务部	商务部
公共信用信息平台建设技术规范	DB36/T 983—2017	2017/12/29	2018-03-01	江西省发展和改革委员会	江西省质量技术监督管理局
融资租赁企业管理与服务规范	DB33/T 2081—2017	2017/12/26	2018-01-26	浙江省商务厅	浙江省质量技术监督局
企业质量信用信息采集规范	DB37/T 3064—2017	2017/12/13	2018-01-13	山东省质量技术监督局	山东省质量技术监督局
法人和其他组织统一社会信用代码数据	DB3302/T 1088—2017	2017/08/25	2017-09-25	宁波市社会管理与公共服务标准化技术委员会	宁波市质量技术监督局
公共信用信息资源目录编码规范	DB13/T 2509—2017	2017/03/29	2017-06-01	河北省发展和改革委员会	河北省质量技术监督局
公共信用信息分类规范	DB13/T 2507—2017	2017/03/29	2017-06-01	河北省发展和改革委员会	河北省质量技术监督局
钢材质押融资仓储企业管理规范	DB31/T 843—2014	2014/10/15	2015-01-01	上海市商务委员会	上海市质量技术监督局
物流诚信共享信息构成要素及交换要求	T/CFLP 0001—2016	2016/10/01	2016-11-01	中国物流与采购联合会	中国物流与采购联合会

资料来源：中物联金融委整理。

标准建设具体涉及以下内容。

一、物流与供应链方面

涉及物流与供应链方面的标准较多，涉及物流业务、物流技术、供应链管理、供应链服务平台、设备设施、信息传递等方面的标准化。例如，《射频识别在供应链中的应用集装箱》针对供应链管理，规定了可读写的 RFID（射频识别，文中所有缩略语参见参考性附录 C）货运专用标签在集装箱运输中的应用要求；规定了空中接口协议和一套通用的必要数据结构，并通过公共句法学和语义学规定了一套通用的可择性数据要求。《全程供应链管理服务平台参考功能框架》给出了全程供应链管理服务平台的业务模式、业务需求、核心服务流程、参考功能架构以及核心功能等框架；适用于全程供应链管理服务平台的设计、开发、实施及管理。《物流单证基本要求》规定了物流领域运输、仓储单证编制的基本原则、要求、要素以及单证填制和使用的要求。该标准适用于对物流领域单证的编制与应用。《公路物流主要单证要素要求》规定了公路物流主要单证的基本要素，适用于公路运输物流活动交接环节所使用的单证。

二、信息化建设方面

信息化建设方面，规定了平台间信息交互的规范等。例如，《钢铁物流互联网信息交互技术规范》规定了钢铁物流互联网公共商务信息平台与其他信息系统之间信息交互时的交互对象、交互格式、交互数据、安全规范；适用于钢铁物流互联网公共商务信息平台与其他信息系统之间的信息交互。

《移动通信网面向物流信息服务的 M2M 协议》规定了移动通信网面向物流信息服务的 M2M（一种以机器终端智能交互为核心的、网络化的应用与服务）协议，对面向物流信息服务的 M2M 协议的结构、定义、交互机制、安全机制进行了规范；适用于提供网络信息服务的移动通信网，也可供其他物联网业务参考使用。

三、信用体系建设方面

涉及企业、平台的信用评价、服务要求等的标准建设。例如，《商贸物流企业信用评价指标》规定了商贸物流企业信用评价指标建立的基本原则和专项指标内容；适用于商贸物流企业开展自我信用评价，可作为行业组织、第三方机构信用评价依据，其他相关评价活动也可参照使用。

《电子商务信用 B2B 第三方交易平台信用规范》规定了电子商务 B2B 第三方交易平台（以下简称为“平台”）的资质要求、卖方管理要求、商品审核要求、交易服务过程要求、配套服务要求、信息安全与保密要求及经营终止要求；适用于 B2B 电子商务第三方交易平台的信用管理及信用建设。

四、金融创新应用方面

相对于传统金融机构的传统业务，物流与供应链金融方面的相关标准有待完善，现有标准主要涉及租赁类业务。例如，《金融租赁服务流程规范》规定了金融租赁服务申请、受理及调查、审核、合同签订和履行、租后管理等方面的要求；适用于金融租赁服务机构及人员。

部分地方标准对质押类业务进行了标准化，例如，《钢材质押融资仓储企业管理规范》规定了钢材质押融资仓储企业应具备条件、从业人员、仓单要求、作业流程、监管要求、监管义务和权利等要求；适用于从事钢材质押融资仓储企业。

物流与供应链金融的标准化建设，涉及跨行业、跨领域、跨国界的交叉内容；同时，随着信息技术在物流与供应链金融中的深入应用，标准的建设需要考虑更多的高科技要素，这些都在客观上对物流与供应链金融标准建设提出了更高的要求。

（撰稿人：中物联金融委研究咨询中心副主任　郭苏慧）

第三节　协会与监管

一、政府监管部门

有效的、具有前瞻性的监管，能激发金融体系的活力，维护金融市场稳定，防范系统性风险。针对物流与供应链金融的整体发展和具体业务，政府有关部门相继出台促进和监督物流与供应链金融发展的文件。从发文的部门（见表 2－1）来看，物流与供应链金融的监管政府部门主要有：

公安部、财政部、商务部、农业农村部、国土资源部、工业和信息化部、交通运输部、国家发展改革委、科技部、中国人民银行、国家市场监督管理总局、中国银行保险监督管理委员会、中国证券监督管理委员会、供销合作总社、国家邮政局、国家粮食和物资储备局、国家外汇管理局。

二、行业协会

（一）中国物流与采购联合会物流与供应链金融分会

中国物流与采购联合会（China Federation of Logistics & Purchasing，CFLP），是国

务院政府机构改革过程中，经国务院批准设立的中国唯一一家物流与采购行业综合性社团组织，总部设在北京。联合会的主要任务是推动中国物流业的发展，推动政府与企业采购事业的发展，推动生产资料流通领域的改革与发展，完成政府委托交办事项。政府授予联合会外事、科技、行业统计和标准制修订等项职能。中国物流与采购联合会是全国现代物流工作部际联席会议成员单位，是亚太物流联盟和国际采购联盟的中国代表，并与许多国家的同行有着广泛的联系与合作。根据《中国物流与采购联合会章程》的规定，联合会的业务范围和主要工作职能是：向政府反映企业的意见和要求，维护企业合法权益；组织实施行业调查和统计，提出行业发展规划、产业政策及经济立法建议；开展市场调查，分析市场形势，提供信息咨询服务；组织经验交流，表彰先进；组织行业理论研究，举办学术讨论会；参与商品流通与物流方面国家标准和行业标准的制修订；推动物流教育，培训专业人员；提供法律咨询服务；促进对外合作与交流；组织展览和交易活动，开展行业科技信息工作；组织发展行业的公益事业；编辑出版发行会刊、年鉴、资料和其他出版物；承担政府有关部门委托的工作任务。

中国物流与采购联合会物流与供应链金融分会（以下简称“中物联金融委”）是中国物流与采购联合会直属的物流与供应链金融专业服务机构。主要工作包括以下几点。

（1）宣传贯彻国家有关的方针、政策、法律、法规、条例，向政府反映企业正当愿望和合理诉求，维护企业的合法权益。

（2）结合国家相关政策导向和金融监管要求，及时发现和总结物流金融行业在发展中的有关问题，发布相关信息。

（3）收集、分析、发布国内外有关物流金融的最新信息，组织开展专业交流活动，促进会员单位之间的交流与合作。

（4）组织开展调查研究，掌握行业发展动态，收集国内外相关案例，编纂发布行业发展报告，为国家及金融监管部门制定有关物流金融行业标准、法律法规和相关政策提供参考。

（5）开展物流与供应链金融模式的宣传和推广，帮助企业及时了解到最新的物流金融资讯、理论和应用案例。

（6）组织开展和行业培训，提高从业人员专业水平。

（7）与国内外相关协会组织开展交流与合作。

（8）采购联合会交办的其他工作。

除秘书处外，中物联金融委设立以下五大服务中心。

（1）会员服务中心：负责会员发展、会员管理和行业资讯服务，组织开展各类会议和交流活动。

（2）投融资服务中心：整合社会资源，为会员提供投融资对接和顾问服务。

（3）研究咨询中心：集中行业智库资源和中心专业人员，研究、总结物流与供应链金融领域最新成果，为行业和企业提供咨询服务。

（4）培训中心：组织开展物流金融相关服务，培养物流金融专业人才。

（5）物流基金发展中心：组织相关投资主体，发行行业或项目基金，支持物流行业发展。

（二）中国互联网金融协会

中国互联网金融协会（National Internet Finance Association of China，NIFA）于2015年7月18日经党中央、国务院同意，由人民银行、银监会、证监会、保监会、工信部、公安部、工商总局等10部委联合发布的《关于促进互联网金融健康发展的指导意见》（银发〔2015〕221号）要求，由中国人民银行会同银监会、证监会、保监会等国家有关部委组织建立的国家级互联网金融行业自律组织。2015年12月31日，经国务院批准，民政部通知中国互联网金融协会准予成立。主要工作包括以下几点。

（1）组织、引导和督促会员贯彻国家关于互联网金融的相关政策方针，遵守相关法律法规以及监管部门发布的规章和规范性文件，规范经营行为。

（2）制定并组织会员签订、履行行业自律公约，提倡公平竞争，维护行业利益。沟通协商、研究解决互联网金融服务市场存在的问题，建立争议、投诉处理机制和对违反协会章程、自律公约的处罚和反馈机制。

（3）协调会员之间、协会及其会员与政府有关部门之间的关系，协助主管部门落实有关政策、措施，发挥桥梁纽带作用。

（4）组织开展行业情况调查，制定行业标准、业务规范，提出本行业中、长期发展规划的咨询建议。收集、汇总、分析、定期发布行业基本数据，开展互联网金融领域综合统计监测和风险预警，并提供信息共享及咨询服务。研究互联网金融行业创新产品和创新业务。

（5）积极收集、整理、研究互联网金融服务领域的风险案例，及时向会员和社会公众提示相关风险。

（6）制定互联网金融领域业务和技术标准规范、职业道德规范和消费者保护标准，并监督实施，建立行业消费者投诉处理机制。

（7）根据行业发展需要，对从业人员进行持续教育和业务培训，提高互联网金融从业人员的素质。

（8）发挥行业整体宣传推广功能，普及互联网金融知识，倡导互联网金融普惠、创新的理念。

（9）组织会员业务交流、调解会员纠纷、检查会员业务行为。

(10) 代表中国互联网金融服务组织参与国际交往，加强国际交流与合作。

(三) 中国中小企业协会金融服务工作委员会

中国中小企业协会于2006年12月11日正式成立。协会是由广大中小企业和支持中小企业发展的大企业以及知名专家学者自愿组成的非营利性社会团体。中国中小企业协会在国家发展改革委、工信部、民政部及社会各界的支持下，走市场化运作、企业化管理之路，从为会员企业在融资、人才培养等方面提供个性化服务，逐步走上社会化、平台化的服务模式。

中国中小企业协会金融服务工作委员会是中国中小企业协会的分支（代表）机构，机构的设立旨在为中小企业提供金融服务。总体目标在于推动中国中小企业健康、快速发展。业务范围包括调查研究、组织培训、辅导代理、搭建平台、提供服务、收集信息等。

(四) 中国服务贸易协会商业保理专业委员会

中国服务贸易协会商业保理专业委员会（Commercial Factoring Expertise Committee of CATIS），中文简称商业保理专委会，英文简称 CFEC。商业保理专委会内设政策法规、教育培训、风险控制、金融、互联网金融及志愿者工作组。目前其主要的工作包含保理融资、风险控制、标准规范、“互联网 +”、法律研究等业务。

第四节　案例分享

一、中物动产：基于大宗商品的物权溯源和仓单管理服务平台

(一) 企业简介

中物动产信息服务股份有限公司（以下简称“中物动产”）成立于2014年7月，公司由中国物流与采购联合会、中国仓储与配送协会等共同发起设立，定位为专注于物权溯源和仓单管理的供应链核心基础设施服务平台。

中物动产自创立之初，即与商务部、人民银行、银监会、北京市商务委员会、中国物流与采购联合会、中国仓储与配送协会、中国银行业协会等部门共同筹划并共建动产金融基础服务设施；全程参与了国家标准《担保存货第三方管理规范》制定和实施，同步开发并运营了国标的配套系统“全国担保存货管理公共信息平台”。该平台将存货/仓单大数据对接到中国人民银行征信中心动产融资统一登记公示系统，为供应链提供以物权溯源和仓单管理为核心的标准化的通用的基础设施服务。

中物动产目前已为农产品（白糖、大豆、油脂）、工业品（铁矿石、焦煤、铝锭）、化工品（原油、成品油、甲醇、塑料）、消费品（白酒、冻品）等多个不同产业背景的供应链提供核心基础设施服务。

四年来，中物动产获得的政府项目支持如下。

2018 年 1 月，中物动产入选首批骨干物流信息平台试点名单（评选单位：国家发展改革委、交通运输部）。

2015 年 3 月，中物动产为国家标准《担保存货第三方管理规范》实施落地平台“全国担保存货管理公共信息平台”。

2015 年 5 月，中物动产入选 2015 年北京市物流标准化试点企业名单（评选单位：北京市商委）。

2014 年 11 月，中物动产入选商务部第一批重点推进企业和平台名单（评选单位：商务部、国家标准委）。

中物动产发展历程如图 4－1 所示。

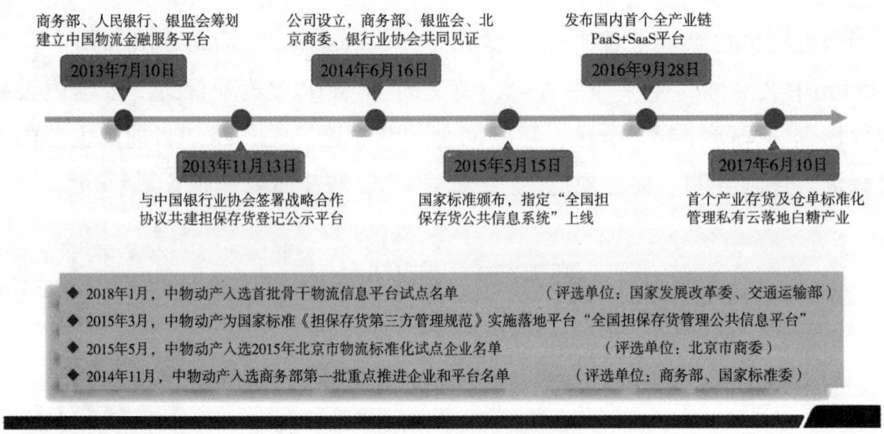

图 4－1　中物动产发展历程

1. 主营业务

（1）全国担保存货管理公共信息平台。

中物动产与中国仓储与配送协会合作建设“全国担保存货管理公共信息平台”，该平台按照国家标准《担保存货第三方管理规范》的要求，运用物联网及大数据等技术手段，对担保存货相关信息进行动态地、持续地、统一地采集，同时对接到中国人民银行征信中心动产融资统一登记公示系统，为担保物权的确权提供第三方增信。服务对象主要为贷款人、第三方管理企业、借款人等。

同时，中国仓储与配送协会在全国认证了 90 多家专业的第三方管理企业，并要求第三方管理企业统一使用“全国担保存货管理公共信息平台”，保证担保存货管理大数据的统一溯源。

全国担保存货管理公共信息平台登录界面如图 4－2 所示。

图 4－2　全国担保存货管理公共信息平台登录界面

（2）中物动产＋中物物联双 PaaS 平台。

中物动产＋中物物联双 PaaS 平台（以下简称“双 PaaS 平台”），是中物动产的业务支撑核心平台。平台的定位是产业链和产业物联网服务商，立足于产业链中的生产加工、贸易流通、仓储管理等提供动产金融基础设施服务。中物动产＋中物物联双 PaaS 平台登录界面如图 4－3 所示。

图 4－3　中物动产＋中物物联双 PaaS 平台登录界面

该项服务以产业集群为业务场景，运用物联网、区块链技术搭建动产金融基础设施，即围绕产业集群提供以动产全生命周期管理为核心的资产池管理服务，立足于产业链中的生产加工、贸易流通、仓储管理等提供动产金融基础设施服务。中物动产产品模式如图 4 –4 所示。

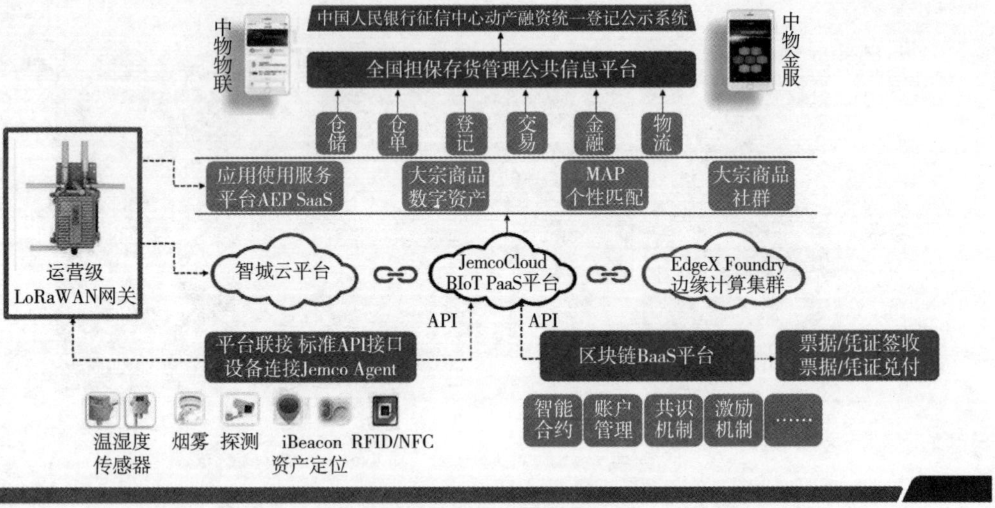

图 4 –4　中物动产产品模式

通过以上全流程服务实现对动产全生命周期管理和动态跟踪，建立动产动态评估及相关主体征信体系，解决动产融资业务中“动态库存监控、动态担保价值评估、市场流动性对接”的三大痛点，并将存货/仓单信息通过全国担保存货管理公共信息平台对接中国人民银行征信中心动产融资统一登记公示系统。

2. 市场规模、行业地位及核心竞争力

（1）标准制定者。

与商务部和中国仓储与配送协会共同制定仓单/存货的国家标准，并与产业中的核心企业共同制定配套的加工、包装、仓储、质检、交易、物流等行业标准，目标是提高产业的标准化程度。

（2）产品领先优势。

通过自主知识产权的动产管理 PaaS + SaaS 系统，实现产业平台、物联网、金融机构三方之间的互联互通，保证产业链当中的所有业务数据处于三方的统一监控之下。

通过自主知识产权的产业物联网与区块链集成系统，保证存货与仓单一致，并实现存货与仓单的全生命周期管理。

（3）战略伙伴优势。

与中仓协合作，建设全国担保存货管理公共信息平台进行存货所有权的公示，并通过该平台对接中国人民银行征信中心进行担保物权公示查询。

与企业、政府、银行及产业资本共同建立产业基金，以产业链中的存货为基础进行融资，以产业基金为抓手，提高整个产业的标准化水平和掌控能力。

3. **运营模式及经营情况**

中物动产在公司股权结构上，首创了行业协会参股、民营企业运营的模式，既体现了协会背景的公信力和公正地位，又采用了灵活高效的民营企业体制。

2014—2017 年中物动产经营财务状况如表 4－2 所示。

表 4－2　　2014—2017 年中物动产经营财务状况

年份	业务收入（万元）	收入增长率（%）	净利润（万元）	利润增长率（%）	净利润率（%）
2014	0.051	—	－324.18	0	0
2015	101.94	198014	－699.29	－115.71	0
2016	966.78	848	－368.54	47.30	0
2017	4020	315	1505	508	37

（二）案例阐述

1. **背景介绍**

近年来，我国已成为世界上最具活力的地区和最富有潜力的消费市场，越来越多的跨国公司将制造中心或采购中心转移到我国，而国内企业也开始面向全球生产和经营。顺应这一趋势，我国正迅速建立起一套快速、机动、便捷、高效的现代物流体系。物流金融理念应运蓬勃发展的现代物流系统而诞生。

目前，在我国经济发展中存在如下问题，中国中小企业总数已占全国企业总数的 99% 以上，创造的最终产品和服务价值相当于国内生产总值的 60% 左右，但是，“贷款难”使得我国中小企业在银行贷款中所占比例明显偏低。近年来，中小企业贷款余额占金融机构贷款余额的比例仅为 40% 左右，这与我国中小企业对 GDP 的贡献度不相吻合，主要原因是由于中小企业自身经营与管理存在的风险，且在银行贷款时无法提供足额的固定资产做担保，导致了银行不愿意将贷款下放中小企业。

针对以上问题，中物动产提出了构建第三方的物流金融服务平台，通过利用自身优势，打造服务于以中小企业为核心供应链生态的基础设施平台，目标是通过标准优势和技术优势，形成若干核心的积聚、多核心的再积聚，从而形成更丰富的供应链大数据，为产业集群中的多条供应链赋能。同时，为产业集群中的中小企业提供 SaaS＋PaaS 云服务，并在此基础上通过产业基金为中小企业提供资产支持融资服务。

2. 产品设计

（1）商业模式。

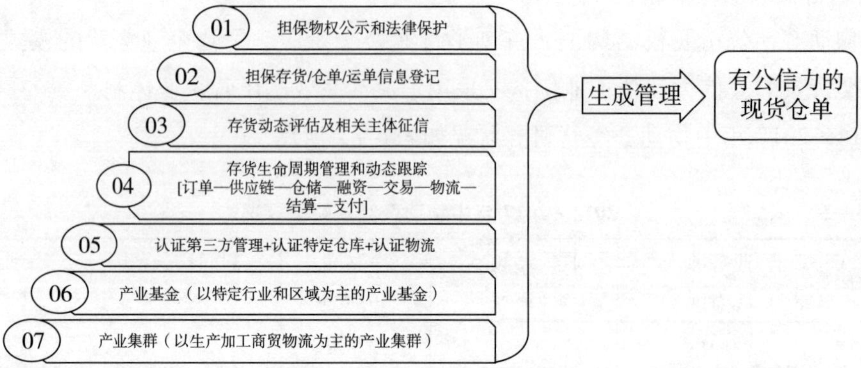

图4－5 中物动产商业模式

平台商业模式的具体内容包括（见图4－5）：担保物权公示和法律保护，担保存货、仓单、运单信息登记，存货动态评估及相关主体征信，存货全生命周期管理和动态跟踪，认证第三方管理＋认证特定仓库＋认证物流，产业基金（以特定行业和区域为主的产业基金）和产业集群（以生产加工商贸物流为主的产业集群）。

（2）竞争优势。

优势一：担保存货和现货仓单的国家标准制定。

①国家标准《担保存货第三方管理规范》。

国家标准《担保存货第三方管理规范》厘清与解决了目前困扰担保存货管理所涉及的借款人、贷款人与第三方管理企业之间的所有责任划分问题。在相关的公共信息平台上，对包括管理企业、担保存货、仓单等在内的相关信息进行登记与公示。

②国家标准《仓单要素与格式规范》。

根据国家标准《仓单要素与格式规范》，明确了担保存货仓单的性质与出具主体。仓单的国家标准，将仓单区别与界定为“不可流转”的仓单（即入库单）与“可流转”的仓单，并明确“可流转仓单”适用于期货交割库与担保存货仓库。

优势二：行业监管经验——郑商所白糖交割库管理。

郑商所在广西荣桂的白糖交割库共有5个大型白糖仓储园区，中物动产为白糖交割库提供了基于存货全生命周期管理为基础的动产金融基础设施，包括：“动产管理＋物联网＋动产金融”的平台部署及“全国担保存货管理公共信息平台”，同时依托其现有的仓库网点部署物联网终端设备，形成白糖产业集群现货仓储及物流的统一管理体系，以及白糖产业相关的标准化服务体系。

优势三：入选国家骨干物流平台首批试点名单。

2018 年 1 月，中物动产入选首批骨干物流信息平台试点名单（评选单位：国家发展改革委、交通运输部），并按试点要求实现与交通运输部信息中心对接。中物动产可获取全国 530 万辆 12 吨以上的运输车辆数据以及全球 18 万艘船舶的初级数据，并对货运物流信息的筛选、分析、比对等数据处理工作，使处理后数据更贴合行业用户的解决方案，更好地服务于行业用户。

优势四：广泛外接多种异构平台的能力。

通过双 PaaS 平台的标准应用程序编程接口（API），可实现对企业级 SaaS 的对接集成，可以在不改变用户原有企业管理系统的基础上，实现对企业信息化各个环节应用（仓储、物流、金融、交易、仓单、公示等）的快速互联互通；同时通过客户定制需求使用 API，可以快速开发出简单易用且界面直观的各种不同行业应用程序，能够承载大规模的 API（应用程序编程接口）访问。

优势五：规模化的物联网集成能力。

中物动产采用 PaaS 平台 + API 网关 + API 标准接口的服务模式，在数据通信上采用高安全性的 AES（高级加密标准）加密技术，在保证数据通信的安全性的同时，极大地提高 PaaS 平台外接第三方平台的能力；中物动产已接入平台包含：中国交通通信信息中心、中国联通、中科智城、中兴克拉、海康威视、浙江大华等。通过这些外部资源平台对接，中物动产获得 1800 多家供应商合作伙伴，以及 300 种智能终端的物联网服务体系。

（3）应用场景。

①大宗商品物权溯源与仓单管理。

中物动产与三大期货交易所合作大宗商品场外仓单交易平台，该平台为了解决期货场内标准化交易与场外多样化需求之间不平衡的矛盾，需要打造一个多层次的商品市场服务体系，满足实体企业的多样化交割需求，促进升贴水机制形成，提升仓单流转效率。目标是更好地满足实体企业的风险管理需求，从而有效地服务实体经济。

仓单交易是期货交易的重要组成部分，期货交易系统配套仓单场外交易系统，将有利于期现互换、风险管理、共享资源；该仓单交易平台建立在期货交易所完整的风险规则上，由三大期货交易所作为中央清算对手方，负责货款资金清结算、监督开发票，并保证仓单真实有效性。在此基础上合作建设相关的仓单认证系统和仓库监控系统，目标是保证仓单的真实有效性（见图 4－6）。

②产业园区供应链金融。

中物动产与地方政府合作产业园区的供应链金融服务，目标是为地方传统产业提供转型升级的有效路径。传统制造业的趋势是调整产业结构，尤其是重化工

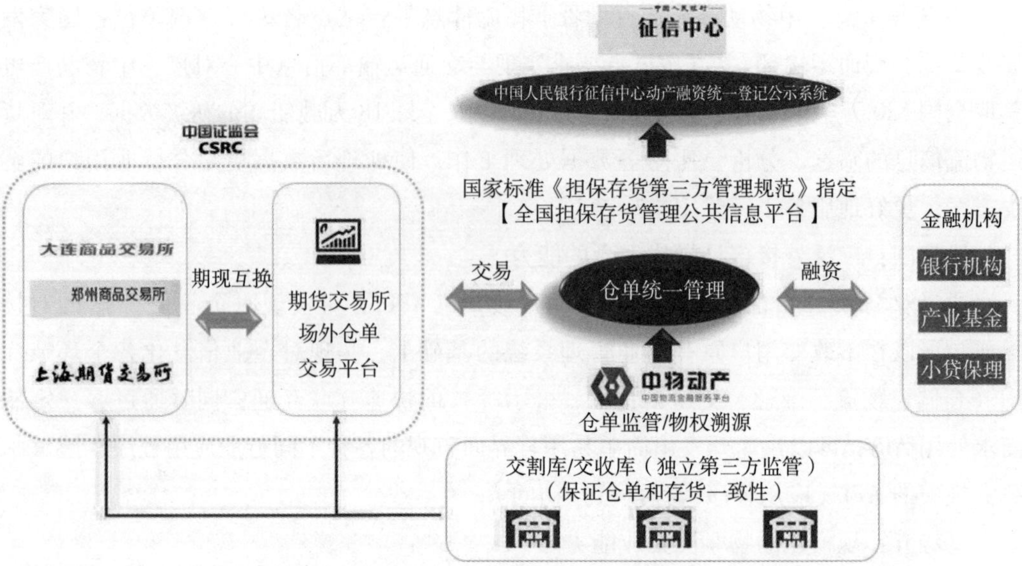

图4-6　大宗商品物权溯源与仓单管理业务模式

产值在产业结构中占比过高的情况，大力发展现代生产性服务业，传统制造业可以有足够空间进行转型升级。这个现代生产性服务业，主要是供应链管理与动产融资服务。

大力发展供应链管理与动产融资服务，将大大提高生产性服务业在产业结构中的比例，快速创造新的动能增长点，并且不需要增加任何资源环境负担；同时在发展该服务的过程中需要引进供应链及金融高端人才，培养本地化的供应链及动产融资运营及客服团队，这将非常容易建立现代市场经济管理体系，对地方经济的拉动作用将非常明显（见图4-7）。

（4）实施步骤。

①高效控制（跨链条和全过程）。线上通过存货全生命周期管理 SaaS + PaaS 云服务实现对存货全生命周期管理和动态跟踪，线下依据国标要求整合全国分散布局的第三方监管机构，以及第三方特定仓库，建立统一的操作规范，形成供应链生态圈各参与方都认可及接受的系统，从而控制风险。

②标准规范（担保存货第三方管理和现货交收库管理）。实践国家标准并制定相关行业标准规范行业发展。

③法律保护（动产物权和数字仓单）。依据《物权法》等法律规定，动产物权的设立和转让，自动产交付时发生效力。通过打造一个契约性、自律性、非法律强制性、独立第三方的“动产信息登记公示平台”实时抓取存货的动态出入库信息，同时对存货的担保价值（即清算价值，非市场价值）进行动态评估，为存货创造足够的市场流

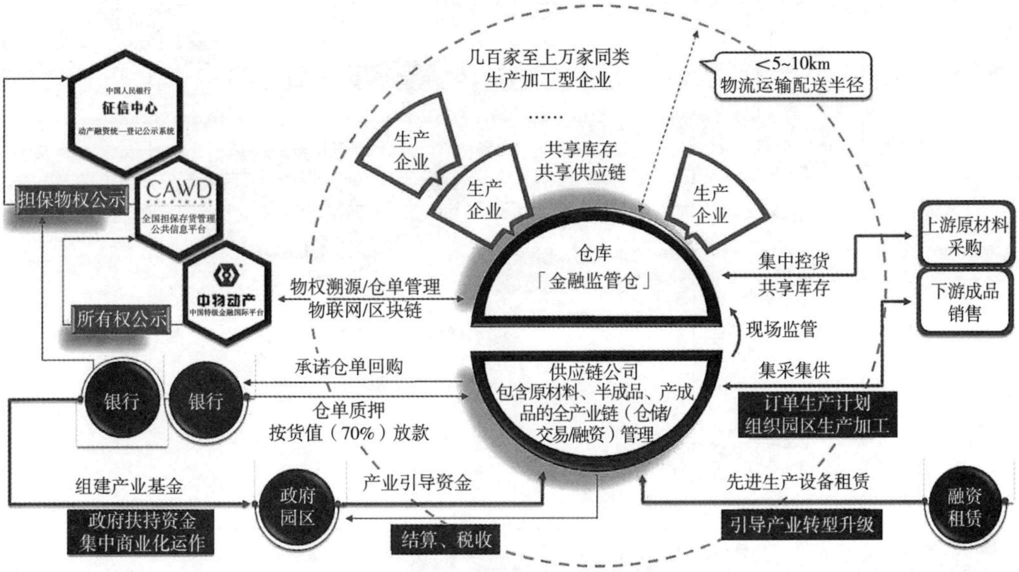

图 4－7 制造型产业园区供应链金融业务模式

动环境。

④产业基金（低成本与高杠杆）。要为供应链要配套产业基金，一方面产业中的各个市场角色都深谙本产业内在规律，很容易支持和信任产业基金的建立；另一方面产业基金的管理者是产业内专业人士，对于基金的管理水平更高。

⑤大数据征信（动产信用评级标准）。以动产为核心的大数据及征信，为供应链建立借款人及交易方的信用体系。基于对存货/仓单相关信息的动态跟踪，平台将出具以动产担保信用风险评估报告为主的征信报告系列，该报告可为银行提供授信决策，或为银行已经贷款的资金进行风险监控与预警。

（5）实施技术。

自主知识产权的中物动产 PaaS 平台对外提供涵盖订单—仓储—交易—物流—结算—支付—融资的全产业链服务，实现货物全生命周期管理的动产监管和动态监测。

自主知识产权的中物物联 PaaS 平台以物联网传感技术为核心，采用平台链接、设备链接的开放模式，支持各类传感器和智能硬件的快速接入和大数据服务。中物物联 PaaS 平台如图 4－8 所示。

自主知识产权的区块链（联盟链）实现所有动产全生命周期数据处于各方的统一监控之下，支持以动产数字资产为基础的资产支持贷款 ABL、资产证券化 ABS 等金融模式。

中物公有云目前已接入中国交通通信信息中心、中国联通、中科智城、中兴克拉、海康威视、浙江大华等。建立了包含 1800 多家供应商合作伙伴以及 300 种智能终端的物联网服务体系。

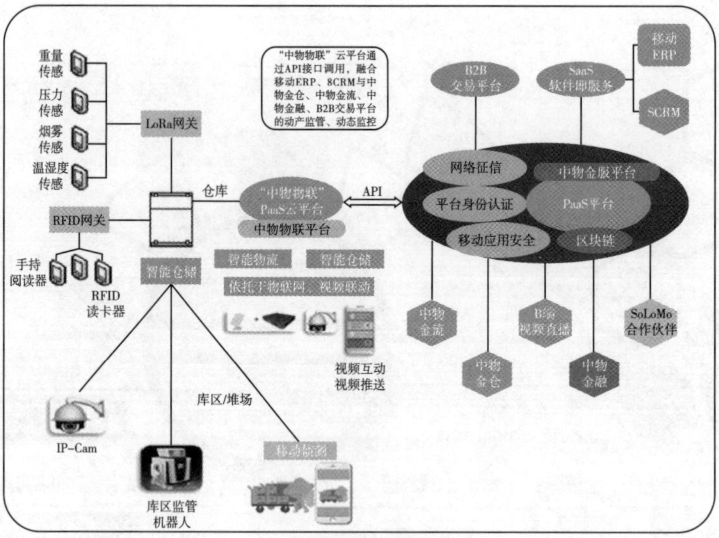

图 4－8　中物物联 PaaS 平台

3. 绩效分析

中物动产提供的服务于大宗商品的物权追溯和现货仓单管理产业服务平台，为专业市场融资超 1 亿元；为行业龙头撬动产业基金 100 亿元；为大宗商品现货交易市场带动交易融资规模 30 万亿元。

产业服务平台的实施带来的经济效益和社会效益包括以下几个方面。

一是动产融资体量巨大。动产在供应链中的存量为 170 万亿元，目前供应链中为动产提供的金融服务仅覆盖了 40 万亿元。按照 1% 的动产金融服务费计算，待撬动的动产服务费规模在 1.3 万亿元左右。

二是供应链安全保证。通过中物动产的存货全生命周期管理，采用 PaaS + SaaS 云服务、物联网、区块链等最新追踪监控科技，并联网多个供应链的系统，可有效地预警和抵御自然和人对供应链的破坏。

三是有效监督碳排放。中物动产的存货全生命周期管理，以及仓单管理体系，可以通过监控产业上下游的原材料库、半成品库、成品库的数量和质量，从产量、耗能、生产工艺精准推算企业的碳排放。

（三）发展愿景

1. 总体思路

中物动产通过物权溯源和仓单管理这两大供应链核心基础设施服务，实现供应链内部上下游之间、供应链与供应链之间的互联互通。

首先，有效地整合供应链管理的各个环节，把原来单点、单主体、单过程的控制，扩展到了多点、多主体、全过程的控制。

其次，跨界整合多种供应链技术，涵盖生产、仓储、仓单、物流、交易、金融、物联网、联盟链、大数据等领域。

最后，把无数零散的、碎片化的供应链信息整合到统一的物权平台上，实施标准化流程操作，形成了可应用于供应链金融及信用管理的大数据体系。

2. 发展目标

提高物流金融业务信息化建设水平、建立全国统一的业务风险监控体系、提供物流金融业务迅速发展的通道、强化物流金融业务的行业管理效力。为企业实现产融结合提供了一个有效的通道，助力产业升级，推动实体经济发展，同时作为供应链金融风险辅助工具在一定程度上有效防范了金融风险。

完善物权溯源和仓单管理的基础设施服务，继续提高细化领域服务的标准化程度，组织各个领域的供应链企业和专家共同参与行业标准的制定和实施，大力提升基础设施服务的标准化程度。

在标准化的基础上，为不同产业背景的供应链提供服务细节优化；向更多不同产业推荐物权溯源和仓单管理的基础设施服务，获得各个产业相关供应链的物权和仓单大数据，为政府决策和市场判断提供大数据征信服务。

3. 发展举措

①中物动产与全国各地政府合作，服务于制造型产业园区供应链金融；同时与三大期货交易所合作，服务于场外现货的大宗商品物权溯源与仓单管理。

②在全国各地业务发展过程中，引进供应链及金融高端人才，同时培养本地化的供应链管理及动产金融运营及客服团队。

③应用现代信息技术：采用 PaaS + SaaS 云服务、物联网、联盟链等最新追踪监控科技。

④创新供应链技术和模式，联网多个供应链的系统，建立有效的供应链风控体系；构建和优化产业协同平台：构建服务全国的供应链生态圈大服务平台。

⑤提升产业集成和协同水平：建立以大宗商品存货为核心的动产大数据中心，大数据中心和运营结算中心设在北京，为实体经济转型增效提供平台技术保障。

⑥带动供应链上下游企业形成完整高效、节能环保的产业供应链，推动企业降本增效、绿色发展和产业转型升级。

⑦监控产业上下游的原材料库、半成品库、成品库的数量和质量，可以从产量、耗能、生产工艺精准推算企业的碳排放。

（供稿单位：中物动产信息服务股份有限公司）

二、物银通：供应链金融科技服务平台

（一）企业简介

上海银沛数据管理有限公司于2014年在上海嘉定区注册成立，由包括区政府基金、上市公司产业基金在内的多家机构联合投资，是“物银通”平台的开发、运营商。

物银通为供应链上下游企业提供以融资为核心的供应链金融服务平台，包括融资、供应链信息管理、支付和采购，以达到广泛获客及供应链数据运营的目的，从而完整地构建了供应链金融数据场景。

物银通针对不同行业的融资评价标准，自主研发了决策分析引擎系统，实现了供应链应收款等金融资产的真实有效性，增强了对金融资产的价值评价能力，使其具备分散化、可穿透化、可动态跟踪管理等特点。

在此基础上，物银通通过和多家金融机构的系统对接，向其在线输送上述资产并实现多对多精准匹配，帮助金融机构达到为企业高效提供多样化、智能化、在线化融资的目的。

公司成立3年以来，已陆续向十余家银行及类金融机构提供了长期服务，并取得了丰富的实践经验与良好的市场口碑。

（二）案例阐述

1. 背景介绍

为进一步促进供应链与金融结合，解决供应链中小企业融资难问题，金融机构资金平台（以下简称“资金平台”）与物银通平台共同针对运力供应链环节中的物流企业、司机之间形成的末端微型供应链体系，研发创新的融资方案，命名为“福通一发车贷”。

此产品以创新型供应链金融模式为核心、扶持中小企业为基础，互联网化为依托，从物流运输领域的底层基础场景来撬动整个运力供应链的融资需求，真正实现金融业务向供应链末端穿透服务。

2. 产品设计

针对公路运输供应链领域，物银通平台通过金融科技手段，构建了专线/车队企业与运输司机之间运输服务业务的数字化场景，命名为“福通”（见图4-9）。

“福通一发车贷”产品是基于福通场景下，针对物流公司的在线化融资产品。物银通提取场景中所呈现的运输业务数据进行交叉验证，保证业务真实性。物流企业可以依据经验证的真实运单借支对应的运费。

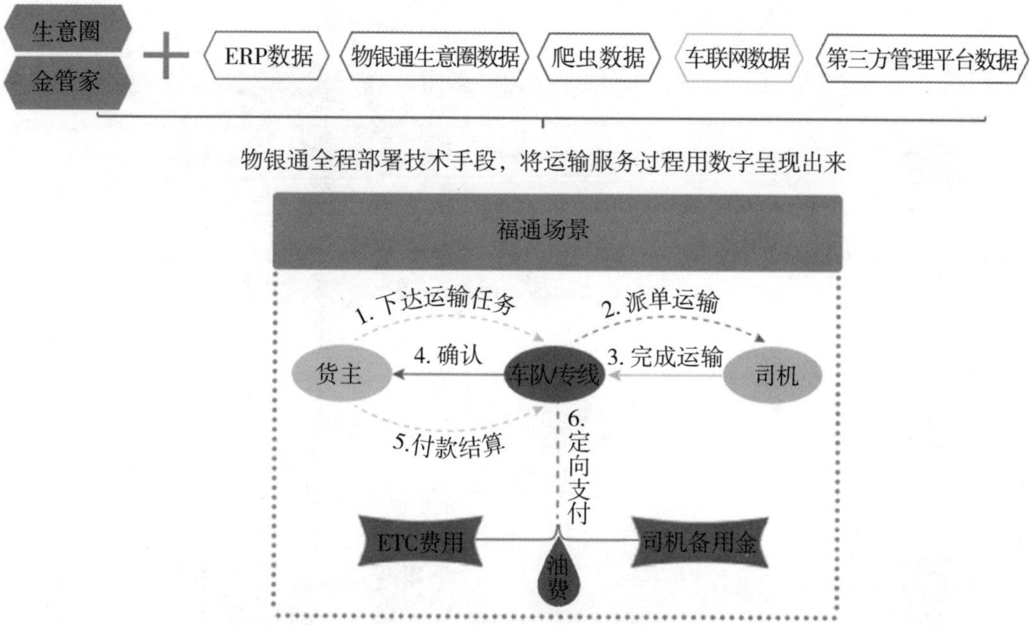

图 4－9　福通数字化场景

国内从事公路运输的物流企业 80 万家，货运车辆约 1400 万辆，承运司机近 3000 万。据初步测算，其中具有发车贷产品融资需求且满足基本条件的客户约占 60%，全国范围内存在每年 5000 亿融资的市场需求。

“福通—发车贷”产品授信期限 1 年，授信额度内循环支用，单笔贷款支用期限最长 3 个月，到期还本付息，支用金额根据司机已完成运费核定（见图 4－10）。

物银通“福通—发车贷”产品在贷后过程持续跟踪企业、司机在福通场景下的运营数据，从个人真实性、企业真实性、交易真实性、场景控制、融资合理性及经营情况监控六个核心风控点进行风险管理（见图 4－11），发现异常情况后产生预警信息，并实时推送至资金平台。同时，物银通可以为资金平台提供劣后保证金方式的增信。

3. 绩效分析

目前，网商、中旅和上海银行给予物银通“福通—发车贷”产品的合作额度总计 1.15 亿元；建行、交行、兴业和上海银行给予物银通“和通—经营贷”产品的合作额度不设上限。赛飞金服（有恒丰银行背景的 P2P）给予物银通“福通—发车贷”产品的合作额度共计 5000 万元。

（三）发展愿景

物流企业由于行业特殊性，从诞生的第一天起就面临半年左右的应收款账期，如

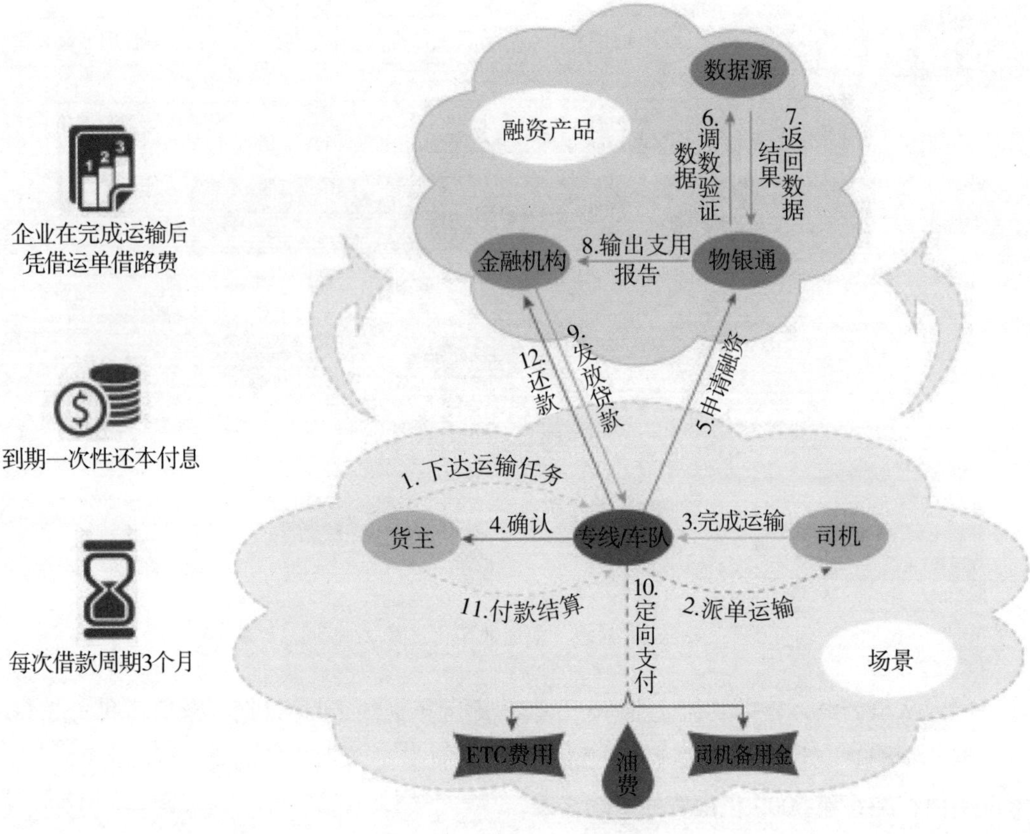

图4－10　“福通一发车贷”产品

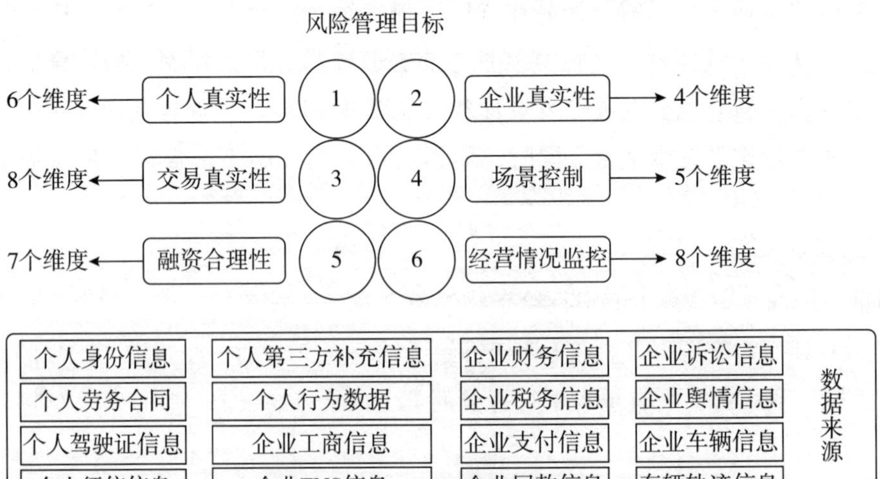

图4－11　“福通一发车贷”风险管理

果没有先期融资能力，就没有扩大生产的可能。物银通与业界各方专家尤其是银行方面，经过多轮、多方位的思维碰撞和深入探讨，最终达成在物银通现有基础上构建“供应链金融生态服务门户”的共识，旨在以低成本和高效金融服务为核心抓手，强力规范物流企业的融资、采购、管理、营销等主要功能统一到一个平台，完成物流企业最大化融资，形成供应链生态服务门户能力，获得黏性，形成物流行业数据的主要入口，配以针对银行风控系统的供应链价值分析技术，进而成为物流金融门户的科技平台。

物银通已经独立构建了“福通”以及“和通”两个不同主题的数据化场景，涵盖了物流行业的主要生态特点，采集和培养大量最具价值的供应链生产经营与贸易背景数据体系。目前，接入的各类场景数据量9150G，仅订单运单项数据就有17.15亿条。未来还将在物流行业内继续构建不同细分主题的供应链金融场景，如快递加盟、冷链运输、危险品运输、外贸集装箱运输等。

数据场景的不断建立，将极大提升银行风控的识别判断能力，这是金融科技的本质，也是银行无法摆脱的依赖和金融科技的价值。

物银通作为金融科技平台，服务于供应链金融领域，未来将继续通过在线化方式向金融机构输出互联网化获客、供应链数据运营和金融资产数据分析等服务，从而为金融机构支持中小企业搭建一座高效的服务桥梁。

（供稿单位：上海银沛数据管理有限公司）

三、磁云科技：“磁云唐票”数字资产融通开放平台

（一）企业简介

北京磁云数字科技有限公司（以下简称“磁云科技”）成立于2014年12月，是一家以区块链为核心的科技金融公司，目前已经连续获得两轮融资，总融资金额超过2.5亿元。2017年，磁云科技孵化项目唐泉金服获得了工信部评比“可信区块链”第一名。2018年。磁云科技获“2018中国B2B供应链金融卓越金融科技公司”奖。

磁云科技由前京东高级副总裁李大学创办。李大学于2015年发起成立了“中国互联网+实战团”，于2018年发起成立了“中国智慧供应链+实战团”。李大学兼任两个实战团的团长，致力于用技术手段帮助企业转型升级。

2018年，磁云科技聚焦发力“区块链+供应链金融”，发布了磁云唐票产品。磁云唐票基于自有区块链核心技术，将行业上下游的账期资产实现了数字化和信用化，从而实现了数字资产的切分、流转和融通。

磁云唐票通过供应链、产业链的数据及资产上链增信，利用区块链的防篡改、可

追溯、分布式账本、可加密、集体治理、共识机制等技术特性，达到产业链中“四化”——业务数据化、数据资产化、资产金融化、金融场景化，不但解决了中小企业的融资贵和难的难题，还一并解开了三角债这一死扣，让企业的信用在产业链上累积和变现，逐步做到良币驱逐劣币，让产业生态更健康，真正做到金融脱虚向实。磁云唐票是行业龙头企业开展自金融的核武器，也是保理公司的生命线，已经与多家500强企业成功合作。

磁云科技作为产业互联网时代的领航者，3年来合作、孵化了40多家企业，参与项目总估值超过80亿元。其中，10家营销收入超过10亿元。磁云唐票作为磁云科技布局“区块链+供应链金融”的核心产品，解决企业发展过程中的资金短缺问题，并依托磁云科技的产业服务，助其进行产业升级，提高资金运营效率。截至2018年年底，磁云在服装、新零售、食品农业、企业服务等行业提供资金融通近3000万元，通过金融服务支持其业务成绩迅速扩大，在分销企业、供应商、销售额等方面实现成倍的增长。

（二）案例阐述

1. 背景介绍

（1）中小企业融资贵、融资难。

2013年年末全国工商注册的中小企业总量超过4200万家，占全国企业总数的99%以上，贡献了58.5%的GDP，68.3%的外贸出口额，52.2%的税收和80%的就业。中小企业是中国经济的“毛细血管”，但资金这个“血液”，由于金融体制以及信用体系不完善的原因，却很难达到急需资金的中小企业，面向中小企业的普惠金融，也由于种种原因，无法落实。传统的银行能够解决主动脉的融资问题，但是解决不了毛细血管融资难、融资贵的问题。

（2）三角债困局长期得不到解决。

在产业链上，中小企业是核心企业的上游供应商或者下游经销商。核心企业拥有强大的谈判能力，给第一级的上游供应商的账期不断延长，导致第二级供应商的账期顺延，层层三角债。核心企业一般要求下游经销商现金付款拿货，导致下游经销商资金流紧张。其实只要有一个人分到钱，这个产业里谁也不欠钱。所以很多产业可能只需要有10%的资金，就能把这个产业撬动起来。

（3）行业里的资金错配。

整体上看，有些产业并不缺钱，缺的是对称性，或者资金的流动性。因为企业的订单是不稳定的，行业是有淡旺季的，行业和行业之间也有不对称性，有一些行业是朝阳产业，需要大力投入，有一些行业是成熟行业，有大把的利润……要如何进行跨链，让资金的效率可以大大的提升？这就需要研究流动性问题，本质上是提升资金运用的效率。

（4）国家大力倡导供应链金融。

我国经济已由高速增长阶段转向高质量发展阶段，建设现代化经济体系必须把发展经济的着力点放在实体经济上。赊销项下的账期占压给实体经济的发展带来了很大的束缚。我国近两年来多次发文鼓励和推动应收账款融资的发展。

《国务院办公厅关于积极推进供应链创新与应用的指导意见》首次从国家层面为“供应链金融”正名，并“鼓励商业银行、供应链核心企业等建立供应链金融服务平台”。

《小微企业应收账款融资专项行动工作方案（2017—2019 年）》：推动供应链核心企业支持小微企业应收账款融资，引导金融机构和其他融资服务机构扩大应收账款融资业务规模。

《关于金融支持制造强国建设的指导意见》：鼓励金融机构依托制造业产业链核心企业，积极开展仓单质押贷款、应收账款质押贷款、票据贴现、保理、国际国内信用证等各种形式的产业链金融业务。

《关于金融支持工业稳增长调结构增效益的若干意见》：大力发展应收账款融资。

但传统应收类供应链金融模式，如保理、应收账款质押、票据贴现等模式难以满足核心企业上游多级供应商的融资问题，目前我国中小企业信用低，融资门槛高，保理确权难，商票/银票不能拆分、转让难度大，交易信息不透明、交易真实性无保障。

（5）区块链带来的变革。

区块链是由人类历史以来第一个可以改变生产关系的技术。区块链有如下特性。

第一，防篡改。区块链通过防篡改构建了一个可信赖的基础设施，建立了一个信任层，这也是我们国家最需要重构的一个东西。所以我们认识区块链第一个要认识的是什么，它是一个创造信任的机器。

第二，“Token”。Token 的翻译以前叫代币，后来翻译叫通证，网络时代叫令牌，就是谁持有令牌，谁就拥有一种权益。这个权益它有可切分、可转让、可交易的特点，从而增加了它的流动性。

第三，重构商业模式或生产关系。区块链的第 3 个特性就是重构商业模式，很多原来的平台、很多的行业，用区块链可以重新做一遍。区块链可以把生产者、消费者和投资人这三种角色合三为一，改善生产关系，使我们能建立一个生态系统。所以，未来的企业研究的方向是，如何从生意转向生态。

在这样的背景下，“磁云唐票”自主研发数字资产融通开放平台，通过人工智能、区块链、大数据及互联网技术为产业链技术赋能，传递产业链信用，实现资产可拆分、可转让、可赎回的自由流转，建立金融集市，资产自主/智能定价，实现资产与资金的自由匹配/智能匹配，从而盘活供应链，缓解供应链企业资金压力，增加产业链利润。

2. **产品设计**

“磁云唐票”是基于区块链为信用底层的数字资产融通开放平台，利用区块链不可篡改、共享分布式账本特性，将产业链上的资产数字化，并上链确权，成为一种可多级流转、无限拆分、可融资、可持有、可赎回的区块链付款承诺函，实现信用在核心企业、供应商、资金方、保理公司等各方多级传递，打破信息孤岛、降低信用成本、提高资金与资产的匹配效率，为供应链各环节供应商及分销商带来快捷低成本的融资服务，为资金方提供可信真实的投资标的，为核心企业改善产业链生态，让供应链企业实现自金融。资产数字化及上链如图 4－12 所示。上链信用化如图 4－13 所示。

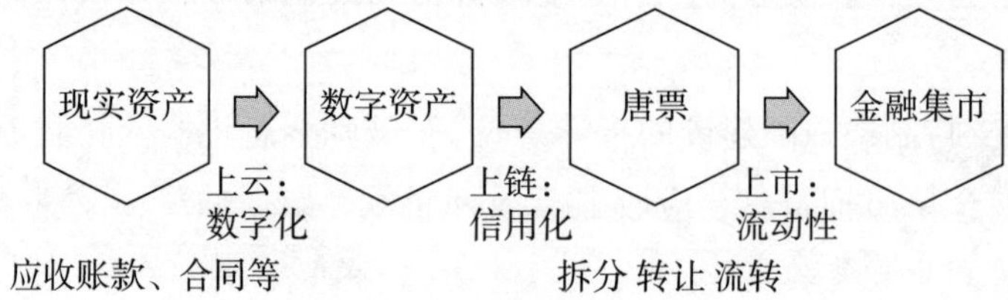

图 4－12 资产数字化及上链

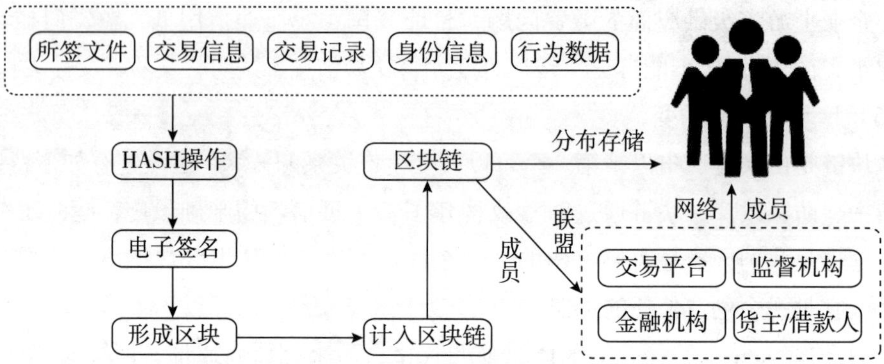

图 4－13 上链信用化

（1）资产数字化。“磁云唐票”通过对接供应链平台，将供应链各环节的仓单、在途物流、应付账款、预付款订单资产数字化，动态更新数字资产信息，并获取贸易背景对应的购销合同、发票、出入库单、库存等信息。

（2）上链信用化。通过区块链智能合约，由债务人对数字资产进行确权上链，存证相应数字资产贸易背景信息，解决资产的数据安全、可追溯及不可篡改。

（3）上市流动。上链信用化的资产由债权人自主定价，在金融集市上架销售，资金方可根据风险偏好购入相应资产，平台同时提供风控能力，为资金方提供增值服务，帮助资产方快速融资，实现资产在不同资金方之间快速流动。

（4）业务流程。磁云唐票业务流程如图 4－14 所示。

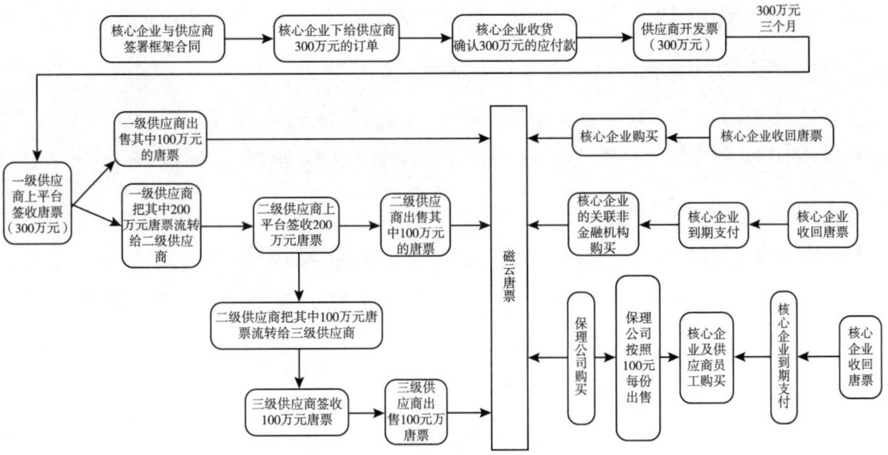

图 4－14　磁云唐票业务流程

核心企业基于购销合同及发票，确认供应商的应付账款，由核心企业确权在“磁云唐票”开具唐票，一级供应商签收后创建电子合同并生成电子付款承诺函，一级供应商可拆分部分金额转让给二级供应商，用于支付货款；同时也可以拆分部分金额以一定折扣申请向核心企业融资，核心企业付款后回收相应金额；同时也可以拆分部分金额上架到金融集市销售，资金方可自主选购，剩下的金额可持有到期。付款承诺函到期后，由债务人承诺按照开具金额回购。

3. **绩效分析**

“磁云唐票”已在建筑、新零售、制鞋业等领域落地，帮助核心企业应付账款资产数字化，供应商在线转让资产，即时获取融资款，将线下 3 个工作日的融资时间缩短到 1 分钟，大大提高了融资效率。通过金融集市，建立供应商、核心企业、资金方的资金与资产的快速匹配渠道，解决了信息不对称问题，帮助供应商大大降低了融资成本。

磁云唐票基于核心企业的真实贸易场景，通过应收账款的数字化、票据化；增加行业里资金的流动性，区块链技术的信任机制让这一切变成可能。区块链在此场景起到的作用大概可以归纳为：一是保障交易数据、操作记录的安全、完整、不可篡改；二是保障数字资产不可篡改、多方共享、无损传递可追溯；三是通过执行智能合约完成智能清算。

（三）发展愿景

2018 年，“磁云唐票”将发展合作 10 家以上百强企业，帮助产业链供应商在线完成 1 亿元融资服务。计划 2020 年融资服务规模突破 100 亿元。

区块链＋供应链＋产业链，三链融合的生态结构为底层系统＋平台系统＋行业或区域应用。底层系统指的是法律法规、制度环境、金融监管、持牌经营等基础环境，底层系统是产融生态圈的基石；平台系统是指支付清算、区块链技术、大数据、人工智能等技术构建的平台，平台系统要打通核心企业的生产作业系统的应收应付数据；行业和区域应用是建立行业或者区域产业集群的联盟区块链，让资产上云（数字化）、上链（增信）和上市（交易）。

三链产融结合要逐步打造供应链交易平台、风险管理平台、物流综合平台以及金融服务平台，实现订单信息、仓储信息、物流信息等共享。三链产融结合最终的发展路径是要成为跨公司、跨地区、跨产业的综合性产融生态，也将催生工业4.0、商业4.0与农业4.0。

（供稿单位：北京磁云数字科技有限公司）

四、融链天下：公共无车承运人运营管理SaaS平台

（一）企业简介

上海融链科技有限公司在2014年年末成立于上海浦东新区陆家嘴，目前已经成为中国领先的物流供应链、无车承运人平台技术和资源服务提供商，在物流行业具备良好的品牌及影响力。公司聚焦大宗商品流通领域，以互联网、物联网、大数据技术构架适用行业升级发展的供应链协同管理平台，帮助供应链核心企业将物流运营管理、车辆调度管理、数据分析、资金结算支付、财税优化管理等业务全面在线化，将行车消费、资信数据、供应链金融等资源服务在线整合，全面提升供应链协同管理效率，创新供应链资源整合共享模式，推动传统商贸物流业务向平台化的智慧供应链体系升级。

旗下打造的“融链天下”平台为无车承运企业及其上下游提供企业核心业务运营管理、汽车后市场以及数据金融三类平台性服务，平台自2015年上线运行以来，已与兴业银行、中国华信、安徽迅捷、多氟多、中铝国际、安徽交控、四川交投等企业形成战略合作。其中安徽迅捷、中铝国际和四川港航通过融链天下公共无车承运人运营管理SaaS平台，成功获得了第一批无车承运人试点资质。截至2017年10月，平台已经服务大中型企业超过100家，平台单日车辆指挥调度量达到2000台次，运费结算金额1000万元/日，转运货值6000万元/日。

目前，“融链天下”平台已经在大流通领域形成了独特优势，成为国内领先的基于产业链多级交易市场的大协同管理平台，是目前整车物流企业级服务处于领先地位的公共无车承运平台。

融链科技团队在B2B领域的供应链管理、物流、贸易、金融以及（移动）互联网平台研发和运营领域有着近10年的实践经验，在业务管理、技术平台、行业资源等方面有着独特的优势，公司现有员工80余人，平均年龄28岁，其中60%为技术开发人员，30%为物流、供应链管理及金融服务等领域专业人士。

（二）案例阐述

1. 背景介绍

（1）市场状况与需求关系。

物流作为国民经济发展的重要组成部分，是商品流通、价值交换的关键，关系到整个经济发展的效率和成本。其中公路物流占据货运量的74%以上，每年通过卡车转运300多亿吨货物，而消费品、零售电商相关的零担和快递业务虽然近些年飞速增长，依然只占据不到15%的市场份额，其中85%以上的运输量来自B2B大流通交易。

然而，以大宗商品为主体的整车物流服务发展总体非常滞后，与快递市场已经产生了大量品牌和规模化公司不同，整车物流服务市场的参与主体以个体户、信息部、小散物流公司为主，整体上缺乏协调和规范，没有实践推行的行业标准，在整体运营效率、服务品质、诚信等方面亟待提升，金融服务难以导入，监管机构无法获得及时准确的行业数据，难以针对性地进行政策和管理的优化和改革。而随着B2B电子商务的快速发展和贸易利润降低的双重推动力，要求物流行业的服务快速升级，在提高效率和服务品质的同时，要充分利用社会资源，提升指挥协同的整体效率降低成本。所以无论是国家战略层面还是企业的经营、管理层面，都到了必须要推进物流产业转型升级的窗口期，物流服务必须要从以往的粗放式中转型到更加高效和符合未来发展趋势的方式上，推动行业持续健康发展。

（2）服务企业的需求。

货车运输正处在运价竞争和缩减成本阶段，而成本竞争的关键就是尽可能减少空驶，即“重去重回”。两点之间等重适配的货物对流概率较低，通过构建物流网络则增加了运输满载的概率。不过，在互联网进入大众生活之前，让如此海量且平均拥有1.5辆车的运输企业，形成有效的物流网络无异于天方夜谭。现在，政府和货运企业已明白什么才是面向客户的供应链整体解决方案，但缺乏的是整合供应链上各类资源的能力。淘宝网、滴滴出行等“互联网+”模式的成功，恰恰为政府、运输企业和资本方提供了借鉴。而以政策的形式，将无车承运的服务模式进行规范和推广，明确要求互联网信息平台在管理和数据监控方面的要求，将在促进物流业的健康发展、规范道路货运市场、维护托运人权益、促进经济的健康发展、促进节能减排等方面起到重大积极的作用。

2. **产品设计**

（1）业务架构。

某大型物流公司应用融链公共天下无车承运人运营管理 SaaS 平台标准作业流程的目标为：进行企业内部业务协同管理、企业上下游业务协同、物流调度管理、车辆监控与管理、对账结算管理。实现业务流、信息流、资金流和物流的“四流”合一。

在一级市场上，双方同时联合当地政府、相关金融机构等，共同推出“互联网 +”物流新模式，提升该企业品牌影响力，逐步提升企业经营行为。

在二级市场上，联合当地物流协会共同推广融链天下公共无车承运人运营管理 SaaS 平台，将新模式、新理念以及最佳实践方式带入其他物流公司，从而整体提升区域物流竞争力，提升规范水平。

在三级市场上，双方共同推进汽车后市场一卡通业务落地，解决司机加油、加气、过路、维修等生产行消费服务，降低司机采购成本提升其利润率，争强物流企业车辆调度能力和企业吸引力。

（2）商业模式。

支撑体系：融链科技秉承“主动服务、快速响应”的服务理念，向客户提供全面的咨询服务，实施服务，培训服务和运维服务，为客户提供全面的支撑体系。

保障体系：融链科技通过测试体系管理、产品发布控制管理、阿里云综合解决方案保障平台的持续运行和灾难应对有效性，以管理 + 技术的综合手段保障持续性，保障平台连续服务能力。保证平台可靠、安全、稳定的运行。

盈利方式：融链天下公共无车承运人运营管理 SaaS 平台成功部署上线后，盈利方式主要有以下几点。

①平台使用。平台使用费：对加入并使用平台的企业，按年度收取一定金额的费用，这个费用是个固定的年费。平台定制费用，此费用为一次性费用。

②供应链金融。依托平台实现的第三方数据验证功能，为社会金融机构提供“发现真实贸易，感知真实业务，实施动态风控”。供应链金融产品分为：面向司机和小微物流企业的运费融资服务；面向大宗贸易企业的供应链金融（贸易融资 + 仓单质押）。

③汽车后市场。将加入融链天下无车承运人运营管理 SaaS 平台的物流企业的共同需求进行汇总，通过团购的方式，集中采购，以降低采购金额。包括以下几点。车用燃料、保险、车辆零配件（轮胎等）、桥路费（ETC）、车辆及备品采购。

（3）主要功能。

平台由物流运输管理系统、汽车后市场行车消费系统以及大数据金融综合服务三部分构成。可以帮助物流企业实现无车承运物流服务管理，车源管理、车辆位置实时监控与车货匹配及信用管理，企业间运力交易、数据共享、可视化监管，以及行车消费一体化管理等功能需求。

①物流运输管理系统：帮助物流企业在运营无车承运人业务时提升跨企业协同问题，把大量传统的、重复性的、低效率的事务性工作用互联网、大数据技术代替，把有限的精力集中到核心业务上，非核心业务都应逐步信息化、电子化、智能化。为物流企业提供订单协同、社会车辆整合、运力调度、运单管理、可视化监控、运费结算、车辆管理、客户管理、承运人管理、线路管理、服务价格管理等功能，整合社会运力资源，降低实际承运人管控成本，提高服务品质，提升无车承运业务管理整体效率，同时平台将会提供一个数据查询、对接的接口模块，方便税务等监管部门随时对数据进行检查（见图4－15）。

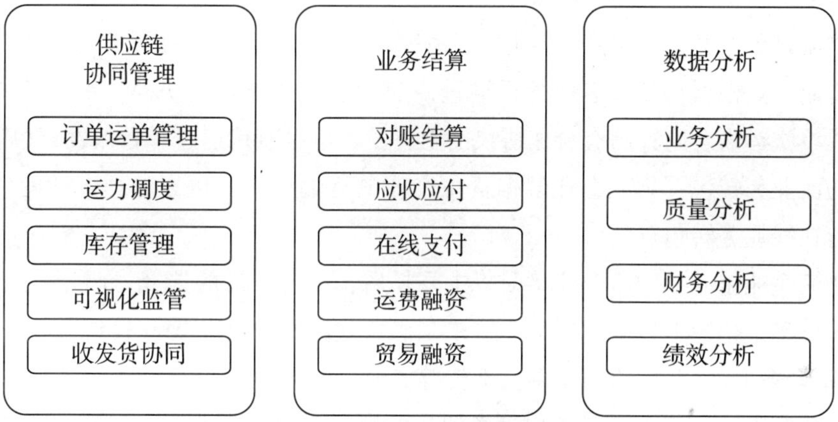

图4－15 物流运输管理系统

②汽车后市场行车消费系统：将实际承运企业的运营成本控制和行车消费场景相结合，覆盖运输企业管理应用和行车消费市场，既满足物流企业集中采购、发票管理和成本控制的刚性需求，也解决物流企业行车消费管理的难题（见图4－16）。

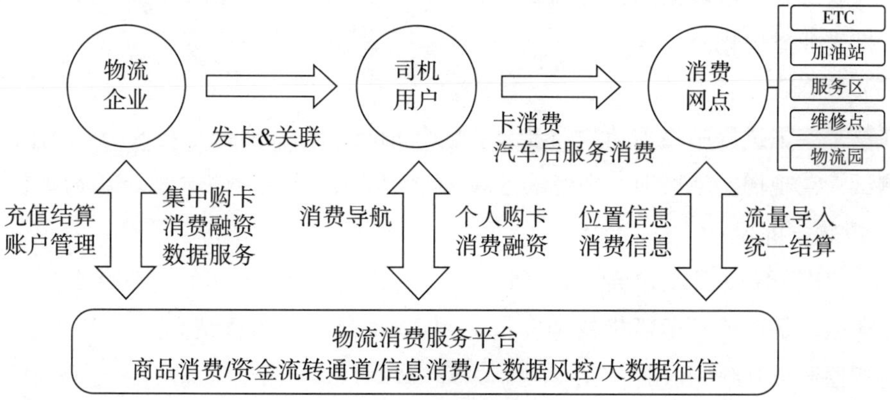

图4－16 物流消费服务

③大数据金融综合服务：通过创新大数据金融，完善平台金融征信系统和风控体系，解决传统实体、物流企业资金短缺的“痛点”问题，有利于物流企业进一步做大无车承运业务规模。以“发现真实贸易、服务实体经济”为核心理念，借助在物流运输管理系统、行车消费管理系统中形成的业务数据和支付结算数据，对业务的真实性、动态变化、债权债务的合理性提供证据背书，将数据作为金融机构的风险控制和信用评价依据，帮助物流企业导入金融资源，解决物流企业融资难的问题，解决金融机构和相关主管部门风控难、监管难的问题。

（4）操作流程。

平台为货主企业、无车承运企业、实际承运企业、收货方等提供一站式服务，总体完成以下组织管理流程。

①物流订单派发：货主企业通过平台发布物流订单，可以就所需要运输服务进行询价，物流企业根据自身所掌握的运输资源向货主企业报价，协商一致后签订长期运输合同或单次运输合同；已有合作协议的上下游，可以直接通过平台派发订单。

②物流业务转包：物流企业根据货主企业的运输要求，可以选择合适的实际承运企业进行在线业务转包。

③物流企业派车：物流企业接受货主委托后，进行车辆的选择、调度，运单派发、录入装车信息、拍照上传装货凭证，接单车辆驾驶员可以通过 App 收到运输任务信息，协助完成单据的确认、发货信息确认上传等工作。

④货物签收：运输车辆将货物运送到目的地，收货方签收后，可通过手机 App 将签收信息和签收单据拍照上传。

⑤结算对账：司机运输任务完成后，将签收信息和单据拍照上传，在途费用上传至平台后，平台自动生成司机结算单和客户对账单，实时统计应收、应付明细和汇总，自动生成利润、成本分析。

⑥报表配置：可以按照企业需要，灵活的、自由配置的报表设置。实时统计业务数据，推进业务优化。

（5）实施路径。

在整个实施过程中主要有以下步骤：①售前支持；②实施准备与方案确认；③研发、测试；④现场实施培训、平台试运营；⑤交收确认与服务交接；⑥售后跟踪服务。

3. 绩效分析

截至 2017 年 10 月，融链天下无车承运人运营管理 SaaS 平台已经服务大中型客户超过 100 家，平台单日车辆指挥调度量达到 2000 台次，运费结算金额 1000 万元/日，日转运货值超过 6000 万元。

目前，“融链天下”平台已经在大流通领域形成了独特优势，成为国内领先的基于产业链多级交易市场的大协同管理平台，是目前整车物流企业级服务处于领先地位的无车承运平台，伴随着资源型战略合作伙伴的持续增多，“融链天下”平台已经初步形成了含物流、金融、后市场、车联网为一体的生态布局。

企业协同、资源优化：平台打通了“三级运力”。新模式基于大产业的“互联网+”趋势，打通生产商货主、车主/司机和物流公司“三级运力”，统一整合优质物流资源，为“三级运力”提供一站式跨企业协同管理服务。同时形成了平台化的发展模式。平台化是其最大特点，“三级运力”的打通依托于统一的互联网平台。该平台上业务兼容性更强，可综合整合物流承运、车货撮合、协同管理等物流信息服务以及汽车制造、融资租赁、物流地产等物流基础服务，以平台实现资源优配。

提质增效：平台实现了实时可视化监控。新模式采用开放式“软件即服务”（SaaS）平台，同步对接对司机手机，通过企业级物流供应链技术平台和移动互联网App，以先进的地图清晰度技术，向平台应用方实时展示订单分发、车辆调度、车货定位、运输地点、行驶计划、过路费、油费等情况，实现物流全过程的车货人监控和各物流环节可视化，通过平台提高实际业务效率，同时监控在途费用的情况，有效降低物流企业的运营成本和人员成本。

提高竞争力：拓展了物流金融配套服务。该模式通过与金融保险、投资信托等机构签订战略合作协议，根据真实交易物流链中记录的信用记录、评价等级、风险情况，提供在线支付结算、互联网运费融资、贸易融资等供应链金融增值服务，以及货源、保险、维修、到门交易、大数据等附加服务，为物流企业提供金融保险，支持优质物流企业规模化发展，逐步提高优质物流企业的竞争力和影响力。

提升价值、解决难点：物流企业通过与融链科技的合作，成功完成了“互联网+”的战略转型，提升了品牌内涵和企业形象，同时原有业务也从传统运输和物流园业务扩展到以供应链协同平台为抓手和推动力，有效连接上游生产企业，提升自身价值，同时通过融链一卡通平台连接社会车辆的线下资源整合和综合服务平台，从而实现了实质性的转型和升级。

（三）发展愿景

融链科技与兴业银行、东方希望集团、中国华能、中国石化、中国铝业、多氟多集团、安徽交控、四川交投等央企、大型国企以及上市公司形成战略合作，并计划联合成立供应链创新实践基地。

融链科技与兴业银行联合打造的链金师—物流资源云平台，于2018年5月启动运营，为无车承运人企业提供银行级资金账户管理、运费支付、运费融资服务，目前已锁定20亿元/年物流运费结算需求，未来3年将面向银行现有的7000余家物流企业客户进行复制推广，联合多家金融机构，建成首个业务—数据—资金—资源一体化服务生态。

融链天下无车承运人运营管理 SaaS 平台能够给物流企业带来以上的成果，正是由于融链科技不断尝试和创新，首次提出三级市场的全新产业链分工模式。利用互联网 SaaS 模式实现了数据及时流转，无延迟，从以前的事后发现转换为目前的实时跟踪、监控。通过物联网、移动互联网的应用，实现了在物流项目管理、发货确认、收货确认、行驶轨迹、自动结算多方确认等整个业务链条上的数据采集，形成完整的物流运输业大数据，借助大数据分析，业务管理者、行政管理者可以有效地实现监管，解决物流动态难以把控、业务真实性难以证明、运行不透明、难以持续优化等行业弊病，同时，多方协作 + 移动互联采集形成的数据链条，可以成为供应链金融体系的有效增信和风控工具。

融链科技在为物流企业提供融链天下公共无车承运人运营管理 SaaS 平台管理应用时，一直也在关注着行业发展和国家政策的趋势，2016 年年初，即已经立项针对无车承运模式的平台调研和系统开发，随着国家政策的明朗化，面向无车承运人的运营管理服务平台到了最好的完善和推广发展阶段。同时，也会时刻关注行业最新动态和市场反馈情况，紧跟时代步伐，始终走在行业前列，引领市场潮流。

（供稿单位：上海融链科技有限公司）

五、中企云链：基于互联网的供应链金融共享平台

（一）企业简介

中企云链（北京）金融信息服务有限公司（以下简称“中企云链”）由中国中车发起，联合中国铁建、国机集团、金蝶软件等部分国有和民营企业，经国务院国资委批复于 2015 年 5 月在北京成立。2016 年 11 月增资扩股后，23 家股东聚集了中国中车、中国铁建、国机集团、航天科技、中船重工、鞍钢集团、中国铝业、中远海运、招商局、中国能建、中铁物资 11 家央企，北京首钢、北汽集团、上海久事、厦门国贸、云天化、紫金矿业 6 家地方国企及中国工商银行、中国邮储银行两家金融机构，金蝶软件、智德盛、北京华联、云顶资产四家民营单位股东。涵盖工业及制造、建筑、军工、能源、现代服务五大产业资源，中企云链作为商业模式创新典型已被列为国资委央企双创平台之一，也是国资委重点支持的“互联网 +”和央地协同创新平台。

中企云链平台自 2015 年 10 月正式上线至 2018 年 2 月末，已有注册企业用户 10600 余家，其中核心企业实现“云信”支付超过 300 亿元，流转交易累计 823 亿元。通过

“云信”，已有超过7000余家中小企业获得融资近90亿元。

中企云链通过充分发挥大企业在供应链中的核心骨干作用，打造基于互联网的服务于实体产业的供应链金融共享创新平台，一方面有效解决广大中小企业融资难、融资贵；另一方面帮助大企业优化资金结构、降低财务成本，促进提质增效，实现产业链协同创新、共同发展。

（二）案例阐述

1. 背景介绍

（1）经济新常态背景下供应链金融迅猛发展。

近年来，随着国内经济增速放缓，部分产业产能过剩严重，行业风险逐步积累，实体经济受到诸多挑战，工业企业面临较大发展压力。在从制造大国向制造强国迈进，“产融结合、脱虚向实”背景下，供应链的重要性日益凸显，越来越多的企业开始布局供应链金融，整合资源降低运营成本，拓展企业盈利空间。然而传统的供应链金融也面临着诸多待解决的难题：核心企业大量银行授信闲置，承担大量财务费用，不愿配合金融机构确认应付账款；中小企业信用等级低，难以解决企业实际资金需求，同时产业链地位弱势，赊销严重，资金周转困难。中企云链通过搭建免费供应链金融共享服务平台，从产业角度重新审视供应链金融的价值创造，省去大企业自建平台造成的重复投资，提升效率，将各产业供应链上的商流、物流、信息流进行整合集聚，构建和谐、健康的良性产业生态。

（2）产业链企业实现提质增效需要稳定供应链作支撑。

21世纪的企业间的竞争是供应链与供应链之间的竞争，一个大企业要想持续发展，必须对供应链上的企业进行精细化管理，统筹其上下游中小企业的物流、资金流与信息流。包括央企、地方国企在内的大型国有企业是国民经济的支柱，规模较大，涉及的上下游企业数目较多。供货商能否稳定、持续供货，直接影响着大企业的生产周期和资金利用率，关系着大企业生产经营能否正常开展。在供应链商流、物流、资金流、信息流中，资金流无疑是央企、地方国企等大型企业切入供应链管理的最佳选择，中企云链以创新企业间应收应付账款清算方式为手段，搭建供应链金融平台，实现了纵向供应链和横向行业的贯通，突破了传统供应链金融行业障碍，将供应链金融的链状结构发展为网状结构，推进横向经济组织联合和纵向供应链整合，建立起稳定的产业链供应关系。

大企业利用自身信用和行业地位，通过中企云链平台对供应链上下游企业应收账款融资进行支持，解决困扰广大中小供应商的资金问题，有利于供应商及时进行原材料采购，专注于产品生产，提高产品质量，提升产业链竞争力，迅速应对市场变化，更有利于带动产业转型升级，全面增强产业竞争力。

（3）产业链广大中小企业融资难融资贵问题亟待解决。

截至2017年，全国中小企业注册数量超过2000万家，占全国工业企业总数九成以上，提供了全国工业企业近一半的税收和80%的就业岗位，中小企业在国民经济中占有重要地位。其以灵活的经营方式、低廉的组织成本以及便捷的转移能力等优点广泛地存在于各行业中。然而中小企业要想扩大再生产发展壮大，要么通过内生式积累，要么借助民间高成本借贷。由于积累少、底子薄，资信等级低且缺乏可行的增信手段等原因，难以得到传统银行等金融机构的信贷资金支持，中小企业融资难、融资贵、融资慢的问题显得格外突出。

中企云链供应链金融共享服务平台，将大企业闲置的优质信用利用起来，通过供应链的供应关系，为产业链上下游小微企业和创业者提供服务，由大企业带动中小企业融通发展，解决广大中小企业融资贵融资难等问题，实现产业链协同创新、共同发展。

（4）“互联网+”、金融科技蓬勃发展。

随着互联网技术及金融科技的快速发展，区块链技术日渐成熟，并深刻影响到产业链中供应链金融交易过程的合同、交易及记录，进而改变传统的商业模式。区块链分布式记账、电子签名、时间戳等特性和优势为供应链金融实现全面线上化提供了技术条件。中企云链以区块链技术、云计算为依托，开发出适合国情和企业需求的全线上信息平台，借助互联网的信息交换力量，实现供需双方的及时信息提供与互换，完成动态信息交流与传递，金融服务的信息不对称与交易成本被大大降低，资源配置效率大大提高。

2. 产品设计

中企云链本着“打造互利互惠、协同共享、富有竞争力的链属企业生态圈”的核心理念，通过聚集众多央地大企业资源、金融资源，为大型企业提供免费供应链金融管理服务，致力于打造大中小企业融通发展，实体产业和银行协同发展的互联网产融服务共享平台。

中企云链通过创新产品“云信”盘活大企业优质信用资源，解决大企业财务费用居高不下、企业三角债及中小企业融资难融资贵等问题。并通过“云信”将整个产业链贯穿起来，使传统金融无法触及的产业链末梢企业也能享受到产业链核心企业的优质信用，从而打破了传统供应链金融封闭化、单一化的经营模式，建立起开放、立体的产业链体系，在进一步夯实实体产业供应链管理体系同时，全面降低社会融资成本。中企云链通过全方位服务于产业链上每一个经济体，建立和谐、健康、良性的产业生态圈，探索出了助力实体产业转型升级，实现大中小企业融通发展的成功经验。

（1）打造“$N+N+N$”供应链金融平台，探索金融服务新模式。

中企云链立足实体产业发展，利用互联网开放、免费、共享特性，创新产品设计，打造创新商业模式。根据实体产业供应链运行特点，将传统线下需投入大量人力物力的供应链金融服务，全部实现线上化，将过去数日完成的业务，即日即时完成，重构供应链金融服务场景。为企业提供免费平台服务，并坚持资源来于核心企业，收益回归于核心企业，让实体企业既是平台的资源提供者，也是资源最大受益者。

在传统银行“1 家银行 +1 家核心企业 +N 家上下游企业”供应链金融线下模式、商业保理供应链融资模式以及当前市场上出现的基于互联网的“N 家银行 +1 家核心企业 +N 家上下游企业”供应链金融垂直电商模式的基础上，中企云链创新出一种“N 家银行 +N 家核心企业 +N 家上下游企业”的全线上“$N+N+N$”供应链金融平台模式（见图 4－17）。

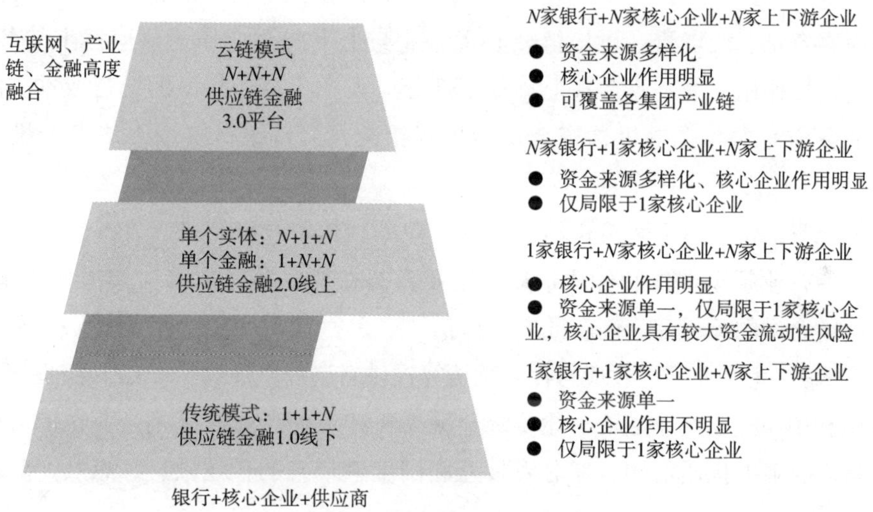

图 4－17　“$N+N+N$”供应链金融平台业务模式

中企云链构建“$N+N+N$”共享供应链金融体系，打破了当前供应链金融以金融机构为核心的传统模式，让大企业成为供应链金融真正的“核心”，使金融服务回归其本质，极大地提高了产业链大企业参与的积极性。产业链核心企业通过全方位参与供应链金融，发挥其在产业链信息流、资金流、物流中的核心枢纽作用，彻底解决传统金融服务中供应链金融的风控和多级产业链穿透难题。

中企云链第三方服务模式，既不同于当前部分产业集团建立的供应链金融模式，也不同于银行等金融机构建立的交易银行供应链金融模式。相较于部分产业集团自建平台：一是不局限于单一核心企业供应链，具有明显的资金比较优势；二是资产丰富、风险分散，有利于满足监管部门对资金端防范资金风险、分散投资的实际要求；三是具有规模优势，可以为企业级用户提供综合、全面的一揽子解决方案。而对于银行自建银企平台，尽管银行在资金、支付结算及金融专业性上有优势，但大企业及其供应链上企业加入其平台后，受其授信限制，其他金融机构无法加入，大企业将被绑架在一家银行，导致企业巨大的流动性风险，这是所有大企业都不愿意做的。

中企云链通过整合众多大企业集团内部资源、供应链资源与金融资源等诸多要素资源，打破传统供应链金融封闭、单一壁垒，形成开放、立体的“$N+N+N$”产业链体系，优化资源配置，促进合作共赢。

（2）创新商业模式，打造供应链金融共享服务平台。

在现行的授信体系中，产业链核心企业由于实力雄厚、资产丰富、风险程度低，获得了大量银行主动授信；然而核心企业融资渠道广泛、成本低，且往往处于供应链供求关系强势地位，自身资金压力不大，导致银行等金融机构给予核心企业的授信大部分被闲置。与此相反，产业链上的广大中小企业由于规模小、发展慢、缺乏资信积累，因而融资难、融资贵。供应链核心大企业与上下游企业作为供应链上的共生体，由于价值传导作用，大企业客观上背负了部分广大中小企业高昂的融资成本。供应链上的企业资金需求与金融机构资金供给出现错配，大量银行资金无法安全投入实体产业。

为充分盘活银行等金融机构给予核心企业的授信和资金支持，发挥核心企业在实体经济中的行业领军地位和优质信用，中企云链在严格遵循国家法律框架的基础上，结合供应链金融的反保理，创新推出“云信”产品（一种可拆分、流转、融资的电子付款承诺函），为企业间应收应付往来款清算提供新选择。通过“云信”实现核心企业信用流转和中小企业快速融资，让传统金融无法涉足的产业链末梢企业也能享受到产业链中核心企业的优质信用，充分发挥互联网金融带来的长尾效应，惠及产业链上下游的广大中小企业。

核心企业首先从银行等资金方获取授信支持，而后由核心企业根据其所属子企业规模大小、经营状况，由核心企业分配并在中企云链平台设定所属子企业可使用“云信”最高额度，其可分配的总额度即该核心企业取得的银行授信额度。核心企业通过支付云信来向供应商支付货款，供应商收到云信后有三种选择：一是选择部分或全额继续持有；二是选择部分或全额向平台进行保理融资变现；三是选择部分或全额继续支付给其他企业，实现云信在产业链企业间的广泛应用。业务流程如图4－18所示。

供应商通过拆分流转所持有的“云信”，快速流转到更多供应链上的广大中小企业，免费清理企业三角债，大幅降低供应链交易成本。同时，供应商也可以将持有的“云信”进行转让融资，即可实现“T＋0”两小时内的高效低成本融资。中企云链平台保理公司以应收账款商业保理的形式受让相应“云信”，以再保理的形式将“云信”

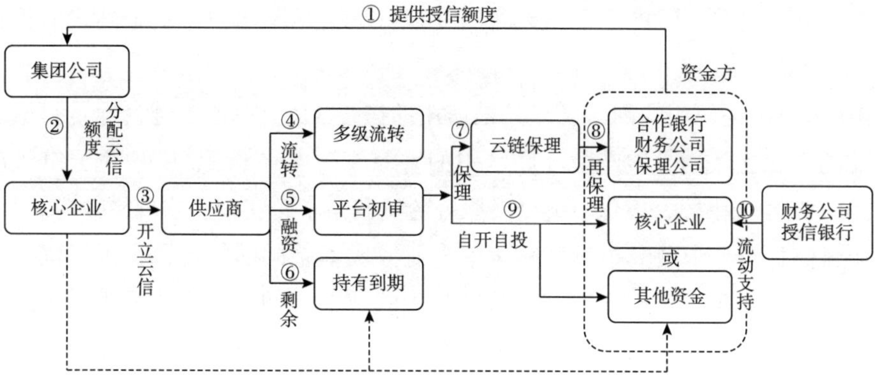

图 4－18　业务流程

转让给银行金融机构取得融资，在此过程中平台保理公司仅收取融资额 2‰的年化手续费，不收取利差。从而将银行资金以安全、便捷、高效的方式引入产业链末端中小企业。如果核心企业资金充裕，在以自有资金或财务公司和其他授信银行提供流动性的情况下为产业链中小供应商提供自融资服务。云信到期后，由大企业将开立云信金额等值的资金划入银行，由银行根据最终持有云信的不同对象进行清分，划入持有云信对象的银行账户。

云信具有以下几个显著特点（见图 4－19）。

所有平台用户在平台注册、实名认证、开户，开立云信、接收云信、拆分流转支付云信全部免费，仅在供应商将云信融资变现时平台按融资额收取 2‰的年化手续费，平台再无其他费用。

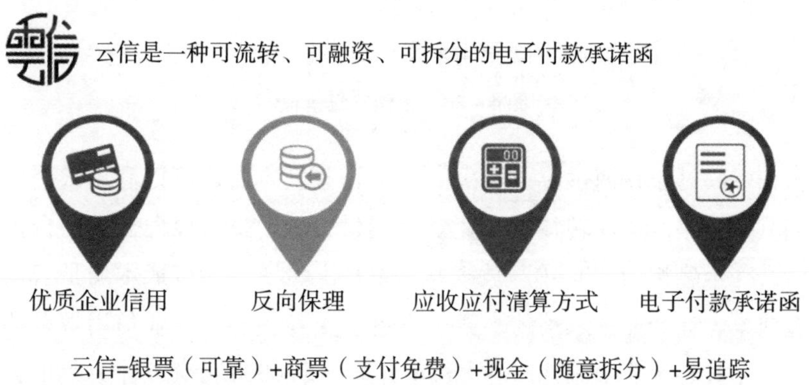

图 4－19　云信特点

云信＝银票（可靠）＋商票（支付免费）＋现金（随意拆分）＋易追踪。一是易操作：企业在平台，全程注册、收支流转甚至融资等完全线上操作，足不出户。二是易拆分：各供应商收到云信后，可以自主任意免费拆分，进行再次流转和融资，具有类似现金的高度灵活性。三是易融资：任意一级供应商收到云信，仅需在线提供与上一买家的合同和发票，即可实现当天融资变现，享受足不出户、资金到户的极致客户体验。

“中企云链不是信用的创造者，只是信用的搬运工。”中企云链目标是打造服务产业链企业的产业互联网，做产业互联网中的“京东”与“天猫”。中企云链供应链金融仅仅是“获客”手段，以供应链金融服务免费和共享，实现用户规模效应。

中企云链针对平台融资小额高频、单笔业务成本趋同的特点，在天津滨海建立了金融工场，以制造业“富士康”流水线工作模式改造金融业务后台处理，采用流程标准化、工业化，任务池、抢单、计件工资等方式，大幅降低平台运营成本，建造大企业供应链金融共享中心。

（3）疏围解困，破解中小企业融资难题。

传统供应链金融模式，产业链广大中小企业随着级次递增其信用等级降低，融资成本逐渐增加（见图4－20）。

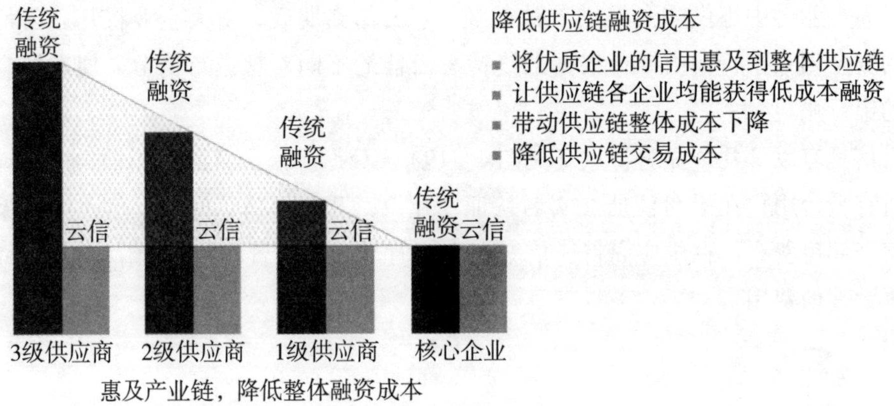

图4－20　云信市场价值

使用云信后，处于任何供应链级次的中小企业供应商都可以利用云信可转移支付的特性，向其他中小企业流转核心企业云信偿付欠款，也可以向云链平台提出融资需求，由平台合作金融机构“T＋0”放款，实现精准融资，融资成本均是云信开立核心企业的资金成本，让产业链末梢的小微企业也享受到核心大企业信用带来的低成本融资。比如，中车核心企业中车株洲电力机车开立一笔6000万元6个月期的云信，截至7月6日到期日，单笔云信被拆分245次，流转4级，102家供应商参与。其中，一级供应商没有融资，二、三级供应商才开始融资，而且各级供应商融资成本同为年化利率4.8%（见图4－21）。

（4）积累产业链大数据，加强和优化企业供应链。

平台大企业通过云信向上游供应商支付货款，上游供应商再向更上游的企业支付，

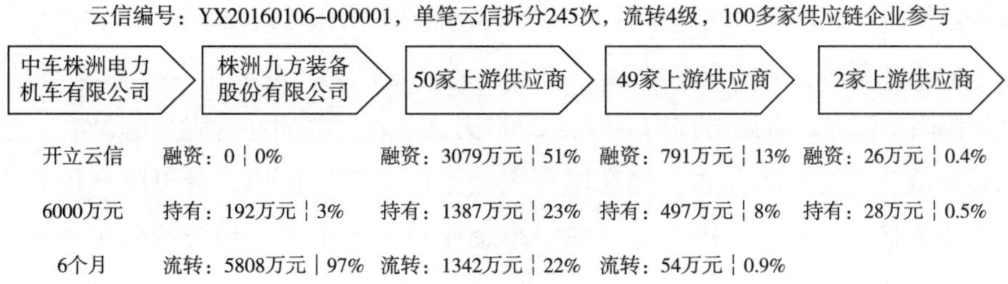

图 4－21　云信绩效分析

这不仅仅是大企业信用的流转过程，也是企业的资金流向过程，更是供应链关系的梳理和管控的流转过程（见图 4－22）。比如，中车某核心企业开立一笔 500 万元 6 个月期的云信，经多级流转支付，云信支付到了第十级供应商。

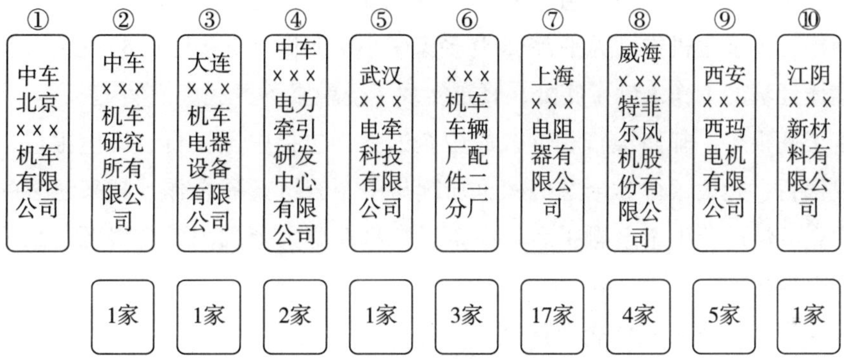

图 4－22　云信管控价值

3. **绩效分析**

（1）降低产业链整体成本，促进实体经济提质增效。

中企云链平台自 2015 年正式上线至 2018 年 2 月末，已有注册企业用户 10600 余家，其中核心企业实现“云信”支付超过 300 亿元，流转交易累计 823 亿元。通过“云信”，已有超过 5000 家中小企业获得融资近 90 亿元。其中单笔 100 万元以下的融资占 86%，单笔 50 万元以下的融资占 71%，单笔 10 万元以下的融资占 23%。中小企业利用云信提前确认未来收款时间，通过云信任意拆分快速实现三角债清理，可以用于材料采购；也可用云信替代部分现金储备，缓解资金压力。以中小企业接收云信后平均年化 4.5% 融资成本，与其市场平均年化 8% 的融资成本测算，直接降低中小企业融资成本 2 亿元以上。

自中国中车、中国铁建、中国中铁等央企集团推广应用云信业务以来，一方面为央企增加了一种无成本的应收应付清算方式，帮助免费清理三角债；另一方面核心企业以云信这种无息信用支付方式，降低有息负债规模，降低财务费用；还有就是利用平台免费和云信闭环的特性，快速低成本拓展核心企业的供应链金融业务，在产业链范围内的中小企业融资时，增加财务收益。中企云链平台已为入驻企业集团降低有息负债，节省财务费用2亿元，直接增加财务收益2000万元，提高集团经济附加值2%。

随着云信业务的不断深入，仅在国有大企业广泛推广使用，既可降低国有大企业融资成本数百亿元，同时对供应链上的中小企业乃至整个实体经济的降本增效起到不可估量的推动作用。

（2）金融服务脱虚入实见实效。

为实体经济提供资金支持是金融机构的核心职能，通过中企云链平台，金融机构将给予大企业闲置的银行授信盘活，安全便捷地将资金引导给产业链上的广大中小企业，获取线上批量融资利润。

通过中企云链构建的大企业、中小企业与银行的共生生态体系，中国邮储银行、中国工商银行等金融机构已为平台4500多家中小企业提供直接融资80亿元，将金融机构支持实体经济的工作落到了实处，真正实现了金融服务“脱虚入实”。

随着工商银行、邮储银行相继入股中企云链，包括中国银行、民生银行、浦发银行、广发银行、光大银行等金融机构也陆续与中企云链开展合作。越来越多的金融机构加入中企云链产业生态金融平台，中企云链将在更大范围内整合资源，惠及更多实体企业和金融机构。

（3）创新体系深得实体企业认可。

中企云链已与50多家规模央企以及多个省市国资委下属数百家大型国有企业进行了业务交流和路演，对商业模式一致认可，表达了合作意向。中企云链创新体系在大企业集团的推广应用也引起广泛的社会影响和关注，众多中小企业纷纷响应争相使用，共享“互联网+”带来的科技成果。

中企云链将继续在实体产业领域深耕细作，在云链平台上构建具有不同行业特色的供应链金融服务体系，全方位服务于上下游企业的降本增效。完善与社会各类资本及金融机构的合作，通过品牌大企业“云信”的支付、流转和融资，安全、高效地将更多银行等金融机构的闲置资金引导给中小企业，支持中小企业创新创业发展。

（4）获得国务院国资委和工信部的高度认可与支持。

2016年4月，经国资委上报国务院，中企云链商业模式创新获得国务院有关领导的认可。中企云链作为商业模式创新典型认定为央企双创平台之一。为推广云链商业模式，国资委8月23日举办“第二期中央企业创新大讲堂视频讲座”，邀请中企云链做了“依靠金融科技创新，推动企业提质增效”的主题讲座，获得中央企业和地方国资委的广泛认可。

2016年10月17日，在中央企业熠星创新创意大赛启动仪式上，国务委员王勇认真听取了中企云链创新商业模式的汇报，获得王勇国务委员的高度赞赏，并要求在央企范围内大力推广。

2017 年 7 月，工业和信息化部中小企业局马向晖局长专项调研中企云链，认为中企云链在为中小企业提供高效、低成本应收账款融资服务方面高度契合八部委《关于金融支持制造强国建设的指导意见》及《小微企业应收账款融资专项行动工作方案（2017—2019 年）》的精神，并对中企云链符合金融支持实体经济的工作和创新模式给予高度赞赏和评价。

2017 年，中企云配合各省市国资委，先后在北京、上海、重庆、天津、陕西、云南、吉林、厦门等地举办“云链金融创新大讲堂”，取得了良好的社会效益。

（三）发展愿景

中企云链创新模式属于国内首创，云信可分拆、可流转、可融资的特性是中企云链独创，中企云链平台也是国内最早实现全线上供应链金融的共享平台之一。

1. 央地协同创新，大中小企业融通发展

中企云链创新商业模式的核心理念是“打造互利互惠、协同共享、富有竞争力的链属企业生态圈”。通过链属企业生态圈理念宣传，吸引更多大企业加入中企云链平台。大企业凭借自身优质信用，在中企云链平台使用“云信”向供应商确认应付账款，帮助供应商提前开展流转和融资。链属企业之间可利用收到的“云信”进行拆分流转，快速清理债务链上各企业间三角债，在需要资金时，又能利用“云信”快速从邮储银行等获得资金，通过精准融资，降低企业有息负债，降低整个供应链融资成本，实现链属企业内部的大中小企业融通发展。

2. 落实政府号召，助力金融脱虚入实

中企云链平台通过衔接实体产业和金融，实现“引金融活水，润实体经济”。一是中企云链通过构建大企业、中小企业与银行的共生生态体系，金融机构发挥其服务实体经济的核心功能，高效、快捷地服务中小企业，将金融机构支持实体经济的工作落到了实处。二是调动产业资源，充分发挥精确掌握产业链核心企业及上下游企业信息资源优势，拓展延伸产业链服务的能力，使之成为金融机构落实金融支持小微企业健康发展的抓手和工具，帮助国有大型商业银行普惠金融机构有针对性地为上下游中小微型企业提供差异化的金融服务，促进实体经济发展。

3. 缓解中小企业融资难，破解中小企业发展瓶颈

中企云链平台通过模式创新，有效解决了中小企业融资难题。一是提高融资速度，将线下企业融资流程全面优化整合到互联网线上，实现中小企业当日申请当日放款的高效融资。二是降低融资成本，大企业向中小企业支付“云信”后，中小企业利用

"云信"可拆分、可转移支付等特性，既可选择相当于大企业信用水平的低成本融资，也可向其他中小企业流转大企业优质信用偿付欠款，降低中小企业现金需求量，进而降低企业融资成本。三是减少融资门槛，中小企业利用在中企云链平台收到的大企业优质信用，可以增强融资能力，实现方便融资。

4. 发挥"互联网+"优势，营造企业信用体系

中企云链立足产业，充分利用互联网开放、合作和免费等特性，整合国企资源、金融资源、供应商资源，形成几大优势。一是实现全线上操作，平台通过电子签名认证方式建立起的实名认证体系，足不出户就可以完成企业融资和资金到户。二是提供免费共享，为企业提供零成本的平台服务，共享大企业优质信用和客户资源。三是建立互联网信用体系，基于各类企业交易业务形成的信用流转数据，分析管理企业信用并进行信用评级，实现企业级互联网大数据征信。

（供稿单位：中企云链（北京）金融信息服务有限公司）

六、安得智联：美的零库存模式下的产业供应链金融

（一）企业简介

安得智联科技股份有限公司（以下简称"安得智联"）隶属于美的集团股份有限公司，于2000年注册成立，注册资本6.765亿元，是一家提供全渠道物流服务的现代物流企业；公司以仓配一体为核心业务，依托遍布全国的仓储网络、配送中心及"最后一公里"的送装网点，为制造型企业打造端到端、全渠道的高效物流服务。

安得智联以"全网直配，放心托付"为企业使命，以完善的仓配网络实现供应链的高效运营，具备"多快稳省"的服务优势，即为客户打造服务类型多、订单交付快、货物保障稳、成本费用省的优质体验，致力于成为最值得信赖的物流商业伙伴。

安得智联拥有32家地区分公司及国际物流、智能科技2家专业分公司，在全国拥有118个区域配送中心、14万余辆可调用车辆、3000多个"最后一公里"送装网点；在海量数据支撑下，已全面覆盖3~5级市场、2875个县/区、39862个乡镇，提供家电、家居送装一体服务；同时，在时效上实现了同城24小时内，跨市（含乡镇）48小时到达。

安得智联秉承以客户为中心的理念，智慧连接全球制造与消费流通，以服务世界500强美的产业的管理模式快速复制到其他产业，为跨行业客户提供多元、高效的专业物流服务，同步创新供应链技术和模式、提升产业集成和协同水平，从而带动其上、下游企业形成完整高效的产业供应链。重点聚焦家电相关行业、快消（食品）相关行业、快消（饮料）相关行业、日化保健相关行业、汽配化工相关行业及电商相关行业领域，

搭建智能化、数字化、移动化、全流程的物流体系，帮助客户大幅度提高物流效率。

安得智联专注于持续的技术进步和创新，致力于创造高效、透明、可触达的物流新世界。通过技术革新，安得智联已荣获高新技术企业证书、国家认定企业技术中心、中国驰名商标、科技进步奖二等奖等各类证书。在智慧物流方面，安得智联通过自主研发及全球资源整合，可向客户提供具备世界一流水平的智慧物流集成解决方案。

安得智联在物流服务基础上，携手美的集团下属公司美的小额贷款股份有限公司搭建了智慧物流监管平台，为符合条件的美的上、下游客户及社会中小企业提供低成本、高效率、便捷的金融服务。

（二）案例阐述

1. 背景介绍

在国家供给侧改革背景下，美的集团作为全品类家电产销集团从内进行深刻的变革，提出“去产能、去库存、去中间化、去杠杆、降成本、补短板”，研产销高度协同，用科技驱动品质，以互联网提升服务效率。全集团推行“T＋3”以销定产模式，供应链实行全国“一盘货”，安得智联承接“仓装运配一体化”全流程柔性供应链服务。美的商业体系如图4－23所示。安得智联“仓装运配一体化”如图4－24所示。全流程柔性供应链服务如图4－25所示。

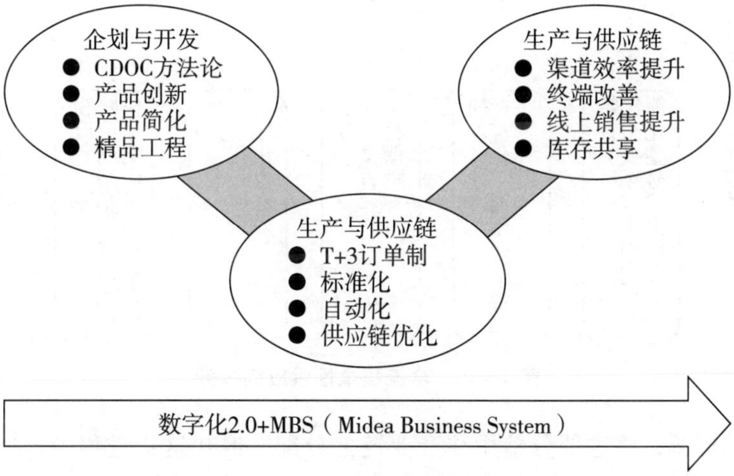

图4－23　美的商业体系

供应链运营中，原材料的采购、成品生产到最终销售牵涉各环节企业的资金支出和收入，由于收支存在时间差，因此形成了资金缺口。前期美的各产品事业部作为核心企业，主要是依托自身信用优势，以内部小贷公司及各大银行作为资金方，对所在供应链进行供应链金融渗透与辐射，从中短期来看效果尚可，充分利用核心企业在金

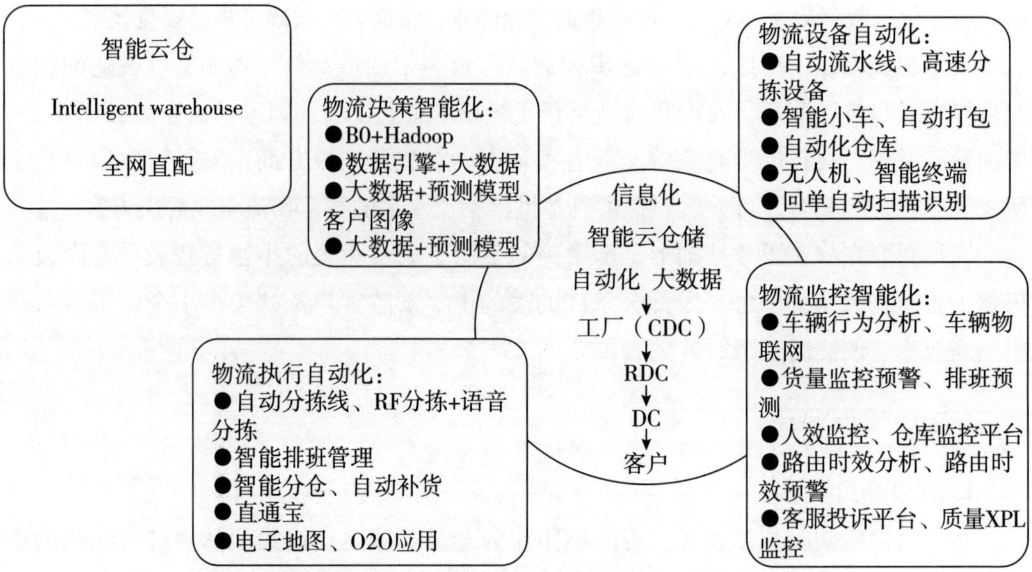

图4-24 安得智联“仓装运配一体化”

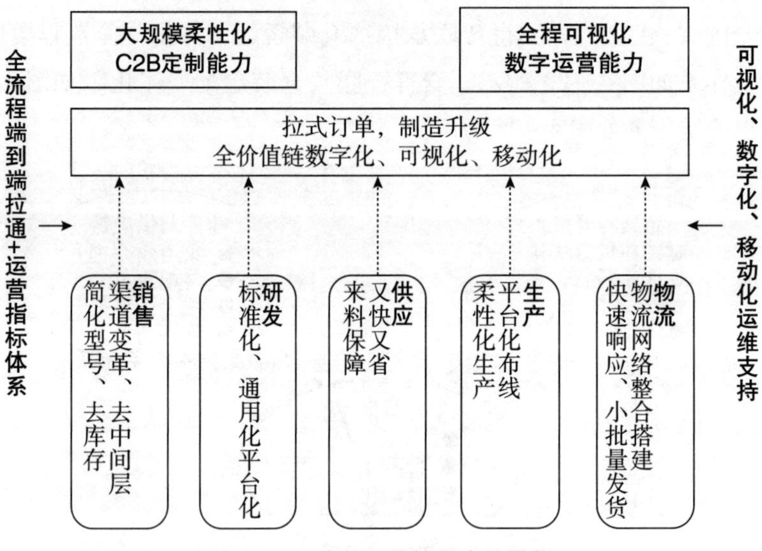

图4-25 全流程柔性供应链服务

融机构的授信资源，将这部分信用往产业链上分配，但在这一过程中，抑制发展的瓶颈也逐渐凸显，主要体现在以下几方面。

（1）商品生产和分配涉及从原材料到成品制成再到流通至消费者的整个过程。资金方缺少一种可靠的方法去验证及确认产品和服务的真正价值，缺乏透明度。

（2）供应链融资过程信用成本太高，交易环节验证烦琐，融资价格无法准确地反映产品的真实成本，如果标的金额太少，利息都覆盖不了成本。

（3）由于物流信息具备物理属性、可视化、易追踪、好认证的特点，物流信息一直在供应链融资中起到举足轻重的作用，早期以货押融资形式为主，缺乏分布式的数据验证方式及物权登记认证，存在操作及信用风险，而眼下随着物联网、大数据、区块链等信息技术的发展，物流数据化运营具备了技术上的可行性，在这个背景下，安得智联利用信息科技将供应商、分销商和终端消费者成功衔接在一起，形成了一个多方无缝链接、界面可视统一的数据实时共享监管平台，激活了数据的第二生产力。

2. 产品设计

1）项目思路

根据美的集团“一盘货”战略部署，各产品事业部从成品生产下线、渠道、终端零售及“最后一公里”、宅配到消费者，全程由安得智联负责物流管理，推行“统仓统配”。安得智联与渠道经销商建立了直接对接关系，全国3000家一级总代理、10万家零售商，以及未来以亿为单位的消费者。通过信息技术，安得智联对每个客户提供从预付款、订单、运输、仓储、配送信息全流程可视化的标准仓单及物流服务，引进金融机构为客户解决资金需求，并为金融机构提供标准仓单与物流监管服务。以美的一级代理商为例，自2010年以来，安得智联协同卖方（美的各产品事业部）、银行为代理商提供融资，从最初的库存融资到2017年的预付款订单融资，2018年已升级为预付款资产池融资，即为借款人提供在美的各个系统可视的、拉通监管的全部资产抵/质押融资服务，资金池押品包含账款、订单、运输在途、存货。其交易结构及信息流、资金流、物流（见图4－26）。

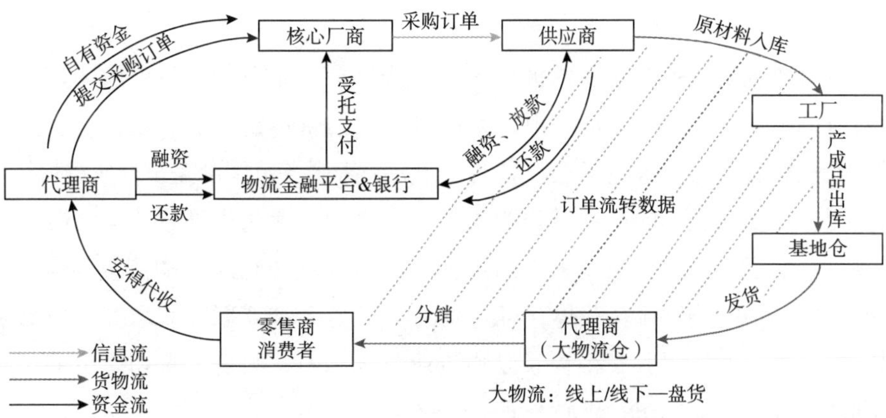

图4－26　美的集团“一盘货”交易结构

成品销售订单流如图4－27所示。

这种供应链金融产品对应的质押具有标准化、可视化、可流转、可变现的属性，成功解决了贸易初始订单阶段信息不对称的问题，盘活了代理商在核心企业处的资产（包含账款、订单、运输在途、存货），大大缓解了代理商资金压力，加速了工厂回款，构造了一个多方共赢的产业扶持效应。

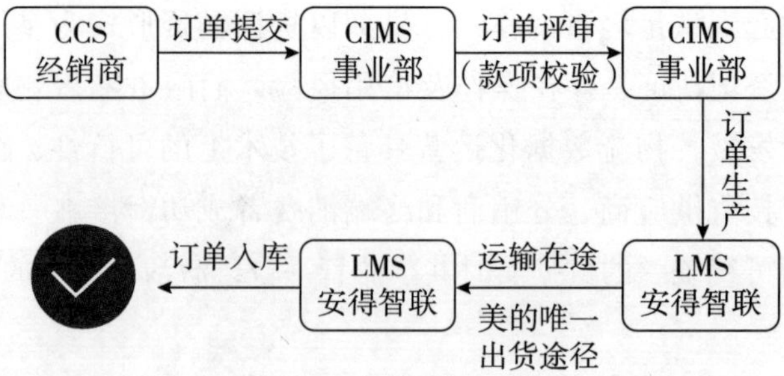

图4-27　成品销售订单流

供应链金融的长期趋势是去中心化，任何形式的背书和口舌都敌不过用数据说话，特别是可交叉验证的分段式数据，区块链的分布式记账最大化地保证了交易的真实性，让虚假数据无处盾形，融资安全和效率可以大大提高。

核心企业是供应链中的核心主体，也是供应链金融的风险价值溢价主体，它有较高信用评级，可以作为金融借贷的杠杆支点，并有相对较高风险承受能力。因此，目前理想的供应链金融模式应该是“信用中心传导+数据去中心”。但同时，也正因为核心企业具备一定的品牌影响力，它更希望将自身与上下游客户的经营做风险隔离，不愿意为客户提供任何形式的担保责任。而安得智联通过调剂销售巧妙地解决了这一难题，也就是在此融资模式下，核心企业只需要对押品承担调剂销售责任，即当借款人到期无法偿还融资款时，核心企业负责借助自身的销售渠道把这批押品协调卖给其他客户。

目前也有供应链服务商和金融机构因无法获得核心企业的支持而脱离产业去拓展业务，自身的信用验证能力非常有限，无法对真实的供应链信息、物流、资金做管理和监控。而安得智联完美解决了这一痛点，作为一家服务范围涵盖全供应链协同的4PL科技型公司，以美的强大的产业背景为支持，一方面，通过先进智能物流装备及遍布全国的物流仓储运力，结合数据云，满足各行业全区域的物流及物流金融需求；另一方面，作为贸易中的货物流转载体，可与贸易上下游系统互联，获取交易方数据，核实贸易真实性和节点控制。安得智联以物流业务为基石，与美的集团旗下的小贷公司结合，利益分成，风险共担，核心企业接受程度高。

2）操作路径（见图4-28）

（1）精准营销。通过美的集团主数据甄选客户，由系统推送操作界面弹出提示框、邮件、短信等融资宣传信息。

（2）授信评级。安得智联与征信公司合作，对3000家代理商及企业股东夫妇进行授信评级，另外内部推行8个维度、36个指标的风险模型。

（3）线上放款。目前该架构下，安得金融平台仅与美的小额贷款公司实现了系统

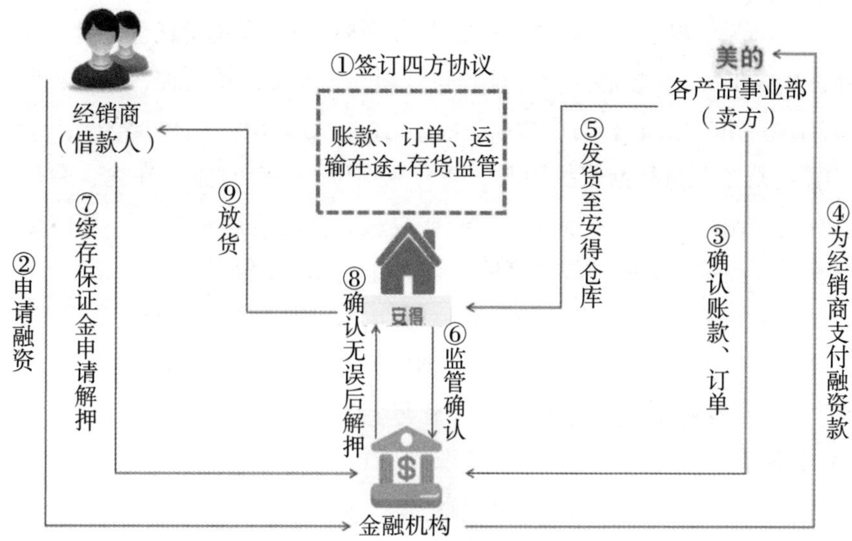

图 4－28 操作路径

对接与全线上化操作，后期将非美的产业引进银行合作。基于预付采购款项下的融资模式，该业务关键为安得对贸易要素流动的控制，从采购订单到商品发货、在途运输、入库仓储各个环节均做到无缝监控，全国物流云数据实时传输且无法篡改，小贷公司全程线上操作放款便利，客户体验极佳。

安得物流金融平台如图 4－29 所示。

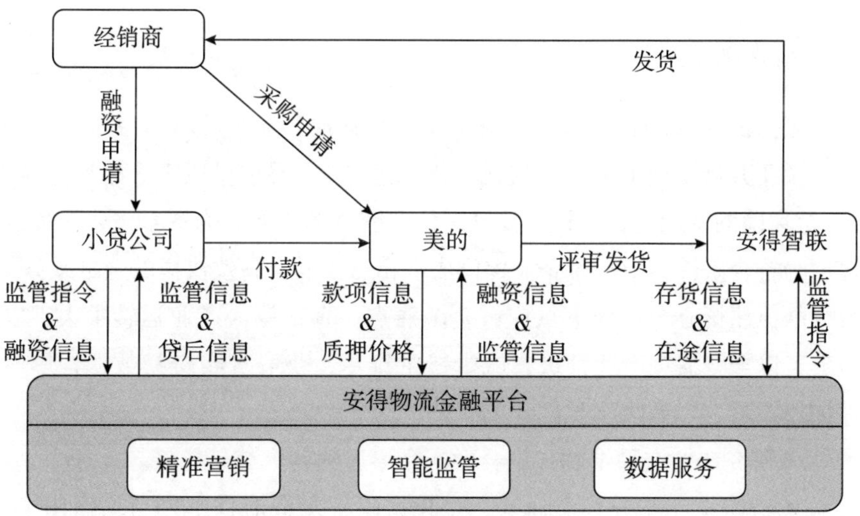

图 4－29 安得物流金融平台

3）风控手段

该模式实际上是以物流科技企业（安得）＋金融机构（美的小贷）作为供应链服务商，取代传统完全依靠核心厂商的 1＋N 模式而形成的多中心模式，充分调动各方势能。

（1）核心厂商为信用中心。通过客户推荐、价格推送、发货责任等，对代理商进行贸易信用筛查严格准入，从核心厂商保证预付款项和未发货订单可控，底层数据直接推送保障产品金融模型的成立；仅对质物承担调剂销售，无须担保、回购等直接连带责任。

（2）物流科技企业为数据聚拢中心。整合从预付款项到订单、在途、库存全流程数据链接，同时协调存货监控、推荐客户资质复核、保险等融资要素，复核交易信息和数据的真实性，设定贷后监控规则算法，系统自动风险预警。

（3）金融机构为资金中心。引入征信公司大数据对借款主体与股东个人予以尽调，通过核心企业大数据验证贸易双方历史合作情况及分析借款人未来发展前景，对整个产品架构进行穿透，并通过全线上化操作，最大化规避操作风险和信用风险。

3. 绩效分析

（1）此业务于2017年3月启动，目前已覆盖美的集团八大产品事业部，累计为281家产业中小企业提供融资服务，累计放款金额31亿元、零逾期、零不良。

（2）定位于服务供应链属企业，提升全链条价值，为产业客户每年降低2%左右的融资成本。

（3）资产池质押，消灭信息孤岛，将独立的点对点信息构建为互联互通的网络，适应于美的产业降库存甚至零库存发展趋势。

（4）资产池质押模式具有可延展性，结合柔性生产和供应链管理，满足美的“T+3”以销定产模式及C2M需求。

（三）发展愿景

未来响应国家政策，把美的模式快速复制到其他产业。2018年4月，商务部等8部门下发《关于开展供应链创新与应用试点的通知》，要求供应链金融服务实体经济，“在有效防范风险的基础上，积极稳妥开展供应链金融业务，为资金进入实体经济提供安全通道，为符合条件的中小微企业提供成本相对较低、高效快捷的金融服务”。

安得智联抓住核心企业项下供应链金融痛点，真正深入产业运转中去，以产业带动金融服务，以金融促进产业升级，减少链主排斥，获取真实交易数据，形成多方共赢局面。该模式具有延展性（见图4－30）。

（1）深入研究产业交易结构，把金融产品渗透到各个交易场景。

（2）业务结构设计充分尊重风险，量化风险，在贷前贷中贷后均运用了大数据、区块链、云科技，充分保障了资金方的安全。安得智联作为一家主业为智能物流的专业公司，背靠美的集团产业巨擘，熟悉产业客户进销存运转规律，了解客户真正需求所在，业务模式完全可复制到其他产业，为实体经济服务。

（3）供应链是一个从需求、采购、生产、发运、销售、配送的完全链条，安得智

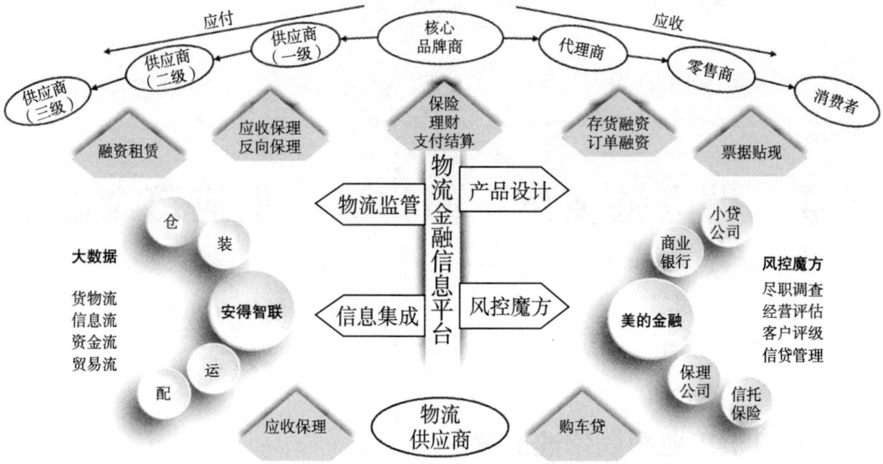

图 4 – 30　安得智联物流金融信息平台业务场景

联有基地物流、干线物流到同城配送的能力，金融服务可跟随核心企业扩展至 B2B、B2C、C2M、O2O 等各种商业模式，随企业的成长而成长，是安得智联供应链金融的核心价值所在。

（4）加大信息化建设的资源投入，实现全方位互联互通、大规模定制服务。信息集成包含物流信息、交易信息、产品信息、客户信息、跟踪信息、反馈信息，逐步完善数据流、资金流、信息流、商流、人员流。

（5）以金融科技思维，实现产融协同、全价值链联动战略（见图 4 – 31）、大规模社会化协同。

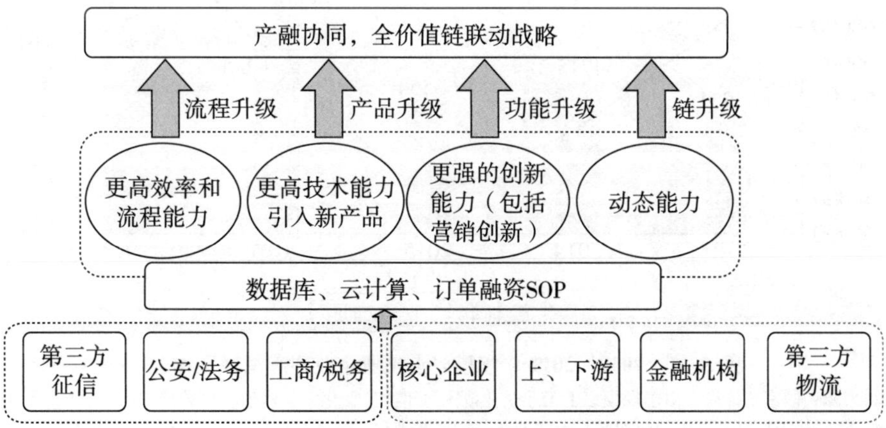

图 4 – 31　全价值链联动战略

（供稿单位：安得智联科技股份有限公司）

第五章　供应链视角下的物流与供应链金融发展

第一节　制造业物流与供应链金融发展

一、规模以上工业利润增速加快

2017 年全国规模以上工业企业实现利润总额 75187.1 亿元，比上年增长 21%，增速比 2016 年加快 12.5 个百分点（见图 5－1）。

2017 年，规模以上工业企业中，国有控股企业实现利润总额 16651.2 亿元，比上年增长 45.1%；集体企业实现利润总额 399.9 亿元，下降 8.5%；股份制企业实现利润总额 52404.4 亿元，增长 23.5%；外商及港澳台商投资企业实现利润总额 18752.9 亿元，增长 15.8%；私营企业实现利润总额 23753.1 亿元，增长 11.7%。

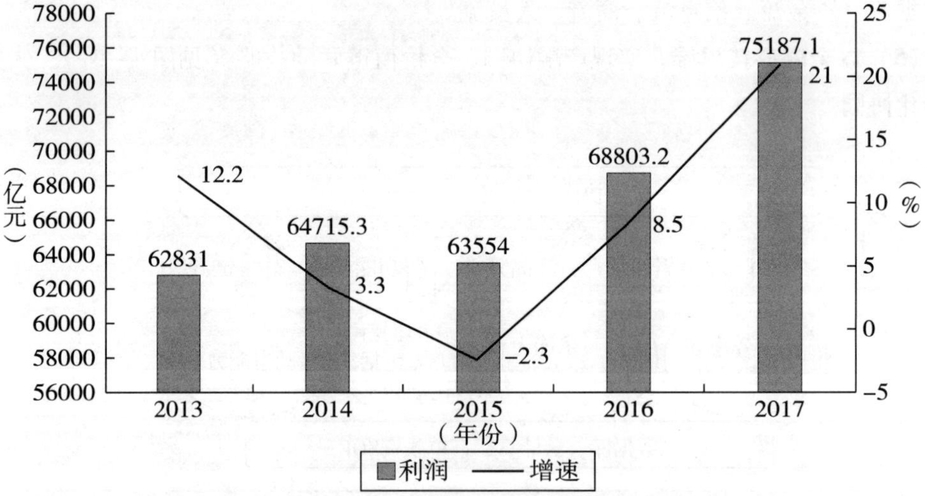

图 5－1　2013—2017 年规模以上工业企业利润总额及增速

资料来源：国家统计局，由于规模以上工业企业范围每年发生变化，为保证本年数据与上年可比，计算各项指标同比增长速度和增长量所采用的同期数与本期的企业统计范围相一致，和上年公布的数据存在口径差异。

二、制造业固定资产投资增速反弹

2017 年，全社会固定资产投资 641238 亿元，比上年增长 7.0%，其中固定资产投资（不含农户）631684亿元，增长7.2%。分区域看，东部地区投资265837亿元，比上年增长8.3%；中部地区投资163400亿元，增长6.9%；西部地区投资166571亿元，增长8.5%；东北地区投资30655亿元，增长2.8%。在固定资产投资（不含农户）中，第一产业投资20892亿元，比上年增长11.8%；第二产业投资235751亿元，增长3.2%；第三产业投资375040亿元，增长9.5%。分行业看，2017年制造业固定资产投资193616亿元，增长4.8%；从制造业固定资产投资总额及增速连续5年的数据来看，2017年实现了首次反弹（见图5-2）。

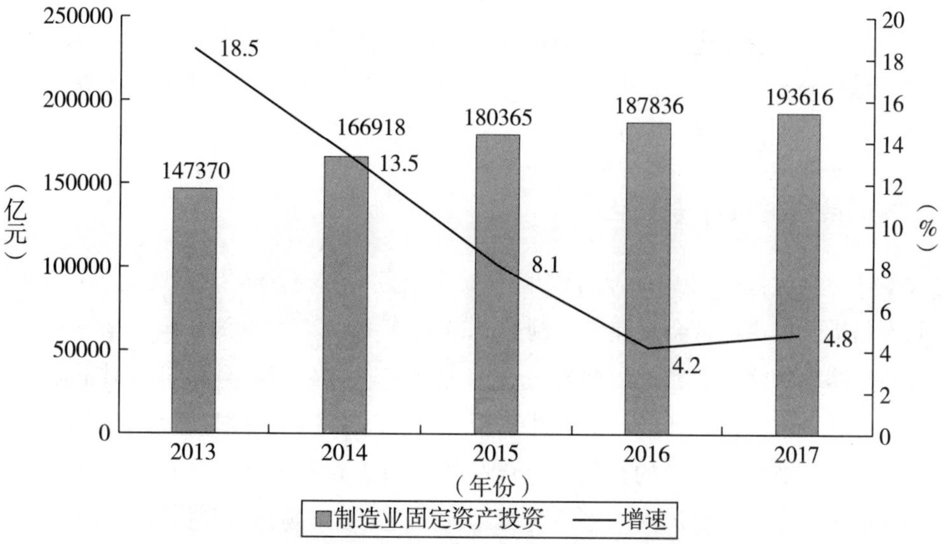

图5-2　2013—2017年制造业固定资产投资总额及增速

资料来源：国家统计局，增速是按可比价格计算的。

三、发展的现状

（一）核心企业的自金融

核心企业是产业链中的重要枢纽。对核心企业而言，从事供应链金融，有天生优势，因为核心企业掌握了上下游企业的交易数据。

上游供应商交货环节，在核心企业接到经销商订单的接单排产阶段，供应商可向银行申请订单融资业务。在产出产成品交货前阶段，供应商可申请办理商品融资及仓单融资业务。产品交付核心企业后，普遍存在付款账期的问题，此时可申请办理保理和应收账款融资业务。

核心企业向下游经销商销售产品环节，货物一经交付，经销商就可直接向银行申请办理商品融资业务和仓单融资业务。除此之外，经销商在向重点客户交付大量产品时，还可向银行申请办理融资租赁、应收租赁款保理等业务。

对于核心企业来说，它们可以借助新技术应用建立自金融体系，服务自身主业及关联产业，向相关企业或个人提供包括投资、融资、支付结算与增值等综合金融信息服务。

据悉，小米从2015年开始涉足互联网金融业务，涵盖供应链融资业务、互联网小额贷款业务、支付业务、理财产品分销业务、互联网保险服务等。2017年3月2日，小米金融资产支持证券100亿元储架发行取得上海证券交易所无异议函，成为国内首单支持新经济企业供应链金融的资产支持证券。这不仅为小米公司发展提供资本支持，其整个供应链上游的供应商（包括研发制造商、屏幕供应商、摄像头供应商、电池供应商等）都是受益者，供应商据此可以获得新的资金渠道和更灵活的资金来源，从而推动以小米公司为核心的整个供应链的快速发展。

（二）供应链服务专业化

大型制造企业依托自身物流与供应链板块业务，可逐步发展专业化供应链服务，并以此为基础开展供应链金融业务。例如，2014年4月25日，海尔与中信银行、平安银行签订战略合作协议，实现以海尔日日顺为基础联合第三方金融机构对下游经销商进行供应链融资支持，将产业与金融基于互联网整合在一起。日日顺始于2000年9月，主要从事海尔及非海尔品牌的其他家电产品的渠道综合服务业务，日日顺物流目前已成为中国最大的全国性物流网络之一，尤其在三、四级市场具备较强的优势。

目前，智慧物流业务已成为美的重要的战略板块，并把物流设备、供应链金融业务也纳入其中。

（三）电商平台的普惠金融

电子商务的日益普及，在改变人们消费理念的同时，也使得传统营销体系扁平化，大量中小型制造企业可通过电商平台直面客户。电商的竞争已经不仅仅局限在零售额、市场占有率和物流服务方面，电商为中小型企业提供多方位融资服务，已成为电商新的竞争点。一方面，中小型企业普遍存在融资难的问题；另一方面，电商平台积累了商家的基本信息和历史信息等优质精准数据，电商可依据这些数据给予其相应的信用金额。这样，电商平台成为中小型制造企业获得融资的便捷渠道。

此外，供应链金融业务向纵深发展的趋势越来越明显，细分化将是其发展的必然道路。垂直领域的电商平台也在加速形成，并逐渐发展成熟。每个垂直细分领域可能衍生出千亿元级的市场，在垂直行业精耕细作，将融资更加精细化和集成化，如医药、化工等。

（四）科技加持的供应链金融

不少制造企业拥有强大的科技积累，用科技驱动金融创新，升级供应链上的产融结合。例如，联想集团依托多年积累和沉淀所形成的供应链体系大数据，建立了多方位模型，实现联想金融的系统实现能力和大数据分析能力，以及资产管理能力和风险控制能力。在服务上下游供应商、分销商的过程中，不仅解决中小企业融资难的问题、缓解供应链中的资金支付压力，同时也缓解公司应收账款压力，加速资金周转，促进销售，提供资金保障。

区块链被认为可以使供应链金融做到业务信息公正化、透明化。2016 年 5 月，华为加入金融区块链合作联盟，探索专为金融机构服务的联盟区块链，以及应用场景。2018 年 2 月，华为云发布区块链服务（Blockchain Service）产品，为企业及开发者提供公有云区块链服务。2017 年 3 月，点融网和富士康旗下金融平台富金通共同推出了一个名为“Chained Finance”的区块链金融平台，欲借助区块链技术破解供应链金融难题。

四、存在的问题

（一）核心企业成为风险主要承担者

在众多以核心企业为中心开展的供应链金融业务中，金融机构与供应链内的核心企业合作，对资金流和物流实行双向控制，降低资金风险。然而，在整个环节中，供应链的风险会向核心企业集中，一旦核心企业发生信用风险，供应链中的上下游企业会集中爆发信用风险。

（二）运作存在一定的操作风险

随着供应链金融的发展，线上供应链金融将成为互联网供应链金融的必然发展趋势。我国线上供应链金融业务开展不久，相关的法律法规并不完善，其业务流程设计必然存在一些缺陷，同时线上供应链金融业务对互联网计算机网络系统的依赖性强，故互联网、大数据、物联网等数据信息技术的开发和完善需针对供应链金融进行特征性的研究开发，降低整个过程的风险。

五、未来展望

随着制造业供应链的生态化发展，供应链上的参与主体越来越多样化，为制造业供应链服务的金融体系也渐渐从原来的要素特征走向了生态化。这些产业生态、金融生态和创新主体通过良性互动，不断推动互联网“供应链金融+制造业”的转型变革。

（一）供应链金融全球化战略

国家制造业之间的竞争早已不是单纯的企业竞争，而是供应链的竞争。《中国制造2025》提出，到2025年迈入制造强国行列。这更需要我国拥有强大的全球化制造业供应链体系。随着“一带一路”倡议等的实施，一张全球化的供应体系正在建立，沿着制造业走出去的步伐，物流与供应链金融的全球化步伐也将加快。因此，建设国家层面的制造业供应链监控体系有必要提上日程，以保障国家制造业全球化供应链体系的安全运行。

（二）金融生态优化产业生态

在互联网供应链金融阶段，金融生态是一种复杂的网络结构，在结构、产品、环境要素上，金融生态呈现出多耦合状况，各个要素共同推动了金融生态的发展。多产品融合的互联网供应链金融不仅有担保、保理、质押、抵押、票据等传统供应链金融产品，也有信托、第三方支付、风险投资、众筹、资产证券化等新型金融产品，这些产品间的组合协同，产生了创新性的金融活动。

当前，全球经济增速放缓，制造业正在探寻一条基于数字互联网技术的新兴制造业经济，在传统大规模、工业化制造业生产流水线作业下，个性化定制和小批量制造难以实现，但是借助互联网、物联网、大数据、云计算、开放硬件平台的互联网供应链金融的运用，通过集合众人智慧、按需设计、自我制造、个性生产的新兴工业体系，制造业正在向分散式和扁平式的方向发展。互联网供应链金融支持的每个制造作业点都可能成为一个微型制造工厂，即“个体制造”，这就是互联网供应链金融引领制造业振兴和焕发生机的一项重大变革。

互联网金融条件下，线上信息将指导资金对供应链上的生产和流通进行客观调配，降低整个产业和流通过程中的摩擦成本，从而实现金融生态优化带动产业生态优化。

（三）产品研发更贴近产业链

2017年7月的中央金融工作会议为未来五年的中国金融发展奠定了主基调，强调金融须“回归本源”，服务于经济社会发展，要把为实体经济服务作为出发点和落脚点，全面提升服务效率和水平，把更多金融资源配置到经济社会发展的重点领域和薄弱环节。物流与供应链金融源于实体经济，服务于物流与供应链环节，在科技驱动金融创新的大环境下，供应链金融产品设计将更贴近供应链。

随着互联网供应链金融业务的竞争越来越激烈，依托信息技术建立电子化平台，已成为提升互联网供应链金融的重要方法。制造业电子供应链已经成为金融机构打造核心竞争力的必然选择。它是金融机构采用电子技术、互联网服务平台，研发一系列电子化的金融衍生品及服务，可实现内外部数据交换，包括供应链核心企业、上下游企业的客户数据，最终达到提升服务品质、降低交易成本的目的。它采用电子技术、集中协调链条上的各个企业的关键数据，如生产状况、库存状态、运输安排、订货、在途物资、销售分析、资金结算等，同时实现订单的电子化操作、库存的自动化处理、批量和系列号跟踪、在途物资盘点等，跨越了从原材料、生产、运输、分销到销售等过程，涉足供应链上下游各个企业和客户、供应商、生产商、零售商等，有效缩短互联网金融机构与企业在供应链运作过程中的时间。在新的市场格局下，互联网供应链金融的发展，必然是以整个商业生态为基础，覆盖供应商、采购商、生产商、投资人、消费者链条上的各个群体，唯有在此生态圈中，所有群体才能获利，实现供应链增值和可持续发展。

（撰稿人：中物联金融委研究咨询中心副主任　郭苏慧）

第二节　大宗商品交易市场物流与供应链金融发展

近年来，我国大宗商品交易市场供应链金融业务发展迅猛，已成为大宗商品交易市场创新发展的新引擎和核心竞争力，在促进金融服务实体中发挥了重要作用。

大宗商品交易市场供应链金融具有收入自偿性、结构闭合性和管理垂直性三大典型特征。在具体业务中，不仅包括传统信贷模式中的金融机构、融资企业，还增加了商品交易市场、物流企业以及和行业相关的质检、保险等众多主体。

各参与主体在供应链金融中发挥着重要的作用，也使得金融机构能够俯瞰完整的上下游贸易链条，并保证专款专用。由于大宗商品交易市场供应链金融的授信是针对供应链整体，因此金融机构能够完全切入真实的交易过程，在风险控制方面也能更加注重于贸易的真实性、交易风险以及第一还款源的风险控制，有效降低供应链金融业务风险。在此过程中，大宗商品交易市场所扮演的角色和提供的服务，更多的是汇集和提供真实的交易信息，建立“风控通道”，与金融机构共同做好风险控制，实现产业需求和金融服务的有效连接。

一、大宗商品交易市场物流与供应链金融的主要特点

（一）大宗商品交易市场创新发展的核心竞争力

走专业化发展道路，已成为大宗商品交易市场开辟供应链金融蓝海战场、提升核

心竞争力的重要手段。不同产业链上的企业具有迥异且多样化的金融服务需求特征，因此大宗商品交易市场供应链金融业务的开展，也大多是侧重于向某一或若干细分行业提供服务，通过深耕细作，熟悉掌握行业的交易习惯、供需状况、竞争条件、市场规律等，巩固客户资源，构筑进入壁垒，形成核心竞争力；或者是侧重于提供某一或若干方面的服务，充分发挥自己的先天优势，并形成牢固的后天优势，如在提供融资、征信、信用评级和风险评估等方面形成差异化竞争优势，并作为与其他供应链金融提供者进行合作的重要基础。

（二）大宗商品交易市场转型升级的新引擎

党的十九大报告提出，要在现代供应链等领域培育新增长点、形成新动能。国务院办公厅发布的《关于积极推进供应链创新与应用的指导意见》中，明确指出要推动供应链金融服务实体经济，有效防范供应链金融风险，积极稳妥发展供应链金融。随着国家对供应链重视程度的不断提升，我国大宗市场供应链的发展将迈上一个新的台阶，而基于供应链业务所展开的各类金融服务创新也将快速更新迭代。作为有效的业务切入点，通过供应链金融业务带动交易、物流和会员等业务的快速增长，逐步打造汇集商流、物流、资金流、信息流的数据平台，已成为大部分大宗市场的普遍共识。据统计，我国规模以上工业企业应收账款超过 12 万亿元，产成品存货超过 4 万亿元。企业应收账款、商业汇票等业务的快速增长在带动我国供应链金融行业快速发展的同时，也给我国大宗市场带来了新的发展机遇。

（三）大宗商品交易市场的新增长点

我国大宗商品交易市场的商业模式主要是为会员企业提供交易、物流、金融、信息及增值服务。其中，供应链金融是其增值服务的重要内容。从大宗商品交易市场业务开展实际情况看，供应链金融业务已经成为大宗商品交易市场的重要业务收入来源，有些大宗商品交易市场的供应链金融业务利润高达市场总利润的 85% 以上。在“供应链金融”的融资模式下，大宗商品交易市场与金融机构进行合作，通过金融服务实体，能够有效解决中小企业融资难、融资贵等问题，从而激活整个“产业链条”的高效运转。

二、大宗商品交易市场物流与供应链金融典型模式

（一）B2B 电商平台应用模式

例如，广西糖网依托系统平台支撑，完成对食糖产业链全业务供应链条的线上化

管控，其供应链金融业务模式主要包括以下三方面：一是产业链金融向上延伸，在生产环节，通过从蔗农到糖企再到广西糖网的闭环操作，政府协同引导和管控，实现多方共赢；二是在产销及流通环节，搭建“厂商购销结算及融资服务平台”，厂商通过广西糖网的结算及融资服务平台完成全流程的货款置换，获得流动资金、账期、信用支持和保持自主购销定价等权益；三是在进口环节实施“原糖进口—加工—销售”一体化金融解决方案。针对供应链不同节点的融资需求，广西糖网通过动态货押、订单融资、应收应付款融资、票据融资等业务模式，为客户提供一体化的供应链金融解决方案，同时协同供货商、加工企业、采购企业、金融机构多方参与，实现从原糖进口到成品糖流通的闭环管控，有效解决了食糖产业链企业的融资问题。

（二）B2C 电商平台应用模式

B2C 电商平台发展模式主要是批发零售电商利用在互联网交易中获取的客户交易的记录与流水，并且根据客户的需求为上下游客户提供金融产品与服务。

例如：苏宁云商主要是在利用互联网零售所积攒的客户资源、客户信息以及便捷的客户服务与体验的基础上，打造苏宁生态链。京东商城通过多年积累和沉淀，通过差异化定位及自建物流体系等战略，形成了以大数据驱动的京东供应链体系。

（三）供应链服务提供商发展模式

供应链服务提供商发展模式主要是一些供应链服务提供商利用在提供采购、分销、物流过程中累计的客户信息，为上下游客户提供供应链金融产品和服务。

以怡亚通为例，作为承接企业非核心业务外包的整合型供应链服务平台，怡亚通在提供一站式供应链管理服务的基础上，开展相关供应链金融业务，这已成为其盈利的重要来源之一。

（四）行业信息咨询公司发展模式

一些行业信息咨询网络公司利用已有的信息优势所形成的大数据支持，以及客户的认可度，通过互联网平台，为上下游企业提供供应链金融产品和服务。典型案例如上海钢联。

上海钢联的钢银平台向客户提供融资服务的资金主要来源于自有资金和银行贷款。上海钢联之所以能够利用钢银平台发展供应链金融，主要是得益于长时期的信息收集与积累、大数据的支撑、闭环的钢银电商模式，以及公司大股东的强力支持。

三、大宗商品交易市场物流与供应链金融发展存在的问题

在我国大宗商品交易市场供应链金融快速发展的同时，也存在许多亟待解决的问题。

（一）标准规范建设滞后

当前，我国供应链金融相关标准规范建设滞后、理论研究滞后，使得大宗商品交易市场供应链金融业务的开展存在标准化不足和制度不健全等问题与现象。术语定义的不统一，不仅给交易流程和会计核算带来了麻烦，也制约了大宗商品交易市场供应链金融业务的进一步发展。

（二）产品设计重风控轻用户

在大宗商品交易市场开展供应链金融业务的过程中，大宗商品交易市场客户多为中小企业，其规模小、抵押物不足、生产经营难于掌握以及抵御经济波动能力差等因素，导致金融机构对融资企业资质的要求和抵押物的要求较为苛刻，并使得一些优质中小企业的融资需求难以得到满足，或是融资成本过高。

（三）基础仍有待夯实

就目前实际情况来看，大宗商品交易市场在供应链服务体系建设及大数据应用方面还存在许多不足。例如，在整合各种线上线下资源的过程中，尤其是大宗商品交易市场与金融机构、物流服务企业的系统对接和数据共享等方面，影响大宗商品交易市场供应链金融业务的顺利开展。此外，第三方中介机构的资质水平参差不齐，监管水平差异较大，也是大宗商品交易市场供应链金融发展中亟待解决的问题。

（四）发展环境有待改善

大宗商品交易市场供应链金融包含金融机构、商品交易市场、会员企业、中介服务机构（物流监管企业、保险公司、资产评估公司、担保公司等）等众多主体，因此能够实施有效的风险管控。但主体的复杂性也决定了法律适用的复杂性。目前，供应链金融主要涉及《物权法》《担保法》《合同法》《动产抵押登记办法》《应收账款质押登记办法》等。虽然上述法律对债权人的权利主张有较为完备的规定，但由于供应链金融的业务模式多样，在信用、监管、确权、处置、文本等诸多方面，也涉及一系列新问题，现有法律很难完全覆盖，这也阻碍了大宗商品交易市场供应链金融业务的发展，并给大宗商品交易市场带来了一定的法律风险。

四、大宗商品交易市场物流与供应链金融发展展望

（一）在线供应链金融成为趋势

随着大宗商品交易市场信息化水平的不断提升，以及大宗商品交易市场对供应链金融业务的重视程度与日俱增，大宗商品交易市场在线供应链金融业务也得到了快速的发展。尤其是金融机构利用交易银行的理念，将供应链金融与现金管理紧密结合，利用 IT 科技，在外打通银企直联、企业网银、现金管理系统、在线贸融通、企业手机银行等对客端口，在内链接信贷系统、供应链管理系统等操作系统，也为大宗商品交易市场供应链金融的线上化操作奠定了基础、创造了条件。

（二）平台化推动多方协同创新

运用互联网技术搭建供应链服务平台，大宗商品交易市场通过促成交易流程的在线化、交易数据的电子化、交易信息的集成化、物流状态的可视化、货物权属的数字化，使得大宗商品交易市场供应链金融参与各方，能够运用大数据、云计算等分析手段，将中小微企业的交易信息快速有效地转化成信用或需求信息，降低信息不透明和信息不对称程度，实现参与各方对服务需求的快速反应，提高服务效率。同时也便于金融机构根据资产获取、资本利用率、供应链运营效率等因素，开展各类以实体经济需求为导向的金融产品创新。

（三）大数据提升供应链金融信用

供应链金融的本质是信用，在产业链条中发现信用是大宗商品交易市场供应链金融业务的关键环节。广西糖网、金银岛、上海钢联、找钢网、四川白酒等都是典型代表，凭借其手中的大数据，通过自建或者与大数据机构合作建立大数据平台，可为客户量身定制全方位、多维度的分析报告；依托大量的真实交易数据来源和大数据处理技术，计算出各标准数据的区间范围，并通过上下游企业数据的匹配，可对客户的资信状况进行全面合理判断；能够为监管各方提供数据变化预测，对业务周期进行全程化、多维度的监控和测评，做到及时通知并给出建议，从而大幅降低供应链金融风险。

（四）区块链技术应用成为热点

借助区块链技术，可以实现仓储信息、交易信息、货权信息等的及时入链、实时追踪，而且录入的信息真实可信、不可篡改。区块链的不可篡改性，可以减少人工盘

点的次数，提升效率。同时，区块链时间戳功能和智能合约的属性，也可以为录入区块链的商品同步自动生成一个多方参与的智能供应链金融合约。

此外，区块链技术的去中心化和不可篡改性，也为各监管机构开展供应链金融监管提供了极大的便利，数据由系统自行见证记录，无须数据采集，无须企业上报，在免去监管成本的同时也保证了数据源的准确性。这有助于供应链金融监管机构与市场参与者之间形成良性合作关系，在增进双方互信的同时令市场更加高效运行。

（撰稿人：中物联大宗商品交易市场流通分会秘书长　周旭）

第三节　融资租赁在公路物流行业发展中的应用

交通运输业是指使用运输工具将货物或者旅客送达目的地，使其空间位置得到转移的业务活动。交通运输业以客体来区分，可以分为物流服务和客运服务两个子行业，以介质来区分，又可分为陆路物流服务、水路物流服务、航空物流服务和管道物流服务，陆路物流服务又可细分为公路物流服务、铁路物流服务和城市物流服务。

2017 年，我国公路物流行业实现总产值 5.63 万亿元，占 GDP 比重达 6.8%。公路物流行业占国民经济举足轻重的地位。当前，我国公路物流企业约 720 万家，公路物流行业从业人员和车辆司机约 3000 万人。公路物流行业就像国民经济体系的血液，源源不断地为国民经济体系输送养料。但由于公路物流行业主体小而散、民营经济和中小微企业主导的行业特点，长期以来，一直较少得到商业银行的资金支持，造成我国公路物流行业总体发展水平远远落后于发达国家，导致全社会物流总费用占 GDP 的比例居高不下。与公路物流行业占国民经济重要地位相比，商业银行对公路物流行业的支持力度明显偏低。

一、公路物流行业融资租赁市场现状

（一）公路物流行业有天然的适租性

融资租赁是指出租人根据承租人对租赁物件的特定要求和对供货人的选择，出资向供货人购买租赁物件，并出租给承租人使用，承租人则分期向出租人支付租金，在租赁期内租赁物件的所有权属于出租人所有，承租人拥有租赁物件的使用权。租期届满，租金支付完毕并且承租人根据融资租赁合同的规定履行全部义务后，可取得租赁物所有权。在办理融资时对企业资信和担保的要求不高，所以非常适合中小微企业融资。

融资租赁出租人在选择项目时，会注重承租人经营租赁物能够产生的现金流和租赁物回收处置能够产生的现金流，租赁物最好是具备经营独立性，即不依托其他经济资源就可以产生经营现金流和回收处置现金流。承租人通过融资租赁形式一次购置租赁物作为生产工具。在守约情况下，租赁物的价值通过日常经营行为逐渐转换成经营性现金流，用于偿付融资租赁本息。在违约情况下，租赁物的价值通过回收处置行为一次转换成回收处置现金流，用于偿付融资租赁本金。无论哪种情况，出租人的资产安全都可以得到良好的保障。

公路物流行业最主要的生产工具是载重车辆。载重车辆具备良好的经营独立性，不必像机器设备那样必须安装在厂房中、有一定的技术条件等其他生产要素投入才能实施生产经营，能够提供的服务即运力的标准化程度较高，经营现金流的可预期性较为明确。同时，载重车辆二手市场较为发达，是融资租赁的良好标的物。

（二）公路物流行业有融资租赁的市场

我国融资市场多元化发展的态势越来越显著，融资租赁行业的发展要与银行业形成差异化竞争，业务重点应放在民营企业、中小微企业客户群体上。而一般的民营企业、中小微企业缺乏良好的担保物，风险难以把控，唯有公路物流行业的民营企业、中小微企业有大量的载重汽车作为主要生产工具。这些载重汽车在商业银行中构不成担保物，但在专业化的融资租赁企业中，是极佳的租赁标的物。专业化融资租赁公司的进入，填补了商业银行对公路物流行业支持力度不足的空白，降低了公路物流行业对其他高成本社会融资的需求，降低公路物流行业整体融资成本，为公路物流行业的发展起到了一定的积极推动作用。而专业化融资租赁公司对公路物流行业客户和风险进行主动化管理，降低了公路物流行业的风险暴露程度，通过小额分散的业务组合成的资产包进行抵/质押，间接引进了商业银行资金，获取合理的利差收益。

（三）公路物流行业对融资租赁的需求日益增加

从微观角度来看，2017 年公路物流行业发展速度较快，对融资租赁的需求日益增加。从物流行业规模以上企业角度来看，随机抽取 5 家大中型物流企业的财务数据并分析其业务发展情况和偿债能力，可以发现以下特点。营业收入方面，5 家公路物流企业 2017 年营业收入较 2016 年均有不同程度的增长，增幅在 15% ~107%，平均增幅为 39%。经营性现金净流量方面，5 家公路物流企业仅有 2 家实现正增长，其他 3 家 2017 年全年经营性现金净流量较上年有不同程度的减少，其中 2 家公路物流企业 2017 年全年经营性现金净流量为负值，说明在业务量迅速扩大的同时，公路物流行业内部竞争在加剧，企业在产业链中的议价能力被削弱，不得已为上下游提供融资。为平衡现金流量，公路物流企业自身的融资需求也比较迫切。自有资本方面，5 家公路物流企业 2017 年年末净资产较 2016 年年末均有不同程度的增长，增幅在 3% ~58%，平均增幅为 44%，显示社会投资资本对公路物流行业的浓厚兴趣，纷纷通过股权投资的形式加入这一行业，企业的偿债能力也得到增强。资产负债率方面，5 家企业总体资产负债率从 56% 上升到 61%，显示企业在“加杠杆”，侧面显示了金融企业对公路物流行业的支持力度在不断加大。结合四个指标来看，公路物流企业偿债能力加强，资金需求增加，金融企业对公路物流企业支持力度加大，整个行业融资呈现“供求两旺”的良好态势。

（四）信息技术对公路物流行业融资租赁产生重大影响

传统公路物流企业自行采购车辆，聘用司机驾驶车辆，与制造业企业货主单位签订长期物流服务合同，为制造业企业货主单位运输货物，这种模式形成了公路物流行业“正规军”，与个体经营者和“物流信息部”组合的“游击队”形成差异化竞争，构成公路物流行业生态，货主单位根据服务等级要求各取所需。自 2016 年起，这种行业生态逐渐发生改变，微观上体现为企业客户载重车辆融资申请的减少，运费保理融资申请和个人客户车辆融资申请的快速增加，即公路物流企业不再购置新车，而是由个体经营者买车，以车辆申请融资租赁，公路物流企业向个体经营者采购运力，以应付账款申请保理融资，这种行业生态的改变，背后是“正规军”与“游击队”合作，即“无车承运”模式的兴起。这种行业生态的改变，也降低了行业经营的总成本。货主单位购买公路物流服务的品质仍由公路物流企业保证，卡车司机和车主合二为一。公路物流企业与卡车司机的雇用关系变为合作关系，提升了车辆的使用效率，降低了单位使用成本。卡车司机的货源从由“物流信息部”保障改变为由公路物流企业保障，逐渐取消了“物流信息部”这一纯中介的业态存在，增加了卡车司机的收入。公路物流企业兼并了灰色地带市场，业务规模得到快速提升，实现了货主单位、公路物流企业、卡车司机三赢的局面。

在长期的经营管理实践中，公路物流企业深切体会到，“管”重于“运”。所谓“管”实质上是对行业资源的整合能力，争取市场是公路物流企业的核心能力，有了市场光靠“运”还是不行，不能降低成本提升效率，所以公路物流企业将“管”提升到了更重要的地位。但公路物流行业管理不易，单笔业务金额通常为几千元甚至只有几百元。中等规模的公路物流企业每年面对数万笔业务，从订单、发运、核算、对账到发票，事务烦琐，需要投入大量的人力去管，难以形成规模正效益。近年来，信息技术的快速发展打破了公路物流企业行业资源整合能力的瓶颈，满帮、路歌等物流信息技术企业推出的各类“车货匹配”“运力管理”平台利用移动互联技术和地理信息技术，为公路物流企业提供了人、车、货、路线、运费发票的整体解决方案，为进一步提升公路物流行业的经营效率和服务能力起到了积极的作用，使得“无车承运”成为公路物流行业标准化的经营模式。例如，海通恒信大力发展个人承租人载重车辆融资租赁业务，同时与合肥维天运通公司（“路歌”平台运营方）合作推出物流行业在线供应链金融产品“运通保”业务，使用“路歌”平台进行外协运力管理的公路物流企业，其应付外协运力司机的运费，可设定最长不超过三个月的账期，运输服务完成后，由海通恒信承购司机对公路物流企业的应收账款。运费通过“路歌”平台实时结算给外协运力司机，保理业务到期前，公路物流企业向海通恒信兑付保理融资，按日计息，不使用不计息，灵活满足公路物流企业支付外协运力费用的资金需求，为实体经济注入资金润滑剂。

二、存在的问题

（一）个体经营者的税务约束

我国现行增值税税制对公路物流行业，主要是个体经营者（卡车车主兼司机）十分不利。一般纳税人企业购入固定资产的增值税进项是可以立即抵扣的，一般纳税人企业收到融资租赁企业开具的动产租赁费增值税专用发票进项也是可以抵扣的，这其中既包括了车辆本身价格，又包括了融资利息。相较于银行贷款，这是融资租赁客户能够实实在在享受的税收红利，这两项支持实体经济小微企业的政策作为公路物流行业经营“细胞”的卡车司机都享受不到，反而会因为无法向货主单位开具运费增值税专用发票在运价上受到盘剥。众所周知，车辆成本占公路物流总成本的四成以上，如果能对卡车司机实行增值税综合计税制，根据其购置的车辆价格和支付的融资租赁利息给予一定的增值税进项抵扣，对公路物流行业整体经营成本和效率将会起到极大的推动作用。

（二）经营模式的分散化

挂靠道路运输资质企业和实体公路物流企业处于分离状态。我国对公路运输行业实行行政许可管理，经营者需要申请道路运输业务资质，但实际车辆又为个体经营者所有，个体经营者需要把车辆挂靠在有道路运输资质的企业。无车承运模式兴起后，个体经营者实际与无车承运公路物流企业合作，但无车承运公路物流企业出于风险考虑，通常不愿意接受个体经营者挂靠，此时便出现了“一车三主”的现象，即实际车主是个体经营者、登记车主是挂靠公司、运力使用方是无车承运公路物流企业。这对融资租赁企业认定物权归属，认定还款现金流的稳定性造成了一定的困扰。挂靠公司对个体经营者收取费用，无形中又对公路物流行业增加了整体负担，不利于全社会物流总成本的下降。

（三）车辆管理系统的滞后性

各地车管所系统政策制定落后、执行不一致的情况较为普遍，限制了融资租赁公司车辆抵押登记的办理和作为车辆所有人的权利。以海通恒信为例，目前业务涉及我国30个省、直辖市、自治区，抵押登记车管所约250家。有些车管所抵押办理相对容易，有些车管所抵押办理十分困难，有要求融资租赁合同备案的车管所，有要求凭营业执照原件办理抵押的车管所，有要求指定被委托人办理抵押的车管所，部分地区不予办理车辆抵押。抵押办理后，承租人出现违约，融资租赁企业取回车辆需要处置时，还需要原承租人配合，否则无法办理过户，造成出租人的资产处置亏损。融资租赁企业办理抵押受限或手续烦琐，增加了融资租赁企业的运营成本和处置损失，融资租赁企业必然会将成本转嫁到融资申请人身上，首先受伤害的是公路物流行业经营者，这与国家鼓励支持小微企业融资的精神相悖。

（撰稿人：海通恒信国际租赁股份有限公司现代物流与供应链金融业务部总经理　洪君）

第四节　新零售下的物流与供应链金融发展

一、社会零售总额增速放缓

2017年社会消费品零售总额366262亿元，比上年增长10.2%（见图5－3）。按经营地统计，城镇消费品零售额314290亿元，增长10.0%；乡村消费品零售额51972亿元，增长11.8%。按消费类型统计，商品零售额326618亿元，增长10.2%；餐饮收入额39644亿元，增长10.7%。

在限额以上企业商品零售额中，粮油、食品、饮料、烟酒类零售额比上年增长9.7%，服装、鞋帽、针纺织品类增长7.8%，化妆品类增长13.5%，金银珠宝类增长5.6%，日用品类增长8.0%，家用电器和音像器材类增长9.3%，中西药品类增长12.4%，文化办公用品类增长9.8%，家具类增长12.8%，通信器材类增长11.7%，建筑及装潢材料类增长10.3%，汽车类增长5.6%，石油及制品类增长9.2%。

二、进出口总额增速加快

2017年全年货物进出口总额277923亿元，比上年增长14.2%（见图5－4）。其

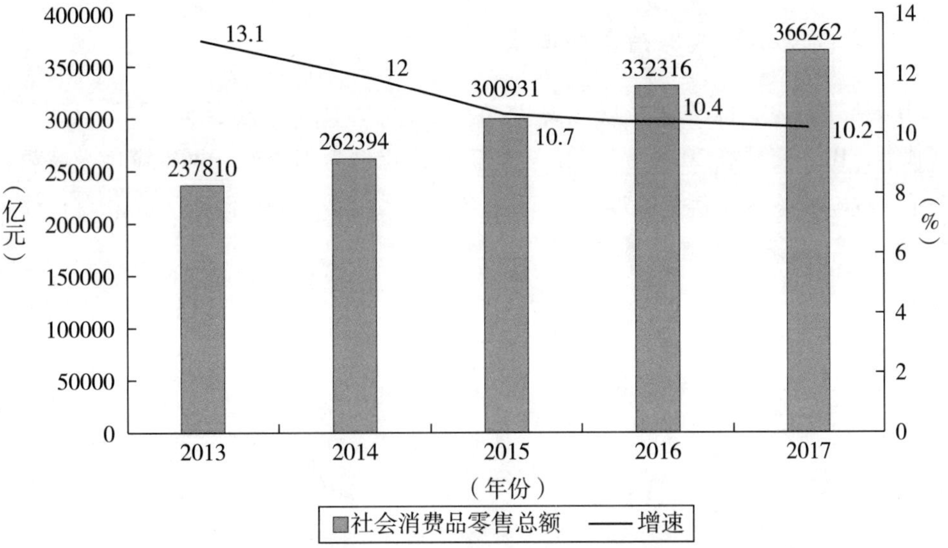

图 5－3　2013—2017 年社会消费品零售品额及增速

资料来源：国家统计局，增速是按可比价格计算的。

中，出口 153321 亿元，增长 10. 8%；进口 124602 亿元，增长 18. 7%。货物进出口差额（出口减进口）28719 亿元，比上年减少 4733 亿元。对“一带一路”沿线国家进出口总额 73745 亿元，比上年增长 17. 8%。其中，出口 43045 亿元，增长 12. 1%；进口 30700 亿元，增长 26. 8%。

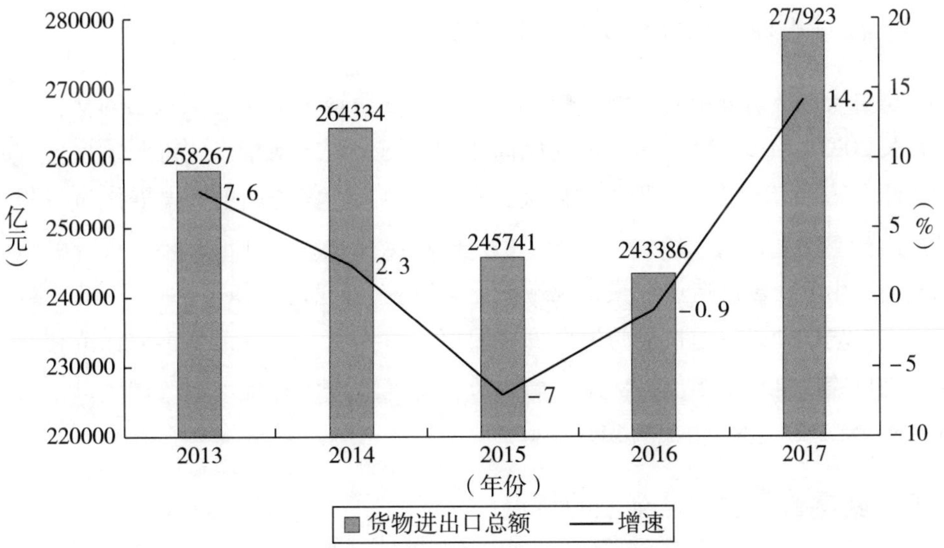

图 5－4　2013—2017 年货物进出口总额及增速

资料来源：国家统计局，增速是按可比价格计算的。

三、电商交易规模保持较快增长

2017 年中国电子商务交易规模为 28. 66 万亿元，比上年增长 24. 77%（见图 5 - 5）。其中，B2B 交易额 20. 5 万亿元，占电商整体比例为 71. 5%。网络零售交易额 7. 17 万亿元，占电商整体比例为 25%。生活服务电商交易额 9986 亿元，占电商整体比例为 3. 5%。

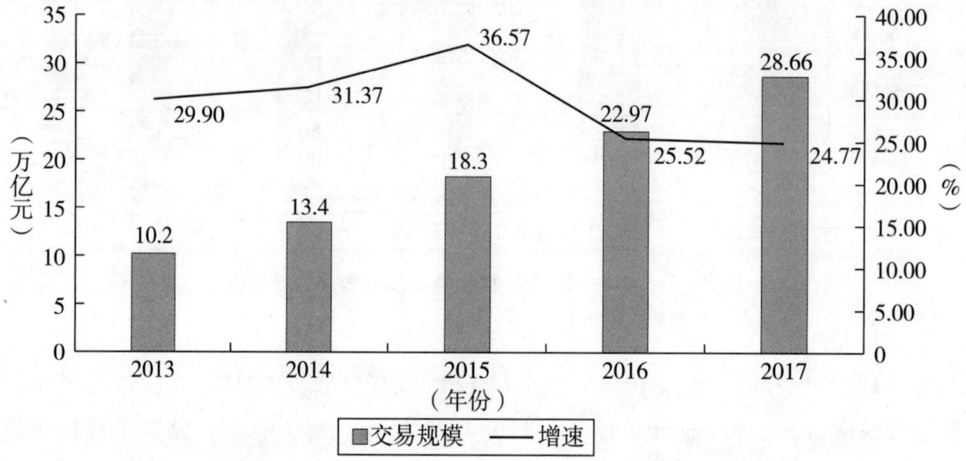

图 5 - 5　2013—2017 年中国电子商务交易规模及增速

资料来源：中国电子商务研究中心。

四、跨境电商交易规模保持较快增长

根据电子商务研究中心监测数据，2017 年中国跨境电商交易规模为 8. 06 万亿元，同比增长 20. 3%（见图 5 - 6）。跨境电商作为我国外贸的新增点，得到了中央政府的持续关注。2017 年政府工作报告中再次提及跨境电商，将跨境电商发展作为“坚持对外开放的基本国策”的工作项目之一。出口跨境电商是我国当前主体，进口电商占比不断提高。由于我国制造业在成本及规模上具有较大优势，同时受到“一带一路”倡议及资本市场推动，我国目前跨境电商主要以出口为主。在政策基本面保持利好的情况下，进口跨境电商市场仍将保持平稳增长。2017 年中国跨境电商的进出口结构出口占比达到 78. 2%，进口占比为 21. 8%。

五、新零售下供应链金融的特点

新零售，即企业以互联网为依托，通过运用大数据、人工智能等先进技术手段，对商品的生产、流通与销售过程进行升级改造，进而重塑业态结构与生态圈，并对线上服务、线下体验以及现代物流进行深度融合的零售新模式。新零售供应链金融业务

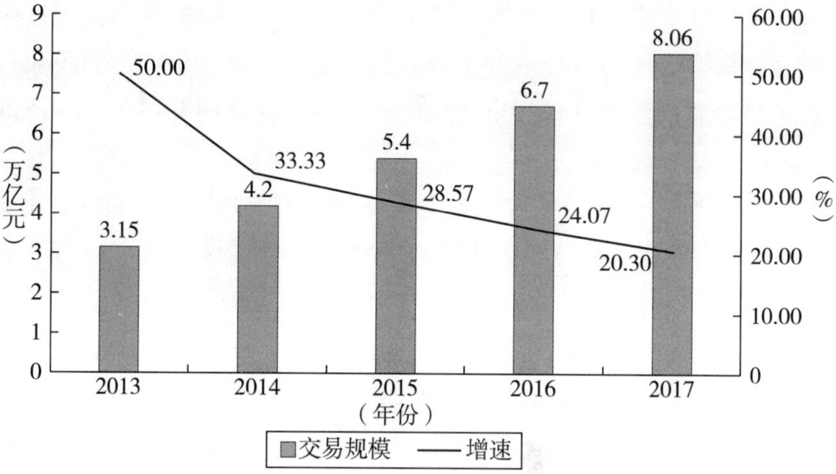

图 5-6　2013—2017 年中国跨境电商交易规模及增速

资料来源：电子商务研究中心。

体系趋于灵活多维、智慧高效、协调共赢，呈现以下特点。

（一）因客所需，定制服务

为持续促进生产者、代理商、供应商、消费者之间的互助，新零售下的供应链金融面向上游中小企业，为其提供应收账款、存货质押借款、信用贷款、票据质押贷款等不同类型的融资服务，对链上企业的需求和定位日益清晰。如国美金融供应链金融业务推出的产品有账云贷、信云贷，并将目光瞄准汽车、B2B、物流、化工、精工制造、贵金属、农业、餐饮、商超等主要领域。同时，还为特殊行业、特殊用户制订个性化融资方案。

以国美金融服务某品牌的一级代理商为例，该品牌电器每年 12 月为销售旺季，供应商需提前大量备货，代理商向厂家提货需要 5000 万元现金，而该代理商自有现金流却不够，就产生了资金缺口。对此，国美金融供应链金融通过对该代理商的代理合同、财报、税报、仓储量及国美零售过往合作销售情况等方面进行综合考察后，最终给予该供应商 2500 万元授信额度，快速补齐了该代理商的资金缺口。

（二）基于数据，推出预授信服务

传统供应链金融的模式是将高信用评级企业的信用分享给上下游的中小企业，新型模式是在产业升级和技术驱动下的基于数据的授信模式。新零售下的供应链金融通过云计算、大数据、物联网等技术的综合运用，推出预授信服务，大大提升了融资效率，降低了业务的综合成本。如国美金融供应链金融的风控部门每个月都会对链上所有企业进行审核，并根据销售情况、账目往来等指标进行信用评级，国美金融供应链金融根据信用评级给一些企业提前定额、定价。预授信的企业只需要登录网站，就可轻松完成注册认证、申请放款、自动生成合同并签约、等待款项到账等操作。

另外，在平台建设上，“新零售＋供应链金融”加大向线上化和电子化转型的力度，持续推进供应链业务系统开发和应用推广，与核心企业实现系统对接，做到销售、应付、库存、合同等经营性数据在平台上实时推送；在出账效率方面，不断扩大新技术的投资力度，并创造出高度智能化、人性化的智慧供应链金融体系。如国美供应链金融业务全系列产品无须人工干预与落地处理，均实现当天审核、当天放款；目前已服务客户高达4300多家。

（三）建立“N＋1＋N”新模式，形成多方共赢生态系统

供应链金融是基于真实的交易背景开展的金融活动，国内供应链金融在最原始的1.0版本中，将模式笼统地称为“1＋N”，即银行根据核心企业“1”的信用支撑，以完成对一众中小微型企业“N”的融资授信支持。

新零售下的供应链金融是在“1＋N”模式的基础上，探索与B2B平台深入合作，为其平台上的上、下游小微企业提供融资服务，去中心化打造“N＋1＋N”的供应链金融新模式。“N＋1＋N”的服务对象两头都是中小企业，中间“1”作为B2B平台方服务两头企业，实现供应链核心企业与上下游中小型企业“供—产—销”的顺利进行，最终提升整个垂直产业供应链核心竞争力，使三方达到共赢局面。

在风险把控方面，“新零售＋供应链金融”基于零售的数据，评级模型、授信模型全部数据化，通过对数据的深度挖掘与研究，进行实时动态监控，防范潜在的信用风险。

六、新零售下金融生态圈

在“互联网＋”的思维模式下，“新零售＋供应链金融”模式将“互联网＋”商品交易模式渗透到传统金融业，引导社会资金进入实体经济，充分发挥产业资本与金融资本的结合，打造出生产方、投资方、物流方、消费者多方同时参与的“交易＋物流＋金融”生态圈。

供应环节：零售企业通过其流通环节的核心作用，凭借核心企业授信及数据分析，为这些经销商和生产商提供资金支持，缓解其资金周转压力。如阿里巴巴和京东等电商巨头在迎接新零售的同时，也加大了对供应链上中小企业的资金支持。数据显示，2017年天猫“双11”前夕，超过160万淘宝和天猫商家从网商银行获得了超过1000

亿元贷款，解决备货资金问题，相比2016年“双11”贷款的商家数量上升20%，贷款的额度翻了一番；而为了支持线下商家迎接“双12”，网商银行宣布为160万家口碑商家提供贷款授信，商家可以随时支用，随借随还，此次提升的贷款额度超过170亿元。京东金融自2013年起陆续开发了京保贝、京小贷、企业金采等金融产品帮助中小企业融资，解决中小企业大量备货的问题。

物流环节：运输领域普遍存在应收账期，大量运输公司、快递公司总是希望更快拿到应收账款，开展其他业务从而扩大经营规模。那么，通过供应链金融的接入就可以满足其需求；此外，货物险、运费险等保险产品也完善了新零售下的金融生态。如2017年退货运费险68.19亿件，较上年增长51.91%。

仓储环节：综合考虑上下游企业的交易、库存、位置等数据，借助物联网技术，做好货物监控，通过大数据分析可以做风险定价和风险评估，从而核算风险贷款金额。例如，2017年9月，京东金融与中国邮政速递物流股份有限公司联合推出了互联网金融领域首个针对电商企业的动产融资产品——中邮云仓金融。此产品主要是以专业仓储服务为中心，整合品牌商到零售商的全方位供应链信息，在此基础上以周转汇货物质押提供授信。2016年的年会上刘强东还称未来京东金融要进入证券、征信、银行等领域当中，并申请自己的银行或控股的银行。

消费环节：对零售企业来说，开展消费金融业务的一大优势是多年零售业务发展带来的线上与线下门店的渠道优势，抑或线上流量客户。如国美有1万多家供应商、1.8亿会员，其中活跃的占比超过50%，线下还有1900多家门店。零售领域的特殊性，决定了新零售企业开展消费金融业务具备庞大的客户基础；也显示了新零售企业开展消费金融业务的潜力。

综上所述，在消费升级的风口上，零售行业的快速发展和转型升级也提高了对供应链的要求，例如，每年备战“双11”“双12”的过程中，提前备货对资金的需求是摆在商家面前的一大难题，“新零售+供应链金融”提供了一种解决途径。

除电商以外，传统零售企业纷纷试水供应链金融领域。永辉超市提出要推动“云超”“云创”“云商”“云金”四大板块融合发展。“云金”板块目前已开始开展金融服务，推出了针对全渠道零售体系供应商融资的“惠商超”等产品。

在新零售这一业态中，随着流通链条的缩短、数据的低成本流动，拓展了供应链金融市场。未来，供应链金融服务将呈现多维度、高频次、多触点的特征，并以“客户为本”为原则与业态中的企业进行合作，也将从中获取更多收益。

（撰稿人：国美金融市场总监　张一
中物联金融委研究咨询中心副主任　郭苏慧）

第五节　案例分享

一、象屿股份：制造业全流程供应链金融服务模式

（一）企业简介

厦门象屿股份有限公司（以下简称“象屿股份”）由象屿集团旗下所有供应链服务相关子公司重组而成，2011 年 8 月 29 日在上海证券交易所重组上市（股票代码：600057）。公司基于“立足供应链，服务产业链”的经营模式，通过物流、商流、资金流、信息流四流合一的一体化流通服务平台，从资源、服务、平台三个层级为客户提供供应链服务，目前已在农林副产品、金属材料及矿产品、能源化工产品、机电产品、民生物资等产品上形成了较强的供应链服务能力，服务网络遍布海内外。

象屿股份旗下拥有 120 余家投资企业，服务网络遍布中国大陆主要城市、中国香港、中国台湾及东南亚，并在澳大利亚、新西兰、阿联酋、新加坡及欧美等地设立境外公司。公司位列 2017 年财富中国 500 强（上市公司）榜单第 57 位，2017 年中国物流 50 强第 4 位，是中国物流与采购联合会认定的中国 5A 级物流企业。2016 年，公司实现营收近 1200 亿元，同比增长 99%。

象屿股份致力于打造全新的绿色供应链，以“创造流通价值，服务企业成长”为经营宗旨，为客户提供从原辅材料与半成品的采购供应直至产成品的分拨配送之间的全价值链流通服务，对全过程的商流、物流、资金流以及信息流进行系统和完善的计划、组织、协调、控制，以绿色的理念和服务，协助制造和流通企业全方位打造供应链核心竞争力。

在物流方面，象屿股份已形成以口岸城市为中心辐射全国的物流网络体系，对内为象屿股份供应链管理提供物流服务，对外为众多企业提供集国际采购与分拨、国际多式联运、国内门到门全程物流服务、物流金融等业务为一体的综合物流服务。

在供应链金融方面，象屿股份已开展的供应链金融业务主要包括贸易代理、商商银、厂商银、国际保兑仓、质押融资、商业保理等。2016 年，供应链金融业务营收约 423 亿元，占公司总体营收的 35%。象屿股份供应链金融主要分为三个发展阶段。第一阶段（2005—2010 年），随着国内主要口岸和交通枢纽的物流节点的拓展，象屿股份旗下速传物流依托仓储库点资源，通过在库监管为贸易商提供仓单质融资，但由于仍为单点运作，规模较小；第二阶段（2010—2013 年），随着象屿股份综合物流和贸易板块联动的深入，依托国际采购、国际分拨、国际多式联运、国内门到门运输等业务发展，逐步开展在途融资、进口信用担保、国际保兑仓等链条融资服务，规模也逐步放

大；第三阶段（2013 年至今），象屿股份在农副产品、钢铁、有色、化工等产业链上加大上下游延伸和关键物流资源布局，在部分主营产品方面形成闭环运作，进一步整合供应链的四流，在风险控制的基础上加大对中小企业的金融介入，增厚资金收益。

（二）案例阐述

1. 背景介绍

2018 年 2 月 1 日，中国社会融资成本指数在北京（清华大学经管学院中国金融研究中心）公布。指数显示，当前中国社会融资（企业）平均融资成本为 7.6%，银行贷款平均融资成本为 6.6%。其中，与中小企业相关的融资成本包括：融资租赁平均融资成本为 21.9%，互联网金融（网贷）平均融资成本为 21.0%。可见，中小企业的融资成本仍相对较高。供应链金融发展的目标，是实现供应链上的中小企业的融资便利性和趋近于核心企业融资的低利率水平。如何有效降低中国经济中活力最强的广大中小企业尤其是民营企业的融资成本，使之融资成本达到同公有体制企业一样的水平，已成为下一步供应链金融创新的焦点。

因此，如何在大宗商品行业低迷周期时为企业寻求生存发展的机会，成为象屿股份思考的问题。象屿股份自 2011 年开始谋求业务发展转型，首先强调的是业务思维上的转变与机会探索的把握，紧紧抓住每个行业发展过程中客观呈现出来的周期性规律。自 2014 年以来，钢铁行业遭遇不期而遇的寒冬，行业普遍亏损。2015 年，对钢材消耗量大的固定资产投资增速大幅回落，房地产开发投资仅增长 1%，大宗原材料行业、传统制造行业特别是重化工业困难重重，下游市场需求持续低迷，造成钢材市场需求明显下降。全年粗钢表观消费量同比下降 5.44%，如果再考虑社会库存和企业库存变化，粗钢实际消费量降幅更大。因此，钢材供大于求的矛盾十分突出，钢材价格持续创出有指数记录以来的新低，钢铁行业经济效益大幅下降，亏损面大幅上升，同时银行业普遍抽贷钢铁类企业则被视为压垮众多民营企业的最后一根稻草，钢铁企业普遍面临资金短缺、融资困难的境况，经营异常困难。

在这种环境下，出于对国家“供给侧”改革的响应，象屿股份瞄准钢铁产业，象屿钢材业务部门积极调研一线市场，主动把握工厂企业的生存发展需求。鉴于钢铁行业体量大、产品流通性好，但行业周期波动明显，钢铁企业存在通过上下游合作加强竞争力的需求；同时钢铁企业在原料采购层面往往表现为批次集中、金额大，单笔业务往来结算便捷，适合开展供应链金融业务。象屿股份适时提出“制造业全流程供应链管理服务”业务合作模式，通过模式创新介入上游钢铁企业，为其提供供应链金融服务，旨在降低钢企资金成本，满足其发展需求，由此达到强化双方合作黏性与发展可持续性，实现互利共赢的目的。

2. **产品设计**

1）业务模式

“制造业全流程供应链金融服务业务模式”（见图5－7）是以供应链金融为抓手，为工业型企业的发展提供高品质、全方位的供应链管理流通服务。针对工业型企业在资金流通较慢、融资困难且成本高昂、货物购销不畅等问题困扰下，难以实现产能扩张的困境，象屿股份为其提供供应链金融服务，除了包括代采代销、资金融通、货权质押、资金监管等传统供应链金融业务，象屿股份充分发挥物流业务、商品研究上的优势，为上游工厂提供金融服务，并通过提供产品市场研报，引导企业生产方向。一方面，使客户专注生产管理、降低综合成本，充分发挥其生产能力，并逐步实现产能扩张；另一方面，象屿股份将节约大量生产基建投资、设备购置费用以及人工费用，实现对制造业的介入，分享企业利润增加值，实现公司与客户间的互利共赢。

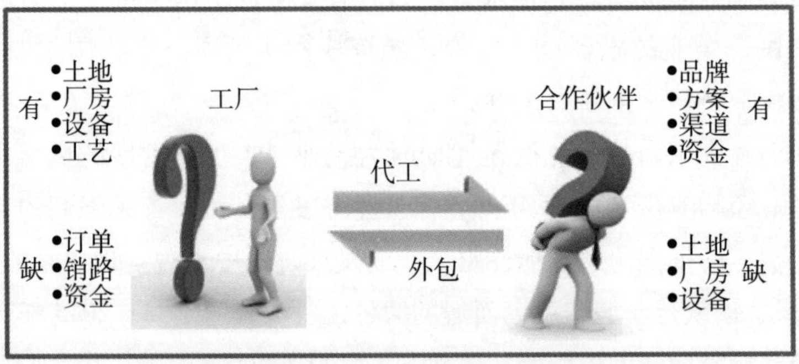

图5－7 制造业全流程供应链金融服务业务模式

2）业务流程

“制造业全流程供应链金融服务业务模式”体现为以下服务环节（见图5－8）。

一是原料代采，主要涉及主料与辅料，原则上象屿股份一家承揽。象屿股份允许工厂一定时间的货款赊欠，以缓解工厂原料采购资金压力，但需按原料实际资金占用收取代理费，并提供相应担保，对于合作资信较好的企业可减少或免除担保。

二是提供资金供工厂扩大产能。象屿股份筛选一批优质钢铁企业，聘请专业团队为其定制扩大产能计划，在工厂能提供充分担保的情况下为其提供资金供其扩大生产，资金使用方支付的借贷资金不高于市场平均融资成本，以减少工厂用资压力。

三是入场监管保障融资安全。象屿股份派遣监管团队入驻工厂，对关键性生产流程节点进行管控。同时，象屿股份对生产信息（进销存）进行跟踪反馈，并提供实时专业的商品信息研报供厂家及时调整生产计划。该环节最主要的功能是确保象屿股份资金安全。

四是产品代销，主要涉及半成品或成品。象屿股份统一整合货源，充分发挥平台企业优势，对接下游优质采购商代销产品，并向工厂收取代销佣金。原则上，代销的产品可充作临时质押物，为采购环节的原料赊销提供质押担保；代销均以象屿股份名义进行，货款走象屿股份专用账户，所售货款可直接转偿工厂借贷，或工厂产能扩张，实现生产商良性循环发展。

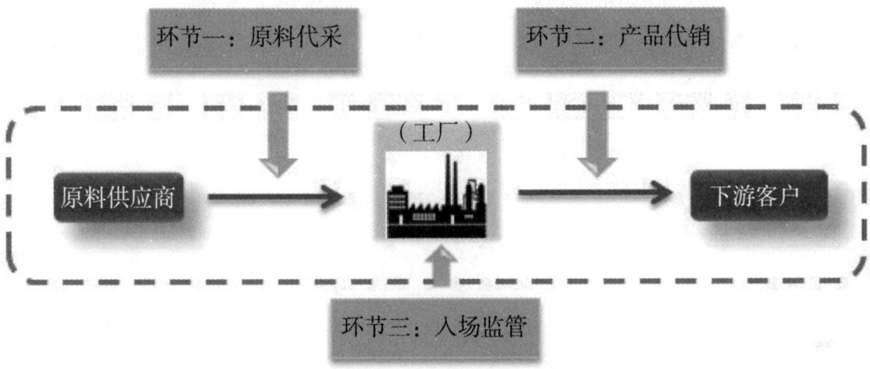

图5－8　制造业全流程供应链金融服务环节

3）模式创新

（1）收益构成。传统的贸易代理主要收取资金占用费（象屿股份对供应商和工厂付款时计息，工厂回款或成品销售回款时停息），而“制造业全流程供应链金融服务业务模式”的收益形式则比较多样：除了资金占用费外，还有代销收费（成品代销收取一定金额代理费；若替工厂代采的原料工厂不使用，委托象屿股份转售时，收取一定金额原料代销费）、进口收费（工厂委托代理进口，象屿股份收取一定金额的进口代理费）、保底条款（资金占用最低收费标准；代销每月最低收费标准；特定供应商或客户最低收费标准）以及利润分成（区分行情波段、盈利超过一定水平时象屿股份参与分成；象屿股份以流动资金出资，参与利润分配）。

（2）借贷成本。象屿股份筛选优质生产企业，经过专业综合评估后，依据资信、前景、抵押情况等因素为其提供最高限额借贷。由于资金需求方抵押充分，加上资金的流入流出都由象屿股份的账户管控，形成闭合的资金链条，且象屿股份提供了一系列专业服务保障产销安全，因而融资风险可控，因此用资方借贷成本降低，一方面有利于缓解生产企业借贷压力，促进其发展；另一方面有利于象屿股份业务规模扩张，形成规模效益，促进良性循环，为下一步形成联盟链打下基础。

总体来说，在“制造业全流程供应链金融服务业务模式”下，象屿股份提供的服务更加多样、收益更加多元、风险更加可控、货权更加安全。

4）保障措施

（1）事前尽调。在为工厂提供“制造业全流程供应链金融服务业务模式”前，要对工厂做尽职调查，以保证象屿股份介入后的资金及货权安全。首先，要调查工厂的产能，包括设备情况、产量、生产周期、生产配比等，以保证象屿股份提供的资金能与工厂的产能相匹配，也能判断工厂资金占用的周期是否合理；其次，要清楚工厂的资产负债情况以及盈利能力，重点关注资金占用率、收益率及担保率，利用客户剩余产能，提高盈利水平及供应链整合能力。

（2）提供担保。象屿股份要求债务人或第三人签署书面合同担保，以覆盖象屿股份为工厂提供资金的风险敞口。

（3）动态跟踪。经营情况跟踪：市场价格、新债务情况、资金占用的合理性、银行是否断贷、盈利情况、债权人安抚情况、清欠等。生产及库存跟踪：周转情况、产能持续情况、库存异常、工人工资、环保及加工资质等。

3. 绩效分析

象屿股份在大宗商品生产领域应用“制造业全流程供应链金融服务业务模式”的利处如下。

从客户角度来看，一是获得合作方的流动资金配套，缓解资金压力，有力保障工厂的正常生产经营；二是在获取低息借贷资金的同时，依靠大平台获取各项配套帮助，有利于工厂扩大生产；三是释放经营者精力，专注于产品研发及技术更新升级；四是与国企合作，有助于提升企业背景与信誉度，学习国企管理理念，提升企业管理水平与效率。

从公司角度来看，一是通过代采与代销服务，实现规模和利润双突破，同时保证业务合作的黏性与可持续；二是有效介入产业链上游，利于把握市场脉搏，促进贸易板块机会判断与捕捉；三是带动象屿股份旗下综合物流业务发展，如国际航运、国内运输等；四是通过复制供应链金融模式，扩大公司影响力，并形成规模效益。

在“制造业全流程供应链金融服务业务模式”下，象屿股份提供供应链金融服务，使工厂融资成本显著低于我国中小企业21.9%的平均融资成本，缓解工厂资金压力，便于工厂扩张；象屿股份协助工厂盘活优质产能，使其平均开工率从原来的30%以下稳步提升至70%以上、平均产销率从原来的60%以下提升至85%以上、平均净利率从原来的微利甚至亏损提升至10%以上，真正实现产供销一体化和供需精准匹配。此外，在帮助客户创造财富成就梦想的同时，公司也分享了供应链价值增值收益，运营资金平均年化净收益率远超传统资金型纯代理业务，并且有效带动综合物流服务的协同发展。

（三）发展愿景

目前，象屿股份通过“制造业全流程供应链金融服务业务模式”实现了业务升级，也取得了不错的实施效果，后续也将不断总结经验教训，继续发展供应链金融业务。

一方面，继续寻找筛选技术领先、生产管理规范、拥有资源渠道、风控基础较好的核心优质客户，在全国范围内复制“制造业全流程供应链金融服务业务模式”，区域上主要考虑向华北（因河北、天津钢厂众多且较为集中，易于拓展及进行资源整合）、华南（华南是钢材、不锈钢、铝产品的主要终端集散地）拓展；产品上向农副产品（米面粮油）、聚酯、纺织化纤、木材等多品种拓展，实现供应链金融产品和服务的对象更加多样化。

另一方面，探索引入区块链相关概念与技术，在私有链的基础上将目前行业内的合作企业进行整合，在各单独产业中发展联盟链，实现资信互通，再逐步拓展联盟链成员规模，初步实现联盟链内部利益共享，尝试建立一个连接政府、企业、银行、个体的公有链体系，帮助工厂打通融资机构资金端渠道。

（供稿单位：厦门象屿股份有限公司）

二、上海意远：化工一体化的创新应用

（一）企业简介

上海意远供应链管理公司（以下简称“意远”）于 2015 年 4 月成立于上海市，注册资金 6000 万元。意远是以真实商品贸易为切入口，融汇产业集群为平台的供应链管理服务提供商，主营业务涉及了贸易、金融、质押、监管、财务等多个领域，通过不同的业务模式为产业链中的上下游企业提供供应链金融方面的支持，为客户打造高效的一体化供应链，促进其企业价值升值并提高竞争力。

上海意远供应链管理公司秉承供应链金融运营的七大原则——贸易真实性、融资自偿性、信息充分性、管理专业性、过程封闭性、交易连续性、履约关联性，通过与重大战略合作方“远成集团”进行有效资源整合，可最大限度控制业务风险，全程保障客户的供应链资产和资金的安全。

（二）案例阐述

1. 背景介绍

据数据显示，截至 2015 年年底，中国工业企业的应收账款余额逐年抬高，其规模已达 11.5 万亿元，应收账款的过快增长造成企业营运资金固化，减缓其资金周转速度。其中大量的传统企业本身就面临着转型升级的问题，再加上流动资金周转困难，于是在激烈的市场竞争中活力逐渐下降，甚至面临无法继续经营的危机。2017 年 3 月

29日，国家多个相关部门联合发布了《关于金融支持制造强国建设的指导意见》（银发〔2017〕58号），其中鼓励金融机构大力发展产业链金融产品的服务。但是因为银行银根收紧、社会融资规模下滑等现实问题，许多企业从银行渠道融资的困难并没有从根本上得到解决，使得对于应收账款的融资需求在不断增长。众所周知，在应收账款的融资上存在核心企业确权难、操作成本高以及我国不完善的商业信用机制带来的一些实际操作障碍。在此背景下，上海意远供应链管理有限公司创新推出了自己的化工一体化贸易产品，为客户提供贸易项下的融资服务。该产品借助战略合作方国内知名物流企业的运输优势，通过对货权的风险把控，以确保贸易项下的融资服务的交易真实性。该产品的创新点是以协同物流作为切入点，深入到实际交易的内部环节，通过物流的信息系统不仅能得到原始的物流、商流信息，还能做到最快速的数据更新，实现了对贸易交易全程的风险掌控，为提升供应链金融风险管理和相应融资需求预测提供了坚实的基础。

2. **产品设计**

下文将通过两个图示来展示该产品的商业运营模式，图5－9介绍了化工一体化贸易如何通过物流实现对交易全程的掌控，图5－10展现了该产品的作业流程。

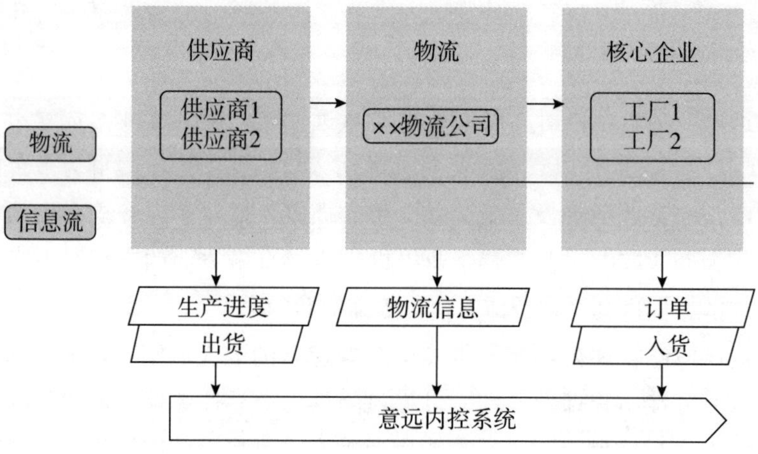

图5－9　物流介入模式

如图5－9所示，在物流方面，某物流集团（意远的战略合作伙伴）负责核心企业与供应商之间的原材料运输，供应商的所有原材料供应都是通过该物流集团运达核心企业指定的交货工厂仓库，货物从供应商仓库出库的交接到核心企业的仓库入库确认全都在可控范围之内，保证了贸易行为发生的真实性。并且，意远的内部系统同时接收核心企业、供应商和物流集团三方的物流和库存数据更新。其中，物流合作伙伴的内部数据库有对意远开放的端口，对于货物的物流信息更是达到了实时更新。通过意远的物流合作伙伴对货物的承运，意远可以随时确认已经发生的交易行为所产生的核心企业收货量，以及掌握货物动态转移的各个节点状态。

化工一体化产品设计之初，一个可预料到的潜在风险是意远同时接收供应商、物流伙伴和核心企业三方的货物数据会导致原始数据混乱、难梳理，然而通过实际运营的数据反馈来看，对三方数据的跟踪监控并没有带来想象中的混乱，不仅如此，意远更是通过比对三方数据达到了比任何一方更早、更全面地预测和掌控应收账款额度。比如，供应商和核心企业经常会出现收发货数量不符的问题，很大一部分的原因是供应商的发货仓库和核心企业的收货仓库管理方式不同，数据更新不同步，这个时候，意远会通过收到的物流反馈数据提供带有供应商和核心企业双方签收盖章的有效证据，帮助双方及时确认应收账款数量，即使某一方数据稍有滞后通常也不会质疑该数据，在双方都确认数据之后意远可以第一时间向客户融资。这种对交易的完全掌握，允许意远灵活地对账期进行分割并进行更合理的金融安排，避免了一旦发生纠纷造成的举证难、切割成本高的潜在风险。

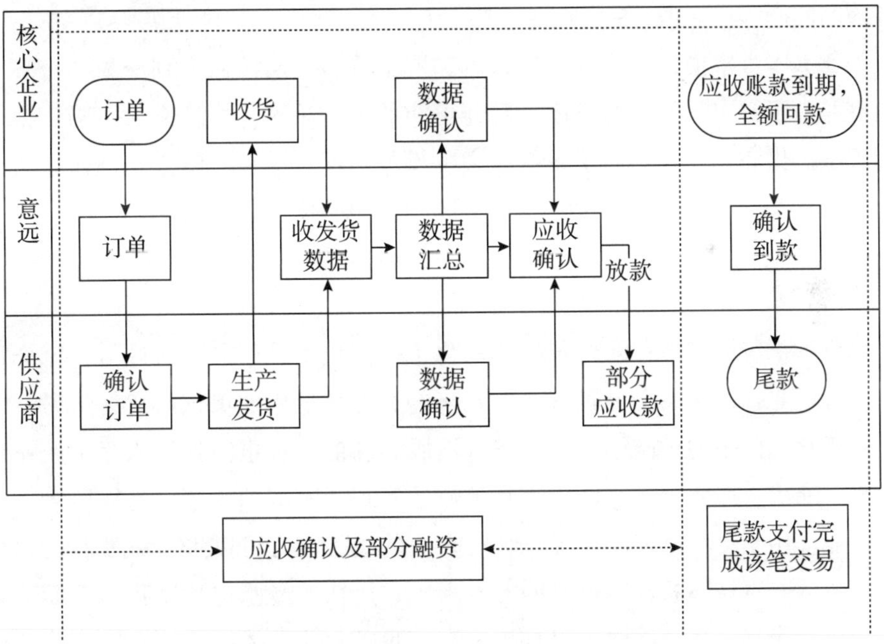

图 5-10　意远化工一体化操作流程

图 5-10 展示了化工一体化产品的操作流程，从放款额度确认到最后意远资金回收总共分为两个阶段，第一阶段是全额应收账款的确权和部分支付客户资金，第二阶段是核心企业到期支付意远应付货款，意远再跟客户结算剩余尾款。尾款是意远专门设立的为了保护自己资金安全的措施，通常尾款额度不小于意远向客户收取的服务费，绝大部分应收账款的额度会在第一阶段的应收账款确权完成后支付给客户，所以剩余尾款的延迟支付并不会引起客户对于融资额度减少的担忧，而且意远会根据合作情况

调整尾款的比例，以促进和客户更好的长期合作。

如图5－10所示是一次完整的业务操作流程，在实际运作中，此流程的周期是灵活可控的，在某些情况下应客户的需求，此周期可以考虑缩短，比如遇到法定节假日而造成的账期延长，客户需要提前回款来缓解资金占用的压力，意远可以灵活分割部分应收账款，提前给客户提供资金支持。在一个长期连续的合作中，意远可以帮助客户避开和强势核心企业谈判账期的难题，提高资金的利用效率。

3. 绩效分析

通过近一年的化工一体化贸易操作，意远已经积累了丰富的操作经验，对于意远的客户来说，化工一体化贸易极大地帮助企业降低了财务成本，将原有应收账款的账期成功缩短一半甚至更多，帮助核心企业的供应商一年融资规模达到6亿元。借助意远的战略合作方——大型物流集团的运输信息数据极大地提高了客户跟核心企业的核算效率，减少了因退换货、仓库管理模式不同步、数据更新滞后所带来的一系列收款账期延长的问题。

对于意远本身来说，从物流、信息流和资金流多个层次深入到交易各个环节，帮助公司更好地了解实际贸易的进度，避开可能的资金风险，并且作为不同于银行的商业保理服务提供商，意远更加了解行业内的操作情况、潜在风险点和规避手段。这些数据让意远在某些特定行业和其中的细分业务中有更强的竞争力。

（三）发展愿景

上海意远供应链管理有限公司创新的化工一体化贸易产品，通过与物流公司的战略协同，可以更好地掌控交易过程，以此来补充客户信用的审核。意远从另一个角度实践了基于交易信用的供应链金融服务，该服务的框架真正做到了依存于产业链中的实际贸易，通过数据分析矫正信用审批流程，实现了精准的单笔交易额度管理，并且在现有商业信用制度不完善的情况下，对企业的履约能力可以进行更准确的评估和风险控制。意远一直在不断发展自身的业务模式，过往的经验也帮助我们不断地对现有模式进行更新完善，我们计划在现有领域进一步扩大业务体量并且有信心将此模式推广到更多需要服务的领域，未来几年中，我们期望将融资规模每年提高50%，争取为更多有需求的核心企业和其供应商提供高质量的金融服务，缩短资金周转周期，降低财务成本，最终为企业自身增值并提高自身的竞争力。化工一体化贸易产品应用前景广阔，必将更多地服务于实体企业。

我国的供应链金融从开始的野蛮生长到如今认知的统一，经历了许多坎坷，如今越来越多的从业人员意识到只有让金融服务回归到实体贸易，才能真正创造出企业需要的价值。作为行业中的一员，意远将坚持以客户需求为指导，以交易场景为基础，利用自身了解行业内部的优势，持续地为客户带来价值。

（供稿单位：上海意远供应链管理有限公司）

三、海通恒信：拓展物流行业融资新渠道

（一）企业简介

海通恒信国际租赁股份有限公司（以下简称“海通恒信”）成立于2004年7月，注册地上海市黄浦区，注册资本70亿元，是一家从事融资租赁业务的大型专业租赁公司。海通恒信总部设立在上海，截至2017年年末，总资产超过600亿元，员工人数超千人，客户累计超万家，业务遍布全国400多个城市及中国香港、瑞士、爱尔兰、韩国、菲律宾、墨西哥等境外租赁市场，已成长为一家独具特色的、业内领先的融资租赁公司。海通恒信秉承“务实、开拓、稳健、卓越”的经营理念，坚持“跨界思维、创新驱动、对内优术、对外取势”的经营方针，为广大客户提供专业优质的服务。

海通恒信具有多元化的业务范畴，可为各种不同类型的资产提供融资租赁服务，并可根据客户的个性化要求做出多种财务安排。业务形式包括直接租赁、回租赁、可转换租赁、经营性租赁、应收账款保理等，以及租期结束后租赁资产的处置。业务涵盖行业包括公共服务业务、医疗健康行业、商业业务、工业业务、小微业务、机构服务业务、互联网融资租赁业务等。

海通恒信下属2家子公司分别为海通恒信自贸区子公司及海通恒运子公司。自贸区子公司是海通恒信响应国家号召、紧抓上海自贸区政策机遇、顺应产业转型趋势、探索跨境租赁国际业务的平台，未来将致力于为客户提供更多国际化融资服务，让客户享受更多政策及税收方面的红利。恒运子公司融资服务主要涉及现代仓储冷链物流、商用车公路运输、城际客车、乘用车等融资租赁专业领域及供应链金融业务。

海通恒信在公司股东的关心支持下，牢牢把握行业发展大势，扎实做好公司各项工作，经营管理水平不断提高，融资渠道不断拓宽，融资产品不断创新，直接融资比例提升，融资能力显著增强，公司2017年信用评级从原来AA+上调至AAA，融资成本进一步降低。

海通恒信在未来发展道路上，将继续借鉴投资银行的经营理念，以国家供给侧结构性改革、“互联网+”“中国制造2025”、绿色经济等产业经济政策为指引，积极加强与海通集团的协同合作和跨界联动，致力于为客户提供一揽子综合金融服务；积极挖掘一批真正具有核心竞争力、符合战略转型方向的中小企业作为公司的目标客户，助力企业获得资本市场认可，共同发展；海通恒信将运用互联网式的创新思维，以客户需求为导向、以产品创新为驱动力，积极进军互联网普惠金融领域，助力中国消费

产业升级。

（二）案例阐述

1. 背景介绍

根据中国物流与采购联合会的统计资料显示，2016 年的 1—7 月，全国社会物流总额为 126 万亿元，全国社会物流总费用 6 万亿元，其中，运输费用 3.1 万亿元。目前，我国运输企业是一条层层转包的服务链，从供应商委托给第三方物流或专业的运输公司，到物流园区，再到运输信息部，最后到终端客户，这种层层转包的运输业务却是由众多的“小货代”“司机”来完成。运输服务链上大多是小微的物流运输企业先行垫付了油费、路桥费等费用，业务完成后才能收到下游企业支付的运费。这些小微“物流企业”的特点是“资产少”“业务总量小”“信用弱”，无法承受更大的业务。供应链上的这些“小微物流企业”资信难以界定，缺少资产担保，从银行获得融资比较难。如果把小物流企业的碎片融资需求集约起来，市场巨大。

海通恒信推出的“运通保”产品解决物流行业融资难的问题，利用全面的数据分析模型以及互联网技术的便捷性，突破性地针对物流运费单笔金额小、账期短的特点，为物流企业提供创新型供应链融资服务——所有业务流程均在线上完成，并通过移动通信定位等技术实时跟踪货物，以验证货运交易的真实性，在行业内属于领先实践。

2. 产品设计

1）业务模式

“运通保”保理业务（见图 5－11）基于中小物流公司作为承运方，因向货主方提供货物运输服务而产生的应收账款。中小物流公司作为保理卖方，在平台上提出保理融资的申请，拟将其已形成的应收账款债权转让给海通恒信，海通恒信提供保理融资服务，融资资金用于支付货车司机运输费用。

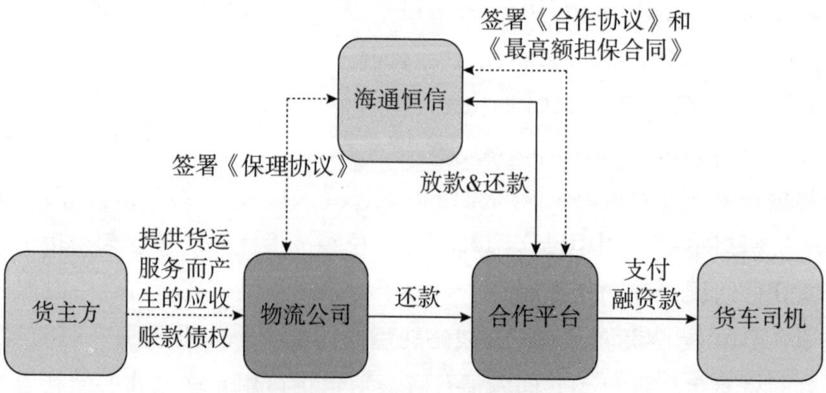

图 5－11 “运通保”业务模式

2）应用场景

“运通保”在传统保理业务基础上进行了重大创新，切入了公路运输物流行业的货运运费的支付场景，为优质物流企业定制专属的在线融资方案。

3）竞争力

“运通保”作为海通恒信推出的首款互联网保理产品，突破性地为小而分散的融资需求提供创新型金融服务，为未来互联网保理业务提供了业务创新基础。产品积极响应了《国务院关于积极推进“互联网+”行动的指导意见》。

产品解决了承运人因缺乏抵押物、单体经营规模小而融资困难的问题。“运通保”线上申请流程简便、放款迅速、融资成本低于小额贷款公司，大大降低了企业运营压力，在市场上具有一定的竞争力。

4）业务流程

“运通保”运营流程如图5－12所示。

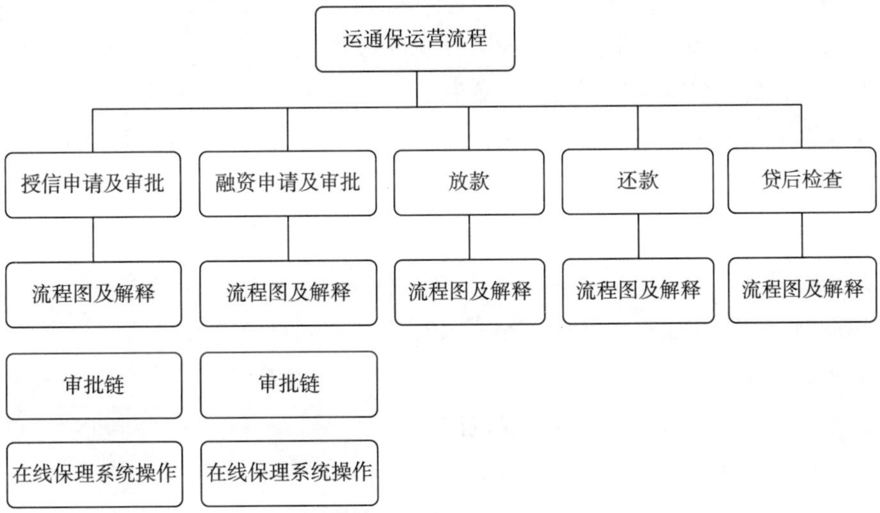

图5－12 “运通保”运营流程

（1）授信申请及审批。

①物流公司通过合作平台申请保理融资授信。

②合作平台根据审核标准对物流公司进行初审、复审。

③如果初审、复审通过，海通恒信根据审核标准，对物流公司进行终审。

④海通恒信通知合作平台客户申请失败。

⑤海通恒信发送授信信息给合作平台。

⑥合作平台通知物流公司授信审批结果。

⑦物流公司决定是否接受保理审批额度。

（2）融资申请及审批。

①托运方委托物流公司托运。

②在货物装货前，物流公司在合作平台上就此托运应收账款申请保理融资。

③卡车司机将货物送达目的地后通知合作平台。

④合作平台审批该保理融资申请。审批流程包括监控卡车司机的运输路线。如果审核通过，合作平台在司机抵达目的地后将融资申请发送给海通恒信。

⑤合作平台实时垫付资金放款给卡车司机。

⑥卡车司机接收款项。

⑦海通恒信每日审核融资申请。

⑧海通恒信将融资审核结果发送给财务及合作平台。

⑨海通恒信财务将审批后的融资申请汇总资金支付给合作平台。

⑩将该物流公司放款额度、剩余额度、融资期限及利息等信息发送给合作平台。

（3）放款。

①审批信息到达商务部后，商务专员打印付款单。

②拿到完成签章的付款单后交给财务专员。

③资金部根据财务的指令及付款邮件放款。

（4）还款。

①托运方向物流公司支付托运费。

②判断物流公司是否在账期内将融资金额及相应利息归还至合作平台。

③如果物流公司在账期内将融资金融及相应利息归还至合作平台，合作平台将实时还款至海通恒信。

④合作平台将还款明细发送给海通恒信。

⑤海通恒信更新该物流公司的剩余额度，并通知合作平台。

⑥物流公司违约。

⑦合作平台负责催收工作。

⑧海通恒信协助合作平台进行催收。

⑨判断物流公司在催收期内是否还款。

⑩物流公司在催收期内归还该笔融资金额及相应利息。

⑪如果物流公司在催收期内仍未还款，合作平台将该笔融资金融及相应利息归还海通恒信。

⑫海通恒信结束对该物流公司的保理业务。

（5）贷后管理。

①合作平台提供融资的基础材料。

②商务每个季度从中随机抽取一定比率材料进行抽检。

③业务部门根据商务抽查的材料到合作平台进行现场收集抽检材料（材料不限于运输协议、出库单、入库单和发票信息等）。

④合作平台提供需要抽检的材料。

⑤业务部整理好抽检材料后提交商务部审核。

⑥商务部最终审核材料。

⑦审核结果。

3. 风控控制措施

1）操作风险的控制措施

海通恒信风险控制部门定期核算每家物流公司的实际风险敞口并与其授信做比对。若发现实际风险敞口大于其授信，公司的风险控制部门通知合作平台暂停业务直到风险被清除。同时，公司每日给合作平台发送存量客户保理账户信息，合作平台若发现公司的计算和存档与它们系统的相应信息不符，则实时通知公司。

2）信用风险的控制措施

“运通保”产品设置总体额度上限，在该额度内由合作平台提供信用担保，并采取单笔小额分散原则降低整体资产的信用风险。

4. 绩效分析

“运通保”业务自 2016 年 12 月正式上线以来，已投放 33.6 万笔，投放总额 15.86 亿元，受益货车司机 65866 人，实现了“金融普惠化”的目标，截至目前所有已到期的保理款都是正常款，无逾期发生。

（三）发展愿景

“运通保”业务可复制性强，未来通过营销货主方和在线物流平台，可以获得更多的业务来源，进而服务 200 万卡车司机和 6 万亿元物流运费保理市场。

（供稿单位：海通恒信国际租赁股份有限公司）

四、找油网：为上下游企业带来永续的服务价值

（一）企业简介

找油网隶属于上海找油信息科技有限公司，致力于针对传统石油产业信息不对称、效率低下等问题，通过互联网的方式，以平台为辅、自营为主的模式，从柴油端切入油品链条的批发及零售业务，最终覆盖全品类，建立一套轻资产、高效率的石油全产

业链，成为全国领先的互联网能源运营商。

企业立足于上海，以华东和华南为起点，先后设立江苏、广东、湖北、浙江、陕西、四川、山东、辽宁等分公司，业务遍布近30个省、近100座城市，当前团队规模已超过600人。

企业自2015年2月成立后，陆续推出了找油商城、我要加油、找油金融、找油物流等业务产品。针对找油金融，企业专设供应链金融部，基于与客户之间真实发生的各项贸易，分别为小微物流企业及中大型物流企业提供专业的供应链金融服务，为物流企业解决融资难题、优化资金利用率并通过定期结算代替每单结算的形式来提高管理效率。

在无数优秀找油人的共同努力下，找油网将继续为上下游企业带来永续的服务价值，推动石油产业与互联网的深度融合，并为国家能源经济结构优化和石油化工产业升级、转型提供强有力的数据价值。

（二）案例阐述

1. 背景介绍

针对不同类型企业的自身条件及不同需求，找油网供应链金融服务将其服务对象主要划分为以下两类。

1）小微企业

该类客户群体由于规模较小、信用程度低和固定资产少等原因，往往缺乏有效的融资路径，且现有渠道融资成本过高。

找油网则基于自身高等级的信用优势和与客户间真实的贸易场景，通过与多类型的金融机构对接，为此类客户提供相对标准化的供应链金融服务，强化客户的资金链，解决供应链上的中小企业融资难题。

2）大企业

该类客户群体是体量相对较大的物流企业，它们本身具备一定的规模和资产，甚至拥有自己的车队，它们的需求就不再只是像小微企业一样对资金有需求，它们更大的诉求是希望提高管理效率。

找油网则为该类企业提供车辆加油的管理服务，让它们能实时检测到车辆的加油数据，且能限制车辆加油升数，加强了对车辆的管控；且找油网采取终端加油场景与结算分开的方式，即司机到网点加油，但是最终结算由背后的物流企业与找油网结算，此方式杜绝了以往司机加油可能发生的猫腻行为，方便企业对车辆加油进行管理。另外，找油网基于此类客户资质、交易数据、履约情况、增信措施等多元维度的大数据风控体系及传统风控模型进行评估，为它们提供“先采购、后付款”的信用赊购服务。

通过连通线下线上加油数据与提供账期支持，为企业提高了管理效率和资金利用率。

2. 产品设计

1）商业模式

找油网主要为客户提供两类金融产品，即找油白条与找油金条（见图 5－13）。

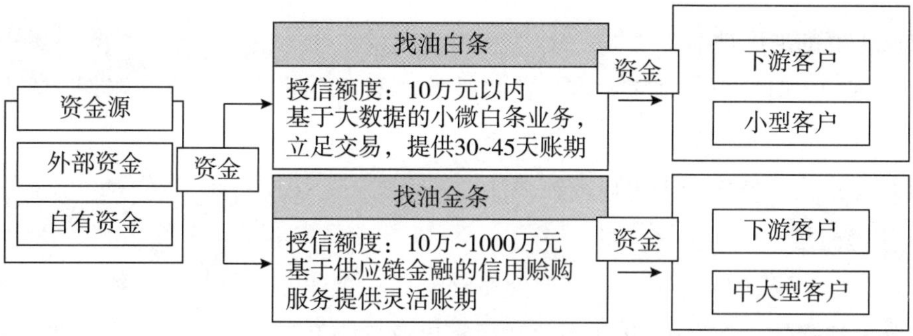

图 5－13　找油网商业模式

（1）找油白条。主要面向小微企业，找油风控基于企业在找油的交易数据、回款数据及客户本身资质等评定授信额度，单个企业额度不超过 10 万元，固定账期分档，客户可根据企业账期需求选择周结、半月结或者月结等结算方式，提高小企业资金使用效率。

（2）找油金条。主要面向中大型企业，额度最高能达 1000 万元，该类产品的主要特点是账期灵活，我们可以参考企业以往结算习惯为该类企业设计个性化账期，方便客户进行结算管理。

2）竞争优势

（1）信用消费，任性采购：在线下单，简化采购申请流程。

（2）实时提醒，流程透明：账单轻松管理，采购流程简单、透明。

（3）在线申请，快速审批：最快当天审批，签约后可立即使用。

（4）灵活账期，额度循环：账期设置灵活，付款方式灵活。

3）应用场景

主要应用于找油网零售油品采购场景。

4）业务流程

业务流程如图 5－14 所示，即以下几步。

（1）客户提交申请，确定申请赊销额度与账期需求，按要求准备相关材料。

（2）找油风控结合客户在找油平台的历史交易情况、资信情况等对客户申请额度与账期的合理性进行评估，确定最终授信额度与账期。

（3）业务员将与客户进行面签沟通，一方面保证将审批结果传达到位，另一方面

图5－14　业务流程

保证协议签署的准确性与合规性。

（4）客户签订协议，即表示客户已接受找油网评定的赊销额度与账期，客户将可以在额度内享受“先加油，再付款”服务。

（5）完成受售，客户即可以前往找油网网点加油，按期对账结算。

3. 实施过程

A企业是一家2014年成立的大型公路物流运输企业，提供整车合约物流、城市配送、城际干线运输。在2016年年底找油网零售业务刚开始开展时，A企业即成为找油网的零售端客户，找油网根据其运输线路沿途开发网点，客户逐渐开始安排车辆在找油网的网点加油。

A企业与所有物流企业一样，应收款无法及时回笼，而每天车辆加油等需要垫资，造成其资金链条较为紧张；且企业名下车辆较多，结算管理相对比较困难。

2017年3月找油网金融事业部成立，推出“找油白条”与“找油金条”两款产品，可给客户提供一定授信额度内的账期，账期灵活，授信额度可循环使用。该两款产品的推出得到了客户的积极响应，A企业在第一时间内联系找油网业务员表示需要申请授信，确定需求额度与账期后，A企业准备了相关材料供找油网风控审核。找油网风控对客户基础材料及历史交易情况进行了综合评估，考虑到该客户本身资质较好，为找油网老客户，黏度高、历史回款情况良好、信用度较高，最终决定通过A企业的授信申请，解决了客户频繁对账结算的难点和资金周转难题，提升了A企业的加油订单结算管理效率和资金利用率。

4. 创新成果

找油网作为中间企业，为下游客户提供较为全面的线上金融服务，是新兴的“产业电商平台＋线上供应链金融服务平台”模式的代表，具体创新成果主要包括以下几点。

第一，线上供应链金融平台的核心是信用创造，找油网通过大数据了解企业的运营情况，给予信用支持，不单纯依赖客户企业的基本面资信状况来判断是否提供金融服务，而是依据供应链整体运作情况，以真实贸易背景为出发点，重点关注客户在找油网平台的业务情况及信用状况，从而更好地了解企业的信用本质，为金融服务提供强有力的支持。

第二，线上供应链金融平台不是革命而是提升。一方面，体现在资金利用效率的提升，即把钱以最快的速度投到所需要的地方和能够创造更多价值的地方；另一方面，体现在企业供应链管理水平的提升。找油网不仅实现了服务在线化、工作流程标准化、风控自动化以及对账结算线上化等，更深远的意义在于为供应链上下游构筑了一个开放的、交互的、信息共享的电子商务平台，推动了供应链运转方式的极大提升。因为找油网可获得渠道及供应链系统内多个主体信息，可制订个性化的服务方案，尤其对于成长型的中小企业，资金流得到优化的同时提高了经营管理能力。

第三，授信用途的特定化。在找油网授予企业的融资额度下，企业的每次出账都对应明确的贸易背景，做到金额、时间、交易对手等信息的匹配。在平台化的环境里，实现大数据的可视化、透明化。

结合上述三点，再考察产业互联网和供应链平台化的特点，就可以发现：产业供应链的平台化将是全面、系统、有效满足供应链融资风控条件的最佳解决方案，也是释放银行业供应链融资产品潜力的有效措施，真正解决了中小企业融资难、融资慢、融资贵的难题。

5. 绩效分析

找油网的供应链金融业务主要应用于油品零售场景中，目前找油网已对接各种类型的多家外部授信机构，以保理公司、银行、P2P（点对点）为主，截至目前，找油的供应链金融已累计服务近两百家大中小微物流企业，实现了超过10亿元的金融产品规模。

（三）经验分享

1. 灵活应用互联网手段助推供应链金融

以往互联网的作用只是作为金融活动开展和管理的辅助手段，而今却可能成为推动供应链金融的主导力量。由于供应链的主体具有多样性、活动具有异质性，没有良好的标准化、电子化、可流转、安全签章的电子票据、电子税票和电子仓单，就无法实现业务流程的顺畅管理。同理，没有良好的云平台、云计算，虚拟电子供应链就无法真正实现。而要真实把握供应链运营规律，有效知晓每个参与主体的行为，就需要建立和发展大数据的能力。

2. 风险防控是供应链金融的核心要素

供应链金融的核心要素是风控，风险的预警和管理是供应链金融的重中之重。总体上讲，风险的防控需要从供应链结构管理、流程管理和要素管理几个方面入手。结构管理指的是能够有效、合理地设计、建构供应链运营和服务体系，使得各个主体角色清晰，职责权利明确，同时又能使供应链运营业务实现闭合化、收入自偿化。流程管理指的是整个业务和金融活动的流向、流量和流速明确，整个业务和金融活动能够实现管理垂直化，同时能够根据流程的状况和要求，协同各类金融机构设计和提供风险缓释手段，实现风控结构化。要素管理则是能及时、迅速地获取和分析金融产品和业务信息数据，真正做到交易信息化，并且能够在全面掌握各主体资信的前提下，通过声誉资产化建立供应链信用体系。

（供稿单位：上海找油信息科技有限公司）

五、悦达供应链：为贸易企业定制个性化融资服务

（一）企业简介

在“推动互联网、大数据、人工智能和实体经济深度融合，在现代供应链等领域培育新增长点、形成新动能”及“一带一路”等国家倡议背景下，结合贯彻2017年的全国金融工作会议中让金融服务于实体经济发展的总体要求，为加快江苏悦达集团旗下融资租赁、商业保理、供应链管理等业务板块创新转型，经充分市场调研与论证，由悦达资本公司出资设立悦达现代供应链管理有限公司，注册资本10000万元，注册地为南京市。

公司的主营业务为搭建和经营集互联网电商、深度供应链、外贸大服务于一体的跨境供应链综合服务平台——“悦达通”。平台将以进出口贸易服务为基础、供应链金融服务为核心、互联网技术为手段、特色增值服务为延伸，为中小微企业客户提供进出口贸易环节中的关、检、汇、税、金融、物流及信息咨询等多功能、全方位、一站式的跨境供应链综合服务。其中“多功能”是指平台将打造“一个平台＋两种业务（出口/进口）＋N项功能”的业务模式，助力国内中小微企业“走出去、采进来”的同时，对接政务部门及商业机构为客户提供便利的一揽子贸易综合服务。“全方位”是指平台将以进出口贸易服务为基础、金融服务为核心、特色服务为延伸，为企业提供通关、外汇、退税、物流、融资、信息、咨询等全面的服务产品。“一站式”是指平台服务将改变传统外贸多窗口、分散、低效的缺点，客户只需要对接“悦达通”平台，通过线上操作下单即可完成与监管机构、银行金融、运输公司的业务往来，形成单窗口、整合、集约性的一站式操作流程。

（二）案例阐述

1. 背景介绍

A公司是山东某化工制造企业，具备管理、科技开发和专业技术人才优势，发展

前景可观，是亚洲最大的环氧氯丙烷生产企业，同时也是国内最大的已二酸生产企业，氯碱产能位居山东省前三名。A公司因扩大产能，亟须采购一批基本石油化工原料——纯苯。大丰某经贸公司B接到A公司的纯苯需求订单后，联系了山东某化工加工制造企业C洽谈粗苯加工项目以供应A公司。但因资金有限，需要由C公司先行垫付原材料货款。

C公司地理位置优越，交通运输条件十分便利，主产品属煤化工替代石油产品产业，是国家政策鼓励和重点支持的产业，具备管理、科技开发和专业技术人才优势，发展前景可观，具有广阔的市场前景和发展空间。但由于之前和B公司没有贸易往来，考虑对方违约风险较大，不愿意与B公司签订加工回购合同。

上述三家公司分别属于化工行业上下游的流通、制造企业，其中客户A、C是危化品加工制造企业。国内危化品加工企业大多是中小企业，他们需要的资金多为短期周转资金，具有"短、频、急"的特点，并且贷款额度往往都较大，所以，这些公司在贷款速度、贷款额度、贷款成本上都有较高的要求。然而，长期以来，危化品加工企业每当遇到旺季备货、原料采购、仓储销售等时间节点时，都会出现资金短缺问题，但是，由于信用缺失、固定资产等抵押担保品少、财务信息不透明等原因，它们很难从银行获得贷款。且由于当前国内征信体系尚不完善，违约成本较低，借款人的信用状况难以了解或了解成本太高，导致交易成本大幅攀升，行业上下游协同和整合难度大。

2. 产品设计

1）商业模式

"悦达通"接受B公司委托后，针对三家企业因资金需求、风险控制等问题，而定制了以融资需求为切入点，包含融资、风控、采购、加工、物流、销售、服务于一体的供应链综合服务方案。

原料采购："悦达通"与B公司签订《货物委托买卖合同》《服务合同》。由"悦达通"以现金向粗苯的供应商采购原料，由"悦达通"合作物流方负责将粗苯运输至加工工厂。

产品加工："悦达通"与C公司签订委托加工合同。在原料粗苯运抵加工厂C后，C公司按照加工协议约定将原料按照规定时间进行加工生产纯苯。

产品销售：粗苯经加工后产生的主产品纯苯由"悦达通"从C公司安排运输至A公司指定交货地，其他甲苯、二甲苯以及重芳烃和非芳烃等由"悦达通"负责销售。

2）业务流程

悦达通供应链业务流程如图5－15所示。

3）保障措施

整个贸易过程悦达通需垫付原料采购款以及销售应收账款。货物流向环节由悦达

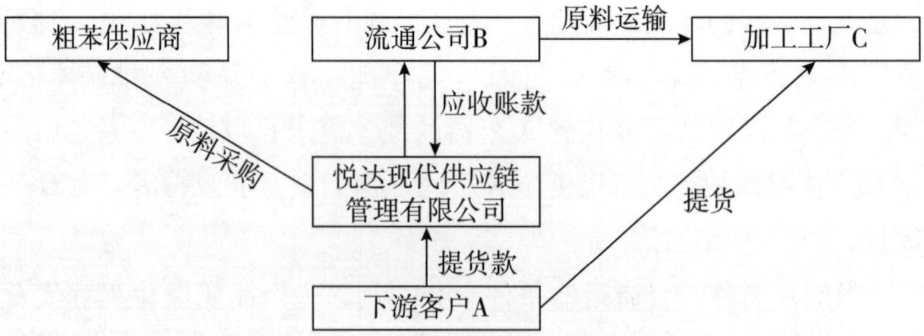

图 5－15　悦达通供应链业务流程

通负责监控和管理，包括从原料采购到货物销售的每一个物流及入库环节的监控。货款采取一周一结方式，“悦达通”依据买方 A 采购要求，向原料供应商发出采购需求，同时 B 公司向“悦达通”支付全部质押贷款的 10% 作为保证金。“悦达通”对整个加工过程中的库存和盈亏做整体管理，第一控制整体库存量，根据 A 公司最低市场需求量进行库存量控制，如遇特殊情况对相应保证金进行补足操作；第二控制产品价格波动。

4）竞争优势

本案例中化工产品的市场需求大、流通性高，保证了贸易风险较低，该模式通过保证金、货权和物流三项措施保证了交易过程零风险。案例中的上下游客户资质较全、信誉良好、发展前景较为广阔，从流程中可以看出，“悦达通”平台能够贯通采购、加工、销售、物流等全流程，根据市场行情及时对库存和盈亏整体管理，实现了上下游企业交易的快速流通。“悦达通”以融资需求为切入点，通过风险管控、完整的交易链条准确及时地传导了需求信息，按需组织生产，合理安排库存，实现了需求、库存和物流信息的实时共享，引导生产端优化配置生产资源，从而推进流通与生产深度融合，进一步提高了供给的质量和效率。

3. 绩效分析

“悦达通”平台依托雄厚的国资背景、完善的风控管理、稳健的经营模式、良好的银行信用，以外贸综合服务为基础，快速参与深度供应链各环节，有效地帮助中小微企业降低融资成本和交易成本，同时对生产商、供应商、经销商、物流、第三方信息平台等商品生产、流通、销售各环节企业进行整合，将有价值的贸易信息转化为供应链信用，形成其在供应链融资上的核心贷款审核数据，给供应链中的中小企业提供更加简便和优质的金融和内外贸易特色服务。本案例中，“悦达通”平台已帮助 A、B 公司完成 5 亿元经营收入，C 公司完成 7 万吨采购加工量，A、B、C 公司成功走出困境，发展前景一片大好。平台自运营短短 7 个月来，已服务企业 156 家，潜在客户 483 家，据平台目前数据统计，已帮助客户降低交易成本数千万元。

（三）发展愿景

公司作为专业经营进出口贸易及国内贸易的供应链综合服务平台，始终围绕客户需求持续创新产品，以进出口贸易服务为基础、金融服务为核心、特色服务为延伸，深入对接政务部门及商业机构为客户提供便利的全方位、一站式的贸易综合服务，不断完善关、检、汇、税、物流、信息、咨询等服务产品线和服务质量，最终将打造一整套涵盖前端网站展示、后端业务管理和外部信息对接的，集客户、业务、数据、风控、管理、通信等一体化功能的、线上线下协同的信息化电商应用平台。

公司充分发挥集团国资及产业背景，借助“悦达资本”的专业金融服务优势，稳健发展形成平台核心特色及行业地位，对内与集团内已有汽车、纺织及贸易等产业链实现衔接，对外持续主攻江浙区域产业集聚地，挖掘优质产业链上的大型核心企业并与其深入合作，大力开拓政策鼓励行业，做深做透棉纺、化工、电子等细分领域。同时，加快培育平台客户规模，随着客户数及贸易业务量的积累，未来逐步整合并引入第三方服务商开展信息撮合业务。未来 5 年，公司总体业务发展目标是营收规模、盈利水平、客户量实现每年 50% 以上的复合增长率，至 2020 年平台交易规模超百亿元并持续提升，成为江苏领先及全国百强的现代供应链企业。

（供稿单位：悦达现代供应链管理有限公司）

六、中国大宗物资网：基于核心企业增信实现快速融资

（一）企业简介

中国大宗物资网是一家以大宗商品为交易对象的第三方的电子商务平台，于 2012 年 4 月 21 日正式上线。由中铁物资集团有限公司（以下简称“中铁物资集团”）和中铁物资集团钢之家电子商务有限公司（以下简称“钢之家网站”）共同投资设立。其中，中铁物资集团持股 51%，钢之家网站持股 49%。中国大宗物资网依托中铁物资集团有限公司物资集中采购需求、央企资金实力与信用、遍布全国的物流网络和销售渠道，和钢之家网站的市场资讯、客户资源、商务服务、技术应用等优势，立足于大宗商品市场，基于传统现货交易和现代物流模式，致力于为实体经济产业链用户打造集在线洽谈、在线支付、在线供应链金融和线下仓储加工、物流配送以及售后服务为一体的全方位、综合性的大型平台。

中铁建商业保理有限公司（以下简称“铁建保理公司”）的注册资金为 5 亿元，是

中国铁建股份有限公司全资子公司。股东包括中铁建资产管理有限公司、中铁十五局集团有限公司、中铁十八局集团有限公司、中铁二十局集团有限公司、中铁第一勘察设计院集团有限公司。中铁建商业保理有限公司利用铁建银信延期付款，缓解系统内单位资金压力，降低经营风险，提高资金使用效率，有效降低有息负债规模；也为系统内单位提供融资变现服务，提高资金周转效率，降低各单位融资成本；还可以为供应商提供针对中国铁建股份有限公司的应收账款变现业务，积极打造各集团、各公司及指挥部（项目部）与供应商良性的生态体系，树立企业信誉品牌，提升中国铁建股份有限公司及各单位的核心竞争力。

（二）案例阐述

1. 背景介绍

中国大宗物资网充分发挥两大股东的优势，致力于探索适合中国市场环境的大宗物资电子商务运营模式，立足于以满足终端用户需求为导向，以在线交易、在线支付、供应链金融、物流配送四大功能为基础，实现信息流、资金流和物流三位一体，打造国内领先的第三方大宗物资综合性、开放性电子商务平台，为实体经济产业链上下游客户提供一站式专家服务。

铁建银信平台是由中国铁建股份有限公司利用互联网、云计算技术搭建的线上产业链金融平台。平台用于解决铁建产业圈内外企业开票难、付款难、拆票难、流转难、融资难等诸多难题。

铁建银信是买方企业向卖方企业开具的体现基础合同项交易双方之间债权债务关系的电子凭证，是买方企业基于基础合同项下支付义务向卖方企业提供的在约定时间完成付款的承诺函。铁建银信是一款创新型互联网产业金融产品，具有可拆分、可流转、可融资特性，能更好地服务于铁建产业生态圈用户，风险得到严格控制，使用更加灵活便捷。

为了给平台用户提供供应链金融服务，满足客户金融方面的需求，中国大宗物资网与中铁建商业保理有限公司合作推进铁建银信在大宗物资交易场景的应用。

2. 产品设计

1）竞争优势

中国大宗物资网与铁建银信合作供应链金融后对于平台交易用户（供应方、供应商）来讲是基于核心企业增信快速实现融资；对于平台交易用户（采购方、核心企业）来讲，供应链链条稳定，竞争力提高，增加收益，实现“产融结合”；从商业银行或金融机构角度来看，实现安全的资金业务，客户群体增加，收益得到提高；对于平台来讲，平台通过供应链金融为客户提供了融资服务，资产延伸空间增大。

2）业务流程

（1）额度核定：铁建保理公司为中国铁建各局集团核定银信额度。

（2）账户开立：中国铁建下属各法人主体及项目部在中国铁建财务公司开立账户，并签署委托付款协议。

（3）签署协议：中国铁建下属各法人主体及项目部签署相关协议，邮寄到铁建保理公司。

（4）交易双方平台注册：供应商在大宗物资网和铁建保理进行注册，平台完成后台审核。

（5）银信运用：交易用户在发布资源时，在勾选付款形式是选择—承兑—商业汇票—铁建银信，作为指定付款形式。

3）应用场景

中国大宗物资网与铁建银信合作供应链金融将资金流以银信流的形式体现（见图5－16）。银信开立人通过中国大宗物资网将银信付给一级持有人，一级持有人可以根据自身财务状况，选择持有到期收款，转让给供应商（下级持有人），或者直接进行融资。

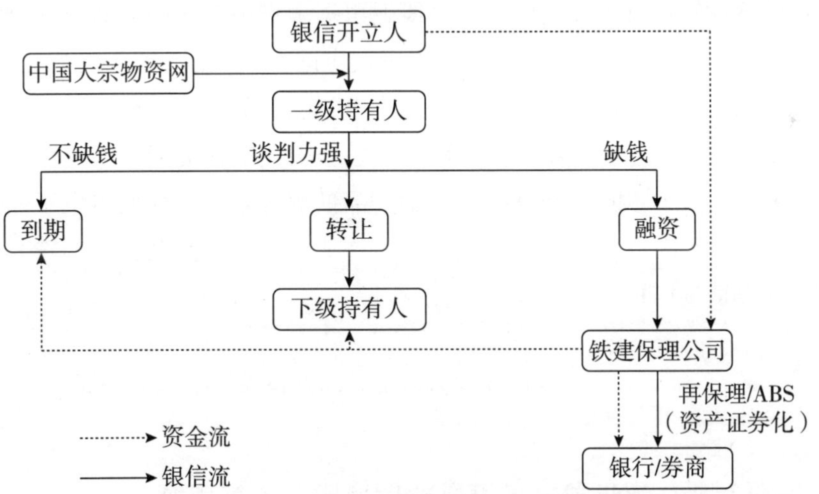

图5－16 中国大宗物资网供应链金融应用场景

银信到期时，银信开具人可以将款项付至铁建保理公司清分专户，不经过中间人直接清分至最终持有人。

4）保障措施

通过符合《电子签名法》的CFCA证书加密方式，确保业务交易安全。对协议进行第三方存储，方便法律取证。系统登录、业务验证都需要手机验证码进行验证。北京、南京、上海异地灾备管理，确保数据存储及系统运行。

3. **绩效分析**

2017 年 12 月 15 日首笔再保理资金落地，2018 年 3 月 20 日银信开具规模突破 80 亿元，2018 年 4 月 2 日银信融资规模突破 50 亿元。目前参与到供应链金融业务的有供应商 13097 家，中国铁建下属局集团 32 家，内部法人 313 家，下属项目部 1148 个，开立规模达 80.12 亿元，融资额度达 48.58 亿元。

（三）发展愿景

中国大宗物资网和铁建保理公司作为中国铁建股份有限公司的下属分子公司，可以通过供应链金融为母公司降低有息负债，稳定供应商的合作关系，同时留存货币现金。为中国铁建以及平台供应商获得支付保障，同时方便快捷地获得融资。对金融机构而言，在获得金融业务利润的同时分享了中国铁建产业链上的客户。对于铁建保理公司来说可以获取供应链客户，做大做强供应链金融业务，同时可以维护和金融机构的合作关系。中国大宗物资网作为第三方电子商务平台不仅为平台交易用户提供在线供应链金融服务，更是实现了多方平台的互联互通，数据、信息共享交换。

未来我们计划为供应商提供针对中国铁建各成员单位的应收账款线上融资服务，实现线上应收账款转让及在线确认；建立线上票据融资平台，供应商与资金方信息交互，做好供应商票据融资信息撮合工作。将来供应链上下游客户必将运用互联网思维，应用大数据、人工智能、区块链技术，加强产业创新，促进跨界融合，最终实现供应链效率和效益的提升，创造出新的价值增长点。中国大宗物资网和铁建保理公司将发挥自身所拥有的优势，不断提升供应链金融产品的服务水平，探索将电子商务、供应链金融与传统产业相融合，并与整个供应链及产业链客户共兴共荣、共建共赢，在新的环境下寻求共同发展！

（供稿单位：中铁物资集团钢之家电子商务有限公司）

七、广东好料：为平台会员供应链增值服务保驾护航

（一）企业简介

广东好料电子商务有限公司（以下简称“广东好料”）于 2015 年 4 月 28 日成立，注册资金 1 亿元，主要经营再生资源综合利用及产业互联网平台运营，专注于打造集商流、物流、资金流、信息流为一体的绿色智慧供应链综合管理平台，为行业上下游企业提供交易、支付、结算、金融、物流、大数据等一站式全方位服务。

广东好料拥有策略性全国网络布点，在华南、华东、华中、华北建有区域性再生

资源回收、加工配送基地，拥有完善的水陆运输网络及专业的码头配套设施，为客户提供专业化、多层次的供应链及供应链金融服务。广东好料拥有专业、优质的管理团队，员工人数超过500人，致力于打造绿色智慧产业供应链生态圈，成为我国知名的再生资源综合性交易平台。

广东好料电子商务有限公司拥有“中国好料”自主品牌。中国好料为平台客户主要提供三类核心服务，包括交易服务、供应链服务和物流服务。在供应链金融服务方面，中国好料平台的多种交易模式可提供点对点的供应链服务，收取价差；提供供应链金融服务（货押融资、应收账款融资、代收代付、分批提货、分批付款），收取资金服务费；提供信用证、票据等多种灵活的支付模式，收取息差。

根据行业数据，市场总体规模为6000亿元（数据来源：商务部及广发证券报告），广东好料的市场占有率为2.35%，2018年预计自营供应链交易额可达到200亿元，市场占有率3.5%，是我国较大的再生资源企业之一。广东好料为2018年中国大宗商品电商百强企业（由国家工业信息安全发展研究中心、中国电子商务协会等单位联合专业评定）。

（二）案例阐述

1. 背景介绍

国内经济持续转型升级，供给侧结构性改革是突破口和着力点。而金融端是供给侧结构性改革的关键。尤其在从制造大国向制造强国迈进，“产融结合、脱虚向实”的背景下，更需要加强金融支持和服务。供应链金融是应“产业发展需求”而生，供应链金融不仅仅是一种融资服务，也有利于供应链运营效率的提升、供应链整体竞争力的提升、行业生态圈的建立和繁荣。所以，供应链金融是金融端供给侧结构性改革的重要抓手。

2017年供应链金融产业健康迭代、宏观环境利好、产业生态稳健繁荣，除了传统的商业银行，行业龙头、B2B平台、供应链公司、外贸综合服务平台、物流公司、金融信息服务平台、金融科技、信息化服务商等都纷纷往供应链金融领域渗透。

针对当前再生资源行业发展中存在的管理、技术、设备落后、行业分散、集中度低、供需错配、成本偏高、效率较低、融资困难、创新度不足等问题，广东好料通过供应链的创新与应用，培育经济发展新动力，建立协同发展、优质高效的产业供应链体系。

广东好料作为同行业中的创新领头羊，根据产业供应链发展现状，为解决行业痛点问题，助力传统行业“互联网+”转型升级，打造了中国好料再生资源供应链服务B2B平台，为企业客户提供集大宗交易、智慧金融、物流仓储、供应链数据应用及分析等为一体的综合性的供应链增值服务，建立共赢共生的互联网智慧供应链金融服务生态链，打造跨行业生态圈。广东好料以基于供应链的真实交易信息及凭证为基础，创新发展供应链金融，利用平台大数据提供多层次、智能化、专业化的融资服务，联手银行、基金、发债等机构，通过多渠道资金来源，建立专业的供应链服务体系，同时平台提供数十亿元资金保底、担保，为平台会员供应链增值服务保驾护航。

2. 中国好料供应链金融业务架构

1）供应链金融服务体系

中国好料平台全面整合产业大数据，利用云计算、大数据、区块链等技术，建立信用体系和安全体系，把金融服务与商流、物流、资金流、信息流全面结合，建立共赢共生的互联网金融生态链。平台通过与各大银行、证券公司、保险公司、征信公司、互联网金融公司深度合作，为平台上的企业客户提供专业化、多层次的供应链金融服务（见图5－17）。

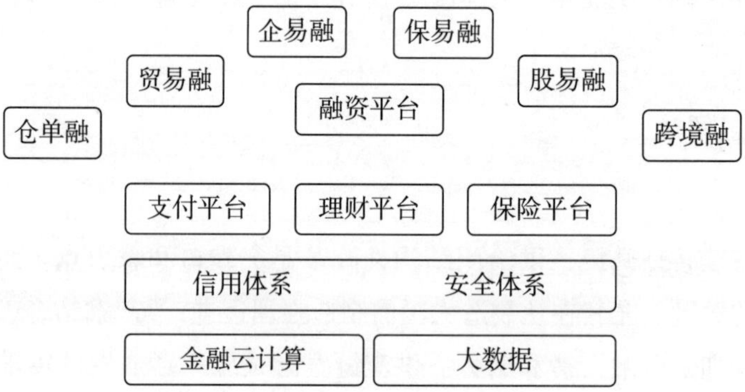

图5－17　中国好料供应链金融服务体系

2）商业模式

中国好料凭借巨大的市场空间，利用互联网、区块链等技术，建立完善的交易体系、供应链体系和金融服务体系，以信息服务、供求匹配、交易、支付、结算等服务吸引产业链中的上下游企业，加强与核心企业强强联合，实现系统与数据的无缝对接，充分发挥平台的资源集聚效应和规模优势，提供高性价比的金融、物流、大数据等增值服务，加强供应链上下游的协同和整合，提供线上化、协同化、智能化的供应链金融服务，构建跨界融合的产业供应链新生态。在行业发展新时代，中国好料以交易为核心，实现“交易服务＋供应链服务＋金融服务”三位一体，以交易带动金融、以金融促进交易，实现快速螺旋式发展。

中国好料平台也接入众多的第三方服务商，精准适配，直连无缝对接借贷双方，并提供平台大数据、平台增信等服务，对供应链中的中小企业提供授信支持及其他结算、理财等金融服务，解决中小微企业融资难、融资贵的问题。与传统的供应链金融模式相比，中国好料平台现有的“互联网＋供应链金融”模式具有交易速度快、付款速度快、融资速度快、物流速度快的优势，而且供应链信息化特征非常明显。

3）产品特点

（1）供应链信息数据化。各信息节点数据化、透明化。供应链各环节交易链条上的订单情况、交易历史、交易主体等信息都会沉淀在平台上。

（2）金融互联网化。用互联网整合“物流、资金流、信息流、商流”，提高效率降低风险。供应链金融业务处理快速、准确和稳定，贸易环节和融资环节也更为低碳、顺畅、便捷。

（3）业务融合化。“电商＋物流＋金融”一体化服务。电子商务是新形势下商业模式最具创新力的前端领域；物流企业是支撑供应链实体货物运输和流转的坚实支撑；金融机构是社会中较大、较全面的资金源和金融服务的服务者。

（4）服务个性化。根据不同客户的业务需求不同，为其量身定做金融服务，实现供应链融资产品个性化定制，使供应链金融的产品和服务模式不断创新。

4）业务环节

中国好料的供应链金融业务流程分为“金融业务申报—金融业务审查审批—金融业务启用出账—金融业务监测预警—金融业务结清”五大环节，各环节严格按贷前调查、审查审批、贷后管理的管理规范执行。为防范金融风险，中国好料平台建立了一套完善的信用体系和安全体系，优化简化业务流程，提供客户成熟、快捷、安全的供应链金融服务。中国好料供应链金融业务流程如图5－18所示。

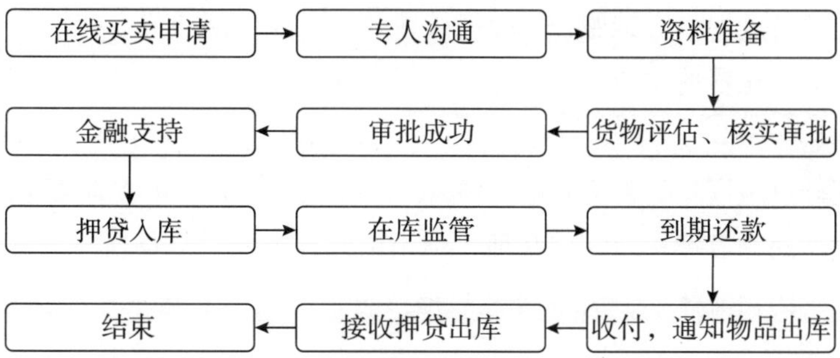

图5－18　中国好料供应链金融业务流程

5）实施方案与步骤

对于中国好料平台上的再生资源企业以及平台合作的贵金属产业园区中的中小企业，存在资金链紧张、资产有限、缺少抵押和担保的情况，中国好料平台为其提供库存货物质押融资的服务。具体实施方案如下。

（1）A公司向中国好料提交融资申请，并提供其公司资质材料、财务报告及质押货物品种状况。

（2）中国好料针对A公司提交的资料以及质押物品种、周转速度（每月周转2～3次以上）、价值波动（价值波动小的品种）进行综合评估；通过前置审查后，双方确定合作方案，并签署《贸易合同》。

（3）中国好料与第三方仓库公司签订租赁协议及代管协议（代管主要涉及日常出入库管理及装卸等）。

（4）A公司将已通过中国好料核准的货物运输到中国好料指定的第三方仓库。

（5）中国好料安排专人至第三方仓库对货物验收及监督货物出入库、装卸的日常监督工作。

（6）中国好料核实入库货物价值后，将质押货品货权转至中国好料名下持有并由第三方仓库代管，按照库存货物总价的70%付款给A公司。

（7）A公司与下游购货商和中国好料达成三方买卖合作协议，生成订单。

（8）下游购货商打款至中国好料。

（9）中国好料收到货款后，出具提货单给仓库方和下游购货商。

（10）第三方仓库方依据中国好料出具的提货单发货给下游购货商。

（11）重复上述（8）（9）（10）步骤，直至此次贷款全部回收，完成交易。

6）平台优势

中国好料利用交易平台的多种交易模式、交易数据、金融服务系统、物流系统、人工智能及区块链先进技术，建立一个完善的供应链体系，准确及时地传导需求信息，实现需求、库存和物流信息实时共享，为上下游客户提供购销的执行、物流、融资结算等一体化的点对点的供应链服务，提高流通效率，降低流通成本。

中国好料拥有完善的物流配送体系，在广东省广州市拥有大型的专业的深水码头及配套设施（800米岸线、13米水深、10万平方米堆场）、在江苏省江阴市拥有大型专业码头及配套设施（230米长泊位、13米水深、近20万平方米堆场）、在武汉和天津等地拥有大型的物流配送及仓储基地，利用南储、中储、交易所专业仓库强强联合，建立全国性完善的物流体系，为平台客户提供方便、快捷、低成本、高效的综合物流服务。

供应链体系以中国好料平台为依托，完善及加强与上游钢企、有色金属冶炼厂和下游回收加工企业的无缝对接，充分发挥供应链平台的资源集聚、供需对接和信息服务、大数据处理等优势，实现数据交换、共享、智能化处理，构建跨界融合的绿色智慧产业供应链生态。供应链金融服务根据大数据实现多种快速贷款模式，与多渠道融资、强强联合。风控模型基于中国好料平台交易数据的采集，并对拟授信客户在第三方合作公司的大数据信息进行挖掘，综合客户在线下的数据信息进行分析与整合。在数据分析的基础上，风控模型通过多维算法与验证技术对客户进行高可信度的授信评级，并依据最终评级结果核定放款资金规模及相关条件。

发挥中国好料平台的集聚效应和规模优势，助力平台企业获得高性价比服务。集合中小客户的采购额，发挥集采优势，重点挑选优质供应商合作，降低采购成本；集合优质的渠道资源，帮助客户拓宽渠道，提高销售额，通过竞价、点价等多种模式，助力客户提升销售单价；集合平台客户的各项业务，增加谈判议价能力，与第三方优质供应链服务商（物流仓储等）合作，降低服务成本；集合平台客户的融资需求，通过平台数据和信用体系客观评价企业信用，借助平台品牌为客户增信，重点挑选优质资金端资源（如银行、基金等）合作，助力客户获得融资，降低客户融资成本。

3. 绩效分析

截至2018年10月，中国好料平台交易货量超过240万吨，交易总额超过650亿元，注册企业11000余家，自营供应链交易额141亿元，银企合作为平台客户提供供应链金融服务14.8亿元。预计2018年全年自营供应链交易额将达200亿元，供应链金融服务业务额可达到20亿元。

（三）发展愿景

中国好料供应链服务，以交易带动供应链，以供应链带动供应链金融，以物流配送带动客户服务，资源整合、流程优化、精准匹配、协同发展，打造大数据支撑、网络化共享、智能化协作的智慧供应链体系，不断扩大企业规模和市场占有率，提高广东好料的市场地位和盈利能力，发展成为全国较大的再生资源产业互联网平台及全球供应链服务领先企业。

（供稿单位：广东好料电子商务有限公司）

八、卖好车：汽车B2B电商服务平台

（一）企业简介

杭州一骑轻尘信息技术有限公司成立于2014年8月5日，法定代表人李研珠，原阿里营销板块负责人、蘑菇街联合创始人。注册资金5272万元。

公司目前已完成B+轮融资，融资总额6.9亿元；投资方包含凯欣集团、微光创投、创新工场、梧桐树资本、北极光创投、乐播投资（LBI）。卖好车在2016年云栖大会被定义为国内首家B2B 3.0模式的代表企业。

作为国内知名的汽车电商 B2B 平台，卖好车为汽车经销商提供供应链服务平台 + 金融服务平台 + SaaS 软件服务平台（CRM + 进销存） + 营销服务平台 + 仓储物流平台 + 金融三方监管平台等独特的整合解决方案。通过互联网方式帮助非授权经销商提升经营效率、降低经营成本。

截至目前与卖好车平台合作的经销商已经突破 10 万家，覆盖全国（除港澳台地区）100% 省市，平台有数十万车辆信息，日询盘已突破 2 万。而在金融服务已有 2000 家经销商，每月平均交易额在 10 万元以上，2017 年 6 月、7 月已经突破月交易额 15 亿元，2018 年累计服务总额 200 亿元。

（二）案例阐述

1. 背景介绍

汽车流通以前长期被控制，主机厂对渠道管控很强，非授权经销商因自身所处的弱势地位与单打独斗的经营模式，在车源信息方面仅靠熟客交易，无法获取最优车源；金融服务方面资金仅靠自身能力，缺乏稳定低成本高效的资金来源；仓储物流方面物流成本高，运输时间无法保证，社会仓储管理水平参差不齐，车辆存储有安全隐患；经销商企业信息化管理水平低，管理效率低。在此背景下，卖好车打破传统汽车流通领域贸易瓶颈，真正意义上实现商流、物流、资金流的全面共享。

目前，卖好车的模式解决了传统经销商的业务发展瓶颈。

解决痛点一：金融，解决汽车经销商的刚需。卖好车与多家金融机构成立了合作项目，专门解决经销商的库存融资和订单融资问题。

解决痛点二：货源，触及电商的核心——供应商。传统的汽车销售通路为“以产定销”：从单一品牌的主机厂到 4S 店，4S 店转包给二级以下的经销商，放在各展厅，消费者到店看车、提车。卖好车反其道而行，把销售通路的起点调换到消费者一端，消费者将需求提交给经销商，经销商通过卖好车平台寻找车源，称为反向供应商。

解决痛点三：管理系统。为解决经销商、物流公司、仓储公司信息化程度较低的现状，卖好车通过技术开发基于 SaaS 平台的系列软件服务，如 DMS（经销商管理系统）、TMS（运输管理系统）、WMS（仓储管理系统）等。

2. 平台介绍

卖好车致力于打造中国最大的新车流通平台，由新交易（新尚好车）、新物流（运上好车）、新仓储（管尚好车）、新金融（金尚好车）四个子平台共同组建起来。

1）新交易（新尚好车）

卖好车为平台合作的经销商提供销售工具、培训课程、仓储车辆销售、线上线下活动支持、寻车验车、车源信息线上化等全方位的平台服务，为平台的交易双方提供专业完善的营销方案，还会在秒车库和惠拼车不定期发布相关营销活动，让买车和卖车变得更简单。

2）新物流（运上好车）

“运上好车”线上将以产业互联网及移动互联网为两翼，线下基于枢纽转运中心（TC）为载体，服务于主机厂、经销商、4S店、代理商、车贸城以及轿运车承运商，有效降低物流运输成本，提升物流交付效率，增强物流服务体验，使得“乘用车”流通的物流运营过程全生命周期一单到底、全国覆盖、一路可视、安好准省。

3）新仓储（管尚好车）

目前，卖好车在全国各地已经开始搭建线下汽车仓储服务，通过在天津、北京、上海、广州、重庆等中心城市布局大型行业仓储及其他各地建立分销仓库，同时搭建完善的仓储管理系统、库存商品信息线上化及标准物流运输方案，满足经销商及供应商多样化的仓储以及库存融资服务。

卖好车通过对自有仓库的智能化改造，使得全库无死角视频覆盖，基于RFID的PDA盘库以及智能钥匙柜的部署，升级供应链服务，拓宽金融产品，为经销商提供更好的服务。

4）新金融（金尚好车）

金尚好车是公司的金融服务平台。金尚好车将其金融触角延伸至汽车供应链的每个环节，为更多的企业提供专业的金融服务。目前，包括接车宝和库融宝两款融资产品。

3. 产品介绍

1）订单宝产品优势

订单宝产品是卖好车平台认证经销商从供应商处采购车辆，委托卖好车平台代为采购，卖好车委托第三方物流验车、提车，并将车辆运输至卖好车指定仓库的汽车流通贸易融资服务类产品。

（1）从经销商角度，订单宝产品能够快速解决经销商采购车辆资金不足问题，标准化的验车、全流程物流风险保障及标准仓储服务也解决了其长期以来的车辆流通及存储的痛点。

（2）从供应商角度，订单宝产品能够让销售回款更加高效便捷，保障其车辆销售的及时回款。

2）订单宝产品业务流程

订单宝产品业务流程如图5-19所示。

3）库融宝产品优势

库融宝产品是通过卖好车平台认证的汽车经销商以其合法持有的车辆（新车且现

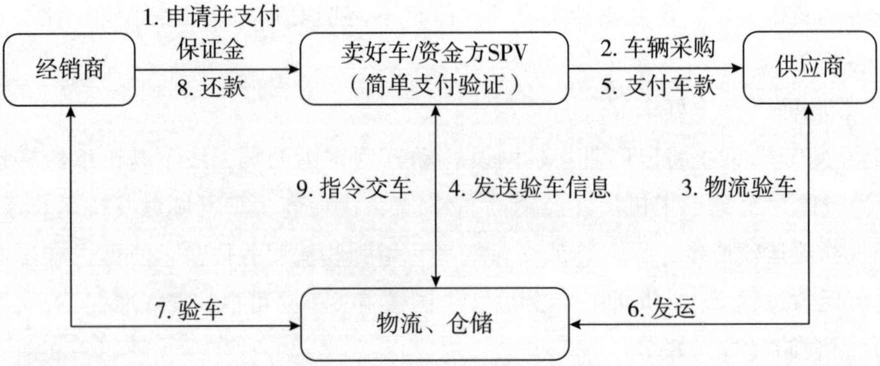

图 5－19　订单宝产品业务流程

车现手续）质押给卖好车并向银行借款，卖好车接受银行的委托对质押车辆进行严格监管的金融服务产品。

（1）库存商品信息线上化，促进汽车经销商库存车辆的销售。

（2）解决汽车经销商因库存占用资金的问题，提高流动资产周转率，提高收益。

4）产品业务流程

产品业务流程如图 5－20 所示。

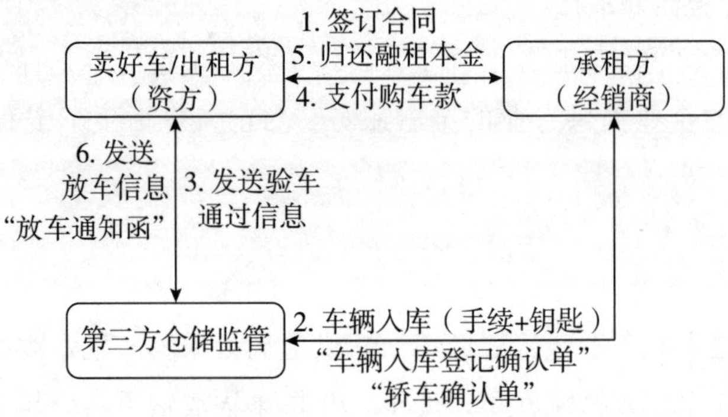

图 5－20　产品业务流程

4. **风控措施**

（1）对质承租车辆合理估价，降低车辆贬值风险。

（2）车辆视频实时监控；两把钥匙、手续存放保险柜（手续管理）。

（3）建立健全仓库管理制度，驻外风控定期或不定期进行仓库排查。

（4）避免在灾害多发地区建库并投保相关财产险。

（5）逾期经销商系统自动提醒，超过期限通过卖好车平台快速处置车辆。

（6）卖好车平台引入电子签名、时间戳、数据保全等技术，确保线上电子合同及签署过程的真实合法有效，发生纠纷也可提供针对上述合同的有效性的证据，如公证书及司法鉴定书等。

5. **逾期管理**

产品逾期前3日：预警系统，逾期自动提醒。

产品逾期1～7日（含7日）：全程记录催收细节；经销商确认逾期处理方案。①正常催收。②大区区总是否动用逾期额度使用权限，逾期权限期限不超过7天。③3种逾期化解方案选择其一（必须签署还款承诺书）：a. 增加保证金方案，保证金+利息，期限不超过20天；b. 罚息方案，利息+罚息，期限不超过20天；c. 车辆处置。

产品逾期第8日确认：①是否还款；②是否签署还款承诺书；③是否选择逾期化解方案；④是否符合业务暂停标准（业务经理100万元/大区300万元）；⑤确认是否属于出险资产：a. 未选择逾期处理方案（逾期第8日）；b. 已选择逾期处理方案，但在约定时间内未还款的；c. 车辆失控的（需业务方确认）。

产品逾期第8日：将出险资产情况以邮件或其他方式转交至法务及催收部门，且法务催收即刻介入。

6. **风控红线**

必须控车：①落库车辆必须存放在指定地点；②非落库车辆必须具备三方监管。

必要环节不可缺失：验车；收手续；车辆核价环节不可缺失。

法律凭证：新模式业务法律关系必须清晰明了，有合同可依。

部门责任：不得跨部门直接指挥非本部门人员；权限范围之外不得授权；不得代理签字。

7. **绩效分析**

（1）现有自建仓库107家，2018年年底计划300家仓库，仓库分布7个区，大致区域分布如图5－21所示。

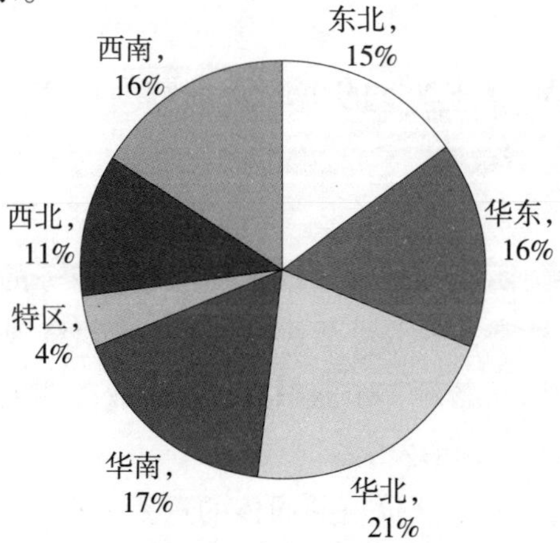

图5－21 7个区域仓库分布

（2）现有融资业务：柱形图表示每月在贷金额变化趋势。点状图表示累计放贷额，处于平稳上升状态（见图5－22）。

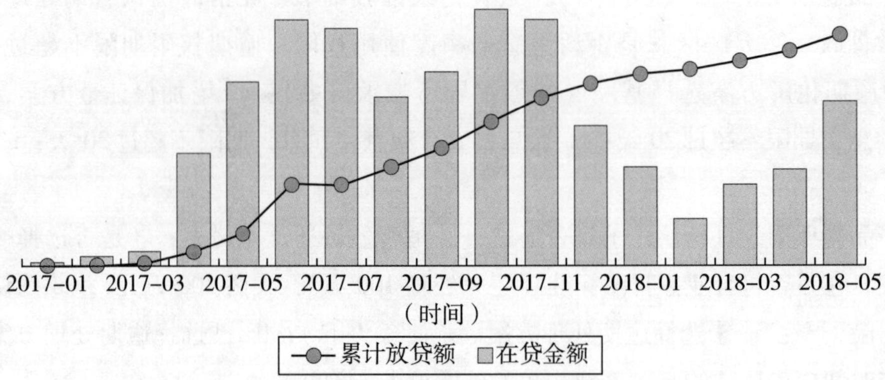

图5－22　现有融资业务变化趋势

（三）发展愿景

公司计划2018年投入近9600万元在全国建设约360个自有仓库，单个仓库成本约26万元，平均单库可容纳110辆车，计划到2018年年底实现3万台/月。

未来卖好车作为汽车供应链服务平台，将解决汽车供应链效率的问题。一方面提供找车、找钱的服务，另一方面提供供应链金融的核心仓储物流服务。卖好车通过布局全国仓储物流网络，提高汽车贸易流转速率，做好服务并管好车，致力于成为高效安全的汽车供应链服务平台。

（供稿单位：杭州一骑轻尘信息技术有限公司）

九、国美金融：“$N+1+N$”的供应链金融新模式

（一）企业简介

国美金融为国美控股集团旗下从事金融发展与投资业务的战略管控平台，依托现有零售场景及产业链资源优势，采取灵活快速的战略，紧绕国美“家·生活”核心战略，构建包括消费金融、财富管理、企业融资、支付业务四大产品品牌体系，锐意创新，致力于推动普惠金融在中国的发展。

国美金融是国美“家·生活”价值共同体的重要一员，融合线上线下资源优势，深化“场景＋金融＋科技”发展模式；加速渗透场内产业，加强外部场景突破，以创新科技手段带动普惠金融场景延展；通过多元化家庭金融服务体系，为客户提供全渠

道、一体化的产品和服务。

依托于客户资源与金融需求，国美金融业务的发展是多条腿走路，2015 年 8 月国美金融供应链金融平台“美易融”正式上线，“美易融”以风控为核心，依托国美强大的零售生态圈，内部外部同时发力，为广大企业提供商业保理、融资租赁、订单融资、预付款融资、信用贷款、票据贴现、仓单融资等不同类型的融资服务，解决企业在发展过程中的资金需求，大幅度减少融资成本。在核心企业整条供应链运作的基础上，国美金融通过对供应链整体的评估，尤其是对核心企业支付能力和信用等方面的评估，为核心企业的上下游中小企业提供融资服务，推动物流、信息流和资金流的高度整合，实现供应链核心企业与其上下游中小型企业“供—产—销”的顺利进行，最终提升整个供应链核心竞争力，使三方达到共赢的局面。在推进“$1+N$”模式的基础上，探索与 B2B 平台深入合作，为其平台上的上、下游小微企业提供融资服务，打造“$N+1+N$”的供应链金融新模式。

（二）案例阐述

1. 背景介绍

1）助力中小企业发展

供应链金融的兴起源于解决中小企业融资难问题。供应链金融能有效实现商流、物流、资金流、信息流的四流合一，将对单个中小企业的信用风险评估转移到对信用资质高的核心企业上，能够更好地为中小企业提供融资服务，同时也给物流等产业带来新的盈利点，整个产业链条经济效益明显。

2）内部资源优势驱动

依托国美控股集团强大背景资源，国美金融先后与国美电器、安迅物流、国美海外购等公司建立战略合作关系。国美通过与供应商的合作，积累了海量的供应商订单数据。同时作为终端零售商，国美掌握着年销售金额超过 500 亿元的销售数据。在国美的供应商中，大部分的企业为中小微企业，这些企业资金链紧张、资产有限、缺少抵押和担保。这些原因导致商业银行对中小企业贷款采取“从紧”“惜贷”的策略，进而导致中小企业难以从银行融资。2015 年国美金融结合自身优势，上线供应链金融业务，并推出商业保理产品——账云贷，供应商将对国美的应收账款转让给国美金融，并从国美金融旗下商业保理公司进行融资。与银行相比，商业保理公司的主要优势在于市场细分、数据处理和客户服务，以此为基础，在目标客户选择方面更具有针对性，且授信方式相对灵活。

2. 产品设计

1）国美生态圈内部供应链金融产品

国美金融根据自身优势，在内部供应链金融产品开发上贴合上下游企业的需要，共开发出账云贷、信云贷、货云贷、票云贷四款产品（见图 5－23）。

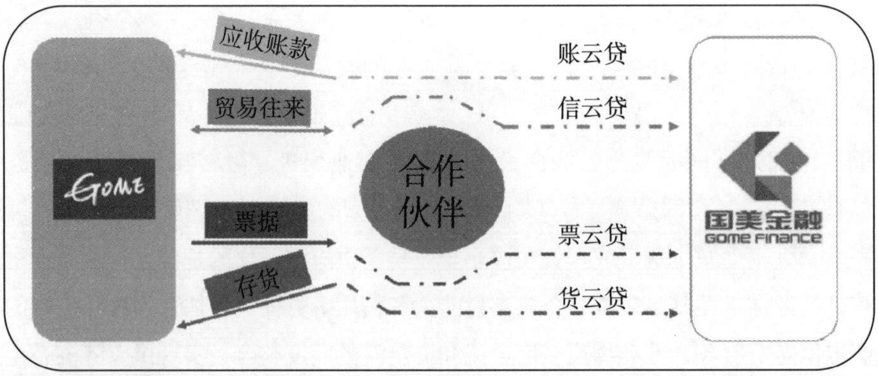

图5－23　国美金融主要产品

（1）账云贷——商业保理。

国美金融账云贷以国美上游供应商应收账款为依托，采取3个月内随结随还的模式，按账期由国美付款给商业保理公司进行还款，剩余差额尾款由国美信达商业保理公司支付给供应商。该产品通过应收账款转让融资使得未来的现金流提前变现，加速流动资金周转，改善经营状况，缓解客户由于应收账款积压而造成的流动资金不足的状况（见图5－24）。

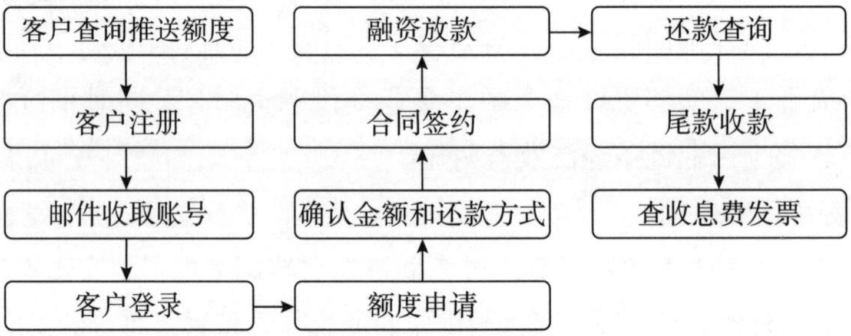

图5－24　账云贷流程

（2）货云贷——存货质押。

货云贷产品是国美金融供应链金融上线以来推出的第2个产品。供应商以存货作为质押，向国美金融申请贷款。该产品能够有效盘活企业库存，将存货转化为现金流（见图5－25）。

（3）信云贷——企业信用贷款。

信云贷是国美金融供应链金融于2016年3月1日推出的面向电器供应商的全线上信用类贷款产品。产品研发过程遵循精益产品研发MVP（模型层、视图层、表示层）理念，1周确定产品方案，2周上线全新业务门户和产品核心功能，最短时间发布金融产品。在风控方面，信云贷与电器系统对接，评级模型、授信模型全部数据化，4000多供应商预授信额度超40亿元，产品上线首月放款即突破1亿元（见图5－26）。

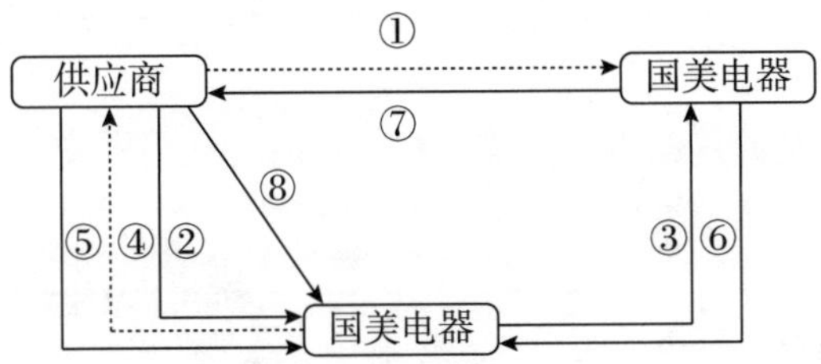

图 5－25　货云贷流程

注：①供应商与国美电器签订相关合同，并向国美发货，国美仓库或门店代管库存；②供应商在额度内向小贷公司申请贷款，确定融资期限、还款方式，与小贷公司签订合同，将放款当日全部库存商品质押；③小贷公司与供应商通知国美电器存货质押金额及日期；④小贷公司向供应商发放贷款；⑤供应商在贷款期间通过补货的方式使存货质押余额保持在要求的水平；⑥国美电器对于库存余额低于质押金额要求且补货不足的供应商暂停正常结算及退货；⑦供应商选择随借随还方式，国美到账期向供应商结算；⑧供应商以自有资金向小贷公司还款至指定账户。

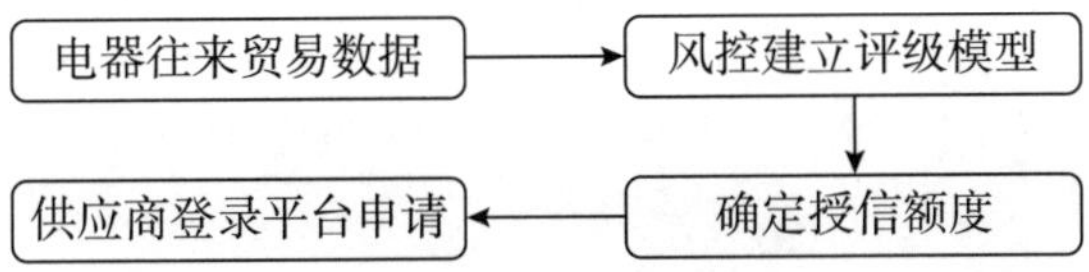

图 5－26　信云贷流程

（4）票云贷——电子票据质押业务。

国美金融的票据质押业务是以电子汇票业务为依托，利用客户持有的承兑汇票做质押开展信贷业务，全流程互联网化操作，更为快捷、透明和安全，重新定义了票据融资新模式。

2）国美生态圈外部供应链金融业务

2016 年 7 月，国美金融供应链金融业务正式向外延伸，走出国美现有生态圈，对外输出平台的技术及风控能力。在核心企业整条供应链运作的基础上，国美金融通过对供应链整体经营状态的评估，尤其是对核心企业支付能力和信用等方面的评估，为围绕核心企业的上下游中小企业提供融资服务，推进物流、信息流和资金流的高度整合，实现供应链核心企业与其上下游中小型企业“供—产—销”的顺利进行，最终提升整个供应链核心竞争力，使三方达到共赢的局面。在推进“$1+N$”模式的基础上，探索与 B2B 平台深入合作，对其平台上的上、下游小微企业提供融资服务，去中心化，打造“$N+1+N$”的供应链金融新模式（见图 5－27）。

3. 绩效分析

截至目前，国美金融已完成全国 34 个省级区域、600 多个地县级城市近 1900 家线下门店的业务布局，累计为 1000 余万用户提供全方位的金融服务。

2018 年 6 月，国美金融供应链金融共实现放款金额近百亿元，为近 5000 个中小微企业提供了企业融资服务，业务客户覆盖汽车、电器、化工、农业、精工制造、贵金

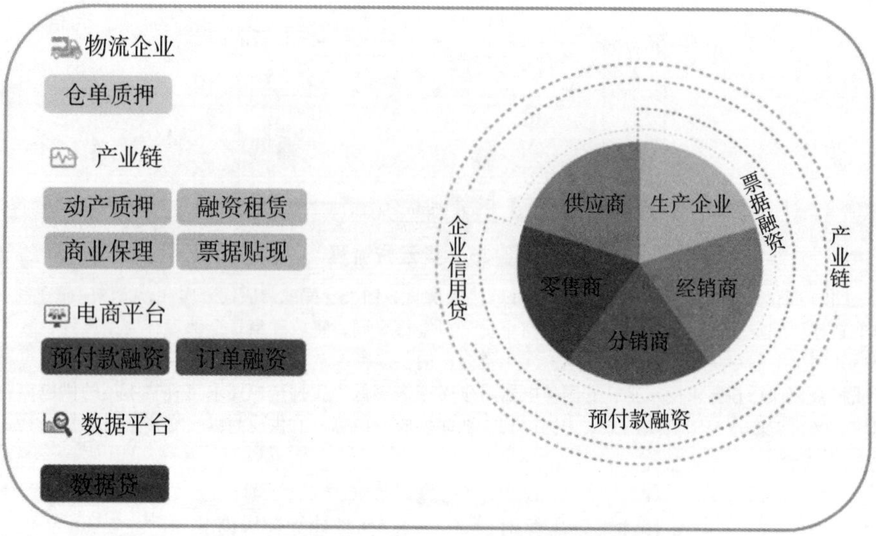

图 5－27　“$N+1+N$”的供应链金融新模式

属等多个领域。

（三）发展愿景

未来，国美金融供应链金融会努力将第一、二、三产业有机结合起来，实现产业之间的跨界与融合。在所搭建的金融生态系统平台上，实现跨产业、跨区域、跨部门的合作，与政府、行业协会、产业资本等各方广结联盟，实现物联网和互联网的相互融合。通过平台链接商业生态、基于云计算和大数据创建智慧金融生态系统，使得金融能真正服务于整个供应链的各类主体并推动商业生态的发展。国美金融供应链金融给予了中小企业全新的融资工具，同时，又满足了核心企业产业转型升级的诉求，通过金融服务，变现其产业链生态系统的价值，最终实现金融服务于实体经济的目的。这种多方共赢的生态系统，正是国美金融供应链金融未来所希望创造的商业价值和发展方向。

（供稿单位：国美金融）

十、永辉金融：互联网＋金融＋科技＋零售产业链

（一）企业简介

永辉金融是 A 股上市公司永辉超市孵化和投资的年轻的科技金融公司，成立于 2016 年，目前已经取得了商业保理牌照以及全国互联网小贷牌照。永辉金融作为永辉

超市四大战略板块之一的“云金”板块，从一开始就具备实体的基因并紧紧围绕着零售生态，运用“互联网 + 金融 + 科技 + 零售产业链”模式，线上线下渠道融合，着力打造创新普惠的供应链金融产品和高效便捷的消费信贷产品，为零售供应商、经销商、物业商、消费者等提供优质、全面、高效的长中短期金融服务。

在成立两年多的时间里，永辉金融累计业务规模超过 100 亿元，放款余额超过 10 亿元，已占据 5% 的市场份额；且与宝洁、中粮、红旗连锁、正大集团等品牌企业达成长期友好的战略合作，同时为超过 3000 家中小微企业提供金融服务。永辉金融还荣获“2017 年度中国物流与金融创新服务企业”，且作为唯一的互联网金融机构，被重庆市江北区评为“2017 年度江北区服务业 35 强企业”。

永辉金融不同于传统的银行、非银类金融企业，成立之初就具备优秀的产业基因和强烈的科技创新意识，所以一开始就从移动智能企业信贷、量化交易模型、机器自动审批、AI（人工智能）、大数据反欺诈和移动设备指纹识别等角度搭建技术、风险和产品体系，通过数据、技术等手段，将非标准中小微企业信贷转变为全移动智能的机器运营的标准型企业信贷；让每个中小企业都能随时随地地、直接地、平等地、便捷地享受企业金融服务。

（二）案例阐述

1. 背景介绍

1）传统金融模式无法满足供应商的融资需求

在整个零售供应链生态系统中，零售供应商是资金需求最旺盛的群体。首先，供应商处于供应链相对弱势的地位，上游要面对强势品牌商销售铺货的压力，下游又要面对连锁零售商付款账期的压力，库存压力大、资金周转慢；其次，零售行业季节性显著，销售旺季资金使用量是日常资金的 3 倍以上，供应商临时性周转资金的需求大；最后，对于供应商而言，借助财务杠杆的力量，可以加快资金周转速度，提高资金使用效率，提升企业整体的盈利能力。

但是，传统金融模式却无法为零售供应商提供融资服务。这主要是因为零售供应商属于轻资产运营模式，仓库多为租赁的，且销售货物属于低价值高流转的快消品，无法提供传统金融服务所需要的强有效的担保措施。另外，供应商销售季节性显著，对资金使用的灵活性要求较高，传统金融模式较难满足。除此之外，供应商基本上都是中小型企业，规模有限，单次融资金额不高，所得收益无法覆盖传统金融机构较高的线下营销运营成本。

2）新零售供应链变革使得传统风控遇到挑战

消费升级下零售产业的变化，带动供应链产生相应的改变，这种改变主要体现在 3

个方面。一是定制化。“90后”逐渐成为消费主力，这个群体的特点是喜欢追求个性化的消费和服务，厌恶同质化、标准化的商品，这就要求新的供应链具备满足特殊需求定制的能力。二是快时尚。在消费升级的趋势下，消费者对审美、品质、时尚的要求越来越高，这就要求新的供应链能够快速提供符合时尚潮流的商品。三是快响应。互联网使得生产者和消费者之间的距离消失，交互变得更频繁，消费者以前所未有的热情参与到产品的设计、生产中去，这需要新的供应链能快速响应并满足消费者的诉求。

上述新零售下供应链的3个特征，对零售商与供应商之间的商业行为产生相应的影响：第一，零售商的下单频率越来越快；第二，单次交易金额越来越小；第三，供应链的调整越来越频繁。这种变化使得以前由零售商和生产商承担的库存风险转移给供应商，同时商品的快速迭代使得供应商的竞争更加激烈，随时面临被淘汰的风险。这使得传统的基于订单、库存、应收账款的供应链金融模式的风险变得难以控制。

综上所述，零售供应商金融服务市场空间很大，资金需求旺盛，但是基于供应商的特点，需要开发高频率小金额周期灵活的金融信贷产品；同时新零售背景下供应链的快速调整，也需要设计更灵活的风控模型。

2. **产品设计**

1）设计原理

图5-28是一张典型的零售交易模式分析图。

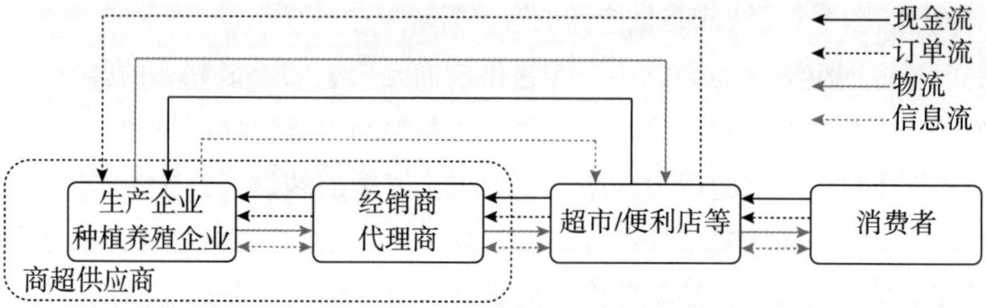

图5-28　零售业交易模式分析

由图5-28可以看到整个零售行业包括了三类参与者：第一类参与者是零售供应商，包括生产企业、种植养殖企业以及经销商、代理商；第二类参与者是超市、便利店等零售商；第三类参与者是消费者。

在整个零售贸易的过程中，三类参与者互相交会产生“四流”——零售商给供应商下订单，形成“订单流”；供应商为零售商供货，货物的流转形成“物流”；在每个贸易流转的环节，都伴随着资金往来与结算，形成“现金流”；而通过信息化的技术手段，将订单数据、物流数据、现金交易数据存储到SAP等数据库系统中，综合形成“信息流”。

传统的供应链金融主要有三种模式：基于“订单流”的“订单融资”类金融产品；基于“物流”的“仓单融资”类金融产品；基于“现金流”的“应收账款融资”类金融产品。

永辉金融依靠永辉沉淀的零售大数据以及领先的互联网技术，设计基于“信息流”的金融产品。这与传统模式有以下不同：一是“信息流”本身就包含了订单、物流、现金流等较为全面的历史数据，基于这些数据，可以了解供应商交易的全貌；二是以过去及当前的数据为基础，可以对供应商未来的发展及表现进行预测。

2）业务模式与流程

目前，我们主要的供应链金融产品——惠商超，已经实现对全零售商超体系提供金融服务。不仅支持永辉超市的供应商，还支持全零售连锁商超体系（也包括线上平台如京东、天猫等）供货的供应商、经销商、代理商、分销商等客户的融资，产品融资额度实时呈现，按日计息，随借随还，真正做到了全面、高效、便捷。

其基本的业务模式及流程如图 5－29 所示。

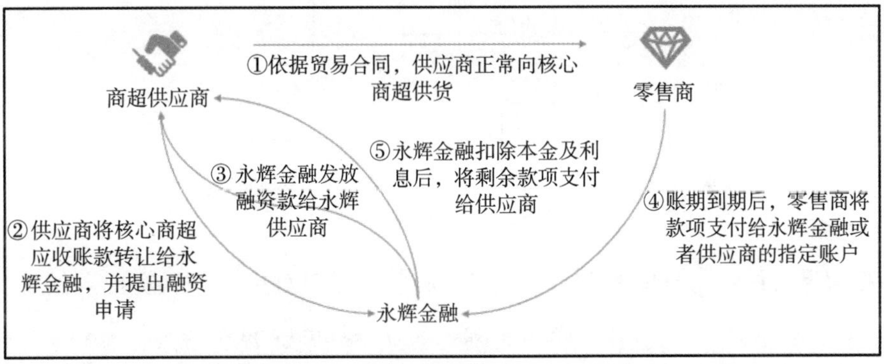

图 5－29 永辉金融供应链金融业务模式

供应链金融业务模式主要为：

(1) 供应商依据贸易合同向核心零售企业供应商品，零售企业会经过一定账期后，才向供应商付款。

(2) 供应商将与核心企业的应收账款转让给永辉金融，并提出融资申请。

(3) 永辉金融发放融资款至供应商对公账户。

(4) 账期到期后，零售商将款项支付到永辉金融账户或双方共管账户。

(5) 永辉金融扣除本金利息后，将剩余款项支付给供应商。

3）实施保障

(1) 全流程线上化。

客户注册合同签署线上化：客户可以从永辉金融门户网站、App 甚至永辉对账系统供零在线直接注册来进行融资。永辉金融与 CFCA（中国金融认证中心）合作，已经实现了保理合同、借款合同、担保合同全部线上化签署，并对客户进行视频识别认证。这可以有效解决客户合同萝卜章等金融常见的合同欺诈风险。

风控审批线上化：客户的额度是基于大数据风控模型自动测算，根据每个客户的基本信息，风控模型实时评估可融资额度，风控审核人员只需要在线上核实客户材料是否齐全，放款金额与模型评估金额是否一致即可。所有的额度都依靠风控模型来评估，减少了人为因素的影响。

客户还款线上化：永辉金融对客户还款支持主动和被动两种模式；客户既可以选择线上申请自主还款，也可以选择通过核心企业回款自动冲销。两种还款方式都很灵活。

（2）基于云的大数据架构。

大数据风控是新供应链金融的核心，所以需要基于云建立大数据架构（见图 5 - 30）。

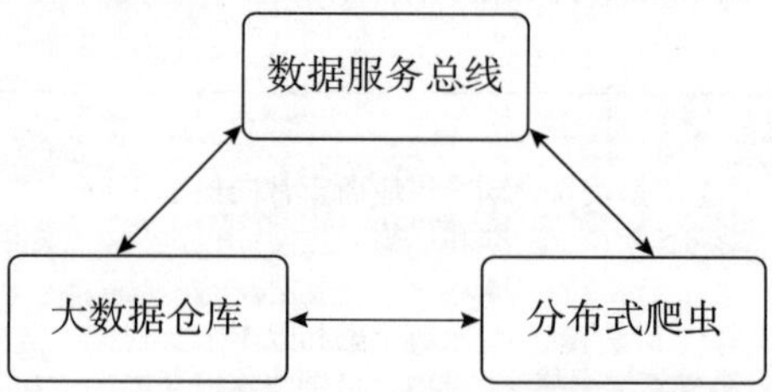

图 5 - 30　大数据架构

数据服务总线：与集团 SAP、BI 等 10 余个数据库对接，可以实现数据日吞吐量 120000 次的服务调用，通过智能路由系统，充分实现故障隔离，确保 7 × 24 小时的系统服务。同时，所有业务、风控流程线上留痕，可用于审计与流程回放。

分布式爬虫：通过 Python 技术以及接入外部数据库，获取多维度客户画像数据，包括企业/企业主基本信息、征信情况、经营情况、POS 流水、税务情况、涉诉情况、舆情（负面）监控、行业黑名单等各种维度的客户数据。分布式爬虫日吞吐 10G 以上的数据流量。

大数据仓库：收集客户各个维度的数据，汇总到数据仓库进行清洗、分类、整合、计算，并提供 1000 张以上的运维数据报表。不同产品的大数据风控模型从数据仓库中调用所需维度的数据，可以进行分析计算，得出最终的客户额度。

（3）技术驱动的多数据维度的风控体系。

永辉金融将严谨的金融风险理念，与前沿的互联网科技和成熟的机器学习算法相结合，自主开发了新一代的风险量化决策系统，实现了全在线、全实时风险审批。永辉金融可以基于数据和模型实时计算出供应商的融资额度。

永辉金融大数据模型首先利用的是永辉系统所沉淀积累的零售大数据，可以很好地用于对商品品类、品牌的销售预测。同时接入大量的外部数据，包括企业数据：工商信息、投资关系、企业图谱、投资图谱、历史变更、股权结构、专利、商标、税务信用、企业债权、负面新闻等。企业关联人数据：企业主个人信息，对外投资信息，对外负债信息等。交易数据：订单数据，运输数据，交货数据，发票数据，结算数据等。征信数据：历史贷款信息、还款记录、逾期记录、黑名单信息、多头借贷等。

在数据积累变化的同时，永辉金融的模型也在不断优化和迭代。模型每个月都会迭代一次，对于出现的风险问题、外部环境的变化都会及时调整响应。

3. **绩效分析**

惠商超于2016年6月正式上线，截至2017年四季度末，业务总规模突破100亿元，相比2016年增长400%，用户新增600%。目前客户分布在全国20个省份，单笔最大融资金额4000万元，单笔最低融资1000元，最活跃的用户来自安徽，累计融资138次。永辉金融真正实现了为零售体系的中小型企业提供灵活、便捷、全面的金融服务。

除了融资服务，针对永辉金融的企业客户，还会结合各个方面的资源为其提供增长的路径。针对有特色、有创新的品牌商和代理商，会安排两次和永辉超市采购体系的资源对接，每年一次和CCFA中国连锁经营协会采购委的资源对接，帮助其拓展渠道和市场。同时，永辉产业基金针对永辉金融高成长性客户，安排多层次的股权融资结构，帮助其更快地走入资本市场。

（三）发展愿景

未来永辉金融将积极布局从源头生产商到物流配送商到零售供应商再到终端消费者的全产业链金融服务，基于目前已经相对成熟的供应链金融产品，结合永辉超市十余年的零售产业经验，利用大数据和AI风控技术，逐步往上下游进行拓展延伸，积极开发针对零售行业的中小微企业及个人消费者的互联网金融产品，进一步扩大市场规模，提高效能，提供便捷，成为零售生态中专业、全面、领先的金融科技企业，成为企业的友好合作伙伴。

（供稿单位：永辉青禾商业保理（重庆）有限公司）

第六章　物流视角下的物流与供应链金融

第一节　物流平台领域物流与供应链金融发展

一、物流平台发展情况

随着“互联网+高效物流”的落地发展，多种类型的物流平台迅速崛起，如信息平台、无车承运平台、车货匹配平台、管理工具平台等，实现了运输供给以及需求的在线化，极大地推动了我国物流的转型升级发展，但同质化问题也非常严重。随着行业的整合发展，无车承运人成为物流平台企业发展的主流方向。

（一）我国物流平台主要类型

按照物流价值链上的切入点划分，物流平台类型如表6-1所示。

表6-1　物流平台类型

物流价值链上的切入点	平台类型	核心模式
信息流	信息平台	单一信息中介
	交易平台	撮合服务交易
	运输管理平台	垂直信息流管理
货物流	专线加盟平台	信息资源共享
	同城配送平台	O2O（线上线下）
资金流	金融云平台	金融一站式服务
实体设施	卡车服务平台	车辆一站式服务
	公路港平台	水平价值链集成

资料来源：中物联金融委。

（1）信息平台：信息平台作为信息载体，提供发布、搜索等功能。平台上的各主体间无关联，在线上发布、搜索信息，线下联系协商、履行交易。目前，国内以货源、车源信息为对象的信息平台数量众多，政府主导与民企自营皆有，区域细分类较为常见，行业细分类较少。如国家交通运输物流公共信息共享平台、中国配货网等。

（2）交易平台：交易平台作为交易载体，提供发布、搜索及协商功能。平台上各主体间弱关联，在线上发布、搜索信息、联系协商，线下履行交易。撮合交易为核心的交易平台异军突起，技术类公司是其中重要的构建主体，少数由物流公司、汽车公司等构建。

（3）运输管理平台：运输管理平台作为管理载体，提供运输全过程管理的功能。平台上各主体强关联，在线上 TMS + 交易平台，线下完成运输，线上反馈。目前，国内以运输价值链为管理对象的运输管理平台数量稀少，分别由技术类公司构建或货主公司构建。如海尔日日顺。

（4）专线加盟平台：专线加盟平台以专线为整合对象，以信息资源共享为目标，以标准化运营为策略。平台采用线下实体 + 线上信息平台模式，整合零散专线，推出标准化产品。如卡行天下。

（5）同城配送平台：同城配送平台是基于互联网技术的信息服务平台，将同城货运的信息对接给司机和用户两端，整合社会上的车辆及司机资源来实现同城间的货运。平台能够解决信息不平衡，货主和司机的信息严重不对称的问题，位置信息不对称、双方平时的供求关系不平衡的问题。如货拉拉、58 速运等。

（6）金融云平台：金融云平台以物流价值链中资金流为整合对象，以物流金融服务与增值服务为目标。平台主体无关联，通过线上平台相连，平台建设信用风险体系，提供全面的金融服务。如中国物流金融服务平台、银货通递四方物流金融服务平台。

（7）卡车服务平台：卡车服务平台以卡车与司机为整合对象，以构建卡车物流全方位生态圈为目标。平台主体无关联，通过互联网构建后市场服务体验平台，为司机提供基于卡车全生命周期与物流运营周期全过程的一站式服务。如狮桥融资租赁平台。

（8）公路港平台：公路港平台以水平运输价值链为整合对象，以价值集成为目标，以集约化经营、信息化管理为策略。平台采用线下实体 + 线上信息平台的模式，整合运输价值链上水平方向多样的需求、网络、服务和运营主体，提供一站式服务。目前，国内以公路港为整合对象的物流平台可分为区域性和全国性两种。如传化智联。①

（二）中国无车承运人平台发展

在中国物流平台企业快速发展的背景下，2016 年 9 月 1 日，交通运输部办公厅发布了《关于推进改革试点加快无车承运物流创新发展的意见》，最终确定了 283 个无车

① 中国电子商务研究中心．http：//b2b. toocle. com/detail – 6405893. html.

承运试点企业。2018 年 9 月 5 日，交通运输部办公厅通报了试点企业的监测评估。

1. 试点企业监测总体情况

（1）资源整合能力显著提升。2018 年上半年，229 家试点企业共整合社会运力 64.4 万辆，比 2017 年增长了 20%；完成运单 1952.8 万单，货运量 1.27 亿吨，月均增幅均在 10% 以上，80% 以上的车辆与试点企业形成了较强的黏性，平台集聚效应逐步显现，运输组织化程度明显提高。

（2）物流市场格局不断优化。试点企业平均注册资本金达 1.2 亿元，平均整合运力 2800 辆，2018 年上半年平均运费收入超过 8000 万元，行业集中度不断增强，物流资源进一步集聚，逐步向集约化、规模化方向发展。

（3）试点风险防控能力明显提高。试点企业上传运单综合异常率由 2017 年 12 月的 6.3% 下降到 2018 年 6 月的 1.8%，其中运单接入异常率仅为 1.2%，监测数据质量大幅改善，试点企业对运输安全的管控能力不断增强。

2. 发展中存在的问题

（1）运单与资金流水单匹配率低。部分试点企业上传的运单为车货匹配业务单据，而非承运业务单据，导致大部分运单数据没有与之相对应的资金流水记录。2018 年上半年，试点企业运单与资金流水单匹配率仅为 19.9%，部分试点企业未实现真正意义上的无车承运，未承担全程运输责任。

（2）车辆定位异常率高。部分试点企业上传的运单起讫点数据与车辆实际运行轨迹不符，或实际承运人运输过程中关闭卫星定位装置，造成 12 吨及以上普通货运车辆定位异常率高达 17.1%，试点企业对实际承运车辆的运输过程缺乏动态跟踪管控。

（3）车辆资质审核不严格。部分试点企业使用无相关资质或资质不合规的车辆承担运输任务，造成 2018 年上半年车辆资质异常率 4.3%，1 月高达 18.2%，形成了一定的运输安全隐患。

无车承运人具有资源整合能力强、品牌效应广、网络效应明显等特点，利用互联网手段和组织模式创新，有效促进货运市场的资源集约整合和行业规范发展，对于促进物流货运行业的转型升级和提质增效具有重要意义。

二、物流平台金融服务需求

金融服务与物流平台的发展相伴相生，金融持续支持着物流平台的快速发展，物流平台的快速发展反哺金融。在过去相当长的一段时间内，金融服务仅限于银行对于物流企业的经营性借款，形式比较单一，体量有限，并没有很好地契合物流行业的发展。随着物流平台化运营时代的到来，聚集在平台上的企业对金融服务的需求更加强烈。在传统的物流链条中，小微物流企业和大车队由于对货源缺乏控制力，在交易的过程中话语权相对较弱，承担了货物运输过程中绝大部分的责任和工作，但是投入和产出往往不成比例。

以无车承运人为代表的物流平台化运营解决了小微物流企业融资难问题，通过平台运单化的大数据管理和物联网技术实现了运输过程透明，结算清晰，同时作为第三方的平台利用自身的信用，为大车队和小微物流企业增信，实现金融机构、平台、小微物流企业、大车队的共赢。通过物流与供应链金融在无车承运人模式中的应用，极大地提高了大车队和小微物流企业的市场竞争。目前典型的需求包括以下三点。

（1）运费贷款需求。运费是货车司机最关心的问题了，但近年来，运费拿不到手、被骗等案例屡见不鲜。因此，中小物流企业可以依托物流平台，向金融机构获得基于运费应收的金融支持。目前，该种产品已经在多家物流平台获得应用。

（2）出行消费的金融需求。这方面的需求包括两个方面：一是货车司机出行涉及的购物、住宿、餐饮、通信等的金融支持服务；二是车辆在外出运输中涉及的停车、加油、保险、过路费、购买车辆部件费等金融支持服务。

（3）车辆购置金融需求。部分中小物流企业或者个人，在购置运输车辆的过程中，由于自身融资条件的局限性，造成了贷款的困难，需要平台企业和金融机构协同设计金融产品，并解决购车费用问题，如车辆融资租赁等。

金融支持服务将成为物流平台获得优势竞争力的关键，而且物流平台企业基于互联网平台的运营，掌握了交易、物流、行为等真实数据，为金融机构提供金融服务奠定了基础。

三、物流平台金融服务模式

通过调研发现，我国的大部分物流平台企业均有相关金融服务业务，典型企业有以下几个。

（一）顺丰的金融服务

顺丰金融拥有保理、融资租赁、小额贷款、第三方支付等多张金融牌照。2010 年 8 月顺丰试水电子商务推出“顺丰 E 商圈”，支付工具“顺丰宝”。2014 年 5 月，“顺丰宝”的升级版“顺手付”上线。

顺手付 App 目前提供理财、转账、信用卡还款、股票开户、分期购机、收发红包等金融服务，以及快递、手机充值、优选购物、购买电影票等生活服务。理财方面与易方达、南方基金、鑫元基金、深圳前海金交所等机构合作，产品主要是“顺丰尊享”定期理财以及“顺手赚”活期理财服务。基于顺手付还有类现金贷产品“顺手贷”，即主要针对顺丰三线员工的员工贷，日息 0. 025% 。

此外，顺丰金融还有各类融资业务，包括针对电商平台商户的顺丰 E 贷、针对顺丰及顺丰客户上游供应商的保理融资与订单融资、针对企业客户的融资租赁、针对顺丰员工的伙伴车辆融资租赁、针对在顺丰仓和监管仓中有库存的融资客户的仓储融资。具体如表 6－2 所示。

表 6－2　　　　顺丰金融业务发展情况

所有公司	持有牌照	主要产品
合丰小贷、乐丰保理、顺诚融资租赁、恒通支付、中顺易、共赢基金	小额贷款牌照、保理牌照、融资租赁牌照、第三方支付牌照	顺手付、POS 机、代收代付、储值卡、定期理财与活期理财、顺风 E 贷、保理融资、订单融资、仓单融资、售后服务、直接租赁、经营租赁

资料来源：顺丰金融。

（二）卡行天下的金融服务

卡行天下是一家网络平台型公司，是我国较大的货运交易网络平台，该企业主要有五大业务板块：一是线上交易平台；二是由小微物流企业组成的运输网络；三是园区网络；四是卡车和司机平台；五是囊括金融公司、保险中心的资源平台，帮用户申请贷款，购买运险。卡行天下金融业务发展情况如表 6－3 所示。对于金融业务，公司主要是通过与上海轲行互联网金融信息服务有限公司（简称“轲行金服”）合作的“中金物联”来进行。轲行金服注册资金 1.5 亿元，专注于物流供应链金融服务的垂直细分领域，中金物联是轲行金服旗下的在线网贷平台。

表 6－3　　　　卡行天下金融业务发展情况

总体服务	主要细分业务
贷款、保险、理赔	卡行天下连接物流产业链多级中小公司，采用一票到底的运营模式，线上交易＋金融＋信用体系是平台重要支撑。目前卡行天下提供的金融服务包括信用贷、流量贷、项目贷。卡行天下旗下也成立了网贷平台中金物联，专注于物流供应链金融服务的垂直细分领域

资料来源：中金物联。

为规避供应链金融的诸多弊端，卡行天下在平台交易与资金方面做了多重优化，交易结算分四步走：①发货人在线自主选择产品组合；②被选择承运公司分段承接交易；③上下游在途运输过程全程可视（预通知、预配载、运营监控）；④承运公司完成该段交易，系统自动分段结算。这种全链路清分结算的方式，大大降低了结算的复杂性，也减少了交易纠纷率，无论是从效率还是从用户利益上都更有保障。

深植于全链路交易场景，卡行天下还针对不同的主体打造了包含货款宝、项目贷、白条等在内的多元化金融产品。从发货方到货物配送，围绕多个业务场景进行金融业务的支持，形成闭环。依托物流交易场景与交易数据，卡行天下设立了“信用分”征信体系。从平台社交、交易行为、运营品质、历史信用、偿债能力等多个维度建立用户信用画像，成为推动物流生态信用建设的新动能。

（三）中储智运的金融服务

中储智运是创新发展流通供应链的试点企业，以大数据研究分析为推动力，研究解决返程空跑、运力闲置、货车不匹配等问题，提供供应链增值服务，提高资源配置效率。

作为第一批国家级无车承运人试点企业，中储智运引入“运力竞价”机制，打造物流运力竞价交易共享平台，集合70万专业司机、50万活跃运力、1万多家运输企业为1万余家货主企业提供物流运输服务，突破时间与空间界限进行货、车智能匹配，平均每10秒成功交易一单，为货主企业降低物流成本10%左右，司机找货时间缩短28%。

同时，中储智运为货车司机提供重卡租赁、运费预付、小额贷款、加油加气、ETC（不停车电子收费系统）充值等增值服务，通过集采方式为司机提供更多优惠，减轻司机负担，为租赁重卡的司机提供充足的货源保障。

目前，中储智运正全力推进智配系统与企业生产系统对接，构建流通与生产深度融合的供应链协同平台，根据企业采购、生产订单，即可实时匹配最优运力，实现供应链需求、库存和物流实时共享可视，真正做到让“智能运算”推动产业升级。

四、物流平台开展金融服务的趋势

物流平台上的金融服务，是基于平台的信息、交易、物流等流程和数据，运用互联网技术将支付融资系统与企业金融需求直接对接，为平台客户（包括体系内的企业和个人客户）提供借贷融资、投资理财、信用评估、现金管理、资金结算等综合性金融服务。在整个过程中，平台客户的信用主要是依靠平台产生的信息、数据来重塑。对于平台的要求更多在于平台的行业地位、客户黏附度、客户活跃度等要素。物流平台上的金融服务发展呈现以下趋势。

（一）互联网成为物流平台开展金融服务的基础

随着供应链服务和运营的逐步成熟和发展，供应链金融得以开展的基础会逐渐从“链”式进化到“网”式，即基于互联网的虚拟电子供应链。基于互联网平台的虚拟电子供应链是通过运用高速通信的网络技术，让虚拟产业集群中所有的中小微企业能够低成本甚至无代价地加入网络平台，并且任何一个企业与其他参与者协同预测、同步开发和生产，并实现高效配送和精准服务，满足分散动态化的客户需求。因此，虚拟电子供应链实现了所有利益相关方的高度整合，或者说它成为众多子平台、子生态的链接平台。

（二）金融科技广泛应用于物流平台金融服务

以往互联网的作用只是作为金融活动开展和管理的辅助手段，而今却可能成为推动供应链金融的主导力量。由于供应链的主体具有多样性、活动具有异质性，没有良好的标准化、电子化、可流转、安全签章的电子票据、电子税票和电子仓单，就无法实现业务流程的顺畅管理。同理，没有良好的云平台、云计算，虚拟电子供应链就无法真正实现。而要真实把握供应链运营规律，有效知晓每个参与主体的行为，就需要建立和发展大数据的能力。针对资金和资产对应匹配的唯一性和真实性，就需要运用区块链技术和物联网技术。利用区块链实现分布式记账和资金管理，实现智能合约，同时借助于物联网技术做到资金和资产的唯一对应。显然，没有金融科技的支撑，上述这些问题都不可能真正得到有效解决，供应链金融会遭遇巨大瓶颈。

（三）物流大数据助力物流平台的金融服务

随着物流平台的发展，将会产生大量的物流数据。物流大数据是指物流效劳的供应、需求，物流活动进程的各种有关数据会以大数据的方式呈现，反映全部物流职业的业态，也反映出社会经济发展的状况。

物流大数据应用于物流平台需要关注 3 个问题：一是获取数据；二是数据使用的模型；三是数据的剖析处理。数据的获取需要依托移动互联的有关传感设备和移动通信网络；数据的使用模型需要依托大数据的剖析专家，如数学、经济学等领域的科学家；数据处理则需要依托云核算等先进技术和设施。

物流大数据是大数据年代的一个非常主要的领域，需要更多的物流平台企业予以重视。物流大数据离不开物流平台的供应链，离不开上下游企业的真实交易场景，动态的移动场景，既需要软件资源，也需要硬件资源。从物流平台的国际发展实践看，物流大数据是平台提供金融服务的手段。

（四）金融标准化有效对接物流平台的金融体系

金融标准化是围绕金融业的业务流程、产品服务、信息交换、监管治理等方面所开展的标准化工作。物流平台企业运营的特殊性，决定了其要开展金融服务就必须围绕金融标准化进行创新。

（1）结合金融科技完善物流平台领域的金融服务标准体系。研究制定大数据、云计算、区块链、人工智能等创新技术在物流与供应链金融领域的应用，完善金融产品、服务、监管等方面的标准，进一步建立一体化的服务标准。

（2）通过标准化构建物流与金融融合生态。发挥行业领先企业、行业协会以及政府有关部门在标准制定中的作用，进行分行业标准的制定，开发软件系统实现金融产、产业端和政府公共服务平台的对接，并进行试点和示范。

（3）借鉴国际标准推进我国标准体系建设。习近平总书记指出："国际标准是全球治理体系和经贸合作发展的重要技术基础。"我们要在把握国际标准发展脉络的前提下，结合我国的实际进行标准的研制和推广。

（撰稿人：中央财经大学副教授、供应链与运营管理系主任　耿勇）

第二节　快递领域的物流与供应链金融

一、快递市场规模

（1）快递业务快速增长。2017 年全年快递服务企业业务量完成 400.6 亿件，同比增长 28.2%（见图 6－1）；快递业务收入完成 4957.1 亿元，同比增长 24.7%（见图 6－2）。快递业务收入在行业中占比继续提升。2017 年快递业务收入占行业总收入的比重为 74.9%，比上年提高 1 个百分点。

图 6－1　2013—2017 年快递业务量及增速

资料来源：国家邮政局。

（2）同城快递业务稳定增长。2017 年全年同城快递业务量完成 92.7 亿件，同比增长 25%；实现业务收入 732.3 亿元，同比增长 30%。

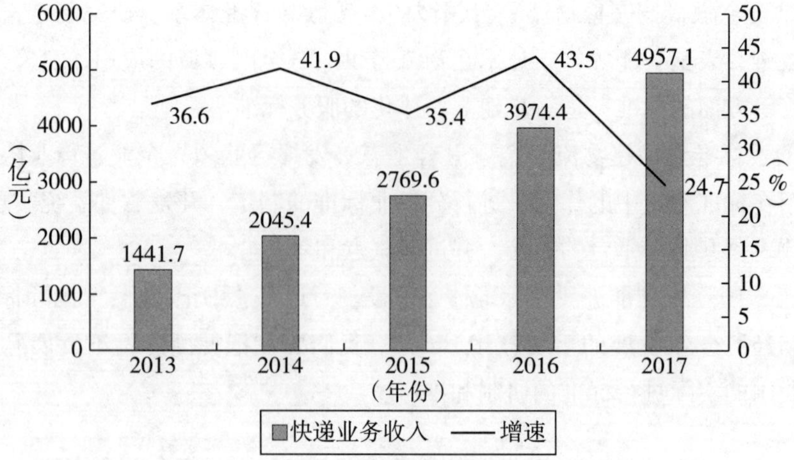

图 6－2　2013—2017 年快递业务收入及增速

资料来源：国家邮政局。

（3）异地快递业务持续增长。2017 年全年异地快递业务量完成 299.6 亿件，同比增长 28.9%；实现业务收入 2512.8 亿元，同比增长 19.7%。

（4）国际/港澳台快递业务增速加快。2017 年全年国际/港澳台快递业务量完成 8.3 亿件，同比增长 33.8%；实现业务收入 528.9 亿元，同比增长 23.3%。

（5）同城业务收入占比提升。2017 年同城、异地、国际/港澳台快递业务量占全部比例分别为 23%、75% 和 2%，业务收入占全部比例分别为 19%、67% 和 14%（见图 6－3）。

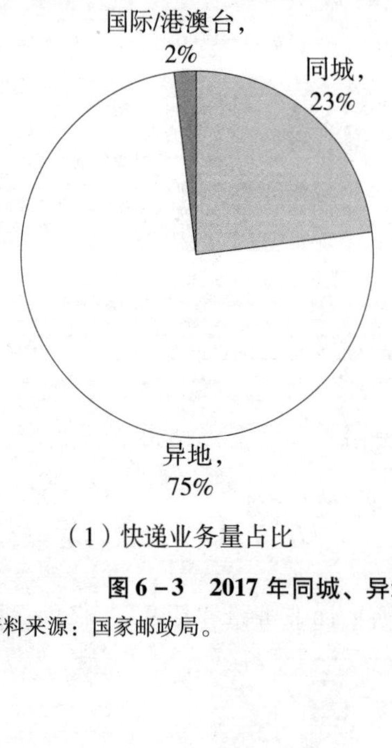

（1）快递业务量占比

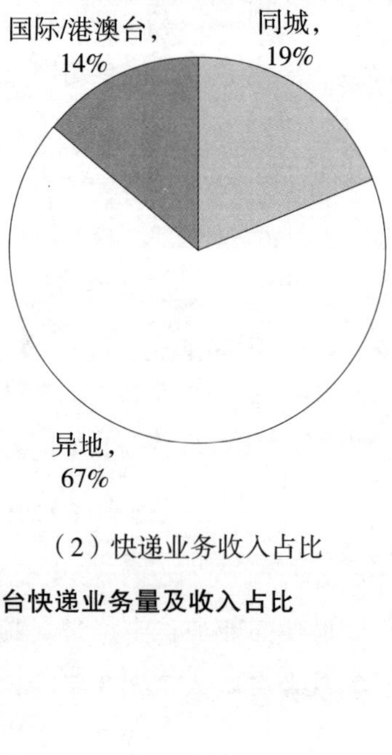

（2）快递业务收入占比

图 6－3　2017 年同城、异地、国际/港澳台快递业务量及收入占比

资料来源：国家邮政局。

二、机构设备规模

2017 年全行业拥有各类营业网点 27.8 万处，其中设在农村的 10 万处；快递服务营业网点 21 万处，其中设在农村的 6 万处。

2017 年，全行业拥有国内快递专用货机 100 架，比上年末增加 14 架；全行业拥有各类汽车 29.5 万辆，比上年末增长 4.9%，其中快递服务汽车 22.2 万辆，比上年末增长 1.4%。

2017 年，快递服务企业拥有计算机 47.9 万台，比上年末增长 4.5%；手持终端 97.4 万台，比上年末增长 3.5%。

三、物流与供应链金融产品

电子商务和快递的协同发展，加快了零售市场的变革，彻底改变了原有营销结构，使得制造业营销体系不得不做出相应的调整。而快递企业在连接制造商、经销商、电商平台、消费者等多维度相关者的过程中，也实现了其实体网络价值的提升。在快递企业规模化发展的过程中，快递企业已逐步发展成可以提供综合供应链服务的集团，并随着其实体网络的不断拓展和延伸，服务领域更有了“向下、向西”的发展。目前，快递领域开展的物流与供应链金融业务主要有以下几种。

（一）融资租赁

电子商务的快速发展，促使快递加盟网点不断扩大业务规模，大量采购物流车、全自动分拣设备等固定资产，满足日常快递吞吐量处理能力；同时，伴随行业的自动化、智能化、绿色化发展的客观需求，大量网点设备设施亟待升级，如智能仓配一体化设备、无人机、绿色运输设备等；因此，基于固定资产采购需求可以设计相应的融资租赁产品。

金融产品可以强化对加盟商的管控，增加申通总部和加盟商的黏度，并且有效提升各加盟商的市场竞争能力，在提升快递市场份额的同时，试水、做大金融业务，追求实现金融平台对快递业务的反哺功能。如百世金融为基层网点提供资金，用于支持网点进行车辆购置、场地扩建、市场营销等，当网点服务质量达到一定考核标准后，总部还将返还部分贷款利息。

（二）基于货权的仓储融资

在对客户进行信用评级的基础上，将客户存放在顺丰仓和监管仓中的商品作为抵押，以此获得质押贷款。这种方式在某种程度上解决了客户的临时借款之需，让客户在分仓备货的同时享有灵活的信贷额度，操作过程简便，随借随还，增加了商品的流动性。早在 2015 年，天天快递就与萧山农商银行共同尝试“互联网 + 物流金融”，发放首笔“天天云仓贷”，贷款额为500万元。天天云仓电商园区利用大数据资源，统计入园电商销售数据，萧山农商银行以此为审贷依据，由其提供连带保证责任，并向仓内电商提供融资服务，入仓电商在萧山农商银行开立账户且没有不良交易记录即可申请贷款，从提供完整资料到贷款流程审核再到放款入账最快1个工作日即可完成。

（三）基于应收账款的保理融资

以顺丰为例，基于应收账款的保理融资是针对顺丰的上游供应商而言的，金融机构以顺丰与供应商签订的货物购销合同为基础，将顺丰的应收账款全部买断，为上游供应商提供资金支持的融资服务。应收账款保理融资一方面可以缓解上游供应商融资难的状况，另一方面也解决了供应商应收账款周期太长的问题。如中国邮政速递物流（以下简称“中邮”）联合邮储银行、京东金融向物流供应商提供的保理产品。邮付通产品采用白名单准入管理方式，与中邮长期稳定合作的供应商可向主管机构申请开通邮付通产品，经中邮审核通过后向指定金融机构发起开户申请即可获取融资额度，金融机构不再对承运商进行授信审查，供应商无须提供额外担保措施。通过邮付通产品，供应商与中邮发生业务后可快速获取资金回款，实现了中邮供应商零账期运作，缓解供应商运营的资金压力。

（四）基于客户经营条件与合约的订单融资

以顺丰为例，顺丰订单融资的主要对象是与顺丰多次合作、信用度高的长期客户。具体是指当客户方订单生成之后，客户会将订单信息上传到顺丰融资平台，顺丰控股会代办材料采购、资金支付结算、仓储以及交货等全部业务。顺丰控股根据订单信息，为客户提供全面、便捷的服务。顺丰的这种供应链金融模式通过与客户进行合作，结合不同的风险缓释手段，解决了客户流动资金不足、不敢接单的问题，给客户提供了新的发展机会。

（五）基于客户信用的小额贷款

根据融资客户以往的信用记录和经营情况，为客户提供信用贷款服务，解决客户短期的资金周转问题。如德邦e贷，针对物流客户在经营中产生的临时性资金需求而提供的信用贷款服务，额度5万~100万元。

（六）跨境服务中的金融服务

随着跨境电商的兴起，快递企业纷纷布局国际电商物流。伴随物流网络的铺设，金融服务也逐步开展起来。2018年为助力“6·18”大促，菜鸟供应链金融联合多家金融机构准备百亿资金，提供了多元化的金融解决方案，包含存货融资、预付融资、银票、跨境外币融资、车辆融资、CP 保理等多种产品，确保商家及物流合作伙伴资金无忧。

当下，跨领域、跨行业相互融合已成为趋势，快递、快运的界限也趋于模糊，大型快递企业也正在建设一张覆盖全球的物流服务网络，届时，快递领域的供应链金融也将随着实体网络的扩大向外延伸，从而提升企业的整体价值。

（撰稿人：中物联金融委研究咨询中心副主任　郭苏慧）

第三节　冷链领域的物流与供应链金融

一、2013—2017 年冷链物流行业发展情况

（一）2013—2017 年冷链物流需求量

随着人们对健康需求的增长和生活方式的转变，以生鲜、速冻、乳制品为代表的冷链物流产品炙手可热，冷链物流行业随着市场需求的增长正加速发展。

2017 年，我国冷链物流需求总量达 14750 万吨，比上年增加 2250 万吨，同比增长 18%。随着市场需求进一步扩大，以及基础设施不断完善，加上政策和标准环境的持续推动，预计未来 5 年冷链物流需求仍将保持快速增长，有机构预测至 2021 年需求规模将达到 47672 万吨，年均复合增长率约 25%，如图 6－4 所示。

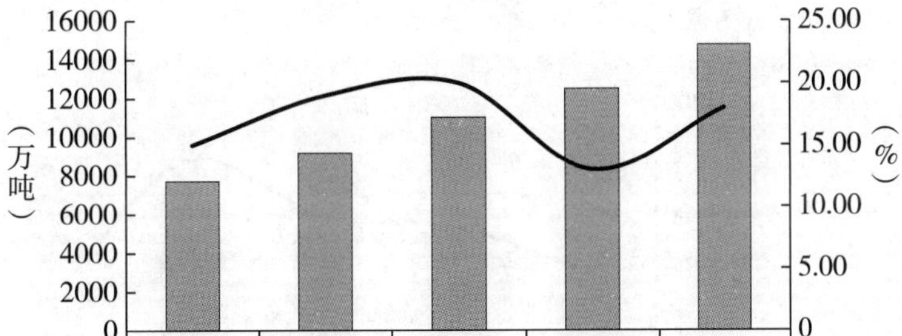

	2013年	2014年	2015年	2016年	2017年
需求总量	7720	9190	11030	12500	14750
年增长率	15.00	19.04	20.02	13.33	18.00

图 6－4　2013—2017 年中国冷链物流需求总量及年增长率

资料来源：中物联冷链委。

（二）2013—2017 年冷链物流总额

2017 年，我国通过冷链物流流通的货品总值达 4 万亿元，同比增长 18%。中国物

流与采购联合会发布的数据显示，2017 年全国社会物流总额 252.8 万亿元，冷链物流总额占社会物流总额不到 2%，未来还有很大的发展空间。预计未来 5 年我国冷链物流总额年均保持 15% 的增长率，2020 年冷链物流总额将达到 6 万亿元（见图 6 – 5）。

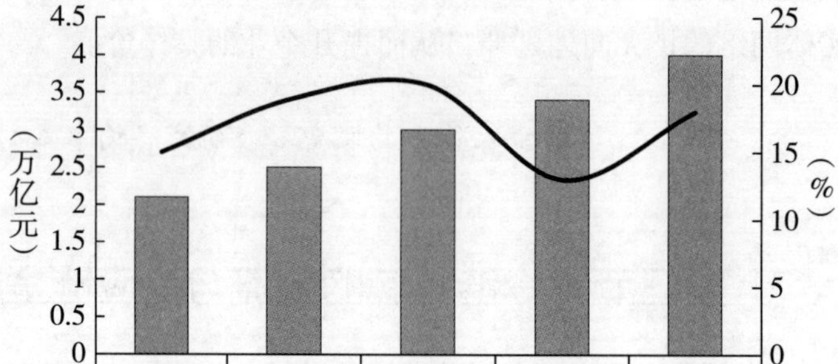

	2013年	2014年	2015年	2016年	2017年
冷链物流总额	2.1	2.5	3.0	3.4	4.0
年增长率	15	19	20	13	18

图 6 – 5　2013—2017 年中国冷链物流总额及年增长率

资料来源：中物联冷链委。

（三）2013—2017 年冷链物流总收入

2017 年，我国冷链物流业总收入 2550 亿元，同比增长 13.3%，增速较上年有所回落。同期，我国物流业总收入达到 8.8 万亿元，同比 2016 年增长 11.5%，增速同比提高 6.9 个百分点。由此可以看出，2017 年我国物流业总收入保持平稳增长，冷链物流收入增速继续保持两位数增长（见图 6 – 6）。

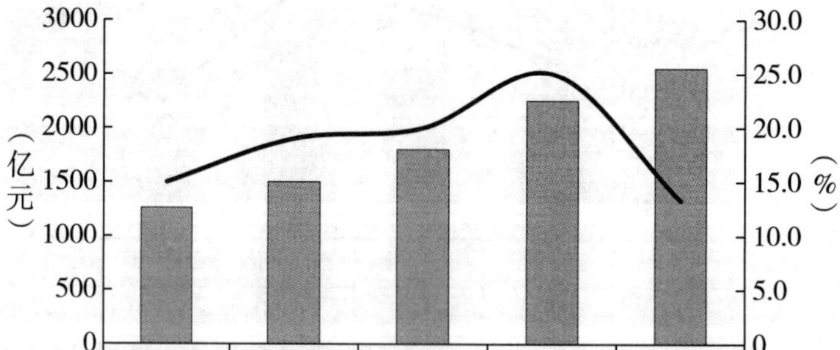

	2013年	2014年	2015年	2016年	2017年
冷链物流总收入	1260	1500	1800	2250	2550
年增长率	15.0	19.0	20.0	25.0	13.3

图 6 – 6　2013—2017 年中国冷链物流业总收入及年增长率

资料来源：中物联冷链委。

（四）2013—2017年冷链物流市场规模

2017年，我国冷库总容量达到4775万吨，折合约11937万立方米，比2016年增加575万吨，折合约1437万立方米，同比增长14%。冷库市场结果趋于合理，产地冷库建设增长迅速，冷藏库、保鲜库、气调库体量有所增加。2017年，我国冷藏车保有量接近14万辆，较2016年增长2.5万辆，年增长率21.7%（见表6-4）。

表6-4 2013—2017年我国冷链物流市场规模情况

项目 \ 年份	2013	2014	2015	2016	2017
冷链物流业总收入（亿元）	1260	1500	1800	2250	2550
冷库总容量（万立方米）	6027	8300	9350	10500	11937
冷藏车保有量（辆）	55200	75900	93400	115000	140000

资料来源：商务部流通业发展司、中物联冷链委。

二、冷链领域物流与供应链金融服务需求

（一）冷链设施设备存在较大的金融需求

冷链领域基础设施设备以制冷设备为核心，涉及众多设备制造和采购。从制冷设备制造、冷库建设到预冷设备、运输车辆、分销配送冷柜等，存在大量的金融资金需求。

以冷库建设为例，万吨冷库建设成本预算约4200万元，我国2017年冷库新建成本规模就在200亿元以上。另外，由于国内大部分存量冷库老化较为严重，尤其是中西部地区冷库与新时期的需求脱节较大，以20世纪90年代建设的冷库为主，设计无法满足大吞吐、快流通的特点，制冷剂主要使用氟利昂或液氨，暴露出了较多安全问题，此类冷库更新改造需要大量的资金投入。

（二）冷链物流服务存在较大的金融需求

冷链物流运输过程中较多的物流运输商存在垫资多、融资难的问题。中小物流公司资金需求的场景非常简单，物流企业对上游客户有1～4个月的账期，而日常运营的大部分支付却要现付，因此，普遍面临资金周转的问题。

国内冷链服务提供商如果能够提供从采购一直到终端整个过程的冷链运输、加工、仓储、配送服务，并由分销网络把产品送到消费者手中的供应链模式服务，大都希望可以为自己的客户提供相应的金融服务。在冷库中存储生鲜农产品的客户由于资金占压，急需资金进行经营周转，但因规模较小、资质较低，难以达到银行等金融机构的

融资门槛。如果采取存货质押方式，那么提供的仓单是非标准仓单。然而，目前所有银行尚未开展相应业务，且融资过程中的评估、登记等手续烦琐，成本较高。冷链物流公司为其客户提供一体化服务，提高市场竞争力，也亟须开展相应金融服务。

（三）生鲜电商平台存在较大的金融需求

在互联网用户红利褪去的大背景下，生鲜作为高顾客黏性、高消费频次的品类，已成为电商巨头抢夺存量用户的武器。整体来看，2013—2017 年生鲜电商交易额年均复合增长率超过 80%，2017 年交易规模达 1418 亿元。由于生鲜产品需要冷链运输服务，所以生鲜电商逐渐成为冷链物流的热点发展领域。

生鲜作为低单价高频次的消费品，对储运要求十分严格，加上融易损耗，造成每单履约成本比较高。目前生鲜电商在冷链配送、流通环节的损耗率行业平均水平达 25%。因此，通过物流提高周转速度，缩短产地和消费者之间的距离，确保生鲜产品的质量和新鲜度，降低损耗，可以说是生鲜电商的生命线。这就意味着，拥有强大的冷链物流体系是生鲜电商发展的关键。只有冷链物流问题得到解决，生鲜电商市场才能真正繁荣起来。但是自建冷链物流需要巨大的资金投入，一般电商平台无法承受，再加上投资回报周期较长，如果不能拿到巨额的融资，大多数生鲜电商平台恐难以支撑下去，行业洗牌只会加剧，将会有越来越多的平台面临倒闭。

三、冷链领域物流与供应链金融服务模式

供应链金融领域传统的业务模式分三种：预付款融资、应收账款融资、存货类融资。在采购阶段，采用基于预付账款融资的供应链金融融资业务模式，以使“支付现金”的时点尽量向后延迟，从而减少现金流缺口；在日常运营阶段，采用基于动产质押的供应链金融融资业务模式，以弥补“支付现金”至“卖出存货”期间的现金流缺口；在销售阶段，采用基于应收账款融资的供应链金融业务模式，以弥补“卖出存货”与“收到现金”期间的现金流缺口。这三种业务模式在冷链领域均有较多的实践和探索，但随着冷链物流的快速发展，冷链领域也探索出更多的供应链金融组合服务，以更高效、更便捷地服务冷链领域的客户。

（一）冷链设施设备的融资租赁模式

融资租赁是指出租人根据其对租赁物件的特定要求和对供货人的选择，出资给供货人购买租赁物件并租给承租人使用，承租人则分期向出租人支付租金的非银行金融形式。在租赁期内，租赁物件的所有权归出租人所有，承租人拥有租赁物件的使用权。站在中小企业的角度，融资租赁公司就成为实际意义上的供应商。这样的关系结构符

合传统供应链组织架构，因此融资租赁公司成为供应链当中的一环。有些融资租赁公司资金非常雄厚，可以被认为是供应链当中的核心企业，这样，融资租赁公司可以像传统供应链当中的核心企业一样为下游的中小企业提供供应链金融服务。融资租赁主要有三种模式：直接租赁、售后回租、杠杆租赁。

在冷链领域针对冷链设施设备的融资租赁一般有：①冷库融资租赁，目前有两种模式，一是按需定制模式，根据客户需求，在现有干仓的基础上进行改造，改造费用由客户一次支付，租用方式为融资租赁；二是先建设好高标仓库，再对外进行融资租赁方式的招租。②叉车融资租赁，叉车是目前冷流物流主要的运营设备，叉车融资租赁是冷链融资租赁细分市场中的部分。③货架以及自动化仓储系统融资租赁，操作模式主要是由生产企业垫资设计、生产、安装、调试自动化仓储系统，具备使用条件后，再转租给用户使用。生产企业定期分批向用户收取系统的制造和租赁费用，同时提供培训和售后服务，待租赁期满，再将仓储系统整体移交用户所有。货架与自动化仓储系统的总体市场体量目前还比较小。④冷藏车及相关设备融资租赁，整个冷藏车市场的融资租赁业务从车辆融资租赁业衍生而来，业内融资租赁公司基于自身的冷藏车辆产品优势，通过“产品金融”的协同模式，为客户提供一站式服务。

（二）冷链供应链平台模式的供应链金融模式

冷链供应链平台企业在提供冷链物流服务的基础上，围绕垂直行业的核心企业开展供应链金融服务，对其上下游企业开展全方位（仓储、运输、金融）服务的合作模式。有资金需求的经销商、供应商、物流承运商等都可以通过供应链平台公司进行融资申请。主要模式包括：①预付款融资，为客户代理采购。预付款融资可以理解为“未来存货的融资”。从风险控制的角度看，预付款融资的担保基础是预付款项下客户对供应商的提货权，或提货权实现后通过发货、运输等环节形成的在途存货和库存存货。提货权融资的情况如担保提货，是指在核心企业承诺回购的前提下，下游中小企业向银行申请以核心企业在银行控制其提货权为条件的融资模式。企业通过银行融资向上游核心企业支付预付款，上游企业收妥后即出具提货单，下游企业再将提货单质押给银行，之后客户分次向银行打款分次提货。②应收账款融资，为客户快速回款。应收账款融资是指卖方将赊销项下的未到期应收账款转让给金融机构，由金融机构为卖方提供融资的业务模式。基于供应链的应收账款融资，一般是为供应链上游的中小企业融资。中小企业（上游债权企业）、核心企业（下游债务企业）和金融机构都参与此融资过程。核心企业在整个运作中起着反担保作用。一旦融资企业出现问题，核心企业将承担弥补金融机构损失的责任。③存货融资，为客户盘活库存。存货融资是以借款人存货的价值作为融资的质押担保，向银行等金融机构取得资金用于支持其生产与销售活动。融资的还款来源是存货销售回收产生的现金流。

（三）“金融＋电商＋生产”的供应链金融模式

生鲜电商不仅仅是一种销售方式的创新，也是对整个生鲜农产品供应链的重塑。与传统渠道相比，电商平台能够缩短供应链，提高感官质量，提升食品安全水平，丰富商品类别，同时节约消费者时间，大大增强了便利性。生鲜电商平台可以借助电商平台的数据、渠道等多项优势，给农户在农资采购、农业生产以及农产品加工销售等环节融资，帮助农民降低成本、解决销路、增加收益。从农业生产经营的投入，到农业生产资料的购买，再到农产品的销售，“金融＋电商＋生产”的模式覆盖整个过程，形成一个农产品供应链的闭环。

（四）冷链领域供应链金融服务典型案例

1. 普洛斯（GLP）冷链设备融资租赁

普洛斯（GLP）是全球领先的现代物流设施提供商。业务遍及117个主要城市，拥有并管理约5367万平方米的物流基础设施，形成了一个服务于4000余家客户的物流网络。普洛斯服务涵盖海外商品供货渠道、海外仓、国际物流、分销平台、供应链平台、供应链金融、成本风险控制等。2016年8月，普洛斯集团成立普洛斯金融控股公司（以下简称“普洛斯金融”），在重庆两江新区注册，是一家专注打造中国物流新生态的金融科技公司。普洛斯金融依托产业链，在整条供应链全面开展金融服务，提供供应链管理、融资租赁、经营租赁、商业保理、小额贷款、产业投资基金、综合信息服务等门类齐全的金融产品和服务，通过市场化、国际化运作，运营互联网新技术打造国内领先的供应链金融平台。

普洛斯金融打造的冷链设备金融产品目标设备资产包括冷库设备、自动化设备、叉车、托盘、货架等。如某冷链客户为扩大冷链业务，在租用普洛斯冷库后仍需承担

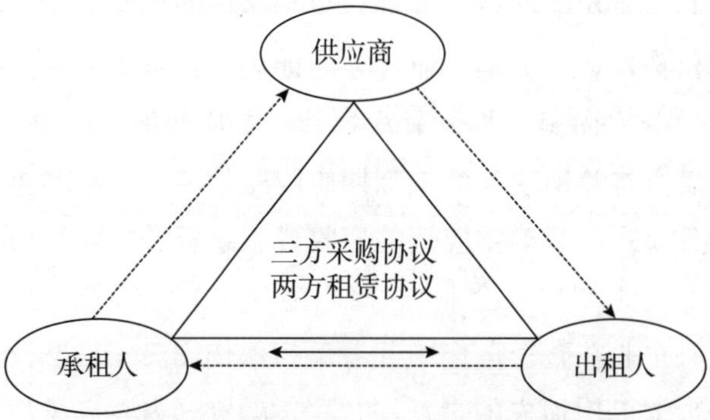

图6－7　普洛斯（GLP）冷链设备融资租赁模式

冷库改造设备的相当大的一笔费用。此时普洛斯融资租赁根据其经营特性提供3年期冷库改造设备融资租赁方案，其只需支付整体设备30%的首付款即可以进行冷库改造并入住使用。3年租赁期内客户向普洛斯融资租赁公司按月支付租金，租赁期结束后可获得冷库改造设备的所有权。

方案优点：解决企业资金缺口，支持企业发展；为客户提供一站式“高标准仓库+库内设备+配套资金”的中和解决方案（见图6-7）。

2. 鲜易供应链平台供应链金融服务

鲜易供应链成立于2009年4月，定位于中国温控供应链集成服务商。业务涵盖温控仓储、冷链运输、城市配送、集采分销、流通加工、供应链金融等服务，公司在全国布局三大平台化园区，23个温控供应链基地，仓储总容积237万立方米，形成了完善的DC（配送中心）、TC（分拨中心）、PC（分拣中心）、EC（电商配送中心）云仓网络。公司自有和整合车辆5900余辆，千余条运输线路，运输网络覆盖全国28个省市区，为客户提供全程可视化的、实时冷链运输服务。公司在北京、上海、广州、郑州、天津等20多个核心城市、3000多个配送网点为客户提供B2B冷链城配服务。

鲜易供应链目前成立深圳前海金融服务公司，具备鲜易保理、鲜易金融租赁两张金融牌照，紧密围绕生鲜供应链上下游的生产商及贸易商，联手金融机构推出线上、线下供应链金融服务方案，链接起上下游的中小微企业与金融机构，为其提供原材料代采、存货融资、应收款保理等多样融资、信用结算服务，推出“存货易”“代采易”“运费贷”等金融产品，为客户提供供应链金融服务解决方案，助其解决经营资金困难，助力客户做大做强，目前已在全国范围内为数百家企业提供过供应链金融解决方案。

产品1：代采易——预付款融资

买货没钱的福音！

客户提交一定比例的保证金，鲜易供应链依托全球化的贸易运作能力，帮助其进行产品代采，定金即可转化为货物采购款，同时可为客户提供进口代理、通关报检、产品监管、冷链运输、流通加工等系统增值服务（见图6-8）。

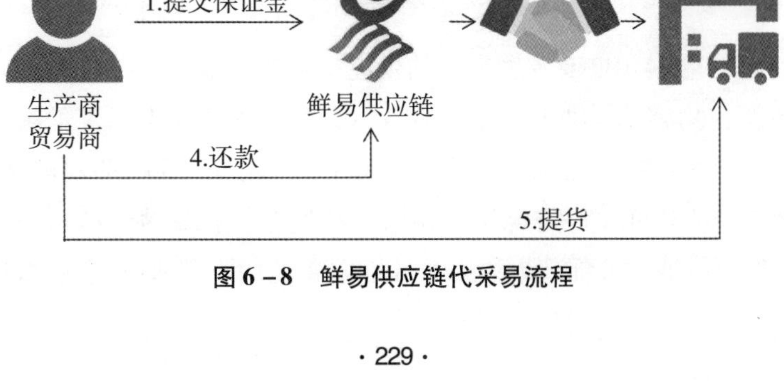

图6-8 鲜易供应链代采易流程

产品2：运费贷——应收账款融资

送完货就结运费！

客户将冷链马甲平台上交易形成的应收账款或通过加盟商总分包模式形成的应收账款转让给鲜易保理公司，获取现金，提前收取运费款。货主支付相关运费后，保理公司扣除相关费用后把剩余应收账款支付给客户（见图6－9）。

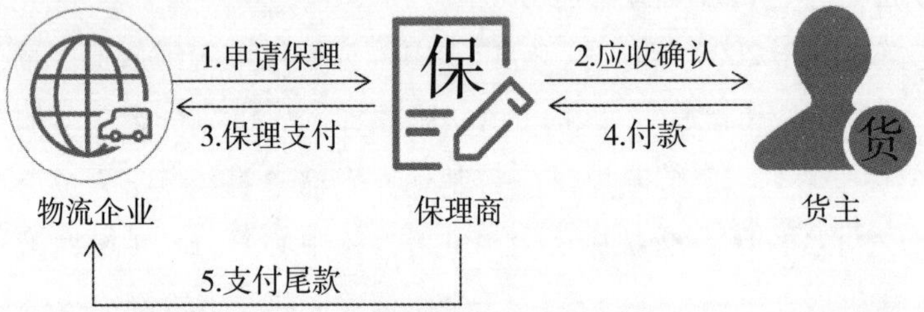

图6－9　鲜易供应链运费贷流程

产品3：存货易

有货没钱的佳讯！

客户将货物存入鲜易供应链指定仓库，即可将库存转化为现金。同时，鲜易供应链可为客户提供仓储管理、冷链运输、流通加工、产品代销、出口报关等系统增值服务（见图6－10）。

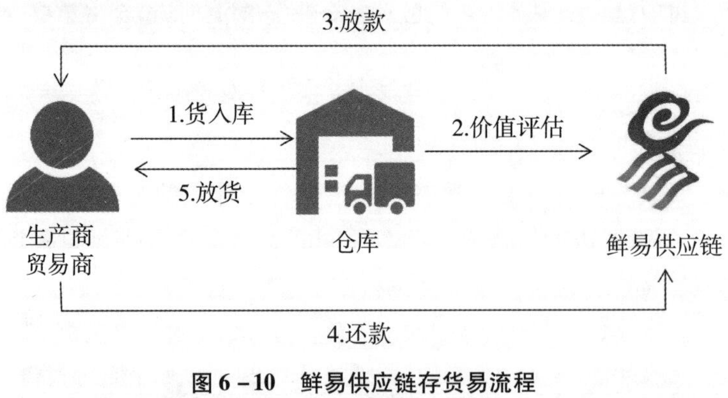

图6－10　鲜易供应链存货易流程

3. 易果生鲜“金融＋电商＋生产”的供应链金融

2016年5月，易果生鲜携手蚂蚁金服，整合包括农村淘宝、天猫超市等阿里电商力量，首次对外阐述了蚂蚁金服的“金融＋电商＋生产”的闭环农产品供应链布局。基于对合作社产品的认可及稳定合作，易果生鲜通合作社签署采购协议，将在农产品成熟时定点采购，并通过天猫超市的生鲜区推向普通用户。蚂蚁金服对订单进行识别、确认后，通过网商银行，给合作社提供低息贷款，同时，为实现易果生鲜对于果品质量的把控，贷款通过定向支付工具专项用于从“农村淘宝”购买易果生鲜指定的农药、农资，并将合作社的采购信息线上传输给易果生鲜，从而实现对果品生产过程的全程把控。在这个过程中，蚂蚁金服保险事业部联合保险公司为农资、农药线上销售提供品质保证保险，确保产品质量无虞。因此，农户不再担心农产品的销售、农业生产资料的投入，甚至无须再出门采购农资，只需要种植好自己的农产品，就能获得稳定的收入（见图6－11）。

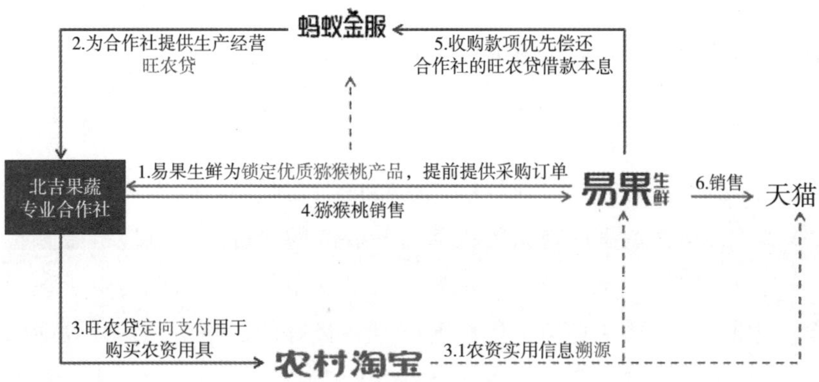

图6－11 易果生鲜“金融＋电商＋生产”模式

四、2018年冷链领域供应链金融发展趋势

目前，我国正处在经济换挡、结构调整期和改革开放攻坚期“三期叠加”的特殊时期。冷链物流市场正从基础物流服务模式向增值物流服务模式转变。越来越多的冷链物流领军企业正打算尝试并超越这个阶段，通过对供应链上下游的整合，以期“链”上客户，融合发展，向着综合性冷链物流服务供应商的方向奋进。

（一）政策扶持驱动冷链领域供应链金融发展

冷链物流产业规划、扶持政策和行业标准频繁出台，政策面的支持是冷链物流行业发展的重要逻辑之一。政府层面对于冷链物流的发展高度重视，开始从政策、法规角度推动物流行业及冷链物流转型升级，支持力度不断加大，提出了健全农产品冷链物流体系，支持冷链物流基础设施建设等要求，督导冷链物流行业的快速完善。

2017年10月，国务院办公厅发布《关于积极推进供应链创新与应用的指导意见》。随着信息技术的发展，供应链已发展到与互联网、物联网深度融合的智慧供应链新阶段。该文件是首次针对供应链领域出台的国家级政策，提出加快供应链创新与应用，促进产业组织方式、商业模式和政府治理方式创新，推进供给侧结构性改革，这标志着我国供应链创新与应用发展进入加速提升阶段，冷链领域供应链金融发展也将进入快车道。

（二）模式和业态创新推动供应链金融业务创新

一方面，随着节能环保的推进和政府对城市配送的管理，冷藏运输车辆城市通行依旧困难，对冷链城市配送提出更多挑战，将倒逼冷链行业企业不断创新；另一方面，新零售、冷链宅配、同城冷链需求也快速增长，订单将越来越小批量、多频次和个性化，电动冷藏车、冷链包装、社区微仓等冷链领域新技术和新模式将迎来快速发展。服务冷链物流的供应链金融也将围绕着冷链客户进行开拓创新。

（三）金融科技推动冷链领域供应链金融发展

随着以大数据、云计算、区块链、人工智能、物联网等技术为代表的金融科技蓬勃发展，一方面冷链物流将迎来新的机遇，另一方面冷链领域供应链金融也将迎来新的发展。良好的标准化、电子化、可流转、安全签章的电子票据、电子税票和电子仓单，可以实现供应链金融业务流程的顺畅管理；良好的云平台、云计算能够使得供应链金融平台具备真实把握供应链运营规律，知晓参与主体的行为，建立和发展大数据的能力；利用区块链实现分布式记账和资金管理，实现智能合约，借助物联网技术做到资金和资产的唯一对应，就能很好地解决资金和资产匹配的唯一性和真实性问题。利用大数据、云计算、人工智能、区块链等金融科技手段，可以实现供应链金融交易的可视化、闭环化和智能化。从而传递冷链领域产业信用，促进资金融通，降低交易风险，优化供应链金融生态。

（撰稿人：鲜易供应链金融服务公司总经理　孙义）

第四节　公路货运业物流与供应链金融发展回顾与展望

一、公路货运业物流与供应链金融发展回顾

（一）公路货运业物流与供应链金融发展规模

近年来，随着我国经济的高质量发展以及互联网在各行业的深入应用，物流业发展规模、企业经营范围、行业融资和专业能力快速提升，金融成为加快物流及供应链

发展的重要因素，为物流及供应链提升服务质量，拓展多样化服务提供更大发展空间。如今，“金融 + 互联网 + 物流”融合发展正呈现出更加蓬勃的活力。据调查，2016 年我国物流与供应链金融市场规模达到 25 万亿元，其中传统结算金额占绝大比例，融资租赁占比第二，达 5.33 亿元，存货及保理规模稳步发展，小额贷款规模也超过了 9000 亿元。

据有关部门统计，2016 年年末，财产保险公司货物运输保险保费 85.51 亿元，比上年减少 3.05%；财产保险公司货物运输保险赔款及给付 55.28 亿元，比上年增长 19.65%。

2016 年年末，财产保险公司船舶保险保费 51.19 亿元，比上年减少 7.1%；财产保险公司船舶保险赔款及给付 36.74 亿元，比上年增长 10%。

（二）公路货运业物流与供应链金融发展政策

供给侧结构性改革使得金融对经济转型升级的作用越发重要，多项国家政策引导让金融回归实体经济，为实体经济的发展注入了巨大能量，物流与供应链发展迎来新的机遇。

2017 年 8 月，国务院办公厅印发《关于进一步推进物流降本增效促进实体经济发展的意见》（国办发〔2017〕73 号），该意见提出支持符合条件的国有企业、金融机构、大型物流企业集团等设立现代物流产业发展投资基金，按照市场化原则运作，加强重要节点物流基础设施建设，支持应用新技术新模式的轻资产物流企业发展。鼓励银行业金融机构开发支持物流业发展的供应链金融产品和融资服务方案。

在物流业中，中小企业总数占行业企业总数的绝大比例，尤其在公路货运行业中更为明显，而中小企业贷款余额占金融机构贷款余额比例明显偏低，仅为 40%，“贷款难”成为普遍问题。为加大金融对小微企业的支持力度，人民银行、工业和信息化部会同财政部、商务部等部门联合印发《小微企业应收账款融资专项行动工作方案（2017—2019 年）》，共同开展小微企业应收账款融资专项行动。

此外，对于失信物流主体和车辆惩戒方面，国家发展改革委等有关部门出台《关于对严重违法失信超限超载运输车辆相关责任主体实施联合惩戒的合作备忘录》（发改财金〔2017〕274 号）、《关于对运输物流行业严重违法失信市场主体及其有关人员实施联合惩戒的合作备忘录》（发改运行〔2017〕1553 号），将失信状况作为金融机构融资授信时的审慎性参考，在公司证券核准、融资、股票发行等方面对失信主体进行金融限制，深化了物流及供应链与金融行业的融合发展。

二、公路货运业物流与供应链金融基础服务

科技助推物流与金融深度融合。互联网、云计算、大数据、物联网、人工智能等

技术的研发和应用，已经深入物流与供应链金融产品开发、运营管理、风险管理的各个环节，并加速提升物流与供应链金融的价值。面对公路货运领域运量大且中小企业占绝大比例的发展现状来说，科技有效提升了对物流全链条的风险管控能力，提高了供应链整体绩效和客户的经营和资本运作效率。如邮政速递首创基于大数据的电商企业动产融资管理模式，通过数据化和模型化的方法进行风险管控，精准测算额度和利率；苏宁银行借助区块链技术，聚焦供应链金融、消费金融、微小商户金融和产品销售四大核心业务，形成业务全流程、全渠道管理。

标准规范物流与供应链金融市场良性发展。中国物流与采购联合会物流与供应链金融分会编制的《公路货运企业融资评价指标体系》及实施细则，依托大数据、物联网、云计算、人工智能、生物识别等多种科技手段，构建出公路货运行业立体化数据生态，围绕企业评价和场景风控，迅速、全面、精准地刻画企业形象，实施评估企业物流与供应链金融价值，为金融机构筛选顾客提供评价依据，提高行业风控能力，助力行业良性发展。

三、公路货运业物流与供应链金融企业运作

（一）物流园区类

传化物流作为老牌公路港运营服务商，构建集支付、融资、经济、征信等服务为一体的金融体系，从生态角度为陆鲸、货滴等互联网和供应链产品用户提供融资、应收账款贴现等融资服务，形成可持续的盈利模式。2018 年，传化金融发布“仓配运 + 支付 + 金融”一体化供应链金融系统解决方案，以及物流人专属的定制钱包，激活中小物流企业信用资产，解决中小物流企业金融难问题。

普洛斯作为一家专注中国物流新生态的金融科技公司，依托其庞大的物流园区网络，在供应链上开展融资租赁、经营租赁、商业保理、小额贷款等金融产品和服务，并在金融产品设计中融入产业特点，形成运力金融、社会金融、跨境电商金融等业务，为整条供应链全方位的金融服务。近年来，普洛斯先后投资卓志跨境供应链、易代购等企业，拓展供应链金融服务范围，又与海航达成战略合作，强强联手打造现代物流生态链。2018 年，普洛斯聚焦智慧物流发展，与际链科技达成合作，通过大数据等技术驱动，打造具有供应链金融属性的仓储网络，运用智慧物流助力供应链金融的风险管控。

此外，林安物流、顺丰、传化支付等均获得第三方支付牌照，从第三方支付切入物流与供应链金融，探索物流与供应链金融发展新路径。

（二）互联网平台类

卡行天下采用一票到底的运营模式，链接多级中小物流公司，形成线上交易、金融和信用体系一体的金融平台，为企业提供信用贷、流量贷、项目贷等金融服务。其旗下的中金物联网贷平台更加专注于物流与供应链金融服务的细分领域。

天地汇基于天地卡航及其在“互联网 + 物流”大数据方面的积累，搭建集合金融机构和物流企业的金融平台，开展天地汇平台自营车辆直租/回租业务、天地卡航第三方承运商直租/回租业务、ETC 业务保理项目、加油卡应付保理项目、营运车辆保养小额融资项目等金融服务，为公路物流提供金融支持，并在大数据基础上构建信用评估体系，为融资、结算、担保等金融服务提供业务保障。

福佑卡车是中国城际整车运输互联网交易第一品牌，致力于通过互联网技术为物流企业与承运方搭建无缝对接平台。2017 年获得君联资本、钟鼎创投、普斯等企业的 2.5 亿元融资，加大数据平台的投入建设和供应链金融体系的搭建。以平台大量的交易数据为基础，深度挖掘数据价值，构筑科技金融体系，解决长期困扰物流行业的风控难题和个性化需求，为交易链条上的各环节主体提供金融服务。

四、公路货运业物流与供应链金融发展存在的问题

（一）金融融资主体单一

西方的物流与供应链金融融资主体区域多元化，多方机构同时存在，企业可通过多种渠道获得资金支持。相比之下，国内的融资主体形式单一化，公路货运企业主要的资金来源是金融机构（如银行）提供的贷款，借贷难度高、办理时间长，同时易受到政策、法律等环境限制，对于互联网时代下公路运输行业借贷频率高、资金周转快等需求难以适应。同时，金融机构（银行）在选择融资对象时，受风险控制及信用等级等方面条件限制，主要投放给大中型企业，小企业仅占 20%，微企业更是难以拿到。

（二）信用系统构建不完备

物流与供应链金融的信用风险是金融机构在向货运企业放贷和融资、货主承运商选择等过程中面临的主要风险之一，包括对方履约风险、商品真伪性风险等。我国目前还没有在公路货运市场形成完备的信息体系，导致金融机构无法准确判断对方信用资源。现有的部分货运企业平台、金融信息平台等参与主体构建自身的信用体系进行风险评估，但评价标准不一、信息获取能力不一、评估侧重点不一，一定程度上导致公路货运市场上企业面临的金融风险增加，无法为交易提供更加完善的服务保障。

（三）相关法律法规不完善

我国公路货运行业物流与供应链金融起步较晚、发展时间较短，但互联网时代企业对于物流与供应链金融服务的需求迅速上升，龙头企业、供应链管理公司、运输公司、科技公司、金融信息服务平台等参与方纷纷利用自身优势，切入供应链服务领域，但国家对于物流与供应链金融过程中抵押物风险、信用风险和操作风险等还缺乏必要的法律手段，没有针对性的法律条文对其各参与主体在金融业务上的运作进行有效约束，容易出现套利等违法违规现象。此外，国家法规在抵押物呈交、保管方面的监管机制不健全，进一步加剧了行业金融风险。

五、公路货运业物流与供应链金融发展展望

新融合催生更大的金融市场规模。近年来，在公路货运市场中，兼并重组、合作联盟不断发生，运满满和货车帮合并之后成立的满帮集团成为整车运输市场中的独角兽，苏宁物流并购天天快递、青旅物流并购全峰快递也进一步提高了快递市场的规模化和集中度。大规模行业市场的形成，使得物流与供应链金融市场价值凸显，催生了更大的金融市场规模。

技术成为物流与供应链金融发展的关键。互联网时代，科技在物流与供应链金融中的应用将更加深入，对有效数据的挖掘及积累，不仅可以为企业经营状况未来发展提供决策依据，还成为金融机构进行信用价值评定、风险管控考虑的重要因素，未来科技型、平台型企业将成为公路货运中物流与供应链金融创新的主要力量，中国外运、福佑卡车等龙头企业均已开始积极尝试。中外运与腾讯云正式达成战略合作，利用腾讯大数据平台能力和资产，进行市场趋势预测和相关产品的设计优化，以更好地服务目标用户。福佑卡车获得2.5亿元C轮融资，重点致力于数据平台的建设、团队的升级和供应链金融体系的搭建。2018年1月2日，福佑卡车获得C+轮融资，将持续强化移动互联网、大数据和人工智能技术投入，致力于驱动整车运输变革。

风险防范成为公路货运领域物流与供应链金融的核心能力。2017年，社会物流总费用12.1万亿元，其中公路运输费3.8万亿元，数百万家企业提供不同形式的公路货运服务，货主在选择承运商时面临市场企业杂乱、对企业资质不了解、货运风险难管控等困难，而金融的本质是风险估值和信用，企业需要通过物流与供应链金融服务全面掌握各主体的资信情况，提高信用识别和自身的风险管控、风险应对能力。

中小微企业成为公路货运领域物流与供应链金融的重要服务对象。在公路货运市场中，中小微企业是真正缺少资金的，近些年劳动力、原材料成本上升，流动资金短缺，中小微企业用户贷款需求旺盛，但对于银行来说，中小微企业的征信成本非常高，

传统的信贷模式远远满足不了中小微企业的贷款需求，物流与供应链金融服务的发展拥有巨大潜力。

（撰稿人：中国物流与采购联合会研究室　祁薇
中国物流与采购联合会研究室主任　周志成）

第五节　危化品物流行业物流与供应链金融发展

2017 年，国务院办公厅印发《关于积极推进供应链创新与应用的指导意见》，其中要求：积极稳妥发展供应链金融，推动供应链金融服务实体经济，推动全国和地方信用信息共享平台、商业银行、供应链核心企业等开放共享信息。

作为特殊物流领域的危化品物流领域，近十年来发展迅速，整个产业链对金融服务需求强烈。

一、危化品物流行业定义

危化品是指具有易燃、易爆、有毒、有害和放射性等特性，在运输装卸和储存保管过程中易造成人员伤亡和财产损毁而需要特别保护的物品。危化品物流是指危化品从供应地向接收地的实体流动过程，涉及运输、储存、装卸等过程。

近年来，我国石油和化工产业迅猛发展，石化产业链不断延伸，危化品生产、使用、仓储、运输和进出口的总量也日益增加，种类日渐繁多，涵盖氢气、天然气、液化石油气、氨气、一氧化碳、溴甲烷、汽油、乙醇、丙酮、红磷、萘、硫黄、镁等各种形态的高危化学品。

二、危化品物流行业现状

（一）行业产值

2017 年，危化品物流行业主要经济指标达到近年来的最高增速，全行业继续保持稳中向好、稳中提质发展态势，多个品种产能利用率提升。以甲醇为例，甲醇作为基础的液态化工产品，我国年产能 7500 余万吨，2017 年进口量 800 余万吨。

未来，随着我国石油和化工行业供给侧结构性改革的推进，行业持续增长条件将会越来越好（见图 6 – 12）。

2017 年年底，我国危化品全行业货物运输量超过 16 亿吨，实现 10% 以上的年增长。我国每年运输的危险化学品中，大部分通过道路运输，每年通过道路运输危险货

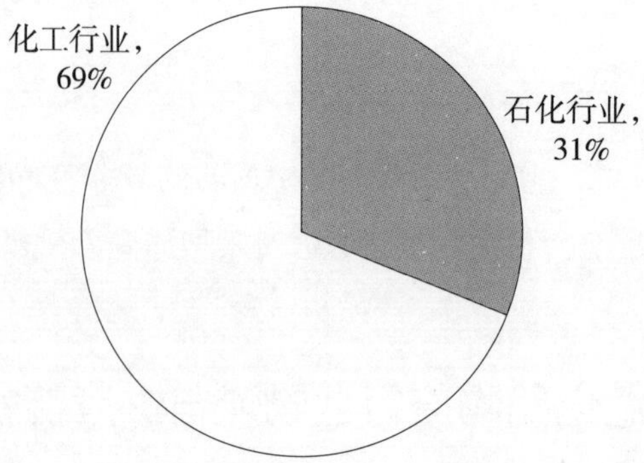

图6－12　2017年我国石油化工行业收入结构示意

数据来源：危化品物流分会。

物总量达10亿吨，占公路年运输总量的30%以上。经统计，我国从事危化品货物运输的企业约1万家，从事危化品运输的车辆超过36万辆。

从各省（区）拥有的危化品车辆规模及吨位上看，广东、安徽、江西、新疆、河北等地车辆吨位占比较高，尤其是广东省车辆占比排名跃居第一。西藏、青海、海南排名仍然靠后。

目前，我国道路运输从业人员3000多万人，其中从事危化品运输的驾驶员、押运员和装卸管理员共148.9万人。从全国各地区危化品运输从业人员占比情况看，山东、江苏、广东、辽宁、河北等地区人员规模较大；而重庆、青海、西藏和海南等地区占比较低。

（二）产业分布

整体而言，我国石化产业区域分布主要呈现以下两大特点。

（1）沿海（东部）地区较稠密，内陆（中西部）地区较稀疏。

（2）北部地区较稠密，南部地区较稀疏。

这主要是因为华东地区经济发达，发展石化工业的资金雄厚，且市场需求量大、港口众多、对外联系便捷。

此外，石化产业临港布局的原因主要是因为石化企业运输量大，港口对外联系便利，既有利于原油的输入，也有利于各种石化产品的输出。

向专业园区集聚的原因主要有以下几点。

（1）石化工业园区各种基础设施完善，节约生产建设投资。

（2）有利于各企业的信息和技术协作，降低中间产品运费和能耗，提高生产效率和利润，取得规模效益。

（3）有利于实现资源优化配置，充分利用各种中间产品，实现生产一体化、集约化和可持续发展。

2017 年，在我们调查的几十家危化品物流企业中，各区域的企业数量占比分别为：华南约占 30%，华东约占 22%，华中约占 20%，华北约占 16%，西南约占 7%，西北约占 3%，东北不到 2%。

此外，从流域分布上看，长江沿线化工产量约占全国的 50% 以上。长江沿线共布局化工园区 60 多个，生产企业 2000 多家，生产的危化品种类超过 250 种，主要包括丙烷、丁二烯等易燃气体类，原油、汽油、甲苯等易燃液体类，苯胺、苯酚、四氯乙烯等毒性物质类，硫酸、液碱、甲醛等腐蚀类。

三、危化品物流行业特征

（一）“小、散、乱”问题严重

危化品物流企业的准入门槛较高，管理难度较大，“小、散、乱”问题严重。国内大多数危化品物流公司经营实力相对较弱，危化品专用车辆较少，缺乏规模较大的运输和仓储企业，现有的大多数危化品仓储企业、运输企业仅能提供单一的服务，缺乏提供危化品物流服务的基本专业能力和整体协调策划能力。在我国危化品物流运作实践中，不符合规范的现象大量存在，成为造成安全隐患的重要因素。无证经营危化品物流和无证上岗的现象也时有发生，或驾驶员、押运员未能达到相关专业知识要求，出现事故时不能及时、妥当处理。许多企业对安全生产投入严重不足；大多数危化品物流企业没有相对完善的事故应急预案，有的根本没有设立应急救援预案体系。相当部分危化品物流的从业人员素质偏低、缺少专业的知识，对危化品物流知识了解少、操作不规范，无证上岗的情况也屡见不鲜，导致危化品物流潜在危险性较大。一旦发生事故，这些人员无法及时采取准确措施，就会出现逃匿现象。

（二）危化品物流安全问题突出

由于危化品具有易燃、易爆、有毒、腐蚀、放射性等性质，在生产、运输、储存、使用及废弃处理等环节有着高度危险性，危化品安全事故也时有发生。

据安监总局与消防部门相关数据，我国发生的危化品事故中，77% 发生在运输阶段，9% 发生在储存阶段，也就是说，运输阶段已经成为危化品安全中风险最高的一环。近几年，重特大危化品运输事故频发，牵动全社会的心。

（三）危化品物流行业风险特征

物流业整体风险特征为物流业整体发展水平不高，发展方式比较粗放，主要风险表现在：传统物流企业普遍存在轻资产、收入规模偏小的情况，特别是快递、第三方物流等企业，融资时往往难以提供合适的抵/质押物，缺乏有效的风险缓释措施。物流行业整体利润率偏低，与金融机构的资金预期收益存在缺口。

危化品物流业风险特征：①相对于普货车辆，危化品物流投资金额相对较大，回收期限较长；②危化品物流行业安全问题突出，重大事故将直接影响企业生存；③危化品物流车辆属于专用车辆，资产难以处置；④上游石化企业产能过剩，运输市场竞争激烈，运费下滑，物流企业盈利稳定性较差。

（四）危化品物流行业财务特征

危化品运输企业的应收账款运费结算账期为1～2个月，结算现金和承兑均有。固定资产包括各种运输车辆、罐车、集装箱、叉车等，部分大型运输企业有自己的土地、办公楼。

成本费用主要为燃料费用、维修费用、员工工资等，上述结算方式大都定期结算或现结。长期借款/长期应付款主要为融资购买车辆。该部分款项大都按月还款，构成其硬性支出，对其未来资金流有一定影响。

以上特征，决定了危化品物流行业对金融支持需求的紧迫性和重要性。

四、危化品物流发展趋势

（一）危化品物流行业本身发展趋势

针对危化品物流存在的问题，调整行业结构迫在眉睫，为了实现提高全国危化品车辆的正规性、增强危险品运输的安全系数的目标，最根本是改变“小、散、乱”的行业现状，提高行业集中度，促进行业整合，淘汰违规小企业，推动龙头企业的形成。

1. 危化品物流整体发展保持平稳

随着我国经济发展增速下滑，目前石化产业整体产能过剩约30%，危化品物流基本达到行业高峰，下一阶段将保持平稳发展。同时为了提升利润水平，大型危化品运输公司也通过多式联运等多种模式增加车辆运输效率，提升营业额来扩大利润水平。例如，目前道路危险化学品运输也在慢慢向集装箱转化，为的就是提升车辆运转效率。

2. 危化品运输集中度逐步提高

危化品运输管理更加严格，市场集中度逐步提高。危化品运输安全事故频发后，政府严控危化品运输市场准入、强化危化品运输安全监督管理、推进危化品运输安全生产风险管控、加强从业人员培训和监管队伍建设、严肃危化品运输安全生产事故调查处理、建立危化品运输安全生产长效机制，危化品运输准入门槛不断提高。同时，上游企业出于安全与规范考虑，在招标过程中更加重视承运企业管理能力、设备水平、安全记录等，无法建立健全安全管理体系的中小企业逐步退出市场，行业份额逐步向管理规范、经营稳健、安全记录良好、具有一定规模的企业集中，市场集中度逐步提高。

3. 危化品物流车辆需求升级

国家整治危化品物流行业，严格管理危化品运输车辆，利好于安全高效的危化品物流车辆发展，将来危化品物流车辆需要主要集中在新增车辆替换到期淘汰车辆、安全高效车辆替换原有车辆等方面。

4. 危化品供应链持续创新

危化品物流是化工产业供应链中的重要环节，当前危化品物流的发展趋势是从整个供应链上创新升级，提升上下游的运力、仓储匹配能力，提升安全、降本增效，把企业做大做强并实现规模化。“陆、水、铁”等的多式联运正是危化品物流供应链提升效率的重心。除第三方物流外，为前三方物流提供规划、咨询、信息系统、供应链管理等内容服务的第四方物流正在兴起并有望获得快速发展。第四方物流将以“强强联合＋区域联合＋板块联合”的模式，通过商业模式和物流模式的创新、资源的整合及资本的有效运用，为化工企业提供安全、高效、一体化和精准化的物流服务，有效降低托运方的物流成本，为企业产生新的效益增长点，让整个危化品物流行业走上开放、联合、高效的供应链发展创新之路。同时，智慧物流热潮涌动，智能仓储、车货匹配、无人机、无人驾驶、无人码头、物流机器人等一批国际领先技术在物流领域得到应用；无车承运、甩挂运输、多式联运、绿色配送等一批行业新模式得到推广，现代供应链正在成为新的增长点和发展新动能。

5. 危化品园区成为主要载体

化工企业搬迁入园的政策正在对物流模式产生新影响。物流企业将以园区为主要载体，集中经营成为提高管理水平的突破口。我国化工园区的发展建设多处于沿海、沿江、化工经济重点区域和化工资源产地，这些地区临近港口码头和公铁路交通要道，为仓储物流发展提供了便利条件；而丰富的资源和高密度的石油化工企业，也为仓储企业提供了充足的货源和稳定的市场需求，提供了发展空间。根据我国现行政策，所有新建和搬迁的危化品生产、储存企业必须进入专业化工园区，化工园区已成为危化品仓储企业生存发展的主要载体。

6. 电商＋平台开始发力

化工行业被认为是全球第三大电子商务市场，也是当前电子商务发展的增长热点。电子商务将对化学工业产生巨大的影响，改变传统的交易模式，引发整个化工行业利润的重新分配。目前，国内化工电商平台众多，其高速发展也催发物流平台建设的加速。2017 年 7 月，国务院部署推进“互联网＋”的高效物流，以“互联网＋”高效物流为标志的智慧物流加速起步。这无疑给危化品物流平台化注入了新动力，行业企业对危化品物流电子平台建设的呼声也越来越高。2018 年，危化品物流分会也将进一步推进互联网平台在化工物流行业的应用。从实际情况来看，由于对安全要求的特殊性，危化品车货匹配平台面临着比普货更大的难题，特别是安全风险防控极为重要。因此，第一，必须建立严格的企业认证体系；第二，在服务规模化企业的同时尽可能扩大对小、散户的吸纳与整合，让这些企业也能享受到电子商务的便利；第三，理性面对危化品运输的风险性，合理防范；第四，注重平台信息的时效性和准确性。

7. 环保安全智能化升级

随着人工智能、物联网、大数据、云计算和主动安全防护等新技术的诞生应用，不仅提升了危化品物流的管理水平、运行效率，还大幅提升了行业的安全和环保水平，如轮胎压力分析、自动驾驶等智能控制技术，可有效减少运输中的车辆事故。未来，协助推动 GB7258—2017 标准、新版 JT617 的落地与实施，加快主被动安全技术的应用，推动道路交通安全研究成果转化和资源共享等，都将是危化品物流分会的工作重心。

（二）危化品物流行业供应链金融发展态势

从整体看，近几年来，我国危化品物流金融行业发展呈现以下三大趋势。

趋势一：危化品物流金融市场中小型客户比重将上升。

数量庞大的中小企业，一直被银行等传统金融机构视为鸡肋。得益于信息技术和互联网金融的创新，贷款的申请和评估将变得简单，未来金融机构的评估成本和风控成本也将得到很好的控制。

趋势二：危化品物流行业投资基金数量将显著增加。

在危化品物流基础设施投资、企业股权融资等领域，均为快速增长的投资热点。预计未来三年，随着危化品物流行业资本市场的逐渐成熟，将有更多的投资基金进入危化品物流行业，特别是专业化程度较高的物流园区建设。主要类型包括政府引导基金、物流创投基金、物流融贷基金、物流并购基金等。

趋势三：危化品物流大数据金融蓬勃兴起。

通过搭建电子商务资金结算、清算和托管及信贷资金监管等综合金融服务平台，运营主体完全可以将借记、信用、公司结算及行业应用等功能进行整合，撬装加油、加气、充电等一卡通，针对一些信用较好的市场主体，可推出“汽车贷”和“车船融资租赁”等产品创新，服务物流企业。

五、危化品物流与供应链金融发展建议

我国危化品物流行业规模庞大，相关金融支持一直存在一些亟须解决的问题，如监管法律关系的界定、行业规范的完善、准入机制的建立等。应利用相关政策调控和

金融工具，加强对危化品物流金融的扶持和引导，推进行业持续健康发展。

（一）从政府角度

一是创新政府基金支持危化品物流金融发展。通过设立危化品物流产业基金、入股社会金融机构等方式，加大对重点危化品物流金融服务企业的支持力度，为其发展提供必要的资金保障，鼓励其向符合条件企业提供更高额度的授信，鼓励大型化工园区建设，鼓励其向大型危化品物流企业提供更高额度的贷款，实现技术升级、提高环保标准。

二是加大税收政策支持。针对危化品物流企业，在进行设备升级改造、高标准车辆购买时，政府应给予一定的税收减免，力争从政策上为众多危化品物流企业提供升级创新支撑。

（二）从银行角度

从银行角度来看，也要从危化品物流市场的实际情况出发，针对企业研发具有风投性质、支持新生物流企业发展的融资产品等，以便增加自身收益。鉴于企业普遍具有强烈的保险需求，保险公司也应积极研发针对性强的险种，大力推动物流保险业务全覆盖，以此提高自身实力，实现多赢。

（三）从企业角度

引导危化品物流企业提升自身信用等级，力促金融创新。目前，危化品物流分会正在打造运营危化品企业信用平台，鼓励企业加强自身建设，尤其是设法提升自身信用等级，并及时与银行进行交流，使银行准确掌握自己的融资需求。

（撰稿人：中国物流信息中心副主任、
中物联危化品物流分会秘书长　刘宇航）

第六节　案例分享

一、传化金融：大数据驱动的物流金融创新

（一）企业简介

传化集团创办于1986年，涵盖智能物流、科技城、化工、现代农业、金融投资五大事业板块，拥有“传化智联”“新安股份”2家上市公司和7家国家高新技术企业、

2 家国家级技术中心。传化深耕制造业 31 年，深知中国制造转型之痛，除了缺乏智能化、数字化的基础设施与生产装备外，本质是缺乏服务中国制造的一揽子供应链系统解决方案。

传化金融源自物流、服务于物流。传化金融目前已经获得第三方支付牌照、保理牌照、租赁牌照、保险经纪牌照。打造支付、商业保理、融资租赁、保险经纪四大产品体系，面向互联网金融与普惠金融，真正践行金融业服务实体经济和制造业企业，大幅提升金融服务的普惠性和覆盖面。

传化商业保理有限公司为传化智联（股票代码：002010）旗下全资子公司，成立于 2016 年 1 月，注册资金 11516 万元。公司依托平台数据资源、以金融科技手段为支撑，以应收账款管理为基础，在解决中小物流企业融资难题的同时，为其提供卡车分期、保险等一揽子金融解决方案，以及运力、仓储、系统、货源等配套增值服务，从而实现与中小物流企业的战略合作伙伴关系。

传化保理公司依托布局全国的线下实体传化公路港，并在实践中探索"1 + N"模式对客户进行授信与管理（有效利用线上数据、积极采集线下数据并向线上转化），通过快速的审批流程，灵活、多样的保理产品满足中小物流企业"短、小、频、急"的资金需求，同时通过日益丰富的线上数据、逐步优化的客户评价模型，将逾期率控制在了较低的水平。目前传化保理公司业务规模与客户数量等各项指标呈现良好的增长势头。

（二）案例阐述

1. 背景介绍

1）公路运输行业亟须集约化发展

我国公路运输占国内物流运输的近 80%，但国内公路物流却是国内物流的短板。长期以来，国内社会物流总费用占 GDP（国内生产总值）的比重远高于发达国家（近乎两倍）。除了人工、能源、高速公路、税赋等因素，造成物流成本高位运行的还有一大因素，就是效率的低下。数据表明，我国社会车辆空载率高达 30%，远高于发达国家；库存成本占总成本高达 6% ~7%，而发达国家仅占 1% ~2%；年流通资本周转 2 ~3 次，日本是 14 ~15 次。

而公路运输从事主体"小、散、乱、差、多"，集约化发展不足是造成成本高、效率低的根本原因。我国货运市场由于开放早、门槛低，个体运输户成为货运市场的主力，进而导致"经营主体多、规模小、管理乱、组织松散、竞争力差"。

2）"中国制造 2025"需要物流金融服务的支撑

大量制造型企业经营模式传统，效率低：采购部门为找到性价比合理的原材料，需要一家一家去比较；物流部门为组织好运力和货物的及时到达，非常耗费精力；生产和销售部门的计划很难准确地安排，以致原料和成品都要备货和仓库，难以做到零库存管理；企业还需要花大量的时间为资金问题与银行交流。

“中国制造2025”提出了智能制造的主攻方向。智能制造需要智能化服务，其中智慧金融服务致力于将生产企业割裂的供应链环节进行高效连接、形成组织协同，这将是推动企业转型升级的重要方向之一。

2. 产品设计

1）特色产品及业务流程

物流运输行业里面中小企业居多，它们的资金成本非常高，资金利用效率很低。据有关部门估算，我国物流企业的贷款融资需求在每年3万亿元以上，目前被传统金融机构满足的需求不足10%；仅物流运费垫资一项，每年约有万亿元的融资需求，但这部分需求只有不到5%是通过银行贷款的方式得到的。

传化商业保理公司深耕物流行业，根据物流行业特性，结合客户实际情况，打造了以下几款明星产品。

（1）运易融。

服务对象：体系内、3PL（第三方物流）及中小专线物流企业、车队等。

产品诉求：针对资金短缺，且融资难、融资贵的问题，量身打造的一款基于运费贴现服务的“纯信用、低利率”金融产品。

具有额度高、利率低、期限长、纯信用、还款便等优势。

运易融业务流程如图6－13所示。

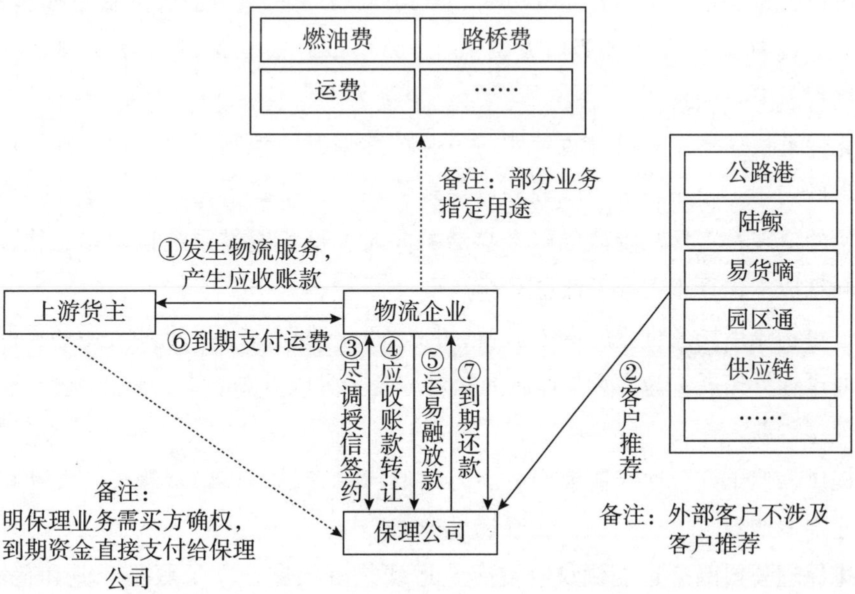

图6－13　运易融业务流程

（2）支付+保理。

服务对象：接入传化支付系统，资金收付结算频繁，并有一定时期历史数据积累的客户。

产品诉求：使用传化支付进行支付结算一定周期、日常收付结算频次较大的物流企业及货主客户，因日常资金收付结算频次较大，账户资金有沉淀，但在面临单笔垫资较大的情况下，付款能力不足。通过“支付+保理”模式，依托其历史交易数据，核定授信放款额度，盘活零散资金，解决一次性垫资压力；每日现金流自动还款，节省利息支出，依托数据增信，实现流量变现。具有成本低、期限长、还款便等优势。

2）应用案例及竞争优势

（1）以运易融为纽带实现客户与传化的深度合作。

杭州某车队型物流公司——顺丰下游大型承运商。2017 年 8 月，传化保理公司对其运易融授信 1000 万元，2017 年 11 月中旬，通过后台 GPS 系统数据运行情况，获知其“双 11”期间，业务量增长迅速，垫资压力较大，传化保理公司第一时间根据该公司业务情况为其增加 400 万元临时授信额度，用于“双 11”“双 12”业务高峰期间的运费垫资，最大限度地满足了客户的融资需求。与此同时，依托传化智联平台优势，通过传化保理公司的协调，调配 300 平方米修理场地、18 间员工宿舍，解决了该公司经营发展中的重大难题。

（2）“支付+保理”依托数据增信，帮助物流企业流量变现。

某平台型小件快运物流企业，经营区域是江苏、上海、浙江、广东、山东等省市，主要城市设分拨中心，分拨中心下设一、二级收发货网点，形成网状干线运输线路。目前，有分拨中心 51 个，一级收发货网点 785 个，一、二级网点合计 1850 个，2017 年日均出货量 1000 吨。

传化保理根据平台每日充值流水、资金沉淀情况，为其授信放款，各网点每日充值款项限额内用于归还融资，限额外可提现使用。此模式依托物流企业数据增信，实现了流量的变现；将日常闲散的资金盘活的同时，每日通过系统自动扣还款，节约了大量的利息成本，真正实现了低息融资。

通过对物流市场及行业的深入分析，传化商业保理从以下两方面确立了行业竞争优势，通过业务拓展，为广大物流企业提供综合金融服务。

①理念创新。

以提供一揽子综合性产业金融解决方案取代单纯的提供融资服务，推动物流及生产制造业降本增效。

传化保理公司围绕运输领域物流企业运费垫资问题，立足服务产业和普惠金融，依托传化网平台和数据，深耕大物流行业，凭借传化智联旗下支付、融资租赁、保险经纪等综合资源优势，为货主、物流企业和司机围绕人、车、货、场4个商圈，提供一站式、一揽子产业金融解决方案。与此同时，依托布局全国的传化公路港、强大的技术团队，传化保理公司还能够最大限度地协同内外部资源，在运力、仓储、系统、货源、集采等各个环节，为客户提供一系列的配套增值服务。在解决了客户融资难的同时，助其融得资源。通过这一揽子综合性产业金融解决方案服务物流企业，推动着物流行业发展，同时也是传化金融立志成为最懂物流的金融合作伙伴的具体体现，在一定程度上促进了生产制造业的降本增效。

②模式创新。

传化保理公司依托布局全国的线下实体传化公路港和线上互联网平台，运用金融科技手段，综合线上、线下数据资源，实现业务的快速审批，以灵活、多样的产品满足中小物流企业“短、小、频、急”的资金需求。同时通过日益丰富的线上数据、逐步迭代的客户评价模型，不仅完成了前端客户筛选，而且将逾期率控制在了较低的水平，一定程度上改变了传统金融机构因信息不对称而将中小物流企业拒之门外所导致的中小物流企业融资难的局面。“支付 + 保理”这种依托数据增信，让物流企业流量变现的模式成为行业首创，真正解决了中小物流企业的痛点。目前，传化保理公司业务规模与客户数量等各项指标呈现良好的增长势头，初步实现了与中小物流企业共同成长的局面。

3. 绩效分析

作为传化网的引擎，传化保理聚焦物流金融领域，通过打造以物流金融为特色、以供应链金融为支点，国内金融业务融合发展的综合金融平台，为物流行业三大主体提供定制化的普惠金融和供应链金融服务，从根本上解决其融资难、融资贵的痛点。传化保理通过受让应收账款来解决企业融资难题，实现一次授信、资金循环使用，从而与物流企业形成“物流 + 金融”的战略合作伙伴关系。

传化保理公司依托产业优势致力于为国内物流企业提供除应收账款相关的融资服务，同时，为客户在运力、仓储、系统、货源、集采等环节，提供一系列的配套增值服务，以及优质的、综合性产业金融服务。截至2018年6月，传化保理已为千逾家企业解决融资问题，业务投放量已超30亿元。其中，“运易融”产品得到了近1500家企业的认可，累计业务投放量约20亿元。帮助小微型物流企业解决运费垫资问题的明星产品“传化白条”，其业务涉及中小客户近500家，累计投放金额约5亿元。

传化保理的稳健快速发展也得到了业界的高度认可和关注，2016年被评为中国物流行业保理示范基地；2017年被评为中国物流与采购联合会物流与供应链金融分会副理事长；同年，与天津自贸区签署合作备忘录，公司典型案例编入《中国物流与供应链金融发展报告（2017）》；2018年获得浙江省金融科技协会副会长单位以及中国服务贸易协会商业保理专业委员会常务委员单位。

（三）发展愿景

“一切以客户为中心”是传化金融从成长走向成熟的里程碑，更是整个传化集团长久以来关注和重视的核心价值。2018 年，传化金融更是旗帜鲜明地开启“一切为了客户”为主题的客户年。

围绕客户需求，不断创新服务项目，稳步提升服务品质，打造行业第一的客户满意度是未来传化金融的发展目标之一。

结合国家政策导向，围绕“普惠金融”“科技金融”主线，持续打造传化金融名片，让更多的物流中小企业了解传化金融，走近传化大家庭。充分发挥传化公路港的产业优势和场景优势，加强有价值数据的收集与沉淀，提升数据分析与应用能力，推动信用评价体系和风控模型优化。积极与客户建立深入的业务互动和联系，进一步降低客户综合金融成本。加强与客户、各大区、公路港、物流供应链、智慧物流商城以及创新业务等方面的协同，不断探索与实践物流金融的好场景、好模式、好产品。

（供稿单位：传化商业保理有限公司）

二、雷励金科：基于“车＋货”的数据基础设施和生态实现金融科技产品创新

（一）企业简介

上海雷凌信息科技有限公司，其品牌雷励金科，成立于 2015 年 4 月，是一家立足于物流产业，创造性地将金融科技与物流产业融为一体的物流金融科技公司。雷励金科专注于物流产业金融科技市场，是金融科技市场的创新者。基于对物流产业的深刻理解，雷励金科向物流产业客户提供了一系列科技产品，协助其实现车务管理、台账管理、在线对账、账单支付、人脉资源等多种物流场景应用；同时，雷励金科也向各类资金方解析不同的物流业务场景，协助资金方将其对应的金融产品触达中小物流产业客户。

（二）业务体系

“车＋货”交易闭环体系和周边服务商平台如图 6－14 所示。

针对资产端提供的科技产品：雷励金科的科技产品包括收付管家、蚂蚁车管家、物流名片王三大核心产品。

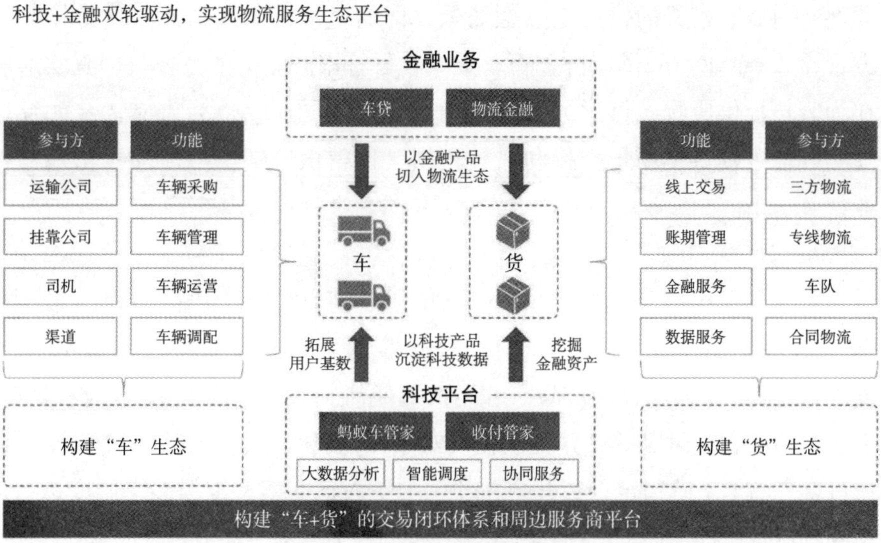

图 6－14　“车＋货”交易闭环体系和周边服务商平台

（1）收付管家。管理中小物流企业收付，集合了收付记账、智能对账、在线支付、账单核销、账单金融、企业报表等多重功能。

（2）蚂蚁车管家。深度融合车辆管理、运输业务、财务管理、贷款管理、公司管理、报表管理等每一个服务环节，实现卡车全生命周期管理。

（3）物流名片王。集线上名片、线上社交、线上宣传、线上找人找车找生意等功能于一体，真正解决了传统纸质名片不便携带、传播受限、无法精准查找、增加成本支出的痛点，实现了物流从业人员之间信息传递的及时性和有效性，让物流生意更高效，旨在成为真正的行业必备工具。

为资金端匹配的金融服务：雷励金科深耕物流产业，通过金融科技产品积累海量用户及场景化数据，可以为银行等持牌金融机构解析物流产业用户场景，为各类型资金方提供物流产业的客户识别、分层分类、业务解析等服务，并将各类资金方提供的配套金融产品及时、精准、有效地传递给对应的物流产业客群。

（三）案例阐述

1. 收付管家：以科技助力供应链金融，为中小物流企业链接资金

中国的公路运输行业总规模约 5 万亿元，市场规模巨大，但绝大部分的市场份额体现在中小物流公司中。要想实现从根本上融通中小物流企业与各类资金方，必须实现中小物流企业业务数据的规范化、透明化、持续化，雷励金科的收付管家产品也因此诞生。

雷励金科以收付管家产品帮助中小物流企业实现收付管理，并基于此搭建中小物

流企业“$N+1+N$”模式的供应链金融场景，即通过一个中小物流企业链接其下游多个承运方（个人/企业）的供应链金融场景。收付管家产品记录了客户的真实应收应付业务，在为客户提供应收应付财务管理小助手功能的同时，也为供应链金融穿透中小物流企业实际业务提供了场景支持和风控逻辑，使得供应链金融能够真正地渗透中小物流企业。

1）产品设计

收付管家（见图6－15）以帮助中小物流企业实现应收应付记账、对账、支付、核销为切入点，实现中小物流企业的应收应付现金流管理需求。收付管家不改变客户原有的业务系统逻辑，属于一款轻量级产品，方便植入任何一家中小物流企业。收付管家记录企业对上下游的应收应付账单，并提供在线对账、在线开票、融资结算等功能。收付管家可以通过客户的上下游稳定性、开票占比、上下游记账匹配度等多个维度进行风险评估，为中小物流企业提供资金管理和资金预算，同时为其提供债务融资的有效参考。

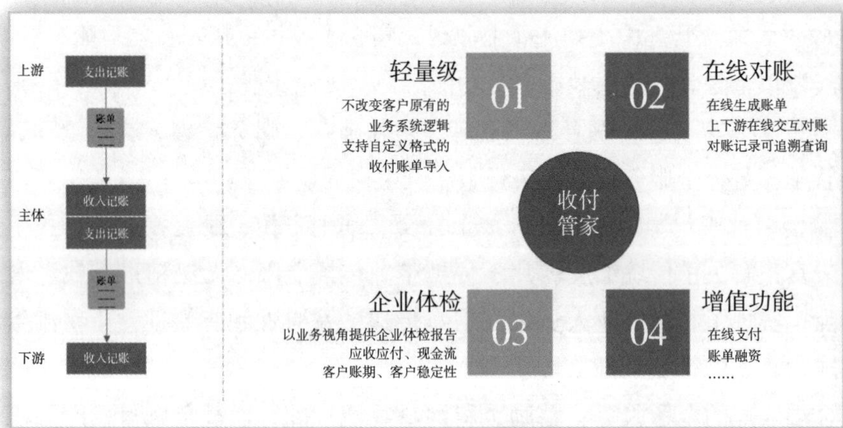

图6－15　收付管家产品特点

2）绩效分析

收付管家产品于2018年1月开始设计，3月完成第一个版本的上线，实现了收付记账功能，4月完成在线对账功能，5月完成在线开票及融资功能。雷励金科深耕中小物流企业供应链金融领域2年多，积累了近1000家核心中小物流客户，为其下游近5000个承运方提供了近20亿元的融资服务。这些客户为收付管家的普遍应用奠定了坚实的基础。由于收付管家属于一对多的关联产品，一旦客户投入使用，将会链接客户周边上下游，为客户选择上下游客户和供应商提供了多维度的决策参考。

2. 蚂蚁车管家：卡车生态，卡车全生命周期服务商平台

蚂蚁车管家产品（见图6－16）主要围绕零售卡车金融为切入点，打造卡车全生命周期的服务平台，其零售金融交易结构设计为“B + C”，蚂蚁车管家产品通过 SaaS 工具赋能物流运输企业（B），为运输企业下属的司机（C）提供全线上购车及融资服务，打通公路货运与卡车生态的天然壁垒，让货和车更好融合。建立统一的卡车金融平台，实现线上引流、线上交易与线上的金融服务。

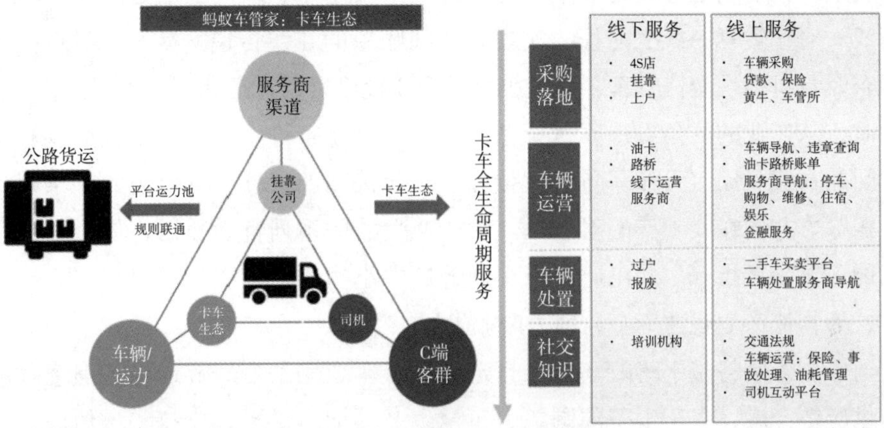

图 6－16　蚂蚁车管家产品体系

1）产品设计

基于卡车生态交易和业务模式，蚂蚁车管家平台为公路货运提供平台运力池，打通车和货的链接；提供卡车生命周期全方位的服务，从车辆采购到最终的更新，提供一整套的线上和线下解决方案。

B 端应用平台管理车辆、管理业务，平台提供金融服务和车辆信息，平台为 B 端引流；C 端可线上购车，线上提供金融方案，目前正在开发 C 端的 App，为 B 端引流客服。司机可以注册使用 App 在线选择购买车辆，平台根据司机选择的车辆信息给出金融方案。司机线下实体店试车，试车满意后提交个人购车资料。平台根据个人购车资料，建立风控模型，实现线上风控，给出融资具体融资方案。司机在线签订融资协议，线下经销售进行后续车辆上牌的服务，最终司机提车。通过线下线上结合，更快捷方便地实现 C 端司机购车和融资，最终达到司机在线购车两小时实现的目标。

2）绩效分析

蚂蚁车管家实施 2 年，平台注册企业 5000 多家，为 80% 的用户解决系统管理需求，实现信息化。同时金融服务 500 多家物流运输企业（1），为 2500 多个司机（*N*）提供了 4000 台物流车辆融资，累计融资 8 亿元。不良资产率 0.3% 以下。平台现在已通过三方服务向核心企业推出新车导购、二手车交易、保险、油卡/ETC 充值等增值服务。通过广泛的司机调研，2018 年 8 月向司机（*N*）推出相关服务的 App，为 B 端引流，为司机提供卡车购买和金融服务。C 端 App 上线以后实现线上购车一体化，2 小时购车融资成功，预计每月完成1000台卡车的线上融资，年完成12.6亿元以上规模的线上购车融资。

（四）发展愿景

雷励金科拟计划通过收付管家产品，解决中小物流企业间的对账问题，将传统的企业间线下对账转化为线上对账，实现企业间账单的在线传递、动态实时可查，并借此实现企业自身的现金流管理，为中小物流企业提供资金管理和资金预算。

同时，从产业的视角看待收付管家产品，收付管家将实现中小物流企业和其上下游企业间的在线联动，天然具备自发传播、互相关联的特性。且传播的链条则是一个个由记账双方共同在线参与的对账单。由此产生的一系列行为数据将作为雷励实施风险评估的重要参考指标。并以此真正实现链接中小物流企业和各类银行与非银机构的资金方，为物流产业融通资金，助力产业发展。

公司计划未来将基于蚂蚁车管家打造一个卡车金融平台。货运生态围绕收付价值链打造供应链金融，卡车生态圈围绕卡车全生命周期提供平台支持和增值服务，平台基于线上化的数据整合物流行业资源，提供整体物流金融服务。

收付管家产品以货为视角，解决物流企业以货物运输为核心的场景问题。同时，蚂蚁车管家将以车为视角，解决卡车全生命周期服务。物流名片王将以人为视角，打通物流行业的人脉资源。依托车、货、人三大产品，雷励金科将搭建物流产业生态圈，为物流产业创造价值。

（供稿单位：上海雷凌信息科技有限公司）

三、中金物联："大数据闭环风控"供应链金融

（一）企业简介

1. 企业介绍

中金物联（www.zhongjinwl.com）是上海轲行互联网金融信息服务有限公司旗下的在线网贷平台，注册成立于2015年4月，注册资金1.5亿元。依托于卡行天下物流平台，专注于物流供应链金融服务的垂直细分领域，为卡行天下加盟的中小微物流企业（物流专线公司、物流网点等）提供金融支持服务。

卡行天下是一家为中小物流企业提供服务的交易网络平台。注册成立于2010年，在线上用信息系统链接物流需求主体，使成员在系统内交易、结算、监督、评价；在线下建立城市物流节点，利用社会运力，建设全国运输网络，以线下网络支持线上交

易，与物流各载体共同构建行业生态圈，推动中小微物流企业发展，担负起助力全产业链健康发展的社会责任。

成立初期，中金物联便打下坚实的基础，系统合作方为杭州融都科技有限公司，是全国首家登陆新三板的互联网金融软件服务商。资金存管方为渤海银行股份有限公司上海分行，为中金物联的资金提供第三方资金存管，保证借款人与投资人的资金安全。

2. 市场规模及主营业务

中国物流有四大（人、车、货、园区）万亿元级别的市场，主要都是中小微企业。卡行天下加盟的中小微物流企业在经营过程中存在扩大企业规模、上下游资金结算账期、物流行业淡旺季等问题。在扩大企业规模时，加盟的企业有购买货运卡车、扩大经营场地等需求；上下游资金结算账期在 1 ~ 3 个月，在短期内它们也有一定的资金需求；物流行业淡旺季更是如此。

3. 核心竞争力

中金物联依托卡行天下为其加盟的企业提供金融服务。不仅有效提高了中小微企业的资金利用效率，使资金流和物流结合更加紧密，物流环节更加畅通，而且有利于物流业乃至整个经济社会的健康、高效、快速发展。中金物联在短期之内有效地解决了卡行天下加盟企业的资金需求问题，带动物流企业等第三方企业的发展。

4. 运营方式

公司定位于信息中介服务，是向卡行加盟的中小微物流企业融资提供解决方案的互联网金融平台，采用直投散标的产品结构，一笔底层借款资产对应一支借贷产品。

5. 经营状况

截至 2018 年 10 月，中金物联诚信运营 3 年 1 个月；平台累计成交量达 15 亿元，服务卡行中小微物流企业 1000 多户；平台累计注册用户数达 2 万人。

（二）案例阐述

1. 案例背景

我国的中小企业在过去的 30 年里发展非常迅速。中小企业在市场中的作用举重若轻，而由于其本身管理不规范、财务制度不健全等自身原因，信贷规模极度受限，中小企业融资难成了一个广泛被关注和研究的问题。另外，社会化生产方式不断深入后，供应链与供应链之间的竞争代替了原来企业与企业之间的竞争，可以说市场上变成了只有供应链而没有企业的格局。供应链上的核心企业及其上下游的中小企业都愿意通过彼此间合作和协同运营，来实现供应链系统的成本最小化和价值增值最大化。基于中国物流市场背景、中小微企业的现状及卡行天下加盟企业的需求等，中金物联适时而生。

2. **产品特点**

目前，中金物联线上借款类别主要为信用贷款，且所得借款必须使用在卡行天下物流交易平台系统（以下简称“货运圈”）内的交易、运费垫付等。

信用贷款：根据卡行天下加盟企业在货运圈内的交易结算或发货额等数据，评定该企业的借款额度，期限1~6个月。后期会根据企业的借款额度与货运圈内的交易数据进行监控，看其交易数据是否有变化。

中金物联的信用贷款额度：企业单户最高100万元，个人最高20万元。为满足不同借款人及投资人的投融需求，中金物联在线平台的还款方式为：一次性还本付息、等额等息。除以上的还款方式以外，中金物联还支持等额本息还款，按月还息到期还本。借款期限最长为1年，平均期限3个月，能有效满足借款人和投资人的资金周转需求。

3. **产品流程**

产品流程说明，如图6－17所示。

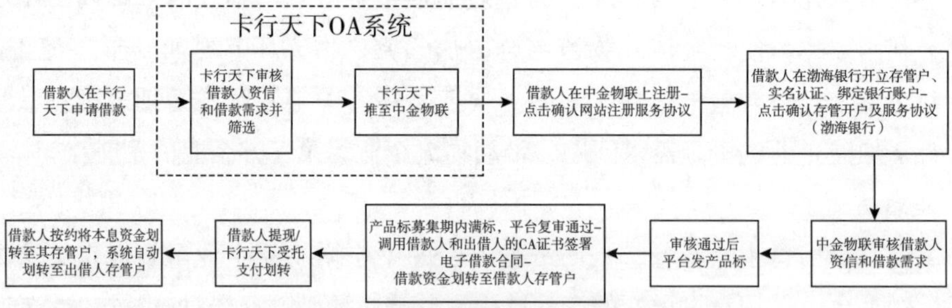

图6－17　借款申请审批实施图解

（1）借款用户提交借款申请需求，与当地卡行天下分公司形成初步意向；

（2）卡行天下枢纽分公司收集借款用户资料，并提交卡行分公司逐级审批；

（3）中金物联风控团队根据申请进行逐级审批，批复贷款额度及价格；

（4）业务审批完成后，经由中金物联运营进行上标放款。

4. **主要风险控制措施**

可控程度高的借款人来源：借款人均来自卡行天下初步筛选后推送，加盟卡行天下的物流企业必须使用卡行天下交易系统，且缴纳加盟费用与系统使用费，来源可靠。借款人如审核通过，资金募集完毕后，所有资金均受托支付至其卡行天下交易系统内，用于卡行天下线上运费结算等，受托支付的资金均不可进行提现，严格监控借款人的资金使用用途。资金使用情况与卡行天下系统内的交易数据挂钩，可随时监控资金使用和交易数据的真实配比情况，保证借款用途的真实性。

严格的平台风控审核制度：中金物联收到借款人的借款申请后，根据其提交的申请资料，进行三级审批。

第一级风控专员主要审核借款主体的合规性，第一还款来源的稳定性，以及第二还款来源的有效性。

审核要点

（1）风控进件材料（如身份证，企业证照，个人征信等）完整、清晰、真实。

（2）银行流水与真实业务匹配。

（3）具备一定的资产，如房产、车辆。

第二级风控主管主要对第一级进行复审，复审要结合其在卡行天下系统的交易行为数据；针对借款人的信用记录、信用报告、国家企业信用信息公示系统、信用中国、中国裁判文书网、全国法院被执行人信息查询平台、全国法院失信被执行人名单信息公布与查询平台等披露的信用信息，平台风控对借款人的信用评级以及借款资金用途进行审核。

审核要点

（1）卡行天下系统内的交易数据与实际经营业务数据吻合程度高，并能通过物流供应链交易场景内上下游交叉比对验证。

（2）通过国家信息披露平台和第三方数据机构等查询借款人的异常信息。

第三级风控经理结合第一、二级审批结果，综合考虑借款人在物流行业中的口碑、地位等行业特性进行最终审批。

审核要点

（1）对第一、二级审批的完整性、真实性进行复核。

（2）对借款人行业内口碑、个人不良嗜好、外部隐性负债等进行综合评判。

（三）发展愿景

随着物流行业及供应链行业的发展，中金物联在将来希望能打造行业供应链金融体系。

1. 打通信息，互联互通

目前中金物联仅服务于卡行天下体系内的客户，在未来希望打通社会物流的信息流、货物流、资金流等信息，建立健全稳固的供应链平台，服务于卡行以外的供应链企业，为上下游中小微物流企业提供更好的金融服务，推动社会物流实体经济发展，降低上下游中小微企业的成本，提升流通效率。

2. 建立行业标准

在打通社会物流的信息流、货物流、资金流后，更多还需要去制定供应链金融行业规范体系、标准体系。规范上下游企业资金用途，加强资金管理、信用管理；联合中小微企业积极融入“一带一路”倡议，互通互联，推动行业发展。

3. 拥抱国家政策法规

积极拥抱行业监管政策，打造绿色供应链金融平台，以“合规运营，安全运营，高效运营”的理念，在物流供应链行业内精耕细作，服务更多的中小微物流企业。

（供稿单位：上海轲行互联网金融信息服务有限公司）

四、普洛斯金融：供应链金融赋能中国物流新生态

（一）企业简介

普洛斯是全球领先的物流基础设施与解决方案提供商，是中国最早的智慧物流生态系统的建设者和推动者。普洛斯通过股权投资、金融服务及数据科技平台，支持物流、科技及新能源产业的发展，积极打造领先的物流行业生态体系。截至目前，普洛斯在中国、美国、日本、欧洲、印度、巴西等市场管理资产规模超过500亿美元。

普洛斯既是中国最大的现代产业园的提供商和服务商，也是中国市场最早启动智慧物流及相关产业生态系统的打造者和促进者。普洛斯及旗下品牌环普，在39个战略性的区域市场投资、开发并管理着267个物流园、工业园及科创园，物业总面积超过3000万平方米。同时，普洛斯还基于支持物流、新能源及科技产业的发展，通过股权投资、金融服务及数据科技平台领域，积极打造领先的产业发展生态体系。

普洛斯金融成立于2016年8月，注册资本4亿美元，基于普洛斯强大的产业背景，致力于以物流及金融服务为中小企业赋能。结合自身金融实力、科技能力和生态体系，普洛斯金融专注于打造中国物流新生态的金融科技公司，构建中国物流新生态，为物流企业和物流从业者提供一站式服务，为各参与方提供各种增值服务，是国内领先的物流和供应链金融综合服务提供商和金融资产管理运营商。

目前集团分设有物流事业部、冷链事业部、快消品事业部、跨境事业部、物联网事业部，成立两年来，服务上千家中小企业。

（二）案例阐述

1. 背景介绍

普洛斯金融跨境事业部定位于：依托普洛斯生态圈，着力打造智能化、数据化的跨境供应链金融体系，解决产业链中的中小企业融资难、融资贵的问题，目标是围绕跨境电商产业链，结合行业互联网通联优势，为企业提供便捷、高效的跨境金融及物流整体解决方案。

从2005年至今，跨境电商经历了从代购、海淘，到今天各类综合、垂直平台直营的发展历程；在宏观政策方面，“一带一路”的政策利好、国家关于跨境电商政策的逐步明朗和完善，行业监管走向规范化，跨境电商已经迎来高速发展期，并成为电商领域“最后的蓝海”。

在跨境进口业务场景中，海外品牌商一般通过授权经销体系在各大跨境电商平台将商品进行销售。比如某欧洲婴幼儿奶粉品牌商，分别通过授权跨境电商渠道的经销商和分销商（天猫海外旗舰店铺等）进行商品销售，最终通过跨境供应链公司将产品交付给消费者。

在这个链条上，经销商存在库存备货与下游平台支付账期共同挤压的痛点，其中部分电商自营平台的账期一般短则30天，长达3个月。大型授权经销商相对而言资金实力和抗风险能力较强，但对于中小经销商来说，备货及账期经常让企业的资金捉襟见肘，既对日常经营造成约束，又限制了企业的进一步发展。

普洛斯金融基于强大的离岸资金实力和对供应链场景风险控制的理解，跨境电商金融综合解决方案应运而生。

2. **产品设计**

普洛斯金融的综合解决方案有如下优势：①金融产品形式丰富多样；②极具竞争力的离岸资金价格；③支持多币种融资；④一次授信，循环使用，随借随还；⑤线上融资申请，线上还款赎货；⑥动态库存质押；⑦引入合作外贸综合服务平台同步解决通关仓配问题；⑧协助客户拓展分销渠道，化解潜在的流动性风险。

从金融产品维度上，具体分为预付款融资、库存融资及应收账款融资。

1）预付款融资——代理采购（见图6－18）

图6－18 预付款融资——代理采购业务流程

普洛斯金融收取中小企业最低20%的保证金，向上游供应商支付全款，货物运至普洛斯合作的境外仓或国内的保税仓。客户根据自身销售情况还款赎货或补充质押库存换货。

代理采购产品额度高，保证金比例最低20%，资金占用少，从向供应商付款到销售端收款全程资金无忧；赎货形式灵活。

产品适用于有长期采购需求、稳定销售渠道的中小品牌授权经销企业。

2）库存融资——现货质押（见图6－19）

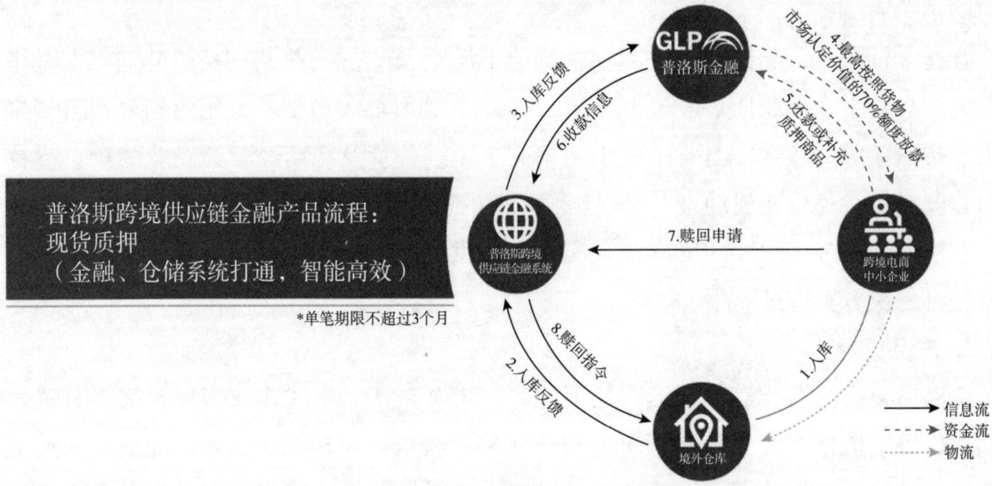

图6－19　现货质押业务流程

中小企业将货物存放至普洛斯指定的境外仓或者国内保税仓，并将相关货权质押给普洛斯金融，通过货物质押直接获得贷款。

现货质押贷款便捷，同时赎货形式灵活（融资期限内允许补货式放款），贷款时间最长为6个月。

此产品适用于有周转库存但急需流动资金的中小企业。

3）应收账款融资——应收账款保理（见图6－20）

跨境电商中小企业将其所持有的应收账款转让给普洛斯金融，普洛斯金融根据评估给出不高于应收账款80%的款项，应收账款到期顺利回收后，再将尾款返还给跨境电商中小企业。

应收账款保理产品额度高，最高为应收账款的80%；资金灵活，随时变现；操作便捷，不改变现有业务流程。

此产品适用于应收账款金额大、回款周期长的跨境电商中小企业。

3. 绩效分析

普洛斯金融结合自身金融实力、科技能力和生态体系，专注于打造中国物流新生

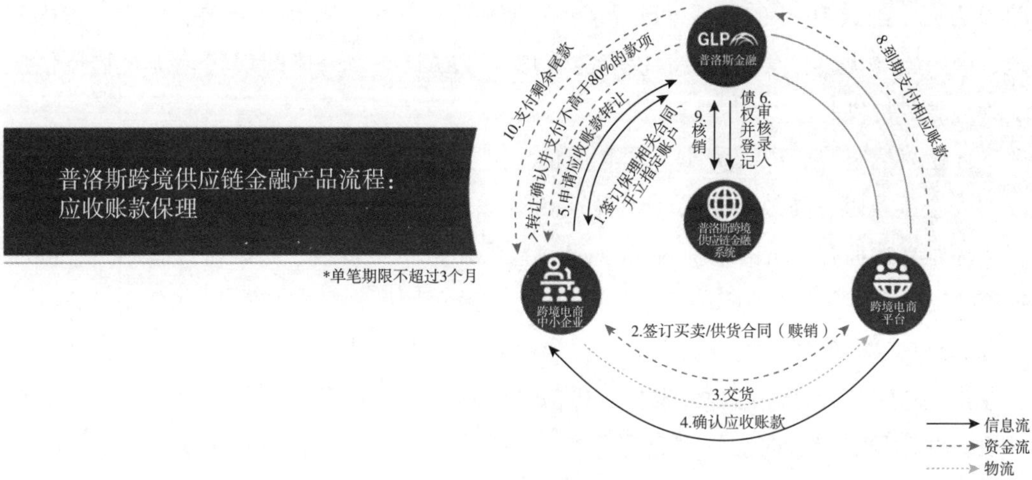

图 6－20　应收账款保理业务流程

态的金融科技公司，构建中国物流新生态，为物流企业和物流从业者提供一站式服务，为各参与方提供各种增值服务，是国内领先的物流和供应链金融综合服务提供商和金融资产管理运营商。

自 2016 年成立以来，普洛斯金融服务于物流、冷链、快消、跨境电商行业内的近千家中小企业，授信近百亿元规模。

（三）发展愿景

未来，普洛斯供应链金融将结合线上化的科技手段及对各行业的深刻理解，探索出更多符合中小微企业需求的金融产品。在所搭建的金融生态系统平台上，普洛斯金融实现跨产业、跨区域、跨部门的合作，通过商流、物流、资金流、信息流的有机结合，将物联网和互联网相互融合。普洛斯金融平台链接商业生态，基于云计算和大数据创建智慧金融生态系，使得金融能真正服务于整个供应链的各类主体并推动商业生态的发展。普洛斯金融给予了中小企业全新的融资工具，同时，又满足了核心企业产业转型升级的诉求，通过完善的金融系统及风险管理模型，最终成为国内领先的物流和供应链金融服务商，实现多方共赢的生态系统。

（供稿单位：普洛斯金融）

五、环亚兴达：提升企业信用，助力中小企业融资

（一）企业简介

北京环亚兴达物流有限公司（以下简称“环亚兴达”）成立于 2002 年，注册资本

2000万元，经过16年的发展，已经成为一家集仓储服务、分拣、包装、发货、市内配送、国内国际快递、汽车租赁、供应链管理、金融服务为一体的现代化综合物流供应链管理服务提供商。

环亚兴达坚持“以人为本、同心诚信、以客为尊、互利共荣”的服务理念，坚持以“安全、及时、高效、准确”为服务宗旨。

环亚兴达拥有先进的物流综合管理信息系统。环亚兴达仓储设备配置精良，同时拥有一支具有多年现代物流全流程管理服务的精干团队。环亚兴达以办公用品、办公设备、家具、办公耗材等为政府采购、企业采购提供仓储及配送；为电子商务及日化企业提供仓储、分拣、包装、发货、供应链管理及金融服务，并且可以根据客户具体特点，设计策划“个性化”物流配送方案，并提供全过程、全方位、全天候的综合物流方案。环亚兴达不仅提供各地区、各类型客户需求的信息交易平台，同时提供从生产、销售到市场跟踪的信息网络及供应链管理服务。

环亚兴达以北京为中心下设六个分公司：上海、天津、广州、深圳、河南、鄂尔多斯，在未来的几年内将在全国另设20多个分公司。环亚兴达现在拥有标准大型仓库仓储面积共30000多平方米，运营车辆达150多辆，公司总人数500余人。

环亚兴达目前已为多家大型零售商、采购商和知名产品制造商提供最优质的物流、供应链管理服务及金融服务。

2017年，环亚兴达制订了打造物流生态圈综合金融服务的战略目标，围绕环亚兴达的供应链，通过与金融机构的合作构建了上下游的综合金融业务板块。

（二）案例阐述

1. 背景介绍

1）信息科技提升企业能力

供应链金融的兴起源于解决中小企业融资难问题。环亚兴达凭借自身的业务优势，通过信息科技能有效实现商流、物流、资金流、信息流的四流合一，通过信息科技、仓储的标准信息化管理提升供应商、代理商、电商企业的信用水平，进而帮助企业实现快速融资、解决企业的流动性、服务合作伙伴的发展。

通过与电商系统的对接，为电商平台的个人消费者提供消费分期的业务，缓解消费者的资金流动性压力，提升消费者的消费水平。供应链金融服务、消费金融服务能够更好地为中小企业提供融资服务、为消费者提供消费分期服务，同时也给环亚兴达带来新的盈利点，增加了产业链条的流动性，为产业链条的快速发展注入活力。

2）内部资源优势驱动发展

环亚兴达是一家运营稳健，整合能力强，进行多元化发展的综合物流解决方案的提供商。通过多年的业务往来，环亚兴达先后与软通动力、晨光文具等公司建立战略合作关系。环亚兴达通过与供应商的合作，积累了海量的供应商订单数据。同时作为物流、仓储服务商，环亚兴达库房长年管理着价值超过20亿元的货物。在环亚兴达的合作伙伴中，大部分的企业为中小企业，这些企业资金链一般比较紧张，资产有限，缺少抵押和担保。这些原因导致商业银行对中小企业贷款采取“从紧”“惜贷”的策略，进而导致中小企业难以从银行融资。2017年环亚兴达结合自身在供应链上的优势，通过与金融机构合作上线供应链金融业务，并推出消费分期，供应商将对超市的应收账款通过环亚兴达系统转让给金融机构，从而获得金融机构的融资。与供应商单独向银行申请融资相比，环亚兴达的信息科技的信用风险控制、仓单标准化管理等措施能够快速获得金融机构的融资。金融机构通过与环亚兴达的合作能够快速进入细分市场，通过环亚兴达的信息系统进行专业的第三方数据分析处理提高风险控制措施。以此为基础，金融机构在目标客户选择方面更具有风险可控性，在业务流程方面更具有标准化。

2. **产品设计**

环亚兴达通过与金融机构合作推出供应链金融业务、消费分期业务。金融机构提供资金，环亚兴达提供供应链管理及相关风险控制。环亚兴达通过提供相关服务获得金融机构的一些业务费用。

1）环亚兴达生态圈综合金融产品

环亚兴达根据自身优势，与金融机构合作开发了贴合上下游企业需要的供应链金融产品，开发出商业保理、仓单融资、存货融资、消费分期四款产品（见图6-21）。

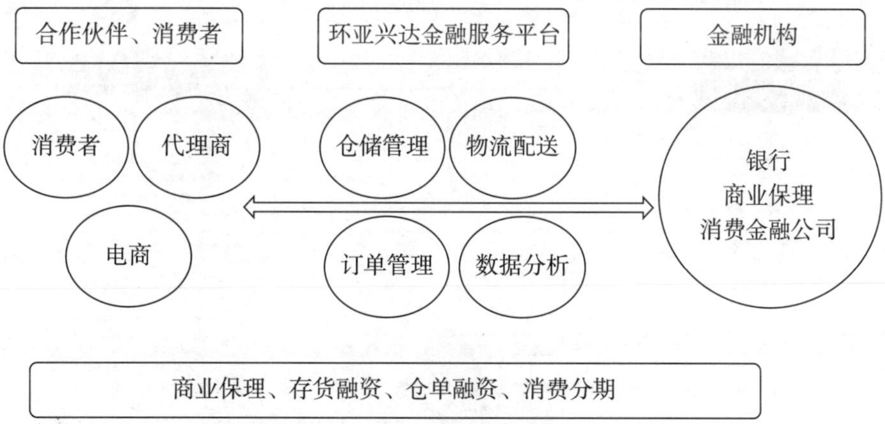

图6-21 环亚兴达综合金融主要产品

（1）商业保理。

供应商将物美等客户的应收账款转让给商业保理公司，并从商业保理公司进行融资。与银行相比，商业保理公司的主要优势在于通过市场细分、数据处理和客户服务，在目标客户选择方面更具有针对性，且授信方式相对灵活。银行保理囿于多方面原因，难以有效开展小微业务。环亚兴达商业保理以商超上游供应商应收账款为依托，采取3个月内随借随还的模式，按账期由商超付款给商业保理公司进行还款，剩余差额尾款由商业保理公司支付给供应商。该产品通过应收账款转让融资使未来的现金流提前变现，加速流动资金周转，改善经营状况，缓解客户由于应收账款积压而造成的流动资金不足的状况（见图6－22）。

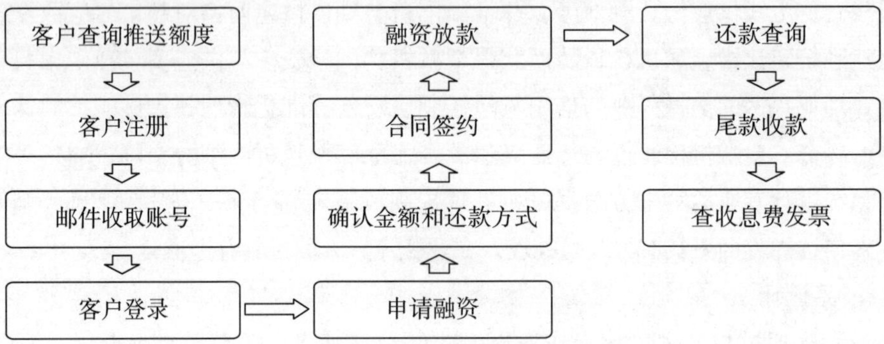

图6－22　商业保理业务流程

（2）仓单融资。

供应商将其拥有完全所有权的货物存放在环亚兴达的仓库中，并以环亚兴达出具的仓单在银行进行质押，作为融资担保，银行依据质押仓单向供应商提供用于经营与仓单货物同类商品的专项贸易的短期融资业务（见图6－23）。

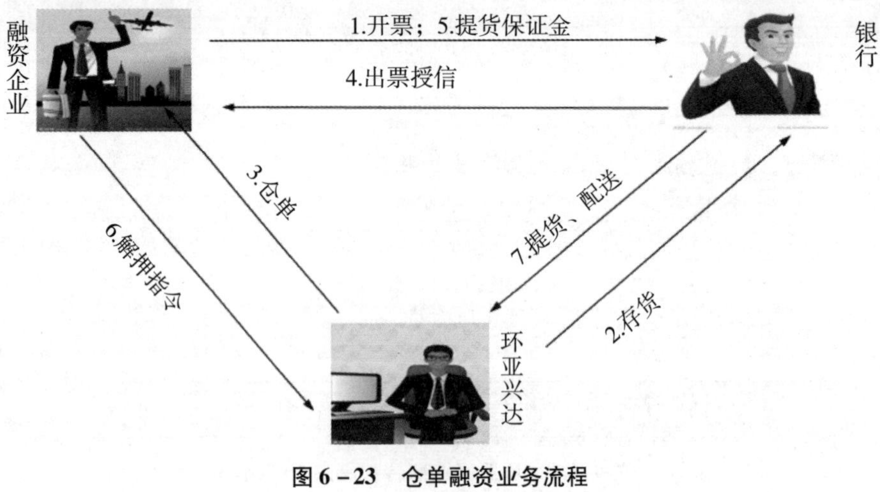

图6－23　仓单融资业务流程

（3）存货融资。

供应商以存货作为质押，由环亚兴达代为保管，向金融机构申请贷款。该产品能够有效盘活企业库存，将存货转化为现金流（见图6－24）。

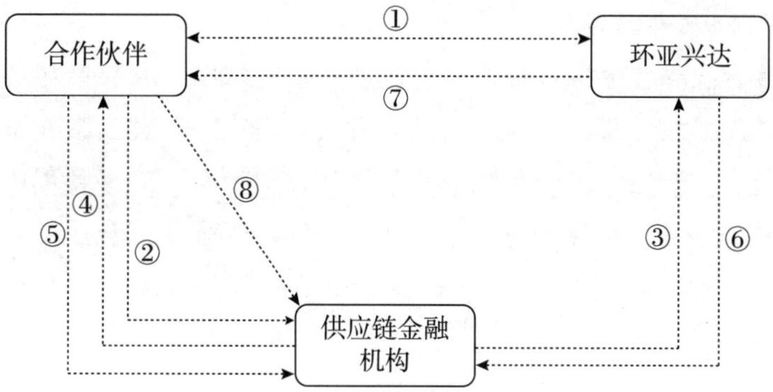

图 6-24　存货融资业务流程

①供应商与环亚兴达签订相关合同，并向环亚兴达发货，环亚兴达仓库代管库存。

②供应商在额度内向金融机构申请贷款，确定融资期限、还款方式，与金融机构签订合同，将放款当日全部库存商品质押。

③金融机构与供应商通知环亚兴达存货质押金额及日期。

④金融机构向供应商发放贷款。

⑤供应商在贷款期间通过补货的方式使存货质押余额保持在要求的水平。

⑥环亚兴达对于库存余额低于质押金额要求且补货不足的供应商暂停正常结算及退货。

⑦供应商选择随借随还方式，环亚兴达到账期向供应商结算。

⑧供应商以自有资金向金融机构还款至指定账户。

（4）消费分期。

系统通过与 B2B 电商平台的对接，可以提示消费者是否进行消费分期。如果消费者选择消费分期，系统会通过对消费者的历史交易数据进行分析，给出消费者的信用级别，进而判断是否可以分期。如果可以分期，系统可以支持从分期申请到分期办理全业务流程的线上支撑。该产品既解决了消费者的消费需求又促进了商品销售（见图 6-25）。

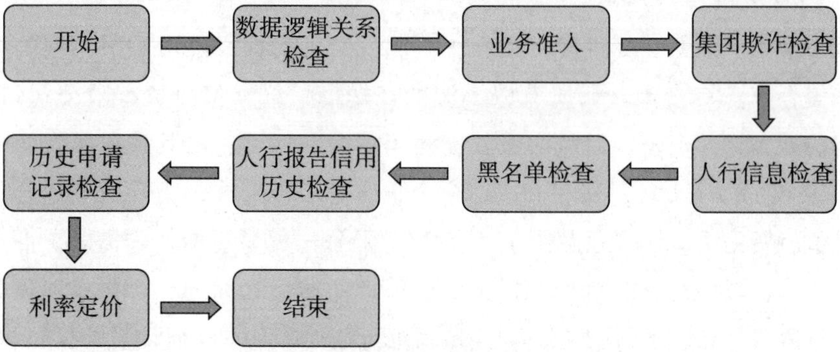

图 6-25　消费分期业务流程

2）综合金融服务平台构建

环亚兴达在开发综合金融业务产品的同时，将互联网、大数据与区块链技术构建到系统中，将物流系统、订单系统、仓储系统、风控模型、资金结算系统、大数据分析系统等一并整合，避免了多个系统的复杂操作，构建一个能够管理供应链成员、贸易过程、融资服务、支付结算服务、企业账款、资金管理的综合业务系统。平台特点如下。

（1）资产端灵活便捷。

环亚兴达供应链金融平台是主要以环亚兴达为中心的金融服务平台，客户通过操作在线进行业务申请、办理。环亚兴达物流综合管理信息系统通过与合作伙伴的电商平台、订单、营销等系统的对接，围绕客户打造便捷的金融服务中心。

（2）资金端多渠道整合。

环亚兴达供应链金融平台在资金管理方面采取多渠道对接管理的模式，银行、商业保理公司以及消费金融公司通过环亚兴达供应链金融平台将资金整合管理，最终对接到相应资产。

（3）大数据分析技术进行评级授信。

大数据技术的应用，通过对电商、订单、营销、物流配送等系统数据的分析并利用相应的数据模型实现对客户的评级授信，提高风险的识别控制，提高资产的质量，保证资金的安全。

（4）区块链技术覆盖交易全流程。

区块链技术的应用，使所有过程的信息都通过记账的方式链接到区块链中，任何信息的变动有据可查，企业的整个交易过程依靠区块链技术可以去中介化、实现信息的高度透明，利用结算、担保、融资、账款等管理功能为供应链上关联企业提供全方位的金融服务，有效盘活整个供应链，增加客户满意度。

3）实施路径

（1）商业保理。

某尿不湿供应商——A商贸公司合作案例：A商贸有限公司是尿不湿的指定代理商，与物美合作已有多年。和所有尿不湿的经销商一样，A商贸有限公司每月补货、备货常常需要大量的资金。而应收账款无法第一时间回笼，给其造成了资金周转上的困难。2017年11月11日，环亚兴达综合金融服务平台上线，为环亚兴达合作供应商提供收账款融资渠道，切实地解决了A商贸有限公司贸易短期资金需求。商业保理采用全线上操作，与传统金融机构相比，商业保理注册极为简便，合作企业仅需登入环亚兴达应链融资平台，上传“三证”并填写银行账户等基本注册信息，便可提交审核，整个过程不到3分钟，快速有效地将合作供应商的应收账款转化为可持续的现金流。

（2）仓单融资。

某玉米胚芽油企业仓单融资解决方案：该玉米胚芽油企业把大量的商品放到环亚兴达仓库进行存储管理，环亚兴达通过与金融机构的合作，做出符合金机构要求的仓单，玉米胚芽油企业凭借环亚兴达的仓单到金融机构进行融资，解决资金流动性问题。

（3）存货质押。

某家用电气企业专门做家用微波炉。作为物美、家乐福等商超合作多年的供应商，该企业一直与物美、家乐福有良好的贸易往来，并且仓储、物流由环亚兴达来做。对于该企业而言，全年销售基本没有淡季，强大的现金流是其企业正常运转的有力保障。然而，应收账款转让不能完全满足其用款需求。通过与环亚兴达的沟通，该企业关注到自己在环亚兴达的库存，存量闲置也会造成一定成本。而环亚兴达的存货质押贷款产品，恰好是最适合它的产品。

（4）消费分期。

某日用化妆品 B2B 电商平台解决方案：该化妆品电商销售的产品均是高端产品，消费者一次订购都是上千元，并且销售量非常大、消费者很多，环亚兴达通过综合金融服务平台为消费者提供分期业务，由消费金融公司进行放款。

3. 绩效分析

环亚兴达依托先进的信息化系统、金融标准的仓单管理、仓库管理、经验丰富的管理与物流团队，通过对接供应商、B2B 电商系统快速深入地参与到供应链的各个环节，有效地帮助合作伙伴、消费者解决资金流动性问题，有效地提升了供应链的整体效率。本案例中，环亚兴达综合金融服务帮助企业完成了 5000 万元的流动性资金需求，有效地解决了多家合作伙伴的资金流动性风险，为合作伙伴的健康发展提供了动力，合作伙伴发展前景非常美好。平台运营短短 3 个月来，已帮助多家合作伙伴、众多的消费者解决了资金流动性问题，并且潜在合作伙伴客户日益增多，平台的消费数据也日益增多，通过消费分期拉动消费，促进经济发展。

（三）发展愿景

环亚兴达作为专业的现代物流及供应链管理综合服务平台，在做好仓储、分拣、配送、汽车租赁、国内国际快递及供应链管理业务的基础上，积极围绕合作伙伴及用户的需求开拓创新产品服务。环亚兴达通过信息科技对接政务平台、商业机构、金融机构为客户提供 360°全方位、一站式的物流、供应链管理、金融服务，不但完善通关、检疫、结售汇、退税、物流快递、信息、金融、咨询等产品服务和服务质量，最终打造成集合作伙伴、客户、业务、数据、管理、风控等于一体的应用平台。

环亚兴达将依靠信息技术不断提升物流供应链管理服务信息化水平，通过拓展行业大客户、金融产品服务、同业物流合作伙伴开展全方位、多层次的产品、业务服务、业务合作。未来5年环亚兴达总体业务发展目标是仓储管理货物规模达到100亿元并持续健康提升，国内国际快递、汽车租赁业务每年实现50%以上的复合增长率，进而实现环亚兴达总体营业收入规模、盈利水平、客户数量每年50%以上的复合增长率，成为北京市怀柔区领先及全国百强的物流供应链管理综合服务企业。

（供稿单位：北京环亚兴达物流有限公司）

六、鲜易供应链：温控产业产融协同的服务创新

（一）企业简介

鲜易供应链成立于2009年4月，定位于中国温控供应链集成服务商。公司以产业互联网为基础，将供应链服务嵌入产业链，业务涵盖温控仓储、冷链运输、城市配送、集采分销、流通加工、供应链金融等服务，致力于为客户提供温控供应链服务解决方案。

公司围绕国家“五纵五横”交通运输网络，在全国布局三大平台化园区，20多个温控供应链基地，仓储总容积237万立方米，形成了完善的DC（仓储配送中心）、TC（快速分拨中心）、PC（流通加工中心）、EC（电商配送中心）云仓网络，为客户提供存储、分拣、配货、包装、贴标、流通加工、检验检疫及保税等一体化服务。公司自有和整合车辆5900余辆，千余条运输线路，运输网络覆盖全国28个省市区，为客户提供全程可视化的、实时冷链运输服务。公司在北京、上海、广州、郑州、天津等20多个核心城市，3000多个配送网点为客户提供B2B冷链城配服务。

鲜易供应链有效整合TC＋PC资源，通过HACCP（危害分析和关键控制点）、GMP（药品生产质量管理规范）、SSOP（卫生标准操作程序）等体系认证打造流通加工平台，为连锁零售业、连锁餐饮业、团膳等客户提供OEM（自主加工）、ODM（自主设计）设计代工及分拣、贴标、包装等生鲜加工配送服务。

公司在欧洲、北美、南美、东南亚、澳大利亚、新西兰、中国香港拥有7个境外集采中心，与30多个国家和地区上千家厂商合作，覆盖全球主要市场。在全国360多个城市布局集采分销网络，目前已完成150多个城市网络布局，帮助客户搭建高效的产品分销平台。

鲜易供应链构建先进的PaaS平台，运用互联网云计算，让业务与信息系统深度融合，打造产业互联网时代智慧、开放的供应链服务平台。公司拥有专业的TMS（干线＋城配）运输管理系统、WMS（DC＋TC）仓库分拣管理系统，实现订单统一接入、

供应链金融、运营大屏、智能派单、智能调度，对冷库、车辆冷链物流服务过程中的精准化、可视化管理，达到供应链整体协同。

作为中国温控供应链标杆企业，公司先后获得全球冷链联盟成员、中国冷链管理示范企业、中国冷链物流百强企业、中国4A级综合服务型物流企业、五星级冷链物流企业、中国仓储服务金牌企业、2015年工业化和互联网融合试点企业、《餐饮冷链物流服务规范》行业标准试点企业、《药品冷链物流运作规范》国家标准试点企业、首批《水产品冷链物流服务规范》国标试点等资质荣誉。

鲜易供应链依托资源平台化、服务产品化，秉承“云仓网”“干线网”“共配网”和“信息网”四网融合的平台战略，运用先进的冷链建设和运营管理技术，融合商流、物流、信息流和资金流，从采购到仓储，从干线运输到区域配送，从集采分销到金融，从线上到线下的全程化、全时化服务技能，以强大的实体网络、一体化的服务能力和全球化的贸易协作能力，打造中国温控供应链第一品牌。

（二）案例阐述

1. 背景介绍

在全球生产经营组织模式转变和我国经济转型的背景下，中小企业受外部环境影响而导致经营存在很多不确定性，使银行金融机构无法对中小企业信用状况做出客观评估，因而中小企业很难长期、持续解决融资难题。

鲜易供应链（见图6－26）正是依托四网融合的平台战略，联手金融机构推出系统

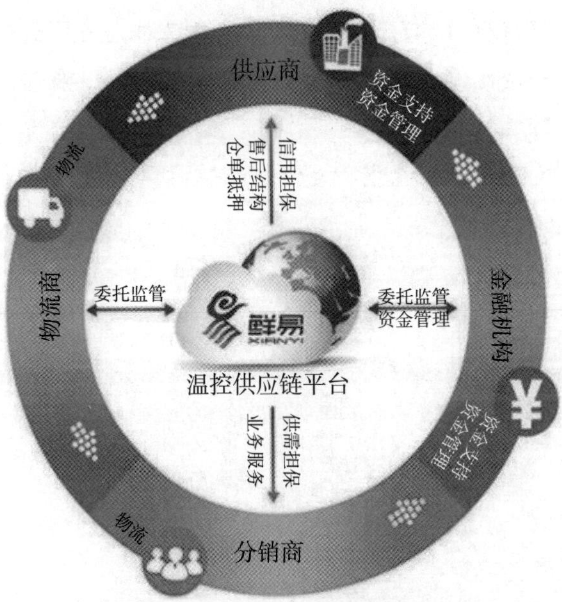

图6－26　鲜易温控供应链平台

增值的供应链金融服务方案，亦即鲜易供应链通过“原料定金代采 + 温控仓储 + 冷链运输 + 产品分销 + 供应链金融”的系统化服务，帮助中小企业缓解资金压力，提升市场分销能力。

2. **产品设计**

在鲜易供应链的“原料定金代采 + 温控仓储 + 冷链运输 + 产品分销 + 供应链金融”的模式中，“存货易”是客户将货物指定仓库，即可将库存转化为现金的金融产品；“代采易”是客户交一定比例的保证金，鲜易供应链依托全球化贸易能力，帮助代采购，定金即可转化为货款的金融产品。“运费保”是客户将运输服务项下的应收账款转让给鲜易金融，获取现金，提前收取运费款的金融产品。在三款产品的应用中成功解决了供应链中的生产商和贸易商、物流商的资金难题。

1）存货易（见图 6 – 27）

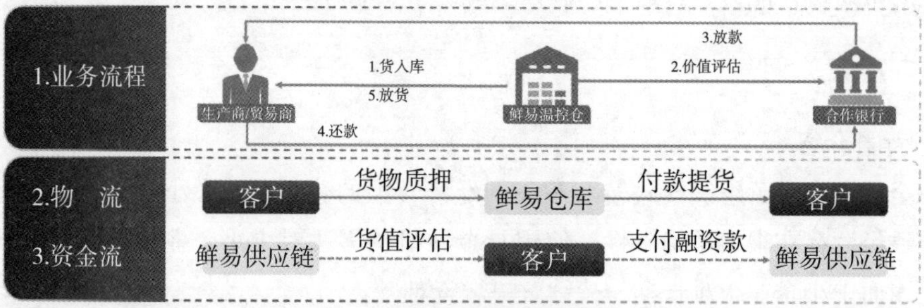

图 6 – 27　存货易业务模式

流程说明：客户将自有货物存入鲜易仓库，鲜易对其货物进行价值评估，鲜易根据评估价值给予客户一定比例（50% ~ 70%）融资款。客户根据自身销售情况分批还款提货，在约定时间内还款完毕。

2）代采易（见图 6 – 28）

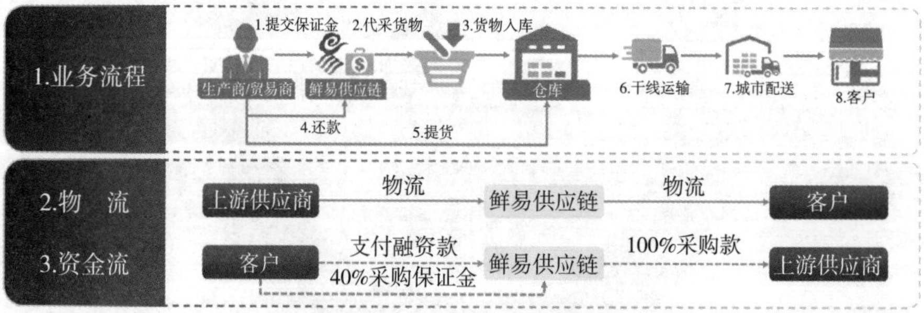

图 6 – 28　代采易业务模式

流程说明：客户向鲜易支付 40%（30% ~ 50%）的采购保证金，鲜易收到保证金以后向上游供应商支付100%采购款采购产品，产品送到鲜易仓库存储，客户根据自身销售情况向鲜易分批或一次性付款提货。

3）运费保（见图6－29）

图6－29　运费保业务流程

流程说明：承运商通过鲜易保理授信额度后，运输业务完成并对账开票后，承运商将应收账款转让给鲜易保理公司，鲜易保理按90%的比例放款，合同到期后三方物流公司支付运输费用至鲜易保理，鲜易保理扣除费用后将余款支付给承运商。

在风控方面，鲜易供应链构建冷链风控模型，通过客户画像、自动锁仓、价格跟踪和处置渠道建设等维度，从200多个客户和行业信息中挑选出54个信息要素对客户进行画像呈现。通过行情和风险预判，有效地解决了生鲜行业产品标准不统一、价格浮动的"痛点"。具备了动态跟踪客户风险状况、评估风险并采取相关措施处置风险的能力。

科技支撑上通过鲜易供应链PaaS平台、物联网技术应用平台，实现金融质物在线监管和自动锁仓功能，鲜易供应链金融平台系统（见图6－30），保障了金融业务进行全流程线上化、可视化，降低金融业务风险。

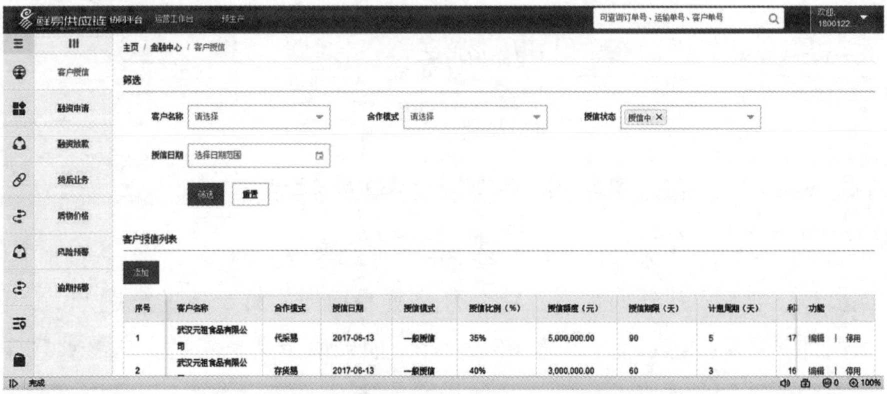

图6－30　鲜易供应链金融平台系统界面

3. **绩效分析**

截至2018年3月31日，鲜易通过供应链金融业务的开展，累计为上下游200余家客户发放贷款额规模超50亿元，很好地助力生鲜行业中小企业良性发展。

（三）发展愿景

鲜易供应链致力于搭建生鲜产业金融平台，为生鲜产业上、下游客户提供一站式供应链服务。通过评估、推介生鲜产业优质资产，链接社会化资金，解决中小型客户融资难、融资贵的融资需求。实现产业资产端和社会资金端互生互利，形成良性、可持续的生鲜产业金融生态圈。

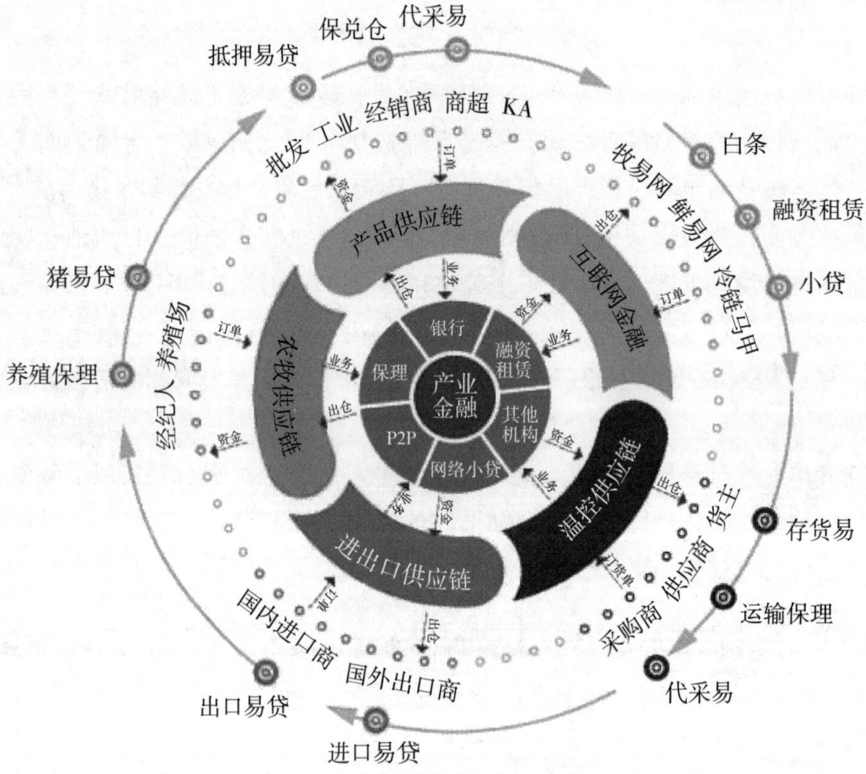

图6-31 鲜易生鲜产业金融生态圈

图6-31的这张圆环状图，就是鲜易生鲜产业金融生态圈图示，一共有4个环，分别对应四大生态要素。从外向内看，第一环是鲜易面向生鲜产业的金融产品，包括存货易、国内外代采易、运费保、白条和小贷等。如果说产品是满足客户需求载体的话，那么由外向内的第二环和第三环，就是使用金融产品的客户类型，生鲜产业中有金融需求的各个业态。最里面的圆圈标示了社会化的资金和资源。最核心的部分是鲜易生

鲜产业金融平台，这是推动外部金融生态循环的动力源。鲜易供应链金融为生鲜产业提供社会化资金配置服务，为社会化资金建立安全、持续的投资和退出通道，最终形成生鲜产业金融生态圈。

（供稿单位：河南鲜易供应链有限公司）

七、信联支付：以高速公路 ETC 为依托的物流金融

（一）企业简介

山东高速信联支付有限公司（以下简称“信联公司”）是山东高速集团有限公司的全资子公司，注册资本 3.6 亿元，注册地济南。公司拥有 ETC 发行资质和成品油零售资质，获得央行颁发的两张第三方支付牌照（预付卡、互联网），是中国石油流通协会副会长单位、中国物流学会副会长单位。

信联公司以 ETC 业务为基础，逐步发展起第三方支付、金融、加油、满易网业务板块，从单纯的 ETC 发行机构，转型为一家专注于物流行业的金融科技公司。2017 年，信联公司 ETC 发行额达 165.45 亿元，连续 5 年保持全国第一；货车金融业务规模居全国第一，2017 年累计发放贷款 53 亿元，利息收入 8100 万元；互联网支付业务规模居省内支付机构第一，跨入千亿元级互联网支付机构俱乐部；高速公路加油站网络规模全国第一，已签约 12 个省 700 个服务区加油站，实现全国高速公路服务区枢纽全覆盖。是全国唯一拥有第三方支付牌照（互联网和预付卡）的交通企业，全国唯一同时具备 ETC 和公交卡发行资质的企业，全国唯一接入央行地方征信平台的非金融企业。

（二）案例阐述

1. 背景介绍

自 2012 年以来受宏观经济影响，物流业业务总量有所下滑，但随着供应链效率的提升和电商业的崛起为物流行业发展带来新的机遇。由于运费结算周期长，物流企业普遍面临流动资金紧缺的问题，这一问题也严重困扰着物流企业的发展。然而物流企业属于轻资产公司，无抵押物，多数物流运输公司没有经营性贷款记录，均为“信用空白户”，往往很难在银行取得授信，个体车主群体也很难办理银行大额信用卡，而其他融资渠道成本很高（20% 以上）。信联公司的客户群体主要是物流运输公司和个体车主，信联公司 ETC 用户 150 万，其中货运车辆为 50 万辆，占到全国货车 ETC 发行量的一半，帮助物流运输公司和个体车主在新经济形势下的快速发展，帮助客户解决融资难的问题一直是信联在思考并致力于推动的事业。

据中物联统计的货运企业成本构成：加油费占总成本29%，路桥费占22%，保险费占3%，车辆月度折旧占8%，信联金融产品主要解决客户以上62%成本的融资难题（见表6-5）。

表6-5　　货运企业成本构成

项目	成本占比（%）
油费	29
路桥费	22
工资	21
车辆月度折旧	8
轮胎费	5
修理费	5
保险费	3
其他	7
合计	100

2. 产品设计

信联公司以高速公路ETC为依托推出了适用于物流行业的信联金融业务，业务范围涵盖通行费、加油费、保险分期等。

1）通行费金融

信联公司掌握货车大数据，包括用户、车辆的基本信息、车辆历史通行费消费数据、实时北斗定位数据；通过与银行合作，在贷前贷后接入央行征信系统，同时信联成功接入央行地方征信平台；ETC卡在风控上具备独特优势，实名制和“一车一卡”有效保障了专款专用，并借助黑名单机制有效提高违约成本；针对全国货车流动性、分散性特点，依靠信联手机App及相关合作平台作为流量入口，实现线上运营。

结合以上优势，信联公司以大数据为基础，以征信为手段，以ETC为载体，以互联网为工具，针对不同类型的物流公司和个体车主、司机分别设计了通行费金融产品。最大特点是纯信用、无抵押办理，产品账期最长达90天。同时，2017年新上线的C端产品“好运达T+1”产品，实现线上申请、实时授信、现场发卡、一卡两用等一系列全国性独一无二的创新性功能，该产品将成为2018年信联领先竞争对手、实现快速发卡的重要依托。

2）加油金融

信联加油卡是山东高速信联支付有限公司面向广大的物流运输用户发行的非现金

支付卡。客户通过信联加油卡加油，可享受优惠折扣，并取得增值税专用发票。目前信联加油卡已经开通13个省、700多个服务区加油站、1500多个高速公路路下加油站，加油网络仅次于中石油和中石化，并超越中海油和壳牌加油站数量。信联公司依托于该加油网络，在国内率先设计并推出了高速公路通行、加油、金融“一卡通”产品，即通过ETC卡既可以通行全国高速公路，也可以在信联加油网络中加油，同时可以享受金融服务，实现了ETC、加油、金融业务的深度融合。下一步加油金融业务将以石化卡为载体，用户持石化卡—柴油专用卡可在高速公路下直接加油，真正实现加油金融路上路下全覆盖。加油金融业务与通行费金融特点一致，均为无抵押、纯信用的金融产品。

除此之外，为响应国家“互联网+”号召，信联公司进一步将以上产品互联网化，打造出业务线上申请、实时授信、现场发卡等极富互联网思维和极佳客户体验的产品特点。

3）保险金融

单辆货车车险保费在通常在2万~3万元，每年集中投保车险，对于物流公司（包括挂靠公司）都是大额开支。为解决用户集中买车险时保费支出较高的问题，信联公司与国内知名的大中小各类型保险公司合作，推出的商用车车险分期产品，既满足了用户选购保险保障的需求，又解决了用户集中支付大额保费比较困难的难题。

除商用车车险分期外，信联公司还针对乘用车用户推出了相关车险产品。依托手机线上入口，凭借低价、分期、线上投保等业务亮点，充分挖掘百万余乘用车ETC用户的保险需求，为其提供便捷服务。

4）实施过程

在最初信联公司设计业务的过程中，因业务模式在国内尚属首创，没有任何案例可供参考，信联公司主动寻求与各种专业类金融机构的合作机会，其中商业银行因其本身风控模式的限制不能接受信联公司提出的产品模式，在多次对接银行失败后，信联公司转而与中小金融机构合作（如商业保理公司、小额贷款公司、融资租赁公司），信联公司利用中小金融机构的风控政策灵活优势，不断优化产品，在2015年9月全国ETC系统联网运营后迅速占领市场，并先后与顺丰、圆通、德邦、远成等大型物流、快递公司用户实现业务合作。

信联金融业务于2013年率先在国内推出ETC金融产品，在五年多时间的发展中，金融业务不断优化产品，由原来单一产品逐步发展为多样化产品，由60天账期发展为灵活账期，由线下发卡到线上发卡、实施授信等一系列全国性独一无二的创新性功能。随着ETC金融产品线的丰富也逐步拓展到加油、保险等领域。

5）保障措施及竞争优势

信联金融业务是全国首创的专注服务于物流行业的金融业务，该业务打破了传统金融业务需要抵押物的风控方式，以大数据为基础、以征信为手段、以ETC为载体、以互联网为工具，降低用户的准入门槛，解决用户资金紧张、融资难的问题，是真正面向物流行业的普惠金融产品。其具有以下优势条件。

（1）大数据库：客户信息、通行消费数据，能够反映企业的运营情况，进行贷前授信。

（2）风控优势：依托一车一卡、实名制实现专款专用；交通运输部ETC黑名单，限制ETC通行；作为牵头单位，设计全国高速公路信用体系，对偷逃欠款及逾期车辆将禁止通行高速公路。

3. **绩效分析**

自2014年4月业务正式上线以来，已服务用户15023余家，累计授信车辆9.2万余台，单月最高发放融资约5.7亿元，截至2018年5月，累计为客户融资128亿元，实现服务费收入2亿元，净利润1亿多元。尤其是在2017年物流行业整体不振、竞争环境日益恶化等不利因素下，信联金融业务仍取得了相对理想的业绩，全年为客户提供融资总额53亿元，实现营业收入7438万元，净利润5092万元。

（三）发展愿景

信联金融业务运营至今所取得的显著成绩，得益于信联始终站在客户的角度上考虑产品设计，坚持产品创新，努力实现客户的完美体验，不仅致力于满足用户的融资需求，还在寻求通过信联公司的资源帮助用户提高其经营管理能力。

首先，2017年信联公司的互联网金融发展战略取得实效，突破了传统金融机构面签审批流程以及地域性的限制，尤其是上线的“好运达T+1”产品实现线上申请、实时授信、现场发卡、一卡两用等一系列全国性独一无二的创新性功能。下一步金融业务将以A卡“T+1”产品为纽带，将ETC、加油、金融业务实现有效互动，进一步提升公司产品综合竞争力。

其次，金融业务已经是信联公司最主要的利润来源，在持续做大做强ETC金融服务的基础上，正逐步向保险金融等领域延伸。乘用车车险分期产品于2018年年初正式上线，依托手机App及微信等入口，凭借低价、分期、线上投保等业务亮点，充分挖掘百万余乘用车ETC用户的保险需求，为其提供增值服务，成为2018年利润新的增长点。

再次，之前设计的加油金融业务是通过将ETC卡绑定加油账户的方式，实现ETC卡加载加油功能，同时可实现在高速公路服务区先加油后付费，这里的加油网络主要是指用户持ETC卡可在高速公路上直接加油。下一步加油金融业务将以石化卡为载体，用户持石化卡—柴油专用卡可在高速公路下直接加油，真正实现加油金融路上路下全覆盖。

最后，2017 年完成了信联金融平台的搭建工作，一方面完成了公司内外流量入口的重要功能，另一方面提升了手机端客户的活跃度及黏性，利于后续增值服务的导入。下一步，将利用各个业务板块以及各种维度汇聚的数据（包括客户、车辆、消费、还款结算等），搭建风控模型及信用模型；同时充分利用央行征信平台资源，构建物流行业信用体系，打造信联物流征信的品牌。

（供稿单位：山东高速信联支付有限公司）

八、卡力互联：数据金融产品“运费无忧”

（一）企业简介

当前，我国物流业正从传统物流向现代物流转变，并持续升级。在这个大背景下，2017 年卡力互联应使命而生，专注、专业、专精于整车物流，为物流产业链的货主企业和运输企业提供全程可视化、网络化、透明化、标准化的运输服务，致力于成为我国最大的整车运输网络。

卡力互联由我国 9 个著名物流实体公司实际控制人携手共创，依托现有物流实体强大的服务能力，实现线上线下的互联互通，形成全国基础干线运行网络；依托强大的 IT 系统能力，打造卡力互联的智能物流平台，形成全程可视化和标准化的运作能力；通过全网透明化运作，为合作者提供过程、环节、对接各维度透明高效的服务体系，为客户提供多种价值；通过平台化的金融风控手段、智能运营手段和平台化运营模式，产生物流大数据，帮助中小物流企业成长，拓展平台的网络纵深度。

卡力互联秉承切实为物流行业、物流企业服务的宗旨，紧密围绕中国物流行业深化改革，转换机制，开拓经营，强化管理开展工作，深入开展调查研究，使公司的队伍持续壮大，社会影响力不断提升。

卡力互联的业务范围包括：整车运输、物流金融、卡车后市场。作为一个物流线上平台企业，卡力互联不仅对接了大量的实体物流企业（运力）以及大量的 B 端客户（货源），同时还为实体物流企业提供后市场集中采购、购车融资租赁、运费保理贷款等一系列线上线下服务。

卡力互联在 2018 年，预计能够达到 30 亿元的线上交易规模。这完全依托于卡力互联的线上大数据系统平台与线下实体落地服务能力的有机完美结合。这也使得卡力互联的网点伙伴成员和大货源客户，都如雨后春笋般平地冒出，瞬间成林。

（二）“运费无忧”产品详细阐述与说明

1. 产品设计的背景

2018年的中国物流行业，面临的依旧是两方面的痛点——钱和货。

卡力互联以全球视野深入洞察物流业发展需求，针对传统物流业融资难、资金成本高、现金周转慢的桎梏，设计了“运费无忧”金融产品。

“运费无忧”，作为对于线上业务所产生运费的资金支持服务，将现代科技和高阶资本同时引入我国的传统物流行业，将大幅提升物流企业的周转效能以及运作效率，让物流业整体的运输效能再上一个新台阶。

2. 产品设计

1）传统物流的沉疴

卡力互联依托多年的物流从业经验，寻找出传统物流行业（见图6－32）在时代迅猛发展的今天无法迅速跟上潮流的原因：在传统的物流模式中，物流企业处于绝对的弱势方，货源是上游公司提供的，运费是上游企业支付的，而市场上的运力又处于组织散乱和信息高度不对称状态。所以，一个物流企业为了钱和货发愁，逐渐成为一种常态化的原罪。

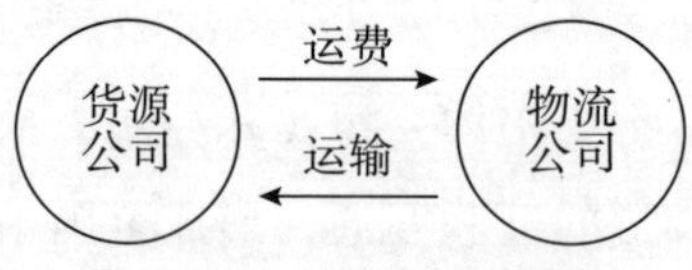

图6－32　传统物流模式

2）“运费无忧”的核心基础：卡力的市场尖端模式和策略

卡力互联作为一个线上系统平台：在前端承接各类客户的货源；在我们的平台上进行智能组合，匹配出最佳的行车线路和承载模式；在后端连接大量优质运力（见图6－33）。

这样做的优势在于以下几点。

（1）卡力互联集合了大量优质运力，提供一站式穿透型问题解决方案，货源公司不再面临货物运输中的层层分包问题。

（2）货源公司取得更多保障，卡力互联提供两个物流环节中最尖端的供应链管理解决方案：第一，网络化的落地服务；第二，透视化的过程管理。

（3）物流公司不再是物流业中的弱势群体，通过卡力互联获得了平等的、标准化的竞标能力。

3）“运费无忧”：卡力的革命

在搭建完卡力互联线上系统平台的架构，并在前后两端对接大量货源和运力之后，卡力互联的人工智能系统通过线上大数据分析，建立了行业领先的风控模型，并形成

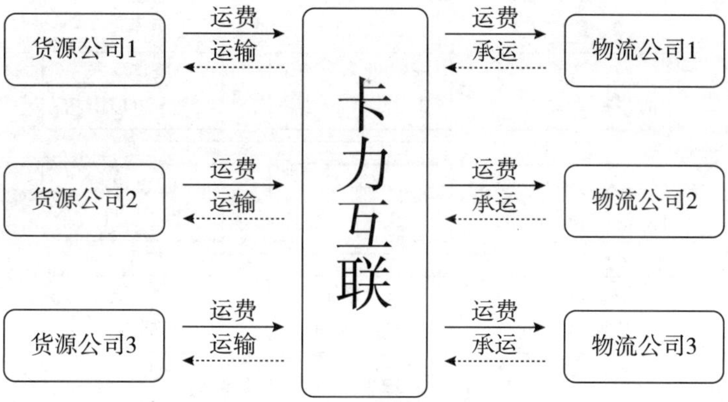

图6－33　卡力互联市场模式

了精确的客户侧写。

在此基础上，卡力互联引进外部资金，有针对性地设计了“运费无忧”产品，为卡力网点伙伴成员提供运费垫资，使物流企业不再为钱发愁（见图6－34）。

“运费无忧”产品，具有以下几个在行业内极具优势的特性。

（1）数据贷：凭借线上的真实数据，即可申请贷款，无须任何质押。

（2）免息：产品具有45天的无息期，由卡力提供支持。45天之后，年化利率15%。

（3）放款快：运输发生开始，“T＋1”日放款。行业内目前的物流金融产品，多为运输完成后的应收账款抵押融资；而卡力互联依托大数据平台，于运输发生时即提供运费垫资。

（4）一键申请：只需要在卡力系统平台上点击“申请”，没有多余操作。

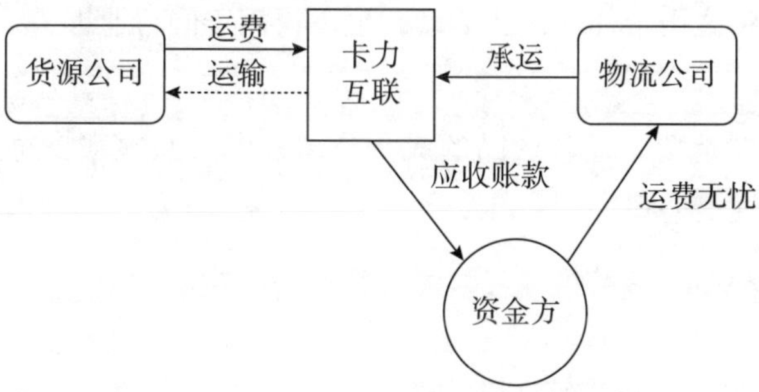

图6－34　“运费无忧”业务模式

除了基础特性外，在卡力互联系统平台上使用“运费无忧”还有如下附加价值。

（1）通过物流全过程跟踪、行业领先的风险评估模型，有效管理风险。

（2）通过卡力互联线上平台，提供物流、资金流的无缝对接、管控。

4）“运费无忧”的业务流程（见图6-35）

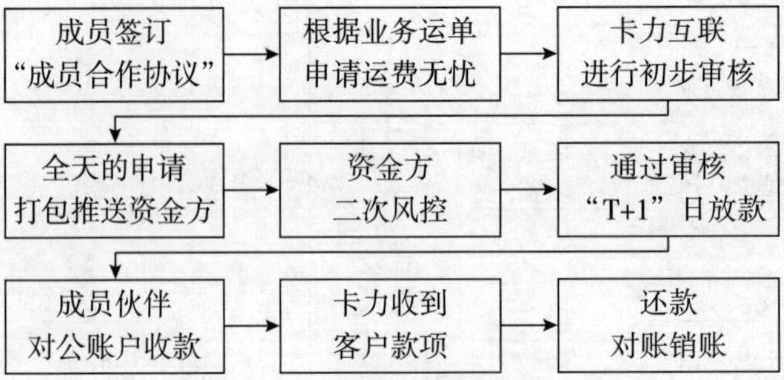

图6-35 “运费无忧”业务流程

（1）公司签约。

物流公司与卡力互联签订“成员合作协议”，成为卡力互联的网点伙伴成员。

（2）产品申请。

成员公司在卡力互联线上系统开展业务并录入业务信息并生成订单后，可以进行“运费无忧”产品的申请。

针对线上提交的“运费无忧”贷款申请，其结果将取决于卡力互联的审核以及资金方的二次风控。

（3）放款说明。

对于被批准的申请，系统平台将会给予确认回复，并且资金方将于申请次日拨放款项到成员公司的对公账户。

（4）款项使用。

“运费无忧”的拨付款项，将被用于也仅可用于款项对应运输的费用给付；此款项为特定款项，不得将之用于任何违法活动，也不得用于同行业拆借。

（5）账单还款。

凡有正在使用“运费无忧”产品的成员公司，卡力互联都将每天自动生成一个欠款清单，并推送至成员公司。

货主款项到位以后，货款将用于清偿。

5）经营成果

“运费无忧”作为卡力互联金融超市的第一个产品，自推出以来，获得了卡力网点伙伴成员与业界的高度认同和一致肯定。卡力的网点伙伴成员纷纷表示：“运费无忧”的推出，给物流行业一种时不我待的紧迫感和不进则退的危机感。无论是现在的“运费无忧”，还是卡力互联金融超市今后将推出的其他产品，都将不断推进传统物流行业的转型升级并打造一片纯净而又高贵的物流生态圈。在使用“运费无忧”之后，卡力的网点伙伴成员对物流行业的前景充满信心，对卡力互联充满期待。

（三）发展愿景

卡力互联始终专注于整车运输市场，在整车运输市场不断深耕，不断强化网络布局、进行网络加密。

未来，对上游货源，卡力互联将更加深入研究大企业客户需求，分行业产品化，如快消、冷链、电子产品等行业服务产品，并在线路规划等方面全面提升，打造行业领先品牌。对下游卡力互联的网点伙伴，卡力互联认真了解每一位的需求，详细规划构建整体服务流程，通过提供具体到每一个细节的物流全过程管理综合服务，在提高网点伙伴成员满意度的过程中，来拓展卡力互联自身的业务规模。

卡力互联将提供灵活的合作模式、合理的服务价格、领先于行业的金融结算等一系列优惠条件；同时公司也要求客户经理经常与网点伙伴成员进行良好有效的沟通，帮助网点伙伴成员提高车辆使用效率、降低车辆闲置率。

卡力互联不断拓展物流行业的业务与货源，为整个中国物流行业建立了有序、高效和灵活的庞大承运商体系，进而提供符合市场需求的兼具稳定性和灵活性的服务，实现了规模经济效应，降低整体的物流成本。

（供稿单位：卡力互联科技（上海）有限公司）

九、京阳物流：个性化定制供应链金融服务

（一）企业简介

湖南省京阳物流有限公司于1998年12月成立，是一家以物流基地作支撑、以物流信息系统作驱动、以完善的物流服务体系和物流运作技术作支持、以诚信发展为根本的第三方现代物流企业。公司业务以长沙为基地，立足湖南，覆盖全国，联通国际。

自2006年推出物流金融服务以来，为广大的中小企业盘活流动资产，提供动产质押、动产抵押、仓单质押、物流监管等服务，从而突破了中小企业的融资瓶颈。公司先后与多家金融机构开展合作，风险率为零。多年来公司在物流金融方面累积了丰富的经验，培养了一支高素质的物流金融运作和业务拓展队伍，建立了一整套行之有效的物流供应链管理体系，同时也掌握了一大批各行各业的客户资源。在传统物流金融货押监管业务基础上，围绕核心企业的上下游在采购、生产、销售等各环节开展物流与融资服务，通过多环节物流运作来控货，有限降低系统风险，打造供应链一体化增

值服务模式，逐步扩展至综合产业链延伸、供应链整合、融资租赁、物流综合服务和企业投资管理咨询等多个业务领域，集物流、商业、信用、金融为一体。

（二）案例阐述

1. 背景介绍

物流金融是一种创新型的第三方物流服务产品，它为金融机构、供应链企业以及第三方物流服务提供商业间的紧密合作提供了良好的平台，使得合作能达到“共赢”的效果。物流金融的兴起源于解决中小企业融资难问题。物流金融是物流与金融相结合的复合业务概念，它不仅能提升第三方物流企业的业务能力及效益，还可为企业融资及提升资本运用的效率。金融物流服务的提出，可以有效支持中小型企业的融资活动。另外，金融物流可以盘活企业暂时闲置的原材料和产成品的资金占用，优化企业资源，帮助银企吸引和稳定客户，扩大银企的经营规模，增强竞争能力；同时协助银企解决质押贷款业务中银行面临的“物流瓶颈”——质押物仓储与监管；协助银行提供质押贷款业务中银行面临的质押物评估、资产处理等服务。

2. 产品设计

1）产品特点

物流金融中的存货质押是指借款人以存货作为质物向信贷人借款，为实现对质物的转移占有，信贷人委托物流企业或资产管理公司等成为第三方企业，代为监管和存储作为质物的存货。采用仓单（存货）质押的方式，帮助客户盘活存货（含在途货物）价值，快速融得企业运营所需流动资金。商户可根据自身条件选择3～6个月的银行承兑汇票或1年期的现金借款，采取先货后票质押（既有货权质押），或者先票后货质押（未来货权质押）的方式，获得存货价值50%～70%的融资度（实时可使用贷款额度以合作银行对客户审批的年度授信额度为限）。

物流金融作为一种新型融资方式，至少涉及借款人、贷款人及提供质物监管与仓储服务的第三方3个主体，其各自的权利义务根据借款人与贷款人的存货质押合同及三方签订的存货监管合同确定。

以现有知名有色金属客户为基础，湖南省京阳物流有限公司力争打造成为国内知名的有色金属供应链物流金融服务平台。在金融机构与核心企业之间构建一条信息互通的桥梁，为核心企业的上下游开展供应链融资提供资金和渠道。

通过湖南省京阳物流有限公司供应链物流金融服务平台，将有效解决核心企业上下游因综合信用评级不高、授信额度不够、不动产较少等带来的融资难题。核心企业的上下游通过湖南省京阳物流有限公司的供应链物流金融服务平台进行融资，大大降低了自身的资金压力，从而减少资金占用、加快资金的周转、解决经营中的资金需求。

2）实施过程

基于不同客户的需求，湖南省京阳物流有限公司物流金融服务为核心客户下游提供代理采购服务，为核心客户上游提供代理销售服务。A 企业集科、工、贸为一体，拥有自营进出口经营权的有色金属企业，在整个产业链条中占据核心位置。

为核心客户下游代理采购与提供融资渠道。在存货质押的基础上，湖南省京阳物流有限公司为 A 企业的下游提供代理采购。根据经销商的采购订单，湖南省京阳物流有限公司向 A 企业递交采购申请并促成交易。此采购订单可以由湖南省京阳物流有限公司推荐给金融机构向 A 企业下游采购商提供订单融资服务（见图 6－36）。

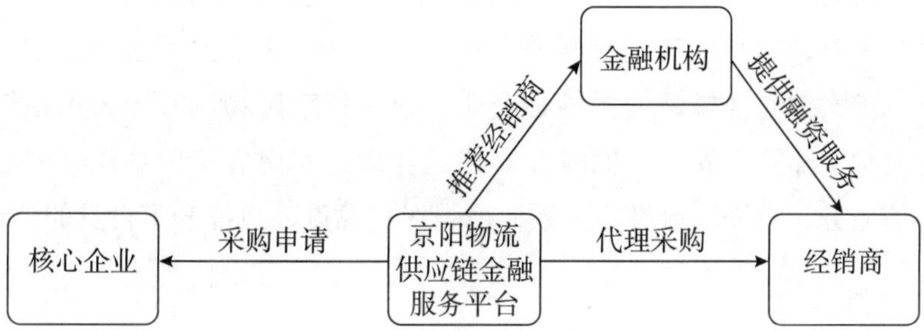

图 6－36　下游服务业务流程

为核心客户上游代理销售。根据 A 企业的采购订单，湖南省京阳物流有限公司为 A 企业原材料供应商代理销售。A 企业根据生产需求向湖南省京阳物流有限公司下采购订单，湖南省京阳物流有限公司向上游原材料商递交采购申请，原材料供应商确定订单后，湖南省京阳物流有限公司运输至 A 企业生产基地。此批原材料可以由湖南省京阳物流有限公司推荐给金融机构向 A 企业提供存货质押融资服务，湖南省京阳物流有限公司全程监管原材料从生产线上至线下成品，如图 6－37 所示。

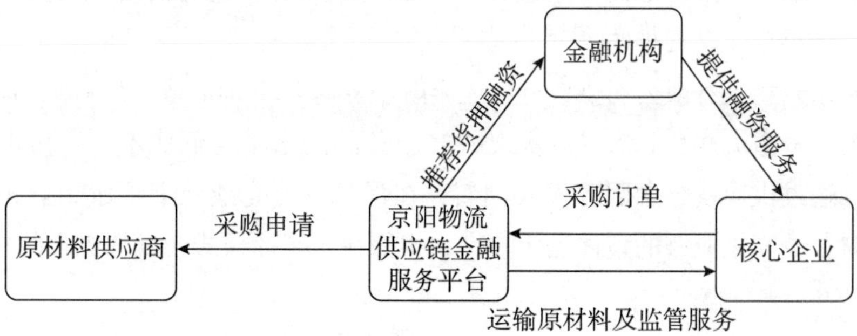

图 6－37　上游服务业务流程

3. 绩效分析

以A公司为例，自2010年湖南省京阳物流有限公司为A公司提供物流金融服务以来，这8年中A公司发展迅速，融资额度由2010年的2000多万元增长至现在的6亿余元，湖南省京阳物流有限公司为A公司的蓬勃发展献上了绵薄之力，在整个供应链物流金融服务上为A公司有效地减少了资金成本。

湖南作为有色金属之乡，湖南省京阳物流有限公司在物流金融服务的基础上，围绕核心有色金属企业开展供应链金融服务，对其上下游企业开展全方位服务的合作模式。有资金需求的经销商、供应商，可通过湖南省京阳物流有限公司供应链物流金融服务平台进行融资申请。湖南省京阳物流有限公司通过整合物流资源、金融资源，促进各个环节的提升，实现共赢。

通过这种物流与金融的融合模式，既有利于核心企业物流体系的健康稳步发展、降低物流监管风险，提升供应链整体的运作效率；又解决了上下游企业融资难题，加速资金周转，扩大销售规模；依托核心企业、湖南省京阳物流有限公司在链条中的作用，为金融机构保障资金安全；同时在具体运作中，湖南省京阳物流有限公司实现供应链物流增值服务，巩固既有客户关系，增强客户黏度，也提升了自身的价值。

（三）发展愿景

物流金融服务虽是湖南省京阳物流有限公司较为成熟的一项服务，但随着社会的发展、政策的变更，物流金融服务在不同的发展阶段，采取不同的管理应对政策，不断塑造自身的核心竞争力。供应链物流金融的突出特征是以供应链事件为驱动，以真实贸易为背景，对企业的融资环节、融资时点、融资规模、融资用途等具有精准定位，能够精准服务于企业的融资需求。整合供应链上的资金流、信息流、物流、商流，以快速响应企业的资金需求，提高资金的使用效率。

湖南省京阳物流有限公司供应链物流金融服务以实物供应链为基础，为中小企业量身定制金融解决方案，帮助中小企业利用供应链核心企业的信用获得融资便利，有效地解决了中小企业融资难题。

湖南省京阳物流有限公司供应链物流金融服务将整个价值链上所有环节的信息流、商流、物流、资金流联系起来，以实现顾客服务的高水平与低成本，赢得供应链整体竞争优势。通过供应链金融服务模式创新，在保障核心企业及上下游企业销售体系稳定性的同时，提高供应链的整体运作效率，相信在未来此模式会发挥更大的作用。

（供稿单位：湖南省京阳物流有限公司）

第七章　金融视角下的物流与供应链金融

第一节　商业银行视角下的物流与供应链金融

现代物流业是推动供应链创新和发展的重要力量，与供应链金融联系紧密，一方面，中小型物流企业加快转型发展，亟须拓宽融资渠道；另一方面，一些大型物流企业正在跨界开展供应链金融业务，打造新的利润增长点。站在商业银行角度，物流企业既是供应链金融业务重要的服务对象，也是需要高度重视的合作伙伴，推广创新供应链金融产品服务，缓解广大中小微企业融资难题，银行离不开供应链上物流企业的协助，离不开与物流和信息技术的深度融合。

一、金融已成为影响物流行业发展的重要因素

（一）粗放式发展的中小物流企业很难获得银行信贷支持

近年来，虽然我国交通运输与物流业运行稳中向好，货物运输需求保持旺盛，运量快速增长，运输结构不断优化，但是不少专家和业内人士认为，我国物流业总体来看仍处于较为粗放式发展阶段。以2017年承载77.5%货运量的传统公路物流为例，北京物资学院物流学院副教授陆华指出，全国公路物流企业有750多万户，平均每户仅拥有货车1.5辆，其中前20名企业所占市场份额不足2%，公路物流行业“小、散、乱、弱”局面并未得到根本改善，产业组织化水平较低，行业集中度远远落后于发达国家。

由于无法满足稳健经营的商业银行信贷要求，中小型物流企业普遍无法直接从银行获得贷款来发展壮大。中国物流与采购联合会物流与供应链金融分会统计数据显示，2016年，我国物流企业贷款融资需求保守估计在3万亿元以上，但被传统金融机构满足的需求不足10%；仅物流运费垫资一项，每年就存在约6000亿元的融资需求，但这约6000亿元的融资需求中只有不到5%是通过银行贷款方式满足的。

两方面原因导致商业银行很难满足中小物流企业融资需求：一方面，中小物流企业普遍成立时间较短，资产和营收体量较小，缺乏历史信用信息，缺乏抵押担保财产，企业抵御经济周期波动能力严重不足，经营失败情况屡见不鲜，且社会信用体系还不

够完善，缺乏对失信企业有效的惩戒手段；另一方面，我国多层次金融市场体系尚不完善，银行信贷仍是社会融资主要形式，而银行业是高杠杆、高风险行业，尤其是负债端关系着千家万户，因此商业银行开展业务接受最严格监管，审慎稳健是其基本经营原则。不难理解，在没有十足把握的前提下，银行无法向包括物流企业在内的广大中小微企业直接发放贷款。

（二）大力发展供应链金融能够缓解中小企业融资难题

供应链金融以产业链和供应链上沉淀的信息为核心风控依据，以真实贸易为基础，利用交易自偿性构建资金流封闭运行体系，能够针对供应链上每一笔融资需求，提供精准的资金支持，同时向资金提供方提供优质资产。目前，供应链金融能够有效缓解中小微企业融资难题已成为全社会共识，2017 年 10 月国务院办公厅印发《关于积极推进供应链创新与应用的指导意见》，要求银行等金融机构积极稳妥发展供应链金融，拓宽中小微企业的融资渠道，确保资金流向实体经济。

一边是中小微企业普遍面临融资难、融资贵等难题，另一边却是中小微企业拥有的大量应收账款、存货、设备等流动资产，得不到有效利用。以物流业为例，承运货物时，物流企业要向货主缴纳一定比例的保证金，垫付运输过程中的大部分运输费用，运输完成后还要等待 60 ~ 90 天甚至更长时间才能完成结算，巨额的运输费用和较长的账期使得物流企业普遍面临运营资金短缺问题。因此，探索如何支持中小微企业有效利用动产资源进行融资，既是中小微企业的迫切需要，也是金融服务创新支持实体经济发展的必然要求。

在小微企业动产资源中，应收账款融资的实施条件最为成熟。《物权法》对应收账款质押做出明确规定，提供了法律保障，中国人民银行征信中心在应收账款登记系统的基础上搭建了应收账款融资服务平台，则为应收账款融资业务的发展奠定了金融基础设施条件。2017 年 5 月，人民银行、工业和信息化部会同财政部等部门联合印发《小微企业应收账款融资专项行动工作方案（2017—2019 年）》，从应收账款入手，引导供应链核心企业、金融机构和政府有关部门共同努力，推动小微企业大力开展应收账款融资，盘活企业存量资产。2017 年 10 月，人民银行再次修订《应收账款质押登记办法》，明确应收账款转让登记参照质押登记办理，应收账款包括基础设施和公共事业项目收益权，登记期限从 1 ~ 5 年扩展为 0.5 ~ 30 年。此外，商业银行、供应链核心企业、金融科技企业将供应链金融视为新的蓝海，纷纷加大供应链金融投入，充分利用自身优势，不断开发创新供应链金融产品和服务。

（三）供应链金融能有效促进物流业转型升级、降本增效

我国物流业正处在由规模速度型向效率质量型转变的关键阶段。中国物流与采购

联合会研究表明，以2015年为分界线，在此之前，物流业增速快于GDP增速，之后，物流业增速跟GDP增速相当，甚至略低于GDP增速。这反映出经济社会发展对物流业规模和速度需求的迫切性逐步降低，未来更多的是要求物流业提高发展质量和效益。业内专家认为要解决物流业效率问题，关键就是要促进物流与金融融合，提升物流企业综合服务能力。

对于物流业降本增效，国家和政府非常重视金融的推动作用。2017年，国务院办公厅印发《关于进一步推进物流降本增效促进实体经济发展的意见》，从7方面提出27项具体措施，部署推进物流降本增效，明确提出国家支持设立现代物流产业发展投资基金，鼓励银行业金融机构开发支持物流业发展的供应链金融产品和融资服务方案，提升物流业发展水平，促进实体经济发展。统计数据显示，总体来看，尽管经过多年努力，我国社会物流总费用占GDP比重呈逐年下降态势，2017年物流成本占GDP比重下降到14.6%，但该指标仍明显高于发达国家，未来我国物流业继续降成本的空间还很大。中国物流与采购联合会指出，20世纪80年代中后期，美国、日本等发达国家引入供应链金融以后，基本将物流费用稳定在GDP的8%~9%。

二、市场空间巨大，物流企业大力拓展供应链金融业务

在国内，商业银行是供应链金融早期探路者，平安银行、兴业银行和民生银行都较早布局了供应链金融，积累了丰富的业务经验。物流企业则是近十几年以来，从协助银行开展供应链金融起步，逐步加强了对这项业务的理解、渗透和投入。

（一）物流企业积极协助商业银行开展供应链金融业务

供应链金融蕴含着巨大的市场空间，相关数据显示，2017年全国供应链金融市场规模约13万亿元，预计到2020年将达到15万亿元。即使单看应收账款一项，我国非金融企业应收账款余额规模达到16万亿元，其中中小型企业应收账款规模合计已超过6万亿元。问题是各行各业供应链千差万别，物流、信息流、资金流运转各具特色，商业银行要做好供应链金融，控制好业务风险，离不开供应链上物流企业的通力合作。

物流企业连接了供应链的上下游，拥有买卖双方的交易信息，掌控仓储物流环节，较商业银行等金融机构更容易掌握交易真实性和各类突发状况，因此可以实时监控交易和供应链过程，在配合银行开展供应链金融业务方面有天然优势。目前，国内主要物流企业都通过多种方式涉足商业银行供应链金融业务，协助银行等金融机构开展动产监管、质押监管、抵押监管和贸易监管等活动。

此类业务中，物流企业是关键参与方，受银行委托对相关企业在仓储运输中的动产进行监管，因此此类业务也称为物流金融业务。在这种业务模式中，监管质量主要

取决于物流公司的管理能力和现场监管人员的尽职尽责程度，是银行关注的核心问题。中储发展股份有限公司是国内较早开展质押监管业务的企业之一，其与工商银行等20多家金融机构建立了合作关系，监管物品种涉及建材、家电、煤炭、化工产品等。中储物流金融专家付旭东表示，作为金融创新成果的物流金融，是金融与物流有机结合的结果，可以在很大限度上满足中小物流企业融资需求，也为物流业的发展开辟了新空间。

（二）物流企业多种形式深度介入供应链金融业务

一是物流企业通过小贷保理机构直接开展供应链融资。近年来，不少实力较强的物流企业以多种方式直接向供应链上下游企业提供金融服务，与商业银行形成一定竞争关系。以顺丰为例，自2015年起，顺丰通过旗下小贷和保理公司，向其服务的中小企业提供仓储融资、应收账款保理等供应链金融服务和其他形式信贷产品和服务。除了自有资金和银行信贷，快速发展的资产证券化成为这类业务重要的资金来源。据不完全统计，2017年保理资产证券化的规模已经突破800亿元，成为继小贷、融资租赁资产证券化之后，又一新兴资产领域。

二是物流企业通过搭建互联网平台，提供供应链相关信息，撮合金融机构和有融资需求的中小企业。海航现代物流旗下互联网供应链金融平台“海平线”就是这类模式的典型代表，“海平线”整合了海航现代物流旗下的机场、货运、地面物流、仓储、智慧物流5个业态业务信息，为金融机构向中小企业提供保理、订单融资、票据融资和发票融资等供应链金融服务提供了重要判断依据。“海平线”通过海航现代物流和第三方物流所掌握的供应链资金流、物流和信息流，为中小企业提供信用证明。

三、商业银行应当转变思路，不断创新发展供应链金融业务

国内供应链金融发展初期，产品服务主要由商业银行提供，而在产业升级、供应链和互联网技术大发展的背景下，供应链金融市场高速扩张，银行不再是供应链金融产品与服务提供的绝对主体，掌握了供应链上下游企业真实贸易信息的行业龙头企业、B2B互联网平台、物流企业等供应链主体纷纷利用自身优势，涉足供应链金融服务领域。商业银行应当及时转变发展思路，以更加开放的姿态迎接供应链金融大发展。

（一）商业银行应当立足自身优势，与各方共同做大做强

商业银行为企业提供最基本的账户服务，拥有最完善的支付结算基础设施，能够为以核心企业为中心的整个供应链提供结算、信贷、应收账款管理等一站式综合金融服务，在供应链金融领域积累时间最长，业务经验最丰富。未来只要银行跟上供应链

金融发展潮流，创新产品服务体系，满足各类企业客户需求，仍将是供应链金融的绝对主流。

有别于其他新兴供应链金融服务机构，商业银行拥有多方面优势。一是商业银行依法接受严格监管，风险管理和内控体系严密，总体上能够规范稳健开展各项业务，有利于从源头控制系统性风险，符合国家和政府维护金融市场稳定的核心利益。二是商业银行资产合理分布在国民经济主要行业，抵御经济周期波动能力高于一般工商企业和各类新兴供应链金融服务机构。三是中大型商业银行普遍具有较好的跨境服务能力，熟悉国际金融市场，能够满足供应链全球布局需求。

当前，银行供应链金融发展也面临一定问题，中国工商银行公司金融业务部崔勇指出，从国内供应链金融服务现状与市场需求匹配程度来看，主要存在供应链金融服务对象与核心企业需求错配、供应链金融目标市场与金融服务能力错配、商业银行与产业链核心企业优势资源错配“三个错配”。归根结底，要改变这些错配，商业银行就要转变发展思路，主动适应与产业和物流龙头企业之间合作关系的改变，平衡各方利益诉求，共同把供应链金融做大做强，实现共赢。

（二）商业银行应当顺势而为，拥抱金融科技

随着互联网、大数据、区块链等技术的深度应用，供应链金融市场主体也积极借助金融科技加速供应链业务转型升级。商业银行也要积极主动拥抱金融科技，借助技术创新成果，加强与供应链核心企业、物流企业深度融合，整合简化复杂的供应链上下游产品体系，创新运营模式，提高运营效率，提升风险管控能力，切实提高中小微企业融资便利性，着力解决融资难、融资贵的难题。

在运用金融科技服务供应链金融方面，平安银行走在了同行业的前面。2017 年，平安银行运用互联网、云计算、区块链等技术，注入 18 年供应链金融专业服务经验，倾力打造推出了“供应链应收账款服务平台”（Supply - chain Account receivable Service，SAS）。在该平台上，有优质信用的核心企业对赊销项下的到期付款责任确认后，其各级供应商可将确认后的应收账款向上一级供应商转让，用以抵偿债务，或转给其他机构，获取融资，从而盘活存量资产，获得便利的应收账款服务。该平台可提供交易鉴证、登记、转让、结算、预警等多种功能，将多年来平安银行积累的供应链金融经验，以最容易接受的方式传导给广大中小微企业，并力求尽可能无缝融入企业运营中去。

（撰稿人：平安银行交通物流金融事业部总裁　冉旭）

第二节　保理公司视角下的物流与供应链金融

保理业务是指供应商将其因销售商品、提供服务或出租资产等形成的应收账款转让给保理商，由保理商为其提供应收账款融资、应收账款管理与催收或买方付款保障中的任何一项以上的综合性金融服务。国际经验表明，保理业务基于真实贸易背景，是与实体经济结合最为紧密的金融产品，特别适合于满足成长型中小企业的融资需求。此外，保理业务风险较小，具有宝贵的逆周期特点，在经济下行期，可以弥补传统金融服务收缩所造成的供给不足。5 年来，在我国银行保理快速下降的同时，商业保理行业迅速崛起，2017 年商业保理融资量达到 1 万亿元，服务的中小企业超过 10 万家，最小单笔融资金融仅千元，成为破解中小企业融资难、融资贵的重要工具。

一、全球保理行业发展迅速，前景广阔

据国际保理商联合会（FCI）统计，2017 年全球保理业务量达 2. 598 万亿欧元，较 2016 年增长 9%。据此计算，2017 年全球保理业务对全球经济的渗透率约为 4. 09%，较 2016 年上升了 0. 69 个百分点。数据显示，全球多数保理市场增长显著，在连续两年平稳增长期过后，2017 年全球保理行业开始加速增长。

总体来看，各国保理市场的需求日益扩大，全球保理行业发展前景广阔。作为风险较低且具有逆周期特点的贸易融资产品，保理已成为全球范围内发展最快的供应链金融业务，在促进国内外信用贸易、满足中小企业融资和服务实体经济方面发挥着越来越重要的作用。

对全球保理行业而言，以下两个趋势值得高度关注。

（1）金融科技对行业影响加大。交易在线化快速发展，全球电子发票已占发票总数的 10% 左右。区块链和分布式总账技术提高了贸易融资的安全性和效率。未来行业的游戏规则将出现巨大变化，平台化的应付账款融资/反向保理占比将迅速上升。

（2）各国法律规定将影响保理行业的发展。贯彻实施“充分了解你的客户和反洗钱（KYC/AML）”规定，确保保理资产的法律地位，取消应收账款转让限制，明确债务人确认应收账款责任，降低保理公司风险准备金率等是未来全球保理业共同努力的方向。

二、我国保理行业发展环境喜忧参半

1. 行业监管迎来重大变化

2017 年 7 月举行的第五次全国金融工作会议决定，将包括商业保理在内的 7 个类

金融行业划归银监会统一监管，行业发展将迎来新时代。总体而言，此举将推动商业保理行业规范发展，但监管变化也将给行业发展带来一定的不确定性。

2. 市场需求持续快速增长

据国家统计局发布的数据，到2017年年底，全国规模以上工业企业应收账款累计达到13.5万亿元，创历史新高。从主要行业分布来看，2017年应收账款主要集中在像计算机、通信和其他电子设备制造、电气机械和器材制造、汽车制造等应收账款存量巨大且增长速度较快的行业；从主要经济类型的工业企业来看，股份制工业企业的应收账款余额持续上升。

从区域来看，企业应收账款主要集中在东部沿海地区，这里汇集了我国高端制造业，产业园区分布密集，对商业保理业务需求更为集中。

3. 商业保理行业融资环境趋紧

2017年下半年以来，随着国家金融监管力度的不断加大，行业融资难及融资贵问题较为突出。商业保理公司除通过常规渠道外，更加注重通过资产证券化、国内双保理和联合保理等方式拓展融资渠道。

4. 资产证券化成为重要融资渠道

截至2017年年底，据不完全统计，共有16家保理公司完成了85笔保理资产证券化融资业务，累计金额达766.85亿元。其中2017年保理融资ABS（资产支持证券）共计发行64笔，2016年仅有18笔。随着保理资产证券化相关规范的逐步出台，未来我国保理资产证券化业务的操作会更加规范透明，保理公司有望获得更多的基于保理资产的融资服务。

5. 金融资产交易所债权融资计划取得积极进展

以北京金融资产交易所为例，截至2017年年底，其应收账款债权融资计划已累计发行32只，备案金额超200亿元。其中，保理公司作为融资人的累计完成19只，备案金额92.42亿元，占比超过45.48%。

6. 商业保理行业仲裁调解机制逐步建立

2017年，海南仲裁委前海商业保理仲裁中心、海南仲裁委北京商业保理仲裁中心、北京商业保理案件多元调解中心相继成立，行业仲裁调解机构缺位的局面得以改观。

7. 商业保理行业征信渠道较为有限

目前，商业保理企业接入人民银行征信系统还存在较多体制和政策障碍，全国接入人民银行征信系统的商业保理企业只有3家，且只有1家可以查询数据。

为解决行业征信难题，中国服务贸易协会商业保理专委会建立了“保理行业黑名单系统”，免费为会员单位和行业企业提供查询服务。2017年，商业保理专委会正式发布了“中国商业保理行业服务平台”（域名www.cfiservice.com，简称CFI平台），该平台将整合“保理行业黑名单系统”功能，并引入企业征信和财务风险评估、法律等服务。

三、我国保理行业继续保持高速增长

根据本报告课题组测算，2017 年我国商业保理业务量约为 1 万亿元，连续 5 年保持成倍增长，服务的中小企业超过 10 万家。过去五年，我国商业保理行业实现了从无到有且持续高速发展，取得了令国内外业界瞩目的成绩，但整体仍处在初级发展阶段。

1. 企业注册数量继续高速增长

截至 2017 年年底，全国已注册商业保理法人企业及分公司共计 8261 家，较 2016 年年底增长了 48%。其中当年新增注册企业共计 2797 家。近两年新成立的分公司数量呈下降趋势，注销、吊销企业数量明显增多。

全国已有 28 个省（自治区、直辖市）设立了商业保理企业，仅海南、甘肃和贵州三省尚无商业保理法人企业及分公司设立。商业保理企业注册地的分布很不均衡，主要集中在东南沿海地区，其中广东（尤其是深圳前海 6179 家）、天津（529 家）和上海（462 家）位列前三位。

2017 年新增的 2749 家商业保理法人企业中，注册资金总量折合人民币已超过 1600 亿元，总额较 2016 年当年新增注册资本金折合人民币的总量增长 3.2%。2017 年新注册企业中，注册资金在 10 亿元以上的商业保理企业数量高达 11 家。

从商业保理企业股东投资情况来看，由法人股东投资的企业数量占比最大。截至 2017 年年底，总计有 141 家国企、上市公司、全国五百强、世界五百强企业直接投资了 131 家商业保理企业。

2. 被调研企业经营状况分析

63 家被调研企业分别来自天津、广东和上海，成立时间集中在 2014—2016 年，注册资金在 1 亿 ~10 亿元的企业居多，被调研企业的实缴资本金占比为 89.8%，近一半的企业设立了分支机构。

从经营情况看，其中 55 家企业 2015—2017 年的保理融资总额分别为 497.78 亿元、955.14 亿元和 1329.85 亿元，2017 年较 2016 年同期增长了 39.23%；2015—2017 年的保理融资余额分别为 224.03 亿元、402.12 亿元和 627.84 亿元，2017 年较 2016 年同期增长了 56.13%；2015—2017 年的保理业务收入分别为 13.37 亿元、29.73 亿元和 56.71 亿元，2017 年较 2016 年同期增长了 90.8%。

从保理服务的行业领域看，制造业是主要方向，其余依次为批发零售、建筑工程/房地产、航空航天、交通运输/物流、电力、热燃气及水生产和供应业、金融、医药、教育、信息传输、软件和信息技术服务业等。大部分开展的是有追索权的公开型国内保理业务，只有少数企业在2017年开展了国际保理业务、隐蔽型保理、反向保理、双保理和非融资性保理业务。

3. 应收账款转让登记量持续快速上升

课题组从人民银行征信中心应收账款质押登记系统获得了2013—2017年银行业、商业保理公司和融资租赁公司的应收账款转让登记数据。

2013—2017年，银行业应收账款转让登记量逐年下降，商业保理公司登记的数量则从2013年的1568条增长到了2017年的54409条。商业保理转让登记主要来自上海、广东、天津、重庆、江苏、北京和安徽省等12个省市。广东省超越上海市成为商业保理应收账款登记量首位。融资租赁公司开展保理业务的并不多，2017年转让登记数据比2016年有所下降，仅有4259条。

截至2017年年底，办理过应收账款转让登记的商业保理公司数量累计达到了1790家，其中2017年当年保理公司数量为635家。广东省、上海市、天津市登记公司数量排在前三位。

兼营保理业务的融资租赁公司也在逐年增加，2017年登记数量达到了266家，从2013年到2017年累计达到了596家。从地区看，上海市、天津市、广东省进行登记的融资租赁公司数量排在前三位。

四、我国保理行业存在的主要问题

1. 监管变化可能给行业发展带来不确定性

在调研过程中，行业监管变化问题一直广受关注，行业准入门槛、杠杆率、股东关联业务占比等如何设定，现有存量保理业务如何过渡，商业保理监管标准是否与银行保理完全统一，还是考虑到商业保理行业的特点采取更有针对性的措施尚不得而知。

2. 商业保理行业亟须得到政策支持

当前，商业保理公司融资渠道亟须扩展、融资成本亟须降低，人行征信系统应加快向商业保理公司开放，应明确商业保理企业可作为抵押权人在全国范围内办理财产抵押登记，增强其风险防控能力等。在监管趋严、竞争加剧、供应链金融创新涌动的背景下，商业保理行业迫切需要得到更多重视和更具体的政策支持。

3. 营改增后商业保理企业税负明显增加

由于融资利息无法抵扣，商业保理企业在营改增后实际税负明显增加，尤其是再保理业务几乎无法开展，对企业运营成本和市场竞争力造成较大影响。

4. 跨境保理外汇结转限制问题

随着国际贸易发展，市场（尤其是中小企业）对出口保理需求愈加强烈，商业保理公司迫切需要开展出口保理业务，但跨境保理涉及外汇款结转问题，导致目前跨境商业保理规模很小。

5. 商业保理行业人才结构仍待完善

各保理公司希望补充创新型、经验丰富的业务、风控、财务人才，一些新设立的保理公司由于专业人才匮乏，存在盲目高薪挖角现象，导致同业间人才竞争激烈、流动性较大。

五、我国保理行业发展展望

从 2018 年开始，随着监管环境变化和数字技术应用，我国商业保理行业将进入新时代。基于庞大的市场需求，在国家大力发展应收账款融资的利好政策推动下，商业保理行业将在服务实体经济中发挥更重要的作用。

1. 合规经营是大势所趋

新的监管政策势必以合规性监管为重点，大幅提高商业保理企业的准入门槛。预计新注册商业保理公司的数量将大幅下降，已注册的公司，可能因多种原因被注销或吊销。经过 2 ~3 年的调整，商业保理企业数量回落到 2000 家左右，但开业比例将会提升到 90% 以上。

2. 数字技术推动行业创新发展

随着数字经济的快速发展，保理服务也将加快向线上化转移，大数据风控、批量获客、场景化保理的时代已经到来，数字技术将推动行业的业务模式实现创新、智能产品实现创新。

3. 跨境保理业务将取得重要进展

随着“一带一路”等国家重大建设的实施，境外融资特别是境外平台公司融资需求日益旺盛。跨境项下的供应链金融可作为全球融资授信的重要模式之一。

4. 提高风控能力高度警惕行业风险

随着我国金融监管全面加强，容易导致部分杠杆率较高、资金链本来就很紧张的企业出现付款违约，甚至坏账，商业保理企业要建立债项评级和主体评级相结合的风险控制体系，加强供应链大数据分析和应用，确保保理融资基于真实交易，提高事中事后风险管理水平，确保资金流向实体经济。

5. 产融结合深入发展、在线反向保理占据主导

传统产业巨头纷纷涉足供应链金融，并通过“供应链 + 互联网”的方式实现产融深度结合，推动了新常态下供应链金融需求快速增长；新型的互联网企业纷纷跨界供应链金融，采取搭建生态圈、依托自身平台等模式进行产品创新，与传统银行机构各施长技、异彩纷呈。

6. 融资渠道将会发生新的变化

未来随着行业监管的加强，行业规模和发展规范度将大幅提升，银行与商业保理之间的合作将会继续加强，此外，由于ABS在融资成本方面所具有的突出优势，所以ABS将成为大中型保理商重要的融资渠道。

7. 行业发展政策环境将逐渐改善

随着新的监管部门到位，在行业组织和广大企业的共同努力下，预计行业标准统一、营改增后税负增加、外汇结转政策障碍、融资渠道狭窄、融资成本高、对接人行征信系统困难，以及作为抵押权人在全国范围内办理财产抵押登记等问题有望逐步得到解决。

8. 行业自律将继续加强

在新的监管体制下，按照国家"放管服"改革的总体要求，行业协会的自律作用将越来越重要。未来，在监管部门的指导下，行业组织将深入贯彻落实国家金融监管相关方针政策，协助相关部门开展日常监管工作，强化行业自律，提高行业影响力，为行业健康发展提供有力支撑。

我们认为，2018年我国商业保理业务量将继续保持高速增长，中国保理市场有望继续保持在全球的领先地位，并有可能在数字化保理领域创造出全球领先的新模式。商业保理行业只要继续专注细分行业领域，加强数字技术应用创新，同银行等金融机构紧密合作，一定能够实现依托供应链（核心企业）、建立（上下游企业）信用链、疏通（中小企业）融资链、提升（中小企业）价值链的目标。

（撰稿人：中国服务贸易协会商业保理专委会主任兼秘书长 韩家平）

第三节 互联网视角下的物流与供应链金融

一、互联网金融的概念与特质

"互联网金融"这一概念是2012年由谢平等人提出，他们认为"互联网金融是一个谱系概念，因为互联网技术和互联网精神的影响，从传统银行、证券、保险、交易所等金融中介和市场，到瓦尔拉斯一般均衡对应的无金融中介或市场情形之间的所有金融交易和组织形式"（谢平等，2014）。此后，中国人民银行等部门（2015年）将互联网金融界定为传统金融机构与互联网企业利用互联网技术和信息通信技术实现资金融通、支付、投资和信息中介服务的新型金融业务模式。自这一形态的金融形态出现后，在全国范围内形成了互联网金融的浪潮，并被认为是一种新型的微观金融创新，通过去中介化体现了"开放、平等、协作、分享"的精神，代表了当今普惠金融的主流。因为它改变了资金的来源，使得资金供求双方可以通过网络平台自行完成信息甄别、匹配、定价和交易，无传统中介、无交易成本。

对于这种认识本身是无可厚非的，这是因为金融的本质在于资金融通，从广义上说，与货币发行、保管、兑换、结算相关的都是金融，但是狭义的金融，一般仅指货币的融通，所谓货币融通，就是资金在各个市场主体之间的融通转移的过程。这个转移的过程，一般主要表现为直接融资和间接融资两个方式。直接融资就是没有金融中介机构介入的资金融通方式，而间接融资则是指拥有暂时闲置货币资金的单位通过存款的形式，或者购买银行、信托、保险等金融机构发行的有价证券，将其暂时闲置的资金先行提供给这些金融中介机构，然后再由这些金融机构以贷款、贴现等形式，或通过购买需要资金的单位发行的有价证券，把资金提供给这些单位使用，从而实现资金融通的过程。在信息完备、对称或者信用健全的状况下，直接融资使得资金供求双方联系紧密，有利于资金快速合理配置和使用效益的提高，同时筹资成本较低而投资收益较大。但是由于现实的经营活动中，信息的不完备是一种常态，加之企业需要资金提供的灵活性、安全性和规模性，直接融资很难真正成为重要的资金融通方式，相反，间接融资则通过中介的保证和媒介作用，实现了资金融通的便捷、安全和规模性，但是传统的金融中介不仅割裂了资金供求双方，而且凭借其主导和优势地位，加大了资金供给的成本。这一点在中国表现得更为明显，如传统的商业银行凭借其独特的地位而获得了高额的资金借贷收益，根据中国服务业 500 强的报告，在中国所有服务业 500 强企业中，银行业利润的占比从 2010 年的 54% 跃升到了 67% 左右。而互联网技术的出现，改变着社会的各种经济活动，也日益改变着金融中介机构在资金融通中的主导性地位，互联网会让信息不断的透明化，让中介失去依靠信息不对称所掌握的信息优势，而且互联网让社会的各种参与主体更加扁平化，一定程度上压缩了由于专业化分工所带来的金融中介机构的专业化优势。所以，从这个意义上讲，互联网金融是一种微观金融的创新。

二、互联网金融的现状与问题

在前几年互联网金融“野蛮”发展的过程中，上述互联网金融的优势并没有真正得以实现，反而带来了很多新的风险控制和信息不对称问题，这是由于当时大多数的企业主要开展的是 P2P（Peer to Peer），即个人与个人间的小额借贷交易。但是正是这种 P2P 产生了很多新的问题，比如当平台从众多的投资者筹集了资金之后，究竟将资金用在了什么地方，这对于大多数人来讲是不透明的，甚至某些 P2P 为了追逐高额回报，反而充当了掠夺实体经济的“野蛮”人，做起高利贷生意，或者将资金投入股市或者其他投机业务。即便是有些平台声称投入了实体产业，在没有真正意义上的商务智能和大数据支撑的条件下，这些不过成为招摇过市的幌子而已。除此之外，除了极少数规范的互联网金融平台，大多数 P2P 平台很少有备付金，同时也很少有平台去做资金托管，或者干脆直接做资金池，其结果所谓的创新不过是“非法集资互联网化”而已，正是这样一种状况，才导致大量的 P2P 出现了“跑路”现象，从而在中国出现了“没有跑得最快，只有跑得更快”现象。2014 年倒闭和跑路的平台 338 家，而 2015 年一下跃升到了 800 多家。其中最短寿命为半天，最长寿命也不过 2 个多月。排名第一的平台是台州的恒金贷，注册资金 5000 万元，上午上线，下午就跑路；排名第二的平台是深圳的元一创投，上线运营仅 1 天，平台老板就携投资人 30 万元潜逃，全国各地受害者约 30 人，累计损失 30 余万元，其中损失最大的约 10 万元；紧跟其后的是上线两天就跑路的银银贷、龙华贷与上线 3 天就跑路的福翔创投。

产生这种现象的原因，一方面在于监管不到位，互联网金融平台的鱼龙混杂所致，互联网在促进信息快速流动的同时，也会放大虚假信息对整个网络生态的影响，平台建设尚未成熟，其上各种信息复杂多变、传播迅速，要识别准确的尤其是高质量的信息很难，导致难以得到有效监管；另一方面也是因为中国的特殊情况，即由于互联网金融初期发展的无序状态，造成了如今的获客成本急剧上升，行业平均直接的获客成本已从 2014 年年末的 800 ~ 1000 元上升至 1500 元以上，如果算上品牌建设摊销、客户留存，综合获客成本已达到 3000 元，个别平台甚至高达 5000 元。此外，从 2014 年 11 月到 2015 年 8 月，央行已经连续 5 次下调存贷款基准利率。各类利率都呈现逐步下降趋势，而对于网贷行业的综合收益率而言，下降速度明显较快，已从 2014 年 11 月的 16.3% 下降至 2015 年 9 月的 12.63%。如果从 P2P 收益率最高的 2013 年 7 月算起，整个网贷行业的综合收益率达到了 26.35% 的最高点，收益率水平在 26 个月里跌了超过 50%。因此，如果没有好的资产项目，就必然会产生倒闭或“跑路”现象。相对于资金，好的资产在当今的中国是一种稀缺资源，特别是大多数中国的中小企业由于处于发展的初期、管理财务不规范导致信用不足，再加上多数产业低端化、产能过剩，使得优秀或良好资产在当今中国相当重要而又稀缺，因此，即便规范的互联网金融平台也不过是创新了资金端，通过新的资金渠道去寻觅好的资产，一旦不能真正掌握资产的状况或者信息，金融创新的“天平”基座就会崩溃。

问题之余也应当看到，在传统金融机构，如银行将资源逐渐转向中间业务时，供应链上的企业尤其是中小企业直接从银行获取到资金的难度加大，而网络信贷等互联网金融产品则在一定程度上可以解决这一痛点。其较宽的风险承受度和灵活的投资决策过程，大大丰富了供应链金融的资金端来源。另外，物流与供应链金融在其发展过程中所传递出来的企业静态财务信息之外的大量信息，如企业主体在供应链中的能力、位置等，将有助于信贷平台更好地识别风险，匹配到优质资产。由此看来，两者具备相互促进、相互融合的基础。

三、互联网金融与物流与供应链金融的融合

在当前互联网高速发展的背景下，第三方支付、P2P 网络信贷、以众筹为代表的互联网金融产品得到了飞速的发展，对传统行业形成了巨大的冲击和深度的渗透，如何融合互联网金融来优化升级我国物流与供应链金融业务模式成为一个热点问题。与互联网金融不同，物流与供应链金融首先入手的是紧扣资产端，用好的资产去对接资金，这样使得信息、信用和风险控制有了较好的着陆点。所以，物流与供应链金融不仅仅是抓住物质性的供应链结构，而且也是牢牢把握软性的供应链参与者，从而推动产业和金融的结合。此外，还应当看到的是，尽管互联网金融与供应链金融的出发点不尽一致，但是这并不表明这两者之间水火不容，相反，它们之间往往可以相互促进、相互作用。一方面，可以通过推动资产端和资金端的同时变革和创新，更好地实现两者的融合；另一方面，在此基础上产生的新型金融性活动既不完全是单纯的互联网金融，也不是绝对的物流与供应链金融，而是这两者之间的融合，也就是互联网供应链金融，将是中国下一个发展的方向和趋势。

（一）P2P + 供应链金融模式

P2P 作为互联网金融（ITFIN）的一种典型模式，借助移动互联网等技术将大量小额度的资金聚集起来借贷给有需求的人群、企业，往往由网络信贷公司（第三方公司、网站）作为中介平台，在匹配社会资金需求和投资需求以及提高闲散资金利用率等方面发挥重要作用。而“P2P 网贷平台 + 供应链金融”模式，正是传统实体产业转型升级的重要渠道。当前社会，网络信贷和供应链金融相互融合的模式，已被广大的个人投资者应用到自己投资产品的开发中。在满足了投资者投资需求的同时，也和有存货的融资需求的企业不断对接。企业在发展过程中会通过信息监控的模式，来降低信贷中存在的风险。在经销商完成了对于供应链资金的核对之后，社会投资者会将资金转入信贷机构。社会投资者将资金转入信贷机构之后，会将贷款交给供应链上的核心企业，核心企业再将发货的单据送给信贷机构，这样在一定程度上满足了两者之间的相互交易。由物流公司安排专门的监管员进行监督，等经销商向银行发布了存入数和资金之后，经销商可以和企业同时签署买卖合同。在一定程度上，经销商会向信贷机构存入部分的保证金，投资者也会利用社会融资的形式获取相应的资金，由信贷机构进行保管。由信贷机构通知核心企业向经销商发货之后，经销商在规定的期间之内向信贷机构还清贷款，完成放款模式，这样就完成了投资模式。

这种模式下，大量个人投资者的投资需求与有营运融资需求的链上企业在移动互联网等技术的辅助下很好地对接起来。在对接了供应链金融之后，P2P 平台服务（风控）

的对象不再是单一的客户，而是一个链条群体或多个群体形成的供应链生态圈，包含了上游供应商、制造商和下游经销商、零售商等。P2P 平台现行投资模式往往是以链上的核心企业作为战略合作方，通过对链上信息的全程监管而大大降低以往对单一客户难以有效监管带来的投资风险，如单一客户将资金用于套利而非正常经营的行为。此外，还能通过链上的核心企业与其上下游客户逐渐建立长久的投融资合作关系，形成对整条供应链群体甚至整个网络提供金融服务的经营模式，从而有利于筹资双方的良性长久发展。

中国社会闲散资金的不充分利用，信贷平台依托优质资产的理财产品的缺乏，传统金融对中小企业融资需求的难以满足，都使得 P2P 等网络信贷对接物流与供应链金融的模式有着巨大的发展潜力。可以预见，供应链金融服务将会更多地出现在 P2P 网贷平台的运营模式中，成为传统实体企业在“互联网 +”时代实现筹资方式转型升级的重要途径之一。

（二）互联网供应链金融

前面提到具体互联网金融产品 P2P 与供应链金融的创新融合模式，而在互联网背景下，供应链金融的应用前景更为广阔，供应链金融的出现也很好地完善了现有互联网金融服务的融资模式。互联网与供应链金融相融合的机制使得金融机构可以对供应链上的各个环节有针对地进行授信，而不仅仅局限于传统的财务融资，依托对企业粗略的信用评估及静态的“资产负债表”信息。此外，除了传统的上下游供应链和金融服务相结合，互联网还将金融服务应用在了信息流和物流领域。目前，互联网供应链金融不仅包括担保、保理、质押、抵押、票据等传统供应链金融产品，还包括信托、第三方支付、风险投资、众筹、资产证券化等新型金融产品，这些产品间的组合协同，产生了创新性的金融活动，丰富了金融服务模式。

互联网金融与供应链金融都在一定程度上缓解了信息不对称的问题，也降低了用户间的交易成本。互联网的巨大技术优势使得资金来源在速度、范围等方面有了极大改善，而供应链的核心价值之一在于整合信息资源，实现上下游企业间的有效沟通，减少信息在供应链中传递的损耗，提高风险的可视化和可控性。两者分别在资金端和资产端实现了信息分享、降低信息不对称、优化交易流程的目的。前面提到，现代金融的创新，其核心都像是一座桥，桥的两端连接着资产端和资金端，用风控作为桥墩，桥面则是信息通道，而互联网供应链金融正是立足于金融本质，使起连接作用的这一座“桥”变得更为宽敞，也更为稳固。

认识互联网供应链金融的产生与发展，可以从供应链金融的发展视角展开。供应链金融目前已经历了两个阶段，从最初商业银行作为单一的资源提供者，与链上各方形成借贷关系的供应链金融 1.0 阶段，发展到了多样化的金融服务主体、链上各方相互依存的2.0阶段。而现在的第三阶段（3.0阶段），即互联网供应链金融阶段，焦点企业利用互联网技术打造了一个产业生态系统，网络中的参与主体范围得到极大扩展，并整合系统供应运营庞大的信息流、商流、资金流以及物流，从而寻求价值创造空间的拓展，致力于打造服务生态系统，使得各参与主体都能提高资源配置效率，和谐共生互动，稳健发展。

未来，互联网供应链金融还会与其他技术相结合，共同发挥作用，如大数据、云计算、分布式记账等，尤其是在金融科技不断进步的背景下，大数据技术使得参与主体的风控管理水平不断提升，征信业务的开展推动了社会信用体系的建设和信用评级方法的创新，尤其是在个人征信领域和中小微企业征信方面，分布式记账也在资产权益证明、数据保护等方面有很大应用前景。互联网供应链金融所形成的复杂生态圈，需要对庞杂多变的商流、信息流、资金流等信息有更好的处理和分析能力，从而提高各方的协调互动能力，更好地对活动进行风险控制，未来互联网供应链金融的一大特征应当在于对信息技术等新技术的广泛应用。

互联网供应链金融的发展，既满足了广大资金的投资需求，助力其对接优质资产，又促进了整个产业生态链的协调、健康发展，使投资能确确实实地落在实体经济上，这将在未来具有广阔的应用前景。

（撰稿人：中国人民大学商学院副院长　宋华）

第四节　保险视角下的物流与供应链金融

现代物流产业作为国民经济发展的基础产业，融合了道路运输业、仓储业、信息业和金融业等多个产业，现代物流业的发展推动社会全产业结构调整升级，该行业发展程度成为衡量一个国家现代化程度和综合国力的重要标志之一。我国物流业发展指数是经济运行的重要指标体系。近年来，随着科技发展和政策支持，现代物流行业服务不断向供应链两端延伸，逐渐与制造业建立深度合作。物流企业从最初只承担简单的第三方物流，逐步拓展到整合货物流、信息流、资金流，形成“三流合一”，全面介入企业的生产、销售阶段，并通过整合供应链上下游信息优化企业各阶段的产销决策，物流企业专业化服务水平和效益显著提高。在国家政策的鼓励和引导下，更多物流企业向提供供应链服务方向延伸发展。

在现代物流产业升级和发展过程中，保险业发挥社会稳定器及补偿功能，帮助化解物流过程中发生的风险，降低物流经营者的损失，提高物流经营者抵抗风险的能力，控制防范物流供应链金融系统风险。完善的物流保险制度就像一把保护伞，强有力地保障物流企业健康、稳定经营，是物流产业整体发展的重要基础制度之一。

一、物流保险的发展现状

2017 年，中国社会物流总额达 252.8 万亿元，货车司机 3000 余万人，在用车辆 1500 余万辆，在人、车、货、仓等方面均有很多风险，比如在货物运输、加工包装和物流配送过程中，由于自然灾害或意外事故造成货物损失。物流企业也开始意识到物流过程中保险服务的重要性，为减小运输途中的风险和损失，物流企业通过购买货运保险的方式进行风险转移。货运险是物流保险中最传统、最主要的险种，我们以这一险种为例，剖析物流保险的发展情况。

（一）货物运输保险发展整体较缓慢

在经济发展的大环境下，我国财产保险业发展状况较好，根据保监会披露的统计数据，2016 年我国财产保险保费收入为 9265.70 亿元，相比于 20 年前的 1997 年，保费收入规模是 1997 年的 24.26 倍，1997—2016 年，财产险保费收入的年均增长率为 17.29%。再看其中的货运保险，2016 年货运保险保费收入为 85.50 亿元，仅占财产保险当年财产保险保费收入的 0.92%，货运保费收入规模仅是 1997 年的 2.48 倍，同时货运保费收入的年均增长率仅为 4.65%。无论是从财险保费占比来看，还是从保费增速来看，货运险发展都是较为缓慢的（见图 7－1）。

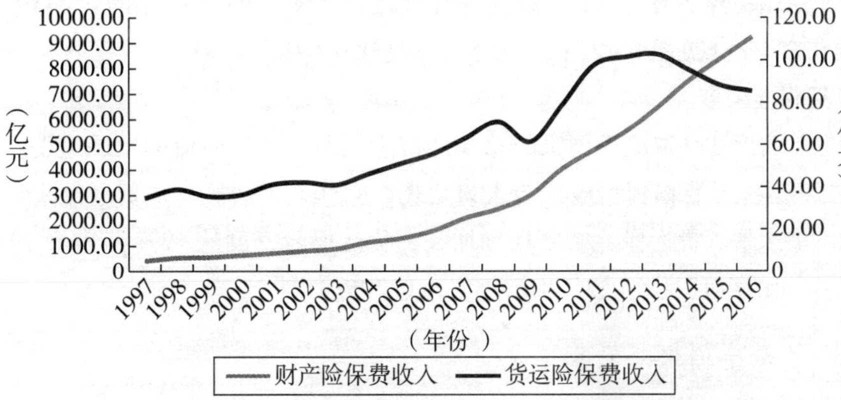

图 7－1　1997—2016 年我国财产保险和货运保险保费收入对比

资料来源：国家统计局。

图 7－1 显示了货运保险保费收入和财产保险保费收入两者都呈增长趋势发展，但两者之间的差距越来越大。其中财产保险保费收入走势一路上扬，而货运保费收入增长过程中有所波动，特别是近两年呈现下降趋势。

（二）货物运输保险市场渗透率不足

货运保险市场的发展水平，是我国货运保险需求是否被充分激励的体现。同财产保险相比，货运保险渗透率十分低。如图 7－2 所示，用货运保险深度和货运保险密度两个指标，来衡量我国货运保险发展水平。

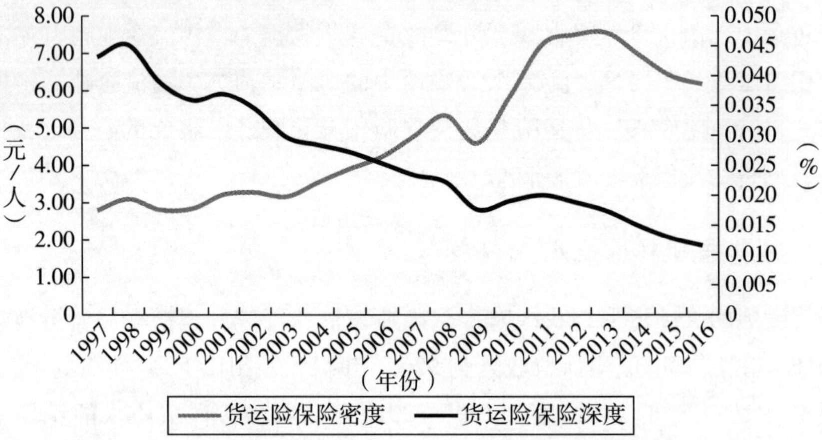

图 7－2　1997—2016 年我国货运险保险深度和货运保险密度走势

资料来源：国家统计局。

1. 货运保险深度

货运保险深度是指我国货运保险保费收入与国内生产总值（GDP）之比，反映了货运保险业对国民经济的贡献。货运保险深度逐年下降，从 1997 年的 0.043% 下降到 2016 年的 0.011%（见图 7－2），年均下降率高达 6.69%。

2. 货运保险密度

货运保险密度往往取决于国家的总体经济发展水平和保险业的发展速度。货运保险密度是指我国货运保险保费收入与人口之比，它体现了居民参加货运保险程度和货运保险的发展水平。货运保险密度逐年增长，货运保险密度从 1997 年的 2.79 元/人，增长到 2016 年的 6.18 元/人，年均增长率为 6.29%。

（三）货物运输保险需求不足

国家发展改革委《2016 年全国物流运行情况通报》显示，2016 年我国社会物流总额 229.7 万亿元，比上年增长 6.1%。按理说随着社会物流总额的提高，物流企业会面临更高的经营风险，为实行风险转嫁，货运保险理应成为物流公司和运输企业的第一选择，但实际上，货运险保费收入增长缓慢，近两年甚至有下降趋势。货运险保费和社会物流总额的占比持续下降，说明货运险对物流需求的覆盖率严重不足，反映了我国货运保险需求不足的问题（见图7-3）。

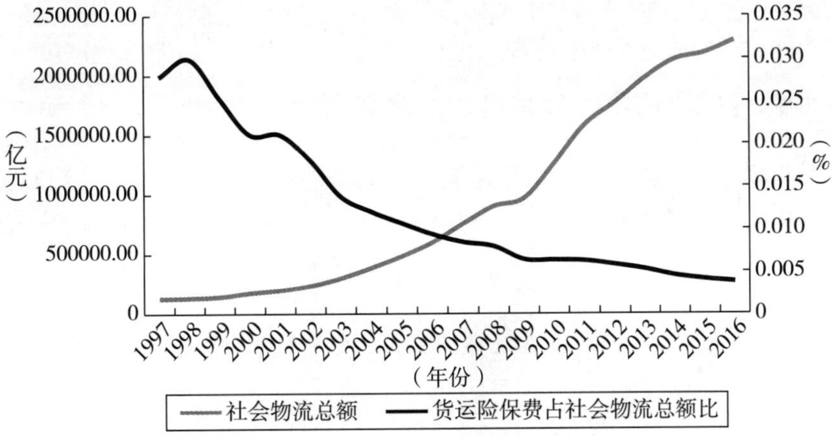

图7-3 1997—2016年货运险覆盖物流需求情况

资料来源：国家发展改革委。

（四）货物运输保险赔付率高

我国货运保险的赔付支出一直在增加，并处于较高的水平。从1997年货运保险赔付率的43.1%到2016年的64.68%，其赔付率基本上保持在40%~70%，平均赔付率为41.79%。虽然投保支出的高低对货运保险需求有影响，但是过高的赔付率会损害保险公司利益，减少保险公司的利润，影响保险公司开拓货运保险市场的积极性，对货运保险产品的发展有影响。同时，赔付率高也反映出了我国货物运输过程中事故多发。由此物流公司和运输企业更应重视货运保险（见图7-4）。

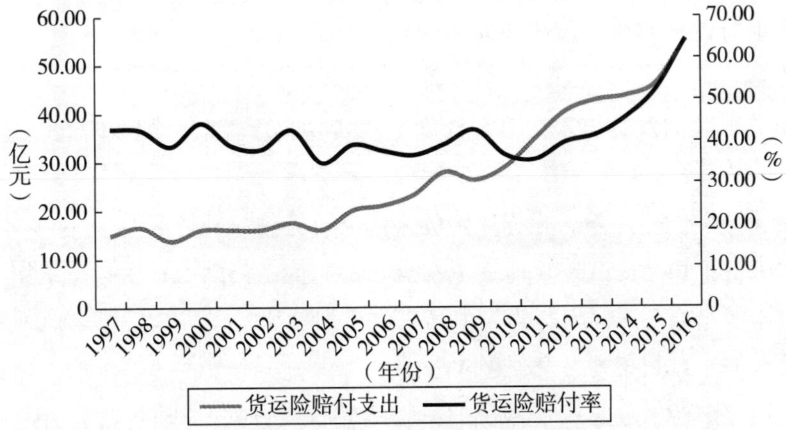

图7-4 1997—2016年我国货运险赔付情况

数据来源：国家统计局。

上述从货运险角度来看物流保险的发展状况，货运险作为物流保险中最基础、最重要的保险产品，发展情况都远低于世界平均水平，而围绕仓储、运输工具、从业人员等众多保险险种尚未开发，可见物流保险业的市场具有广阔的发展空间。

二、物流保险不匹配现代物流的发展需求

相对于物流业的快速发展，物流保险的发展始终相对滞后，具体体现在传统保险产品与现代物流发展匹配的矛盾、新型保险产品与物流经营者需求匹配的矛盾，以及信用保险与供应链金融需求匹配的矛盾。

（一）传统物流保险难以满足现代物流发展的要求

传统物流保险主要有货物处于静止状态（如货物位于仓库）时的货物财产险和货物处于运动状态时的货物运输险。但无论是前者，还是后者，都属于财产保险的性质，即两者是针对货物本身灭失或损毁的保险。由于传统物流基本上都是第一方物流和第二方物流，第一方、第二方物流的实质是由买方或卖方承担物流业务，以解决货物的物理移动问题。事实上，在第一方、第二方物流时期，多数制造企业或规模较大的商业部门都拥有自己的运输工具和储存商品的仓库，以满足自身物流的需要。

从法律的角度看，买卖关系的实质是货物所有权在买方与卖方之间的转移，其中所有权转移的时间、地点以及货物灭失、毁损风险的负担在双方之间的分配方式均由法律规定或买卖合同加以约定。一般来说，在第一方物流的情况下，货物的所有权在交付给物资需求者时发生转移，同时由于是物资提供者自己承担物流业务，物流过程中的风险当然也由物资提供者负担。在这种情况下，货主与货物的物流承担者是一致的。同理，在第二方物流的情况下，也可以得出这样的结论。即在第一方、第二方物流时期，货主与货物的物流承担者是重合的，系同一主体，即货主。此时，我们可以确认以下几点。

（1）货物风险的发生与否在很大程度上由货主自己控制，即风险在一定程度上具有可控制性。

（2）如果货物发生风险，根据风险的来源又可分为三种情况。

①风险来源于物流提供方（即货主本身）的行为，当然由货主自己承担。

②风险来源于第三人侵权行为，由第三人承担责任。

③风险来源于自然灾害、意外事故等。

货主可通过财产保险方式（传统的货物运输保险方式）规避风险。因此，在第一方、第二方物流时期，只要有货物运输保险即可满足物流保险市场的需要。因为货物运输保险就是以运输过程中的货物作为保险标的，保险人对保险货物在运输过程中发

生保险责任范围内的保险事故而造成的损失承担补偿责任的财产保险。但随着传统物流向现代物流的发展，物流服务演变为主要由第三方承担，即第三方物流。在第三方物流中，物流经营者既不是货物的买方，也不是货物的卖方，它是独立于货主的第三方，其功能在于提供物流服务。

在法律上，物流经营者与货主之间是物流服务提供者和接受者的关系，其法律表现形式是当事人之间的物流服务合同。即在第三方物流中，物流经营者与货主这一身份发生了分离，作为独立的法律责任主体而存在。在这种情况下，包括货物运输险在内的传统财产保险制度对如何分散物流经营者风险这一问题显然无可奈何。但在以第三方物流为主要特征的现代物流中，物流服务提供者所承担的风险却实实在在存在。它不像铁路、邮政、航空等物流服务提供者那样，可以依法享有责任限制权利，只能按照法律规定或当事人之间的约定来承担所有的物流责任风险。而且随着供应链管理等现代物流管理模式的出现，物流各环节也不再仅仅局限于仓储和运输两项活动，而是把运输、储存、装卸、搬运、包装、流通加工、配送、信息处理等基本功能有机结合起来，形成了一个物流系统。除运输和仓储外，其他诸如装卸、搬运、包装、流通加工、配送、信息处理等环节均有可能对货物造成损害，且这种损害可能由参与物流系统活动的任何人（如货物运输人、搬运工人等）造成。也就是说，在第三方物流的情形下，物流服务提供者对于货物风险的控制能力更低，风险更大。第三方物流的发展以及第三方物流服务提供者所需承担的巨大物流风险，要求为第三方物流经营者提供一个可以分散其责任风险的保险制度设计，即现代物流发展要求开发新的物流保险险种与其相适应，以保障物流业的整体发展。2004 年，中国人民财产保险公司推出了物流货物保险和物流责任保险两个险种。物流货物保险与原有的货物运输保险较为相似，而物流责任保险则是一个全新的物流险种，它区别于传统物流保险均为财产险的特点，是一种责任险。与传统物流保险相比，物流责任保险显然是个进步，至少它的出现为第三方物流经营者分散风险提供了一种可能。但现有物流责任保险的条款设计能否真正满足物流经营者的需要？这就是所要探讨的物流保险现状的第二方面。

（二）现有的物流责任保险条款实际操作性差

现有的物流责任保险条款与物流经营者需求之间仍然存在差距，可操作性差。如上所述，2004 年中国人民财产保险公司推出了物流责任保险条款，这是一款被物流产业看作“叫好不叫卖”的产品。责任保险是以被保险人对第三者依法应承担的损害赔偿责任为保险标的的保险。自然人、法人、非法人组织在经济、贸易、生产、经营等业务及日常生活中，可能因疏忽或过失对其他人的财产或人身带来损失或损害，根据法律规定或合同约定，必须对受害者承担经济赔偿责任。如果施害人投保了相关责任险，则对受害人的经济赔偿责任在承保范围内依法律规定赔偿或约定可由保险人承担。物流责任保险是随着第三方物流的兴起而发展起来的，其保险标的是第三方物流经营者依照法律规定或合同约定所应承担的物流货物在运输、仓储及流通加工等物流过程中发生的风险。依照常理，物流责任保险应运而生，作为保险人的保险公司与作为投保人的第三方物流经营者应该一拍即合，然而事与愿违，事实上，物流经营者投保这一险种的欲望并不十分强烈。其主要原因在于物流经营者所需要的保险产品与保险业经营者所提供的保险产品之间还存在差距，保险业经营者所提供的产品尚不能满足物流经营者的需求。具体而言，现行的物流责任保险条款在以下方面还不能满足物流经营者的需求，致使物流经营者不愿投保物流责任保险。

1. 物流责任保险产品匮乏

目前，国内各家保险公司虽然都报备了物流责任险产品，但基本是以人保条款和国际货运代理条款为蓝本改动的，皆属于“小打小闹型”，对产品本身无实质性改变，缺乏产品创新，因而至今国内尚无一款具有创新性质的物流责任险产品出现。这里面原因很多，但主要是保险公司对该险种的关注度不够，业内缺乏既懂保险又懂物流业务的专业人才，对物流行业及其风险状况缺乏了解，设计不出专业的责任险产品。

2. 保险责任范围过窄

保险责任范围过窄，物流经营者的主要风险得不到化解。物流责任保险条款规定了保险责任和责任免除条款，责任免除条款远远多于保险责任条款，很多物流活动中可能发生的损失都被排除在责任范围之外，如因包装不当所造成的物流货物损失、物流货物被盗窃或不明原因失踪损失、露堆货和舱面货的损失、境外的货物损失等。这些损失通常是物流企业希望通过投保获得保障的，而该物流责任保险条款却明确将之排除在外，这对物流企业来说是相当苛刻的。

3. 责任限额过于苛刻

责任限额是指保险人需要承担的最大赔偿限额，超出责任限额的赔偿责任须由被保险人自行承担。关于责任限额，中国人民财产保险公司物流责任保险条款第 11 条规定：“本保险合同的责任限额由投保人自行确定，并载于保险单明细表中。”从条文看，责任限额似乎是由投保人自行确定的。但事实上这并不意味着责任限额可由投保人任意确定，因为责任保险承保的是被保险人的赔偿责任，它不像财产保险那样有一个固定价值的标的，进而有一个相对确定的保险金额，作为保险人当然不可能把自己承担的最大责任交给投保人自行决定。另外，根据该物流责任保险条款第 21 条的规定，物流责任保险采用的是每次事故的责任限额与保险期内累计的责任限额同时适用的方式，法律费用在责任限额之外另行计算，但不能超过责任限额的 30%。还有，责任保险合同中通常还会有免赔额或免赔率的规定，即约定保险人不承担某一数额以下的损失赔偿责任或一定比例的损失赔偿责任。一般来讲，保险人都会要求一定的免赔额或免赔率，以达到促使被保险人小心谨慎和减少小额、零星赔款支出的目的。因此，责任限额的相关规定也使物流经营者难以真正喜欢这一物流保险条款。

4. 保险计算方式不合理

中国人民财产保险公司物流责任保险条款第 12 条规定："保险人以本保险期间内被保险人预计发生的物流业务营业收入为基础计收预付保险费。在保险合同期满时，再根据实际的物流业务收入结算。"从理论上讲，物流业务营业收入越高，说明物流业务越多，由此产生的风险也越大，保险费也越高。但现阶段，我国物流业发展正处于起步阶段，物流管理费用较高，物流营业收入高并不一定意味着利润高。实践也证明，许多物流企业营业收入增长很快，利润却呈下降趋势。如果按照营业收入收取保险费，必然会导致保险费高昂，使许多物流企业无力承担。因此，这也导致物流经营者对物流责任保险望而却步。

上述问题直接关系着物流经营者是否会选择投保物流责任保险，也关系着其是否有能力去投保这一险种。从目前的情况看，许多物流经营者都很难非常主动地去选择这一险种，致使投保这一险种的物流经营者数量较少，也使保险人在这一险种的业务拓展及最终利润取得上遇到了相当大的困难。保险公司信用保险承保条件严格，无法满足中小物流企业发展供应链金融业务需求。

目前，物流行业企业整体利润普遍走低，竞争日趋激烈，物流企业纷纷转战利润率远超行业平均水平的供应链金融业务。在供应链金融业务中，物流企业不仅主导了融资准备过程中对象的选择、方案的设计，而且负责确定融资实施过程中融资规模、融资利率以及还款方式等，在这种模式下，物流企业实际上扮演了金融机构的角色。

传统供应链金融中的核心企业经济实力和信用状况往往较好，且在围绕这一核心企业所建立的供应链金融中，上下游企业与核心企业之间的信用捆绑非常有效（核心企业通过自身的地位、条件能有效承担上下游企业的信用风险），因此授信银行一般会直接接受核心企业提供的供应链金融项下的信用保障，无须再要求供应链金融中各贸易方提供除此之外的其他担保措施。但在实践中，核心企业并非均为银行所期待的实力雄厚、足以向其提供信用授信的优质企业。尽管围绕该核心企业形成了一个完整的供应链，其贸易活动也满足供应链金融的形态，但仅靠其自身的条件尚不足以获得银行的信用授信支持。此外，大部分核心企业所在行业的周期性特点，使这些核心企业无法规避由于行业周期变化而使自身受到负面影响的风险。这时可通过外部为其提供一些增信服务，如信用保险，这样，银行既可在供应链金融项下按照供应链金融的方式向其提供授信，又能保证一旦在供应链金融中出现授信风险，仅靠贸易自偿性难以及时、足额地收回授信时，银行就可通过保险公司的信用保险来及时化解授信风险。

因此，在供应链金融中存在着大量的信用保险需求。

从保险角度来看，因相关法律政策缺乏、社会企业信用管理体系不健全等原因，信用保险本身发展存在一些问题。

（1）缺乏相应法律政策保障。目前，我国没有专门的信贷信用保险方面的法律法规，使得信贷信用保险的透明度低，操作不够规范。国家政策上给予的扶持力度缺乏，使其发展速度不快。

（2）银行与保险公司存在利益上的矛盾。出于自身利益考虑，银行希望只对信用等级低、信用风险大的企业投保；而保险公司更愿意承保信用等级高、信用风险小的企业。

（3）保险公司对企业信用评估能力不足。企业经营业务的不透明、资信体系的不完善、社会信用管理体系的缺失等都制约了保险公司对企业的信用评估能力。

因为存在上述问题，物流企业虽然可通过技术手段控制物流、信息流来证实贸易活动的真实性，能在一定程度上协助保险公司做好风险管理，但市场上只有少部分的保险公司愿意在供应链金融中承保信用保险，而且对可承保的物流企业要求也较高，使得无法满足物流企业对供应链金融业务发展的需求。

三、物流产业更适合发展相互保险

相互保险是指具有同质风险保障需求的单位或个人，通过订立合同成为会员，并缴纳保费形成互助基金，由该基金对合同约定的事故发生所造成的损失承担赔偿责任的保险活动。近代保险就起源于海上物流的相互保险。公元前2000年，地中海一带就有了广泛的海上贸易活动，当时的航海商就提出一条共同遵循的分摊海上不测事故所致损失的原则：“一人为众，众人为一”。该原则体现了分摊损失、互助共济的要求，因而被视为近代保险的萌芽。

不同于商业保险面向全社会公众提供保障服务，相互保险的互助范围以其互助团体内部成员为限。相互保险组织没有外部股东，由全体投保人共同所有，组织内成员既是投保人，也是该组织的股东。如发生意外情况，则风险由组织内成员共担，如到期未发生意外事故，则到期由组织内成员共享利益分配。这种情况下不存在投保人与保险人之间的利益冲突，更能专业地解决互助团体内部的保障需求。

（一）相互保险还处于起步阶段

相互保险在国际上已有200多年的发展历史，据国际相互与合作保险组织联盟（ICMIF）统计，2016年，全球相互保险保费收入1.3万亿美元，占全球保险市场份额的26.8%。2015年，相互保险在法国保险市场占比高达49.7%、德国占比47%、日本占比 39.1%、美国占比 37.7%。而 2013 年我国的相互保险市场份额仅为 0.3%，远不及世界总体水平的 27.3%，甚至低于印度 0.7% 的相互保险市场份额。

目前，我国相互保险还处于起步阶段。2008 年，阳光农业相互保险公司成为第一家经国务院同意、保监会批准成立的相互制保险公司。近年来，党中央国务院高度重视、明确要求加快发展相互保险。2014 年 8 月，国务院《关于加快发展现代保险服务业的若干意见》（国发〔2014〕29 号）提出“鼓励开展多种形式的互助合作保险”。2015 年 6 月，国务院第 93 次常务会议审议通过《关于大力推进大众创业万众创新若干政策措施的意见》，进一步明确“加快发展相互保险等新业务”。2016 年 6 月，保监会正式批准众惠财产相互保险社、汇友建工财产相互保险社和信美人寿相互保险社。上述一系列政策支持和实践导向标志着相互保险这一国际传统、主流的保险组织形式正在我国开启发展道路。

（二）物流保险要互助合作

物流行业是一个风险相对集中、同质化程度较高、风险偏好较为相似的行业，同时物流行业从业群体之间交往密切、沟通频繁，是一个以特定行业聚集的社交圈。这使得相互保险的机制在物流行业中具有天然的优势和基因。在物流行业中成立相互保险公司，由物流人实现“保险共治”，既能解决商业保险因缺乏专业型人才无法设计合适的新型物流保险产品的问题，也能化解原来保险公司和物流企业之间互不信任的问题。同时，在这种互助体制内，因为互助成员风险共担、利润共享，促使物流企业既相互合作，又相互监督，可以有效化解道德风险，也让主动防灾减损成为可能。

所以，在现代物流保险的发展中，相互保险将成为补充传统商业保险为物流行业提供风控保障的不二选择，成立全国性专业的物流相互保险社将是促进现代物流保险发展的有效途径。

（撰稿人：微众营创科技（北京）有限公司董事总经理　李毅）

第五节　2016—2018 年物流行业投融资情况

一、2016—2017 年物流行业投融资规模

2016 年共有物流行业共计发生投资 143 笔，金额达 708 亿元，是近几年的峰值，较 2015 年增加 115%。物流行业在资本的助推下完成了蝶变升级，迎来了以快递业为代表的资本高潮。圆通、中通、申通先后完成敲钟上市，顺丰、韵达也在稳步推进。

全峰、百世、快捷、优速等老牌企业完成了融资，菜鸟、卡行天下、运满满等互联网驱动下的新兴势力也迎来了大笔资本。在“互联网 +”全面驱动下，物流传统领域逐步被全新的商业模式变革。资本全面渗透，“最后一公里”、运力资本资源物流 O2O、同城配送、物流专线平台、物流园区平台等全面迎来资本投资高潮。

2017 年物流及相关行业共发生 117 起投融资事件，投资金额 528 亿元。资本关注程度相比 2016 年并未减退，投资金额虽有所回落，但在全行业的占比仍维持在 2.6%左右。更多资本方对相应领域的物流企业保持了持续的关注和跟进。物流行业因为整体盘子较大，随便抽一个领域出来也是“大有可为”的市场。因此，投资的关注点逐渐集中于针对不同领域找到模式创新的突破口，战略投资、融资并购也将会随着更多行业接触资本市场后继续上演，而新科技、新理念和新政策也将会加速物流这个“古老”行业的变革。

2018 年的物流行业投资在全行业的占比仍将保持在 2.6% 以上，随着物流科技的发展及国家政策的支持，物流行业也将迎来新的投资热点。第一，人工智能、大数据、云计算和区块链等纷纷在物流业找到了应用切入点；第二，国内资本纷纷涌入物流地产，供应链创新与应用上升为国家战略，供应链企业受资本青睐；第三，国家将多式联运列为物流业降本增效的重中之重，新一代多式联运模式呼之欲出（见图 7－5）。

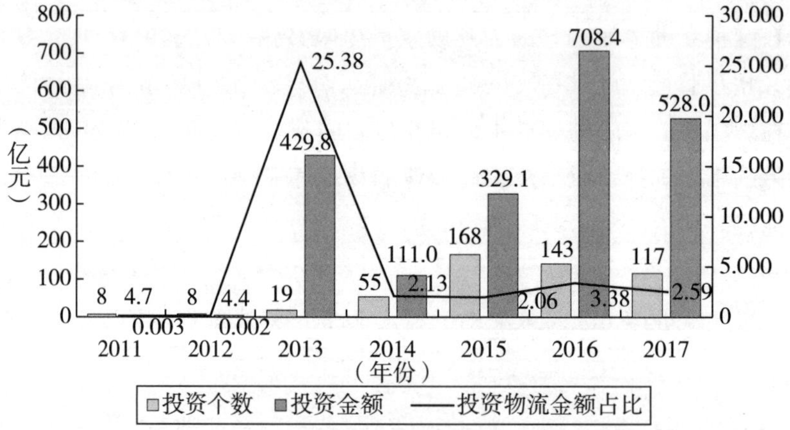

图 7－5　2011—2017 年投资个数、投资金额情况

二、2017 年物流行业投融资分布

（一）时间维度

从时间维度上看，1 月、6 月、8 月、9 月是物流行业融资旺季，这 4 个月的融资

次数均值是其他月份均值的 2 倍（见图 7－6）。

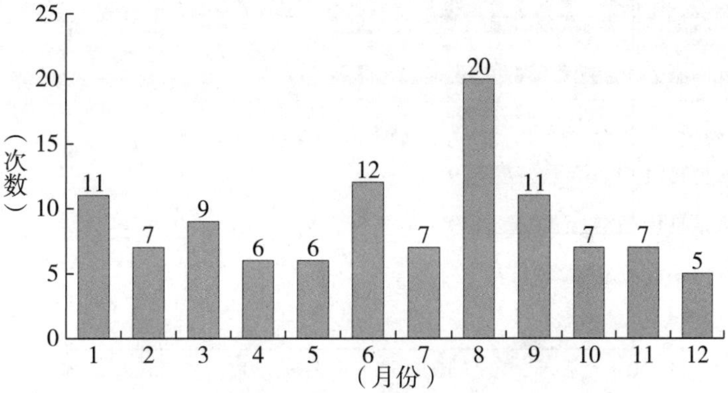

图 7－6　2017 年每月获投企业

（二）轮次分布

2017 年，获投企业仍主要集中在前期，天使轮与 A 轮获投企业家数占比达 51%，说明投资人还是比较关注商业模式的，物流行业某些模式尚未确定，某些模式创新仍有机会（见图 7－7）。

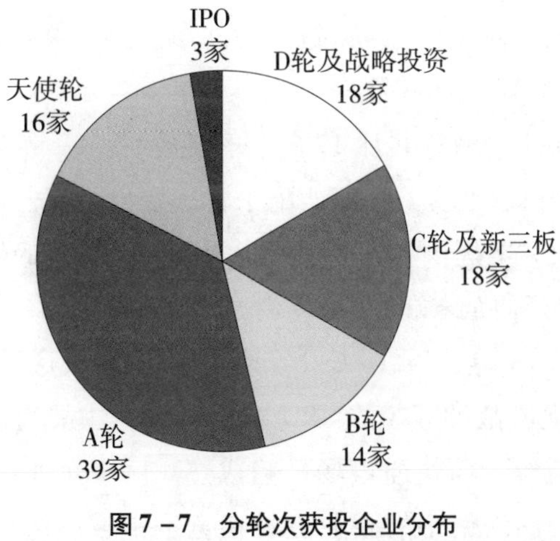

图 7－7　分轮次获投企业分布

（三）行业分布

行业分布上，风险投资主要集中在货运物流、同城配送、仓储服务、综合物流、跨境物流、物流信息化等领域。其中，货运物流、“最后一公里”、物流技术和仓储是目前投资的热点（见图 7－8）。

货运物流共计 32 笔，典型企业融资均在 B 轮后，说明货运物流行业盈利模式已逐

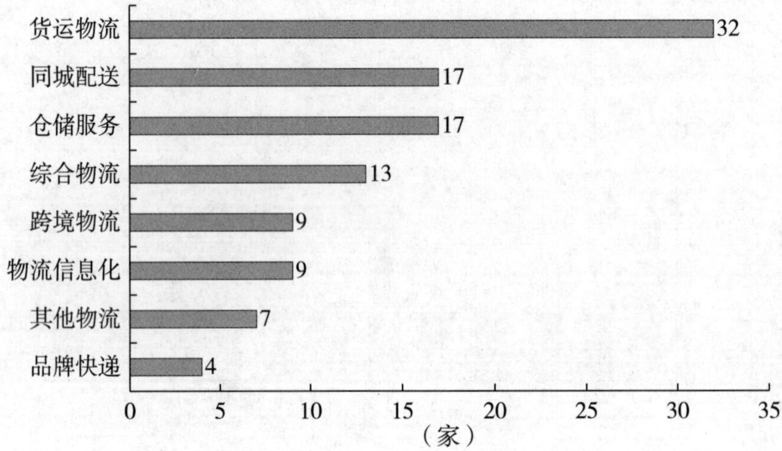

图7-8　分行业获投企业分布

渐清晰，G7 汇通天下引进普洛斯这一“物流地产界的王者”作为战略投资者；独角兽企业运满满和货车帮各自经过多轮融资后，止戈息战，宣布合并，行业的绝对领先地位由此确立；而承运型的福佑卡车也表现抢眼，2018 年伊始便引得“质同道合”的战略投资者京东物流，背靠货源优势，预期还能有更多作为。

同城配送共计 17 笔，在资本行业表现抢眼，融资轮次跨越从 Pre－A 到 D 轮，从深圳小闪快送 UU 跑腿，再到闪送、货拉拉、云鸟配送等，各类新业态均拿到融资，说明同城配送领域模式创新仍大有可为。

仓储行业呈现多元化，融资共计 17 笔。智能仓储、冷链仓储、小微仓、电商仓储、便利店仓储、仓储租赁平台、仓储匹配平台等层出不穷，得到了资本的青睐。作为“最后一公里”解决方案提供者，速递易引入了阿里巴巴的战略投资，未来，菜鸟与顺丰的数据之争势必延伸至末端配送。

综合物流企业共计 13 笔，以 To C（至消费者）端快递配送为主，模式比较成熟，多处于 C 轮后，尤其战略投资及 IPO 上市居多，主要有顺丰速运、菜鸟网络、华茂物流、安鲜达物流等。而快递市场已趋成熟，巨头企业已经陆续上市，因此新入局者机会不多，规模网络偏小的企业更易在竞争中被淘汰，同时新的战略并购也在加速。

跨境物流行业仍有创业者不断进入，也获得资本追逐，但目前对于绝大多数物流公司而言有难度。跨境物流需要既懂物流又懂外贸还懂多国语言及文化的综合人才，而且也能在海外具备良好的销售和获客能力，同时又熟知国内的制造业，这些对新创业者来说挑战很大。此外，海运和空运价值链也已被国内外大玩家占据大部分价值，代表企业有运去哪、联博瑞翔等。

三、物流行业投融资政策环境分析

（一）2016 年以来金融监管趋严格

近十年是我国金融行业发展最快的时期，尤其表现为金融行业增加值占 GDP 的比重持续攀升。不过，金融体系在发展过程中也出现了一些问题，比如链条日益复杂，一些所谓“创新”逐渐脱离实体、沦为纯粹的监管套利等。2016 年中央经济工作会议将“防范化解重大风险”列为三大攻坚战之首，下决心处置一批风险点，着力防控资产泡沫，提高和改进监管能力，确保不发生系统性金融风险，开启了本轮金融严监管的大潮。其中，防控金融风险可谓是重中之重。2016 年年底金融“乱象”整治的大幕徐徐拉开。

第一阶段，聚焦于同业去杠杆和治理金融乱象（控增量）。一方面，中央银行自 2016 年三季度开始逐步收紧流动性，开展锁短放长的操作并调升公开市场操作利率；另一方面，“三会”逐步针对金融机构“乱搞同业、乱加杠杆、乱做表外”等金融乱象加大整治力度，抑制场内杠杆、产品结构杠杆和同业杠杆。第二阶段，监管对资产管理行业规则重塑。自 2010 年银信合作快速发展，非标业务兴起之后，中国资产管理行业的外延不断扩张，通道业务、资金池业务以及与之对应的理财刚兑不断强化，资产管理行业快速发展中积累了系统性风险。2017 年 11 月 17 日，资管新规征求意见稿出台，并要求监管部门配套相关细则，理财新规即是其中之一。第三阶段，监管追本溯源，进行协调统一。2012 年以来，金融自由化浪潮和利率市场化浪潮加速了中国金融行业的发展，扩宽了行业深度和广度，但是也积累了表内外诸多风险，金融套利行为多有出现。此外分业监管模式也造成监管空白，机构监管套利、规避监管行为普遍，监管制度建设亟待完善。一是在前期摸底机构业务实际情况的基础上，逐步出台细则完善监管，弥补短板；二是在金稳会的统领下，加强监管协调，统一出台监管政策、完善基础设施建设、加强数据共享。

2018 年金融监管继续趋严，持续回归本源业务，防范实质风险。同时，在国务院金融稳定发展委员会的领导下，货币政策、宏观审慎政策和监管政策将更加协调。

（二）融资难度及资金成本面临上升压力

2017 年，各种债款融资途径的成本都呈现上升趋势。由于债券发行利率比借款上升得更快，不少企业撤销信用债发行转向借款。除此之外，企业的融资难度也逐渐上升。撤销发行的企业中，部分发行人是由于发行成本上升而调整发行计划，但也有企业是由于一级商场上找不到满足的装备盘而被逼撤销的。企业撤销发债转向借款后，导致不少银行信贷额度用得很快，四季度额度严峻也影响了一部分借款发放。

融资难度提高，是供需两头共同效果的成果。需求方面，2017 年 1—11 月新增社融累计同比 13.1%，外部融资需求依然比较强。供应方面，央行 3 次上调首要期限逆回购利率，合计 25bp，引导利率上行。偏紧的货币方针，加上金融严监管对同业事务的标准，广义货币供应 M2 的增速自 1986 年以来初次降至个位数。

未来，预计经济和固定财物出资增速都是缓慢下降的。加之从名义 GDP 增速、PPI 同比与 CPI 同比的缺口看，下一年企业盈余增速将会下降，内源性现金流补偿或将削弱。因而，估计下一年企业的外部融资需求会比本年强。资金供应方面，在货币方针收紧和金融监管持续的背景下，也难以呈现显著扩张。而 2017 年的中央经济工作会议已为下一年的方针定调，要求货币方针坚持稳健中性。归纳供需两头要素分析，供需紧平衡的局势难以呈现显著改观。这也意味着，未来各种融资途径成本的中枢，与本年比较都有持续上升的压力。但不同融资工具的本钱变化并不同步，并且每种融资工具的本钱也有动摇。对于企业来说，归纳运用各种首要的债款融资工具，并挑选适宜的时点，对于降低总财务费用来说具有重要意义。

（三）国家鼓励供应链金融发展

2017 年 10 月，国务院办公厅发布《关于积极推进供应链创新与应用的指导意见》。随着信息技术的发展，供应链已发展到与互联网、物联网深度融合的智慧供应链新阶段。该文件是首次针对供应链领域出台的国家级政策，提出加快供应链创新与应用，促进产业组织方式、商业模式和政府治理方式创新，推进供给侧结构性改革，这标志着我国供应链创新与应用发展进入加速提升阶段。

四、物流投融资的发展重点

（一）物流投融资的重点领域

1. 物流地产

物流地产是物流企业长远发展的核心资源。在整个物流行业的布局当中，物流地产的位置是核心中的核心，布局物流地产，就是要发展在国内外整个物流链体系中作用明显的高标准仓储，打造综合性物流服务商。现代高标仓储实现了对整个供应链的信息和资源的整合，为物流规模化提供了可能性，大幅提高了物流效益。

与此同时，仓储行业呈现多元化的发展趋势，以适应日益庞大和多样化的物流发展需求，智能仓储、冷链仓储、小微仓、电商仓储、便利店仓储、仓储租赁平台、仓储匹配平台等层出不穷，得到了资本的青睐。社会化电商、垂直电商、新零售等新商业模式的发展，也将不断地催生出崭新的物流需求。

2. 跨境物流

自我国加入世界贸易组织（WTO）以来，我国经济融入世界经济的进程不断加快。我国企业的国际化程度也在不断加深，由此而带来的对跨境物流的需求也越来越明显。跨境物流的发展同时也是物流行业本身发展的必然趋势，是节点完善、市场转移的客观要求。跨境物流行业近两年来不断有创业者进入，也获得资本追逐，海运和空运价值链也已被国内外巨头主导。

跨境物流的投资机会，包括跨境物流地产的建设、跨境供应链的整合、跨境运输网络的搭建、跨境信息的整合等方向。

3. 物流智能装备制造

物流智能装备的发展在近几年一直是资本关注的焦点，留给企业的想象空间也比较大。互联网、大数据、云计算、区块链、物联网、人工智能、机器人等技术的应用在不断颠覆整合着物流行业的发展，像智慧云仓、无人机运输、车联网、机器人等智慧物流也得到资本的不断关注和青睐，技术驱动在整个行业中也得到不断加强。

但物流智能装备的发展仍需要相当一段时间的培育期。一方面，目前国内物流行业还远未达到相对饱和的状态，也缺少行业的龙头企业，物流体系的搭建仍然是物流行业发展的主旋律，内部运营和成本控制的时间点还未到来；另一方面，智慧物流技术本身的发展也需要经过不断的迭代和实践验证，目前国内物流智能装备的发展还未形成大规模可用的技术产品，仍需要一段时间的发展。但不可否认的是，物流智能装备未来一定是物流企业提升效率的关键所在。

4. 物流科技

物流科技的发展，为给生产企业提供物流解决方案，集成采购订单管理系统、仓储管理系统、运输管理系统以及财务管理系统，为生产企业优化库存，为物流企业优化运输路径，为相关企业做好一体化结算，形成相对稳定的利益关系。这将直接优化现有整车物流的利益格局，其未来市场空间巨大。未来会出现很多针对特殊品类的高标准需求的供应链公司，同时一个物流公司也将从单纯的搬运工变成一个“供应链＋管理”的公司。

（二）物流资本的变化

1. 产业资本

产业资本是物流行业发展的重要推动力。首先，以菜鸟、京东等电商企业为代表的上下游企业不断地加码物流行业。其次，物流行业自身的资本实力不断加强，尤其是以快递为代表的一批上市公司，为物流行业的发展发挥辐射作用。普洛斯作为产业资本的代表，深耕资本市场多年，2017年德邦、中通、顺丰、京东、日日顺等企业也开始筹集重金布局物流行业，打造小生态；另外，行业内的专业投资机构也在不断增长，如钟鼎创投、华平资本、云峰基金、腾讯产业基金等都在不断地拓展物流行业的投资机会。

2. **物流产业基金**

物流行业自身的特点，决定了其资本有着自身独特的特色。与技术、商业模式创新的企业不同，物流行业尤其是物流地产行业的投融资规模大、收益相对稳定，投资周期也更长，这也吸引了物流产业基金的关注，自2017年以来，得到快速成长（见表7-1）。

表7-1　　2017年主要物流产业基金一览

时间	规模	基金名称	主要投资方	主要投资方向
3月17日	计划投入3亿元	菜鸟绿色联盟公益基金	菜鸟及六家快递企业	开展绿色物流、绿色消费、绿色供应链等方面的研究、倡导和推动
5月2日	100亿元	物流产业并购基金	招商证券、海尔电器集团	在家电、物流、健康、跨境、家居和TMT（科技、媒体、通信）等领域共同开展股权投资、资本市场运作
6月20日	85亿元	物流仓储基金	菜鸟网络、中国人寿	陆续注入物流地产项目
9月19日	自有基金2亿元，计划600亿元	远海中远物流产业发展基金	中远海运、河南省现代服务业产业投资基金青岛城市建设等	投向基础设施、仓储等方向，推进龙头企业发展第三方、第四方物流
10月10日	60亿元	物流地产投资基金	万科产业园、乾元晟投资、江苏信托、博裕物流、飞虹壹号	物流地产
11月8日	首期8亿元，计划100亿元规模	融通创业基金	海航现代物流集团、陕西科技控股集团	金融科技、支付、智慧物流、物流云服务、大数据等项目
11月13日	首期募资50亿元，目标300亿元	物流地产基金	苏宁物流、深创投不动产	收购公司已有仓储物业，并购开发物业

资料来源：亿欧网。

此外，2017年6月，菜鸟网络与中国人寿共同设立规模为85亿元的物流仓储基金；

2017 年 11 月，苏宁物流与深创投不动产联合发起总规模为 300 亿元的物流地产基金。

2017 年 7 月，由厚朴投资、高瓴资本、万科、中银投资等组成的中国财团以 116 亿美元（160 亿新币）成功收购普洛斯。其中，万科通过收购普洛斯，并凭借双方在客户资源、产业开发方面能形成协同的优势，助力其从“住宅提供商”向“城市配套服务商”转型，从而跻身物流地产巨头行列，而普洛斯则从“物流地产纯房东”转型为产业园区运营商。

3. 供应链金融

物流企业拥有大量的交易和物流信息，便于管理风险。从这个角度来看，物流企业与银行或核心企业、平台企业一样，本质上都是凭借自身资源，以特定方式形成风险解决方案。

物流企业不仅拥有大量交易信息，还控制着实际物流。物流信息反映的是最真实的交易信息。物流企业在开展未来货权类业务时，可根据中小企业的交易和物流信息来实现良好的风险管理。同时，由于物流企业掌握了货物的流转，一旦中小企业违约而无法偿还贷款，物流企业可以对货权进行处置。

把物流作为风险控制点和行业入口，开展供应链金融。物流作为一个整体，与供应链是无法分离开的，不仅不能离开，而且是信息链、数据链的关键环节，通过物流控制货权，为供应链金融展开提供了条件。掌握物流数据，提供风控模型，做好风控管理的物流供应链金融公司会有好的表现。

物流企业应当聚焦的供应链金融产品可分为三类：应收账款类、存货融资类、未来货权类。这三类产品在市面上均已有相当成熟的产品设计和流程，物流企业可结合自身主营业务进行细化开发。当落实到具体的客户服务时，可紧扣客户需求、开发定制化产品，提升灵活性，确保良好的客户体验。与银行相比毕竟存在差距，物流企业需要补齐一系列关键能力。确保良好风控的关键在于数据、风控模型以及操作流程。

随着我国金融环境逐步成熟，真正的供应链金融产品将逐步形成，更好地服务于我国中小企业的融资需求。由于物流企业掌握着大量物流信息，能够有效管理风控，具备开展供应链金融业务的能力优势。我们相信，如果物流企业能够将销售、产品、风控和资金这四件事做好，就能够取得供应链金融业务的突破，为企业创造新的增长点。

五、总结

产融结合，虚实相济，是经济健康发展的关键。物流行业是整个经济发展的重要基础和保障，也将成为中国经济发展的重要阶段性增长点。物流行业的发展也离不开金融的支持，在目前的金融环境下，物流行业的投融资会产生一定的难度，但是，物流行业自身产融结合的基础未变，随着产业资本、物流产业基金的不断加持，整个物流行业将会迎来发展的爆发期，而随着物流行业自身的成熟，供应链金融也将应运而生，为行业带来新的增长点。期待物流行业的精彩纷呈！

（撰稿人：霍氏集团 CEO　霍建民）

第六节　案例分享

一、建设银行：大宗商品买断式融资

（一）企业简介

中国建设银行股份有限公司（以下简称“建设银行”）是一家中国领先的大型股份制商业银行，总部设在北京，其前身中国建设银行成立于 1954 年 10 月，于 2005 年 10 月在香港联合交易所挂牌上市（股票代码：00939），于 2007 年 9 月在上海证券交易所挂牌上市（股票代码：601939）。2017 年年末，建设银行市值为 2328. 98 亿美元，居全球上市银行第五位。在 2017 年 7 月英国《银行家》全球 1000 家银行排名中，建设银行核心一级资本位列第二。

建设银行设有 14920 个分支机构，拥有 352621 位员工，服务于亿万个人和公司客户，与中国经济战略性行业的主导企业和大量高端客户保持密切合作关系。建设银行在 29 个国家和地区设有商业银行类分支机构及子公司；拥有基金、租赁、信托、人寿、财险、投行、期货、养老金等多个行业的子公司。

建设银行秉承“以客户为中心、以市场为导向”的经营理念，致力于成为最具价值创造力银行，达到短期效益与长期效益的统一、经营目标与社会责任目标的统一，并最终实现客户、股东、社会和员工价值的最大化。

（二）案例阐述

1. 背景介绍

本产品的开发基于解决大宗商品产业客户存货流动性优化管理及出表融资的需求，业务的需求时点通常集中在季末、年末等财务报告期。通过与第三方合作商贸平台合作的方式，有效解决了商业银行自身经营范围限制，以及货物流通处置的问题。

2. 产品设计

产品名称：建行大宗商品买断式融资。

商业模式：通过与第三方商贸机构合作，为客户提供大宗商品库存出表融资及价格风险管理等服务，解决产业客户特定时点库存出表的需求，实现优化财务指标的目的。

竞争优势：解决传统商业银行无法参与商品现货贸易，缺乏有效处置渠道的问题；通过结构化设计，满足产业客户存货出表融资的个性化需求；建设银行在融资方面，具有较强的价格成本优势，同时买断式融资产品可提供库存交易商品价值，提供接近全额货值的融资比例水平。

应用场景：从事大宗商品贸易、生产经营的产业客户，在季末、年末等阶段性时点的库存出表短期融资需求；主要针对具有价格对冲渠道、流通变现能力较强的大宗商品类存货资产（见图7－9）。

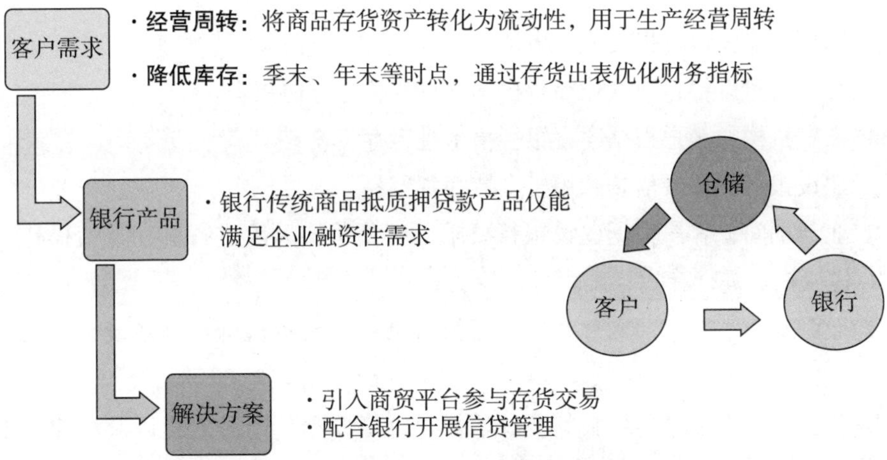

图7－9 建设银行大宗商品买断式融资应用场景

表7－2为建行两家企业客户提供的大宗商品买断式融资服务案例。

表7－2 融资服务案例

交易商品	铝锭（标准品）	镍（标准品）
仓储存放地点	建设银行合作仓储企业（非标准交割库）	上期货标准交割库
交易数量（吨）	1700	250
融资比例（%）	85	98
还款安排	客户到期回购库存	
套期保值安排	在建行制定的合作期货公司建立套期保值头寸	

实施路径：客户通过当地建行分支机构办理业务，过程中需与建设银行合作的商贸机构、期货公司等开展相关的商品交易、套期保值等业务操作。

业务流程：该业务属于结构性组合产品服务，业务流程涉及银行信贷、商品现货交易、套期保值操作等多个业务流程，建设银行根据客户特定的业务需求，制订产品服务解决方案，进行相关业务流程的操作（见图7－10）。

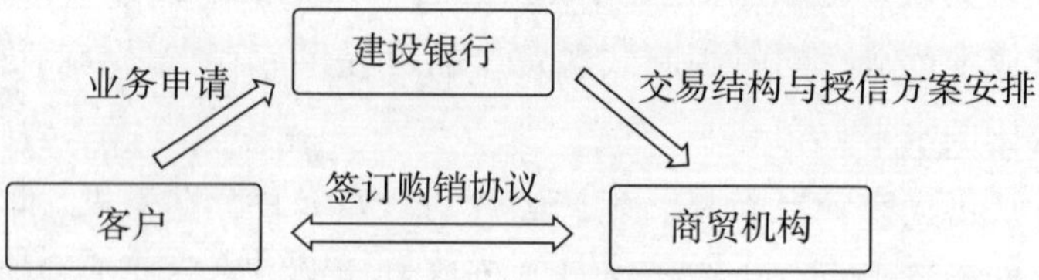

图7－10　业务流程

基本流程包括：

（1）客户向建设银行提交业务申请。

（2）客户与建设银行、合作商贸机构签订相关业务协议。

（3）商贸机构与客户根据建设银行指示进行存货交易。

（4）建设银行配套授信贷款用于支持存货贸易。

（5）业务期间，客户根据建设银行要求对存货价格风险进行套期保值操作，商贸机构配合建设银行进行存货管理。

（6）业务到期，客户回购存货，偿还银行融资，商贸机构根据建设银行指示释放货权。

保障措施：该结构性产品服务涉及信贷、价格波动、商品处置以及法律等多方面的风险，建设银行从客户准入条件、担保安排、套期保值、合作商贸机构的处置流程以及法律关系的设计安排等方面分别进行了针对性的保障设置。

3. 绩效分析

在年末、季末等阶段性时点，大宗商品经营企业存在自身银行授信额度紧张无法释放的情况，同时为下年度生产经营安排，又存在对用于采购备货等经营周转资金的需求。

建设银行大宗商品买断式融资可有效契合客户需求，达到帮助企业盘活持有的存货资产，转化为流动性的目的，同时不占用企业自身授信即可办理，又解决了企业授信额度不足的问题。在融资成本上，建设银行依托自身优势，可提供极具竞争力的融资价格（低于市场类似融资产品年化报价的0.5%～1%）。大宗商品买断融资满足了客户不占授信、库存出表、低成本融资的多重目的。

建设银行目前已为国内多家知名的从事大宗商品贸易及生产经营的央企及地方国有企业提供了大宗商品买断式融资业务服务，开展合作及达成合作意向的企业近20家，贸易量或产能均为所在大宗商品行业的龙头型企业，取得了良好的市场反响，并于2018年分别获得了2018年度《亚洲银行家》“最佳库存管理”奖和《财资》杂志“最佳结构性商品融资解决方案”两项行业权威大奖。

（三）发展愿景

在大宗商品融资物流金融方面，未来建设银行一方面将继续通过充分发挥集团母子公司协同优势，致力于为相关产业客户提供集贸易、结算、融资、保值交易等一体化的服务解决方案；另一方面将加强与金融科技应用相结合，通过引入区块链、物联网等技术，打造建设银行的综合化物流金融服务平台，构建相关产业的物流金融服务生态圈。

（供稿单位：中国建设银行股份有限公司）

二、平安银行：供应链应收账款服务平台

（一）企业简介

中国平安保险（集团）股份有限公司（以下简称“中国平安”）是中国第一家股份制保险企业，至今已发展成为集金融保险、银行、投资三大主营业务为一体、核心金融与互联网金融业务并行发展的个人金融生活服务集团之一。中国平安是国内金融牌照最齐全、业务范围最广泛、控股关系最紧密的个人金融生活服务集团。

作为中国平安旗下子公司，平安银行股份有限公司（以下简称“平安银行”），以塑造不一样的银行、实现“一个客户、一个账户、多项服务、多个产品”为目标，围绕“医、食、住、行、玩”五大需求为客户提供全方位的综合金融服务，打造互联网时代的新金融。综合金融是平安银行特色经营战略之一，通过“综合金融 + 互联网”和“互联网 + 综合金融”两个模式，整合客户和产业链上下游资源，为客户提供一站式、多样化的金融服务。

平安银行交通物流金融事业部（简称“交通物流金融事业部”）成立于2018年4月，是由原交通金融事业部（成立于2013年8月）、现代物流金融事业部（成立于2014年11月）合并组建而成，是平安银行实施“专业化”经营理念、推动“行业银行”建设的重要举措。交通物流金融事业部深入交通物流行业，依托平安集团的综合金融优势，产品体系覆盖综合金融、投行、平台式互联网供应链金融及传统银行业务等各个领域。同时，事业部实行扁平化管理的架构，进一步简化客户服务流程、提高审批时效、提升客户体验。交通物流金融事业部客户范围覆盖汽车、航空、港口、基础设施、仓储物流、快递快运、供应链、冷链等诸多物流细分领域。截至目前，累计

支持客户约350家，支持金额超千亿元，有力地支持了一批客户的发展壮大，并助力部分龙头企业成功登陆海内外资本市场，服务品质和专业水平获得了客户的高度认可。

（二）案例阐述

1. 背景介绍

平安银行作为中国供应链金融的开拓者，依托互联网技术于2014年搭建“商业保理云平台”，远程为商业保理公司提供卖方账户管理、应收账款管理、融资管理、商票管理、还款处理、买方自动对账、统计分析、预警管理、信息查询及支付结算等功能服务，实现对商业保理行业的系统性占有，具有里程碑式的意义。2017年，平安银行在保理云平台的基础上上线“平安易贝”，针对特定供应链内供销企业提供应收资产管理及交易，大力发展应收账款融资。2017年年底，“平安易贝”更名为“供应链应收账款服务（SAS）平台”，上线以来，已有200个核心企业上线SAS平台，ABS（资产证券化）有30亿元。

2. 产品设计

1）定义

SAS平台主要针对特定核心企业供应链内上游中小微企业（可拓展至多级供应商），提供的线上应收账款转让及管理服务平台。平台上，具有优质商业信用的核心企业对到期的付款责任进行确认，各级供应商可将确认后的应收账款转让给上一级供应商以抵偿债务，或转让给机构受让方获取融资，从而盘活存量应收资产，得到便利的应收账款金融服务（见图7-11）。

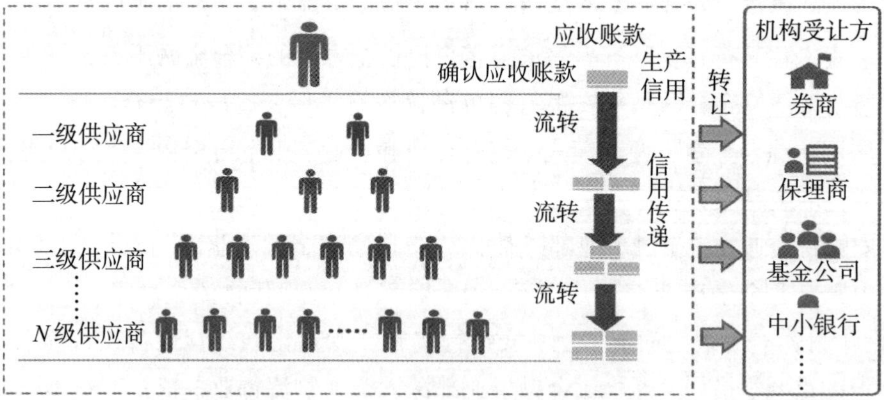

图7-11　SAS业务模式示意

平台采用区块链技术实现精准溯源，与人行中登网直连，避免应收账款重复抵押，对接外部资金实现应收账款资产的快速变现、流转，能有效解决传统应收账款融资痛点，缓释业务风险。

（1）应收账款转让通知环节作为保理业务债权确认的必要环节，其操作涉及的风险成本及人力成本极高，一直是保理业务流程中一大难点。SAS 平台核心企业在签发应收账款时即同意供应商将应收账款在平台内流转，同时应用超级账本的全流程信息记载及交互功能，在应收账款流转环节即自动完成债权转让通知确认，解决了线下人工操作及真实性验证的难点。

平台上核心企业在线确认并发布应收账款信息，对核心企业按期付款具有较强的约束力，不仅解决了供应商应收账款收款不确定性问题，也使核心企业采购阳光化，减少权力寻租现象，构建供应链上下游企业互信互惠、协同发展生态环境，有效改善我国商业信用环境。

（2）传统保理业务中，交易各参与方都处于破碎的贸易环节，信息无法共享并传递，导致深层次的供应商融资需求无法得到满足，也成为中小微企业融资难的主要原因之一。SAS 平台各参与方在交易过程中建立独立的分布式账本，互相验证并保障核心企业的信用有效传递，进而为应收账款的逐层流转提供有效保障。

（3）SAS 平台机构受让方在受让应收账款时，可依托超级账本中记载的交易信息流追溯关联到核心企业。通过核心企业信用背书，整合供应商碎片化融资需求，规范了资产的标准化处理，解决了应收账款转让融资时机构受让方的风险隐患，实现了对上游供应商的“一网打尽”。

适用的核心客户范围：①占据产业主导地位，有话语权；②以赊销为主，业务量较大；③供应链数量较多且分散；④供应链层级纵深较长，层级多。

2）平台专业术语

“SAS 账单”是指买方根据 SAS 平台运营管理规则所签发的、记载基础贸易合同项下买卖双方之间债权债务关系及转让信息的电子化详情单。

信用支持提供方：在 SAS 业务中，如核心企业（基础贸易直接买方）自身资信实力不足以获得公开市场高度认可的情况下，引入的资信实力较好的上级公司或存在关联关系的其他适格法人主体，以承担最终付款责任的方式提供信用支持。

机构受让方：可受让 SAS 账单所载的应收账款债权，并向供应商支付对价的机构单位。包括但不限于银行及企业非银金融机构、保理商等。

平安银行作为平台提供方，为上线 SAS 平台的供应链核心企业、供应商以及机构受让方，提供交易鉴证、应收账款确认及转让、中登网登记、结算清分、机构受让、应收账款管理、风险管理等功能服务。

3）业务整体流程（见图 7－12）

（1）各参与方开通 SAS 平台。SAS 业务的各参与方均须注册开通 SAS 平台，方可

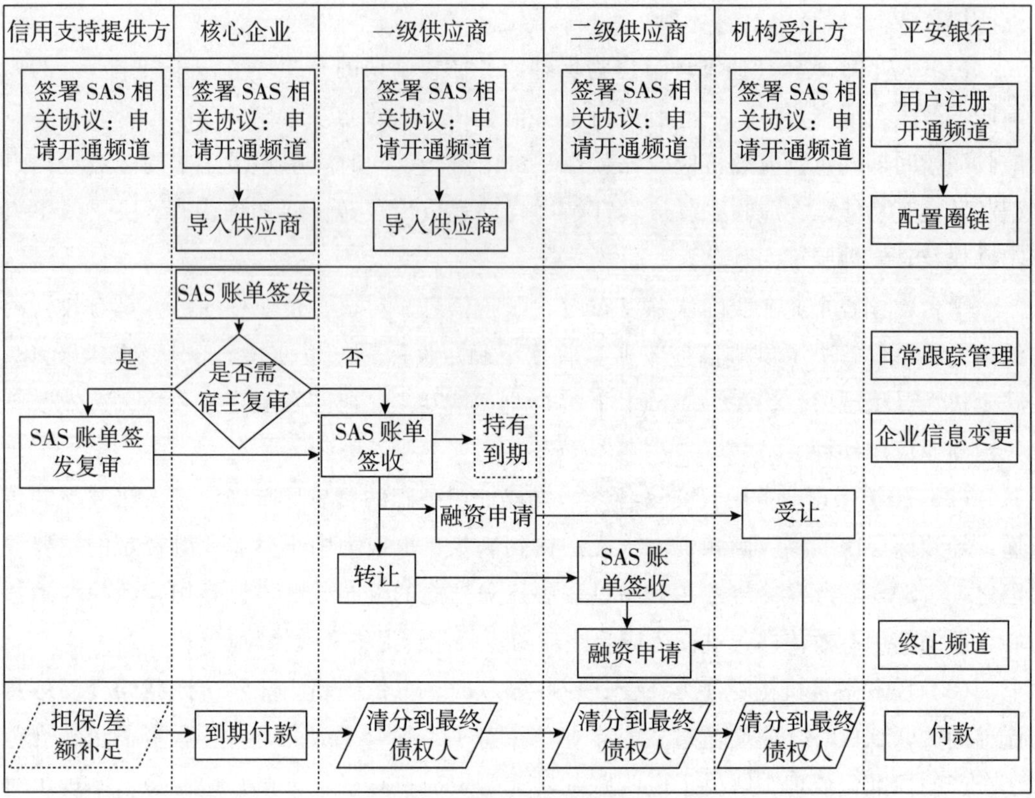

图7-12　SAS业务整体流程

进行相应的线上化管理。

（2）SAS账单签发。核心企业在其供应商成功开通SAS平台后，即可根据与供应商的基础贸易合同所形成的应付账款，于云平台中向供应商签发SAS账单。

（3）SAS账单签发复审（如需）。如信用支持提供方与核心企业约定，在核心企业签发SAS账单时，需由信用支持提供方进行复审，则SAS账单经核心企业复核人员复核后，工作流程将转至信用支持提供方管理员，由管理员进行复核，完成签发。

（4）SAS账单签收。供应商在系统内收到核心企业签发或上一级供应商申请转让的SAS账单后，核对账单及所载应收账款要素并进行签收或退回处理。

（5）应收账款转让。供应商基于自身与上游的基础交易，将其持有且尚未到期的全部或部分应收账款转让给上游供应商，并记载于SAS账单，以抵消自身对上游的债务。在转让操作时，供应商经办人员录入转让金额、选择下一手账单签收人，提交至供应商复核人员审核。

（6）融资申请。供应商可选择将SAS账单所载应收账款转让给机构受让方，并获取对价支付。机构受让方选择供应商提交的融资申请，受让对应应收账款，并支付对价。

（7）应收账款到期兑付。SAS 账单所载应收账款到期日前，核心企业应确保备付金账户有足额兑付资金，并授权平安银行于应收账款到期日清分至对应应收账款最终持有人指定账户。如存在信用支持提供方，则核心企业备付金账户内资金无法足额兑付应付账款时，信用支持提供方须履行最终付款责任，将差额部分款项支付至核心企业备付金账户。

4）业务好处

SAS 业务，可以实现平安银行、核心客户、供应商和资金受让方，各方共赢。

对平安银行：①轻资产、创收平台。平安银行提供 SAS 平台，不提供兜底和刚兑，通过收取平台手续费获得收益。②获客、增结算。SAS 平台增加了获客渠道，为挖掘核心客户需求、增加资金结算和存款沉淀，奠定了基础。

对核心客户：①零成本、零投入，获得分润。不需要额外投入，就可以获得超额利润。②有利于企业快速发展。通过该平台，解决供应商资金需求，缓解了核心客户的支付压力，有利于核心客户发展壮大，推动产业升级。③优化报表。企业采用赊销结算，不需要开立商票，增加付息负债。

对供应商：①获得融资。由于有核心客户背书，可以相对容易获得融资，且有助于降低融资成本。②加快资金周转，降低应收账款占款。③收款有保障。由于核心客户承诺到期无条件支付，强化了核心客户的付款意愿，到期收款有保障。

对机构投资者（受让方/出资方）：①获取优质资产。②获得稳定的收益。投资者既可以持有资产到期，也可以 Pre－ABS 的方式，后期打包成 ABS，循环投入，获取稳定收益。

5）案例参考

某核心企业于 SAS 平台内确认 1 亿元应收账款，期限 1 年，其中一级供应商转让融资 8000 万元，流转给二级供应商转让融资 2000 万元；投资人对一级供应商资金成本为 6.5%（年化），二级供应商资金成本 7%；由核心企业对各层级供应商融资定价，超出资金成本价格和平安银行手续费部分，作为核心企业收益。

3. 绩效分析

平安银行在供应链金融领域拥有独特的服务优势，包括专业的营销、风险及平台管理团队，SAS 平台作为国内领先的在线保理服务系统，融资操作全流程线上化，无须奔赴网点现场办理手续，实现足不出户完成提款。SAS 平台利用平安银行在全国的网点优势，提供“一家做全国”的标准化服务，实现一家分行对全国供应商的服务覆盖，特定的专营团队与核心企业及供应商对接，确保服务标准全国统一，业务分理优质高效。

（1）第三方中立平台，公信力高。平安银行的品牌加上云平台市场高认可度，作为中立的资产交易平台，相较任意交易参与方提供的平台，更容易被市场接受，资产交易公信力高。

（2）银行级IT运维策略，严谨稳定。运用银行独有的电子证书认证、数据隔离、通信加密等银行系统安全策略，构建360°无死角的风险防范体系。通过schema（数据库对象的集合）区分，保障客户用户信息独立、安全。独创运用成熟的区块链技术场景，防止数据被篡改，并将业务信息分布存储，完美保障信息安全，进一步提高资产公信力。

（3）银行结算清分体系共享，安全高效。全国唯一一个直连银行账户体系的应收资产流转平台，充分享有资金划转的严谨性、高效性，确保款项无瑕疵、无差错地清分到位。

（4）中登网专线直连，保障权益。全国唯一一个与中登网专线直连对接的平台，实现自动转让登记，防止重复融资，最大程度保障核心企业权益。

（5）强大资金组织能力，降低成本。平安银行乃至全牌照综合金融的平安集团资金动员和集结能力，资产方享有巨大的资金选择空间，保障高效获取低成本的资金。

（三）发展愿景

作为亚洲领先的金融服务机构，平安银行一直致力于金融创新，区块链技术与金融的结合成为供应链金融的重要突破口，未来在区块链技术的应用下，能够为中小型供应商带来更加便捷的服务体验，以及更多的供应链应用场景。

（供稿单位：中国平安保险（集团）股份有限公司）

三、华夏银行：助力企业压降应收账款

（一）企业简介

华夏银行于1992年10月在北京成立。1995年3月，实行股份制改造；2003年9月，首次公开发行股票并上市交易（股票代码：600015），成为全国第五家上市银行。截至2017年年末，总资产规模达2.5万亿元，在全国103个地级以上城市设立了40家一级分行，60家二级分行，营业网点总数达968家，员工人数超过4万人，形成了“立足经济发达城市，辐射全国”的机构体系。在2017年7月英国《银行家》全球1000家银行排名中，华夏银行核心一级资本和总资产分别位列第67位和第70位。

华夏银行的供应链金融业务重点发展应收类业务，提升融资服务能力和现金管理服务能力，逐步推进供应链金融业务与现金管理业务的在线融合，加快供应链金融业

务转型，促进供应链金融业务稳健发展。

在业务开展上，提倡并践行“专业化的行业、专业化的产品、专业化的团队”。从具体行业选择上，多措并举，推进供应链金融行业专业化经营，近年来供应链金融聚焦建筑、汽车、租赁三大行业进行专业化，取得显著进展。在产品研发推广方面，加快应收类产品的研发和推广运用，先后推出了无追索权保理、保理池、买方保理、服务保理、电子保理等一批特色产品，以满足核心客户延期支付需求和上游供应商的融资需求，满足国企、上市公司压降应收账款、降低杠杆率的需求；华夏银行总结并推出若干有效的应收账款出表融资的业务模式，成为推动应收类发展的拳头产品。在专业化的团队建设方面，华夏银行培育了分行建筑金融中心、分行汽车金融部、分行租赁业务部等一批行业特色鲜明的经营单位，打造为所在分行的特色供应链金融业务集中发展机构，实现“专门的行业、专业的产品、专一的队伍”目标。

在推进供应链金融业务与现金管理业务的在线融合方面，针对供应链金融业务“小额、高频”特征，华夏银行着力推动业务的全流程线上化办理，提升客户经理和客户体验，获得了一批优质客户的认可；华夏银行在业内较早实现了在线供应链金融系统，与中国石化易派客电商平台、国网电商平台、中国雄安集团等一批优质核心客户实现业务对接，特别是华夏银行与雄安集团合作的“供应链＋区块链”放款，是雄安新区第一笔成功落地的区块链金融业务。

（二）案例阐述

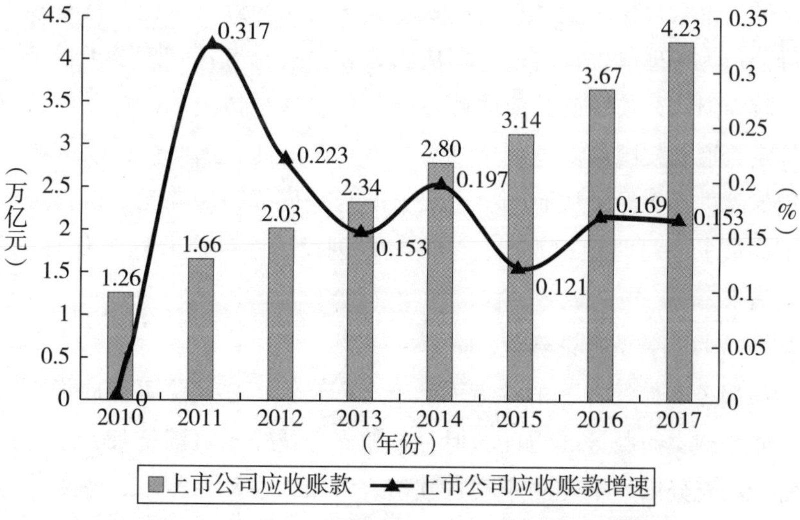

图 7－13　2010—2017 年上市公司应收账款及增速

资料来源：同花顺 ifind，天逸金融研究院分析整理。

1. **背景介绍**

国内应收账款市场逐年增长，市场估计我国应收账款总规模达到20万亿元以上。截至2017年年末，仅上市公司的应收账款余额规模就已达4.23万亿元，是2010年年末的1.26万亿元的3倍多。2017年上市公司应收账款余额比2016年增加0.56万亿元。从图7-13可以看出，2010年至今，上市公司应收账款余额呈持续上升的趋势，逐年递增。随着经济增长，企业之间的应收账款总额会越来越多。

从国家层面看，企业之间过多的应收账款，容易形成三角债，也推高了企业的资产负债率，降低了企业资金使用效率。2015年以来，央企一直在压降“两金”，即压降存货和应收账款资金占用。2018年以来，随着央企供给侧结构性改革的纵深推进，国务院国资委已经制定了中央企业降杠杆、减负债、控风险的指导意见，并明确到2020年前中央企业的平均资产负债率要再下降2个百分点。

从企业视角看，应收账款是企业的重要流动资产，如果压降了应收账款，一是可以增加货币资金，增强企业经营流动性；二是盘活了低效资产、减少了金融负债需求。特别是企业压降的应收账款归还了金融机构贷款，可以显著降低企业的资产负债率。

综合国家政策导向和企业需求，华夏银行也将应收账款作为切入点和服务央企的重点产品，满足企业压降应收账款的需求。

2. **产品设计**

（1）银行无追索权保理。

除了对买方进行授信的无追索权保理产品外，在实务中，由于买方配合意愿不足、买方资质低等原因，给买方授信存在一定困难，华夏银行也创造性地设计了买方不能授信情况下的无追索权保理业务模式。例如，子公司为经营单位，持有较大规模的应收账款，母公司为管理单位，对子公司应收账款出表有考核管理要求；子公司的买方较为分散或较为强势，较难确认应收账款转让的。这种情况下，华夏银行以子公司为申请人，核定无追索权国内保理授信，安排第三方出具《远期受让承诺函》或提供银行认可的担保品进行担保，从而解决了买方配合程度低，传统无追保理难以操作的问题。针对不同母子公司的管理现状，华夏银行创设了多种应收账款保理的解决方案，满足其出表需求。

（2）银行应收账款资产证券化。

在“金融服务实体经济”的政策引领下，华夏银行在风险可控前提下，针对企业不断加大应收账款卖断服务的力度。但是，随着企业需求日渐增加，银行信贷规模和风险资产都无法充分满足企业的应收账款出表需求，在此背景下，华夏银行及时推出应收账款结构化出表及融资模式，通过应收账款资产证券化服务，解决上述问题，帮助企业实现低成本出表。以华夏银行2018年6月25日牵头设立的“华夏共赢2号中建一局应收账款资产支持专项计划”为例，具体结构如图 7－14 所示。

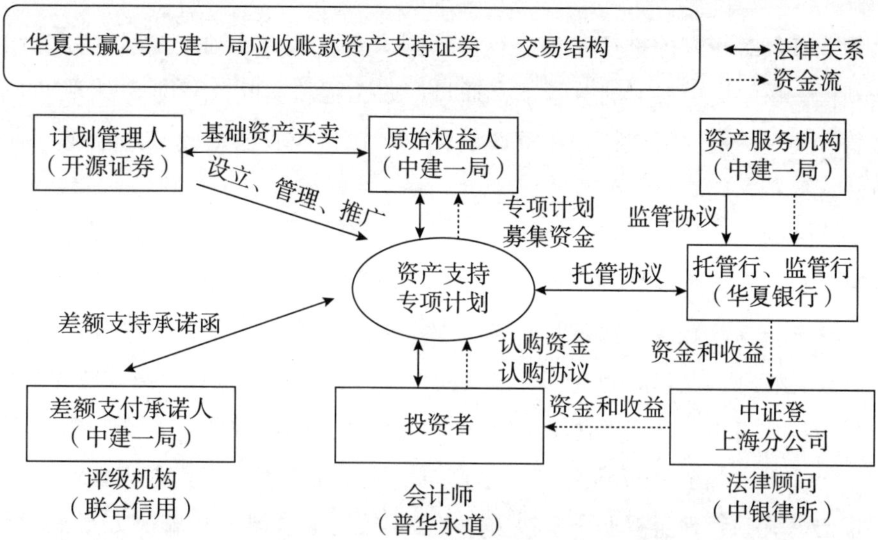

图 7－14 华夏共赢 2 号中建一局应收账款资产支持专项计划

华夏银行作为牵头人发起的“华夏共赢 2 号中建一局应收账款资产支持专项计划”募集资金 5.7 亿元。据悉，该业务是工程领域首单风险参与型应收账款卖断 ABS 业务，为优质建筑企业低成本应收账款出表树立了新的合作范式。

（3）产品特点与优势。

华夏共赢 2 号中建一局应收账款资产支持专项计划的发行对于企业、银行及各方来说形成了良好的合力，带来了正向共赢的局面，起到了金融服务实体经济的效果。

一是实现了较低的发行成本，更好地满足了客户的需求。通过结构性增信，引入了央企的主体信用，降低了企业的融资成本，优先 A 利率仅为 5.8%，在同期产品中较低。

二是满足了企业应收账款的会计出表需求。通过结构化设计，将应收账款的剩余风险集中到劣后级，并合理利用会计准则规定，实现了风险转移和会计出表。有利于企业降低资产负债率，加大资金的运用效率，支持实体经济的发展。

三是降低了银行信贷规模和资本占用。银行将供应链金融业务与资本市场紧密结合，通过把传统的供应链金融业务转向资本市场，并通过投资优先级部分份额的方式，实现了资本节约和风险分散，节约资本高达 80%。

四是增加了银行服务客户的产品和内容，有利于银行充分利用表内外产品综合服务于客户需求，提高了客户的满意度，同时也可充分发挥银行固有的客户和基础资产资源优势，提高了业务的效率，实现了全方位全流程服务客户的目的。

五是实现了市场化的风险转移。发挥金融机构的客户优势，对劣后级份额进行市场化销售，将应收账款的风险转移给愿意承担较高风险、获取较高收益的劣后级机构投资人。

六是业务具有较好的推广价值。当前，国家正在大力推动企业降杠杆工作，银行在信贷规模、风险资产有限的背景下，通过应收工程款卖断 ABS 业务，帮助企业压降应收账款，实现结构性降杠杆。在资产负债率较高、应收账款较多的企业具有较好的推广价值。

3. 绩效分析

华夏银行一直将应收类资产作为供应链金融服务重点，随着建筑类央企、国企和上市公司“压降应收账款、降低杠杆率”的发展要求日益迫切，华夏银行先后推出了应收账款受托管理、保理池融资、有追索权保理、无追索权保理、应收账款坏账担保、应收账款结构化出表及融资等模式，满足客户个性化的应收账款资产管理、流转、融资、出表等需求。截至 2017 年年末，华夏银行已经在建筑、租赁等应收资产较多的行业先后推出《建筑行业金融服务解决方案》《租赁行业金融服务解决方案》，行业特色不断显现，竞争力和社会影响力持续显著提高。

（三）发展愿景

当前，市场上供应链金融的创新聚焦在应收类资产的特定交易场景。华夏银行供应链金融业务一直聚焦并重点发展应收类业务，以创新、专业的产品服务，不断打破固化、普遍场景，努力为客户打造全方位、全链条的产品服务体系。下一步，随着华夏银行内部不断优化组织架构调整，华夏银行将加大应收账款类产品的本外币、境内外、线下线上、表内表外的业务联动，打造企业贸易金融服务特色银行，促进银行相关业务的轻资本转型。同时，切实服务实体经济的供给侧改革，助力企业结构化降低经营杠杆，支持实际经济发展，促进我国经济的结构转型。

（供稿单位：华夏银行股份有限公司）

四、郑州银行：“1 + *N*”保理业务之苏宁案例

（一）企业简介

郑州银行历经郑州市商业银行等多个时期，2009 年 12 月正式更名为郑州银行。2015 年 12 月 23 日，郑州银行在香港联交所主板挂牌上市，是河南省首家、全国第十家上市的城市商业银行。2018 年 9 月 19 日郑州银行正式在深圳证券交易所挂牌 A 股上市，成为河南首家 A 股上市银行、全国首家 A + H 上市城商行。作为一家本土金融机

构，郑州银行“守土有责”，确立了“商贸金融、市民金融、小微金融”的“三大特色定位”，秉持“中意你我他”的价值主张和“服务到心”的品牌理念，坚持走特色化、差异化发展之路，服务实体经济发展。近年来，郑州银行各项业务不断取得历史性突破，市场竞争力和综合实力显著增强。

（二）案例阐述

1. 背景介绍

郑州银行在开发“1+N”保理业务时，深入进行了市场调研，发现众多核心企业的供应商在交易中处于弱势地位，对核心企业形成了大量应收账款，资金占压严重，融资难，融资贵。上游供应商围绕核心企业形成了巨额应收账款，存在较大融资需求，此类客户可成为“1+N”保理业务中的N，获得郑州银行融资。以中铁、中建、中石油、中石化、中国移动、联通、电信、国家电网等为主的众多央企、大型国企、优质上市公司及行业龙头企业希望减少资金占用，降低成本，稳定上下游客户，此类客户可发展为“1+N”保理业务中的核心企业。同时，郑州银行对同业相关领域的现状进行了摸底，各家银行也有类似产品，各家银行均将该产品作为增加利润和收入的重要手段，同时由于该产品解决了客户的实际困难，深受企业欢迎，是各家银行贸易融资产品中的拳头产品。另外，选择与苏宁合作符合郑州银行商贸金融的发展特色。在此背景下，郑州银行决定开发“1+N”保理业务。

2. 产品设计

（1）产品模式。

以苏宁为例，通过苏宁商业保理有限公司，授信资金用于受让上游供应商对苏宁云商形成的合格应收账款。由苏宁云商对应收账款债权转让事项进行书面确认。

（2）竞争优势。

“1+N”保理业务已实施客户多为商贸行业客户，符合郑州银行商贸物流银行的战略定位。该业务产品设计适用性广，客户体验度好，具体特点如下：一是可做成有追无追明保暗保的随意组合；二是可从“1”端发起，也可从“N”端发起；三是灵活性强，可根据客户需求量身定制方案。

虽然同业市场上也有类似产品，但因郑州银行的产品灵活性更强，在市场中的反响和客户体验更好，极大地体现了郑州银行的创新推广能力和市场竞争能力，提升了郑州银行在城商行中乃至全国性银行中的经营地位和知名度，为郑州银行今后的发展奠定了坚实的基础。

（3）应用场景。

郑州银行可通过“1+N”保理业务深入拓展中铁、中建、中石油、中石化、中国移动、联通、电信、国家电网、医院等核心客户。

（4）业务流程（见图7－15）。

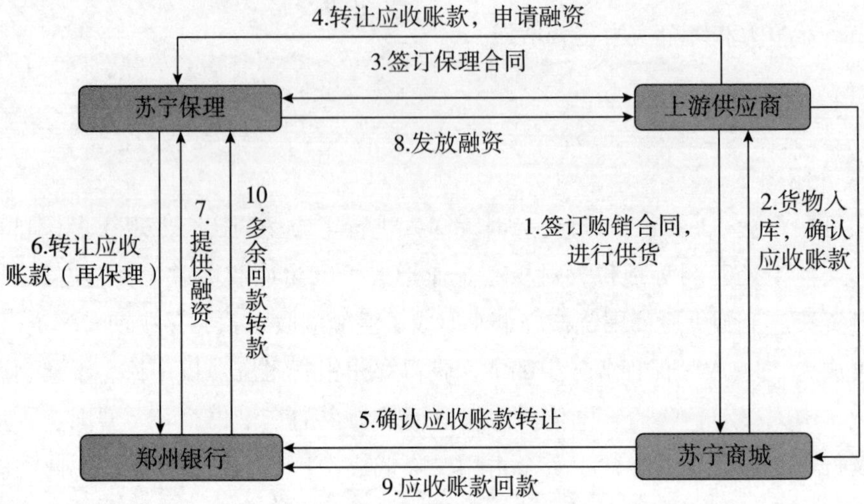

图7－15 业务流程

（5）保障措施。

一是要求业务所涉及应收账款必须是合格应收账款，经办机构负责确认合格应收账款金额，严禁为不合格应收账款续做融资业务。

二是要求经办机构收集保理阶段相关资料，包括但不限于买卖双方业务合作主合同、卖方与苏宁商业保理有限公司签订的保理业务协议、应收账款债权转让通知书及首笔确认回执、发票清单、保理客户清单等，资料数量巨大的，可以列表形式留存，但需苏宁商业保理有限公司对列表内容真实性出具承诺，并承诺无条件配合抽查。

三是要求在融资款项发放前经办机构需在中登网查询保理阶段应收账款转让登记情况，并与保理商签署“应收账款转让登记协议”，进行应收账款转让登记，以明确和完善债权债务关系。

四是要求应收账款池余额按融资比例折扣后＋监管账户（及活期保证金账户）余额在任何时点均能足够覆盖苏宁商业保理有限公司在本行的融资余额本息。

五是要求苏宁云商集团股份有限公司应按《应收账款债权转让通知书》要求回款至苏宁商业保理有限公司在郑州银行开立的监管账户。

3. 绩效分析

2017年年底，郑州银行已经与苏宁旗下的保理公司建立了合作关系，为苏宁保理核定了10亿元授信额度，并于2018年一季度实现全部放款，同时与苏宁控股集团有限公司及苏宁金融服务（上海）有限公司签订了战略合作协议，双方共同探讨在供应链金融、消费金融、金融科技和研究、银银合作、渠道共享、支付服务、账户服务、跨境电商、直销银行、仓储物流、跨境投融资、区块链等领域的合作交流。目前，郑州银行已为苏宁易购集团审批了 10 亿元授信额度，同时在苏宁电器拟新增 5 亿元授信、苏宁金服海外发债项目、加入苏宁区块链联盟，开展票据买卖业务及信用证业务需求对接、银企直联对接、与苏宁开展上游供应商联合放贷、河南门店收单业务、在线销售理财产品合作、主题信用卡发行等方面已取得实质进展。

（三）发展愿景

“1 + N”保理项目的成功开发，对郑州银行的发展有着十分现实、重要的意义。第一，批量拓展客户：开辟了一条批量拓展客户的渠道，增加了郑州银行优质公司客户群。第二，大量存款留存：保理业务均需客户在郑州银行开立回款监管账户，增加了郑州银行低成本资金沉淀。第三，扩大市场份额：增加了保理类优良客户的市场份额，促进了郑州银行有效信贷资产的投放，获取息差收入，为实现经营利润打下了良好基础。第四，增加中间业务收入：收取保理业务手续费，扩大了中间业务收入，提高了综合收益。第五，有效降低风险：捆绑优质核心企业信用，有效降低了业务风险。

下一步，郑州银行将通过“1 + N”保理业务模式切入如下领域：一是围绕国内大型电商企业批量拓展其上游供应商，包括京东、国美、小米；二是围绕省内省外知名医院批量拓展其上游医药及器械供应商；三是围绕大型项目批量拓展中铁、中建的上游建筑商。目前，储备项目已超过 50 亿元，成长潜力巨大，项目收益较好，风险可控，仍将是 2018 年乃至未来几年郑州银行的拳头产品，营销利器。

（供稿单位：郑州银行股份有限公司）

五、网商银行：基于阿里生态大数据项下全自动估值授信模式

（一）企业简介

浙江网商银行股份有限公司（以下简称“网商银行”）是中国银监会批准的首批试点民营银行之一，于 2015 年 6 月 25 日正式开业。网商银行将普惠金融作为自身的使命，希望利用互联网的技术、数据和渠道创新，来帮助解决小微企业融资难融资贵、农村金融服务匮乏等问题，促进实体经济发展。网商银行是中国第一家将核心系统架构在金融云上的银行。基于金融云计算平台，网商银行拥有处理高并发金融交易、海量大数据和弹性扩容的能力，可以利用互联网和大数据的优势，给更多小微企业提供

金融服务，定位为网商首选的金融服务商、互联网银行的探索者和普惠金融的实践者，为小微企业、大众消费者、农村经营者与农户、中小金融机构提供服务。

菜鸟网络科技有限公司成立于2013年5月28日，由阿里巴巴集团、银泰集团联合复星集团、富春控股、三通一达（申通、圆通、中通、韵达）等共同组建。菜鸟是一家互联网科技公司，专注于物流网络的平台服务。通过大数据、智能技术和高效协同，菜鸟与合作伙伴一起搭建全球性物流网络，提高物流效率，加快商家库存周转，降低社会物流成本，提升消费者的物流体验。菜鸟的使命是与物流合作伙伴一道，致力于实现中国范围内24小时送货必达、全球范围内72小时送货必达。数据显示，2017年中国已经进入日均包裹1亿个的超级繁忙时代。物流行业引入智能、开放的互联网协同模式，而非传统自建模式，才能更好地适应未来的物流需要。

（二）案例阐述

网商银行通过整合阿里电商生态所沉淀的全网商品、交易大数据，运用大数据计算挖掘能力，搭建全网商品全自动估值能力，实现消费品也能融资。在与菜鸟物流共建的分钟级存货水位管理、智能仓储管控体系基础上，再打通客户的销售回款资金链路，实现了商品入仓实时有估值、存货质押仍可出库销售的客户体验，整个融资过程完成了“商品预付—存货质押—应收回款”的供应链小闭环，同时网商银行的供应链金融也是“310”模式：3分钟申请，1秒钟放款，全程零人工干预。

1. 背景介绍

痛点1：消费品质押。

传统基于货的供应链金融质押标的往往是钢材、有色金属等大宗商品，对于品类众多的消费品行业少有涉及，而网商银行作为一家没有线下门店的纯互联网银行，面对上百万种淘宝天猫上的消费品，无法通过传统银行的方式一一对其进行审批尽调，在这种情况下如何进行风险防控，给出合理的额度与定价，是第一大痛点。

痛点2：大额风险管理与客户体验。

供应链金融往往与核心企业风险相挂钩，贷款额度通常较大，目前在支持大促“双11”“6·18”期间，网商银行的供应链金融产品给出的最高授信可达8000万元；与此同时，以蚂蚁金服为代表的互联网金融一贯秉承极致的客户体验，因此如何对这类大额信贷资产进行风险管理，并兼顾客户体验，是第二大痛点。

痛点3：仓。

基于在仓货物的供应链融资，需要仓库具备一定的信息化水平以及完整的仓库管理体系，才能完成与网商银行的对接，进而支持基于货的供应链金融业务的开展，这是第三大痛点。

2. 产品设计

（1）产品特点。

特点 1：大数据风控模型。

首先是对于消费品的动产融资，通过整合阿里巴巴集团内的商流、资金流、信息流以及菜鸟的物流数据，建立基于全网商品估值的大数据风控模型，系统自动化甄别风险并给出额度与定价，创新地做到无须发票，商品入菜鸟仓即可贷款，品类覆盖大小家电、3C 数码、美妆、快消等相关行业与类目，并在持续不断拓展中。

特点 2：在押品也可销售。

供应链上的全流程风控，从上游的采购预付，到入仓后的存货，再到销售出库后的应收回款，引入上游核心品牌商及下游消费者，打通全流程的风控闭环，从而面向中小企业，给出了较高额度，并建立了完整的一套贷后预警监控措施，以及一旦出现风险所采取的贷后处置流程。此外，针对消费品市场高频交易的特点，商家获贷后无须还款即可出库，给商家以极致的客户体验。

特点 3：商品库存及物流数据的实时采集。

菜鸟拥有管理严格的仓储体系与现代化的智能物流，同时也是仓储物流的数据平台，可提供每个 SKU（库存量单位）精确到分钟级别的出入库及物流详情。此外，为满足金融业务开展的要求，菜鸟建立了一套完整的贷前抽检、贷后巡检以及仓内管理作业流程；针对质押标的为消费品的特点，菜鸟还提供了美妆、快消等行业的效期管理、批次管理可行性方案，在此基础上，网商与菜鸟一道对供应链金融所涉及的全流程风险进行把控，为入仓商家提供融资服务，提供 3 分钟申贷、1 秒钟放款的客户体验，切实解决中小企业融资难、融资贵的问题。

（2）实施案例。

2017 年 3 月，某经销商（天猫商家）因为所经销品牌准备全产品线涨价 5% ~ 10%，所以希望在涨价前采购一批热销消费类产品，以锁定企业采购成本，但经销商此时短期无法调动大笔采购资金，很可能因无法按期向品牌供应商支付采购款，而导致采购计划落空。

在与客户需求进行深度对接后，网商银行为该经销商提供了采购预付融资解决方案，客户通过网商银行“采购预付融资系统”，在线完成了采购下单、贷款支用、定向支付货款的过程，顺利完成了本次采购计划。

在完成采购下单的 15 天后，采购的商品被分批送入菜鸟物流仓。在商品入仓后，客户的预付融资额度实时完成向存货质押额度转换的过程，存货质押中的商品仍可以正常出库销售，在完成销售后，形成的应收账款再用于偿还客户的贷款。整个过程中经销商无须进行贷款合同的变更，无须还款提货，真正实现了从采购预付到应收回款的无缝衔接，实现“一票（贷款）到底”的用户体验（见图7－16）。

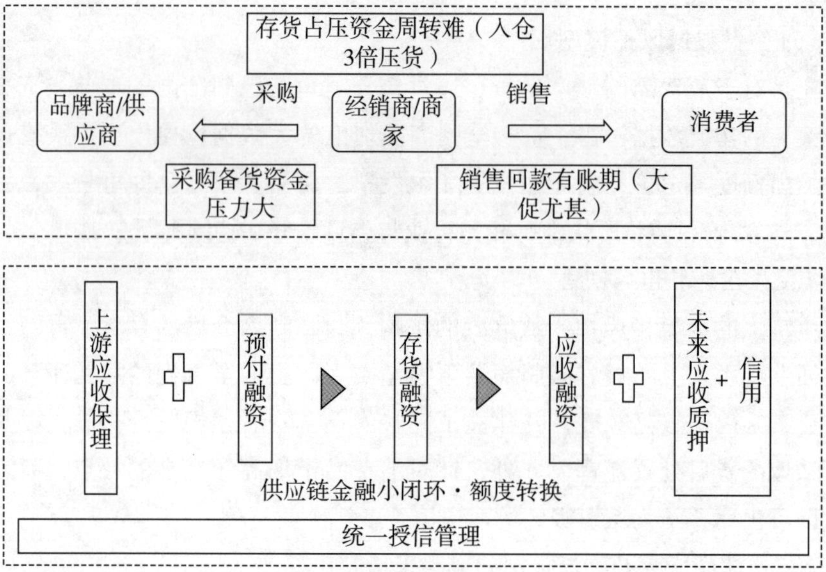

图7－16　业务模式

3. **绩效分析**

成果1：消费品也能融资。

网商银行通过整合阿里电商生态所沉淀的全网商品、交易大数据，运用大数据计算挖掘能力，搭建全网商品估值模型，对几乎所有消费品类（从洗护纸品到生鲜冻肉）都可实现精准估值和动态预测。估值模型当前已覆盖超过6.9万个消费品SKU和菜鸟仓内对应的4000万件货品。

成果2：质押物仍可出库销售。

在网商银行与菜鸟物流共建的分钟级存货水位管理、智能仓储管控体系基础上，再打通客户的销售回款资金链路，实现了商品入仓实时有估值、存货质押仍可出库销售的客户体验，整个融资过程完成了“商品预付—存货质押—应收回款”的供应链小闭环，对于客户真正实现了“一票（贷款）到底”。

成果3：供应链金融也是“310”模式。

依托网商银行的大数据风控和互联网产品设计优势，供应链金融客户仍可享受3分钟申请，1秒钟放款，全程零人工干预的产品使用体验。

（三）发展愿景

网商银行期望利用互联网银行的技术优势实现对小微企业和普通个人用户的普惠金融服务，重点包括以下几个方面。

（1）稳步开展云计算、大数据技术的应用。持续增强云基础设施的能力，充分利用大数据和人工智能赋能，在营销、信用风控、运营、贷后等全业务链条进行深度应用，建立超越简单竞争、跨越单一机构、符合金融行业要求、服务于广大金融合作伙伴的开放技术平台，利用开放平台的业务融合和数据共创力，全面推进同业生态的金融创新，共同打造一个全球化的开放金融生态，助力普惠金融的发展。

（2）加强移动基础创新和建设，推进场景金融的快速创新。在海量移动用户的行为上，利用人工智能算法分析用户使用习惯和场景，个性化定制和投递银行服务；通过加强用户体验，逐步改善人们对银行的传统观念，习惯于移动银行提供的便捷、安全的服务；积极开展AR（增强现实）、VR（虚拟现实）等新技术领域和银行业务的探索，建设老百姓熟悉的虚拟银行柜台；积极探索在银行移动业务中融合生物特征识别的合适场景，进一步加强用户的便捷、安全和隐私体验；积极探索智能证件识别、人工智能客户服务和地理位置、信息采集防伪等技术在移动银行业务中的积极应用；开展虚拟手机助手的建设，通过语音指令完成常见的银行交易。

（3）应用区块链新技术，打造大资管和新型平台的业务服务能力。利率市场化、金融深化正在以前所未有的进程向前推进中，银行业也从负债端的竞争驱动逐步向优质资产的争夺转变，打造具备竞争力的资产服务，为客户提供投资和融资等资产管理的大资管业务已越来越体现出战略的重要性。资管业务中，投资标的透明化，参与者的可信度等是当前遇到的重大障碍。区块链技术较好地实现了去中心化，解决了信息透明和可信问题，我们将积极探索区块链技术在大资管方面的应用。在平台化合作中，可以使用区块链技术共享合作的信息，实现信息和资金流动更加高效透明，增强合作机构之间的互信。

（供稿单位：浙江网商银行股份有限公司）

六、京东金融：京东物流金融服务模块搭建

（一）企业简介

京东金融集团于2013年10月开始独立运营，定位服务金融机构的科技公司。公司致力于以大数据、人工智能、云计算、区块链、物联网等新兴科技，为金融机构提供人、货、场的数字化、线上线下全场景化服务，助力金融机构在场景拓展、获客、运营、风控、研发等核心价值环节提升效率、降低成本、增加收入，推动全行业全面跨进智能金融时代。

截至目前，京东金融已建立起十一大业务板块——企业金融、消费金融、财富管理、支付、众筹众创、保险、证券、农村金融、金融科技、海外事业、城市计算。除

了服务金融机构，京东金融正在储备面向非金融企业以及城市提供技术服务的能力，未来将为全社会提供更广泛的科技服务。

京东金融以开放心态打造开放式的服务生态。截至目前，京东金融所联结的合作伙伴涵盖400余家银行、120余家保险公司、110余家基金公司和40余家证券、信托、评级机构，是当前市场上与金融机构合作范围最广，也是唯一与国有大行、股份制商业银行、城市商业银行和农村商业银行等银行业金融机构分别达成战略合作的科技公司。

截至目前，京东金融与各界合作伙伴共同服务800万线上线下商户和4亿个人用户。是在全球范围内为白领、中产阶级提供金融服务最多的科技公司，也是金融服务覆盖中国农村范围最广，服务农民数量最多的科技公司。

其中，京东供应链金融将实体经济和创新金融有机结合，相继推出京保贝、京小贷、企业金采、企业金库、物流金融等针对公司客户的一体化金融服务，助力实体企业的持续发展。截至目前，京东企业金融累计服务20万中小微企业，累计放款总额近5000亿元。

（二）案例阐述

1. 背景介绍

近年来伴随着互联网、物联网及移动互联网基础设施的完善，新兴物流企业通过线上系统进行运力管理、订单结算也带动了传统行业巨头的转型升级，同时为规范化的金融服务介入提供了可能。

物流行业普遍存在着账期导致的资金错配现象，压力集中在网点或者中小型承运商身上，货主压账期，而油费路桥费则需要预充、司机工资需要现结，导致中小型承运商背负着较大资金压力，“年关的时候最难过，司机要钱、货主还没给结，到处去借债”。

由于不断收到承运商企业、物流企业金融服务的诉求，京东金融企业金融部于2017年成立物流金融部，专注服务物流行业企业。我们进行了详尽的市场走访，针对当前行业的资金错配压力设计了包括购车贷、运费保理、用油及ETC（不停车电子收费系统）小贷等多项产品帮助企业捋顺资金流；同时匹配货押等增值服务，帮助物流企业更好地服务客户、增强客户黏性、获得增值服务收益。

2. 产品设计

（1）商业模式。

①匹配物流行业的金字塔形结构（头部公司少、底层公司多、层层分包），通过核心企业及标准化产品向下辐射，捋顺资金错配。

②通过优秀的产品方案及风险管理能力，降低物流行业企业融资成本，也在其中获取自身收益。

③京东金融秉承着金融科技公司的理念，未来也希望将这部分系统对接能力、风

险管理能力、信用体系评分向更多金融合作伙伴开放，从资金服务商转变为技术服务商，以开放的心态助力行业发展。

（2）竞争优势。

具有天然场景优势，以京东物流为核心企业初期为物流定制金融服务方案，不断试错、优化产品，对广大的行业企业开放。

金融科技头部企业优势，京东金融为中国头部的金融科技平台，拥有小贷、保理、融租、保险经纪等多项牌照，能够为全国的物流客户提供全方位的解决方案。

技术优势，互联网公司基因使得京东金融重视技术人才、重视产品，技术驱动、决策快，能够更高效地与行业企业进行系统对接，为其提供所需的金融模块。

（3）应用场景。

覆盖物流企业运费、货主服务、用油、ETC、保险等多场景需求。

（4）实施路径。

通过物流各分子板块头部公司获得向下触达，产品根据客户实际业务情况设计，大部分通过数据系统对接或其他方式数据推送来实施。

（5）业务流程（见图7－17）。

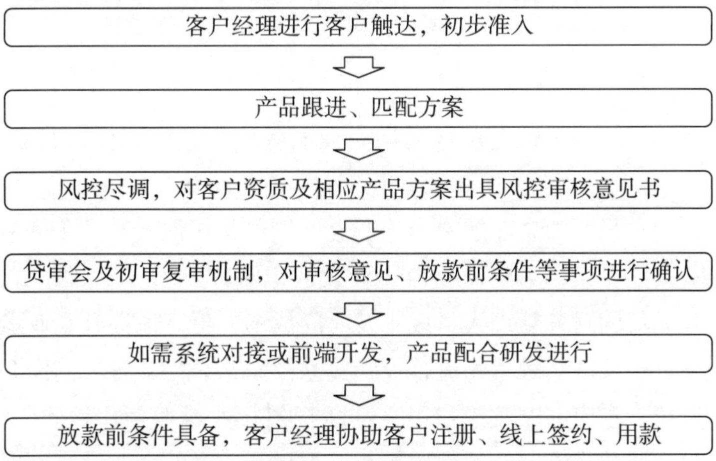

图7－17　业务流程

（6）保障措施。

风险管理方案设计：贷前我们会根据企业及场景具体情况，为之设计相匹配的风险管理方案，常见的保障措施包括针对债权转让的核心企业确权、变更回款账户、中登网登记；针对资产的资产抵/质押登记、保险、GPS等传感器安装；针对货物本身的监管仓准入、RFID新技术探索，做到风险预知与管控。

企业经营性风险调查：还原到具体企业经营中上下游情况、行业本身风险程度、企业议价能力、创始人个人情况等，对企业的经营性风险进行评估。

贷后追索：对出现逾期且多次沟通仍无法还款的客户，我们有经验丰富的贷后团队及法务、刑侦配合部门，根据具体情况对企业进行诉讼、诉诸抵押财产等方式的追索。

3. 绩效分析

物流行业普遍存在着资金错配带来的民间借贷横行、线下结算带来的低效及灰色地带等固有问题。公司的运费小贷产品自上线以来，依靠快速高效的线上化签约审批，帮助京东物流承运商从申请到用款提速100%、资金使用成本降低了30%，资金流理顺助力业务迅速增长，通过京东金融服务的优质承运商都一定程度上获得更高的收益、更快的增长。

目前公司和齐鲁高速共同合作的记账式ETC卡，解决了传统物流行业车队进行车辆管理中周周储值、对账难、开票难问题，先用后付费，将储值模式转变为月度账单结算模式，让物流企业财务结算1个人能干过去3个人干的活儿，从企业的资金服务商向效率服务商转变。

整体物流金融类产品余额在1亿元左右，其中货押占比较大、运费类购车类项目刚刚上线，余额在四千万元左右。因为选择的是物流行业的头部客户，且有核心企业配合，目前还未出现逾期情况，整体绩效较优。未来我们将进一步加强对核心企业承运商的渗透、配合核心企业的承运商宣讲会等活动，从而更多更好地服务物流行业企业。

（三）发展愿景

我们的愿景是，从传统资金服务商向企业的效率服务商转变，建立物流行业的企业信用。

贷款不是目的，只是为企业解决当前资金问题的最短路径。我们正在与高速路网、石油石化类企业共同探索，为优质物流企业发放记账式ETC卡、油卡，从而减轻企业过往每周对卡片充值的财务管理人员成本及时间成本，更好地提升企业运营效率。

我们希望通过多项产品触达物流企业，建立“京东金融认证”，不断引导企业规范化经营、合理用款、顺应国家政策指引，不断积累行业企业信用数据，未来我们希望与同行公司合作，共建物流行业的信用体系，引导行业中的企业健康发展、诚信经营。

（供稿单位：北京京东金融科技控股有限公司）

七、量子金福：创新在线供应链金融助力B2B电商平台

（一）企业简介

1. 公司概述

量子金福是一家创新的“互联网+供应链金融”的金融科技（FinTech）平台，致

力于通过大数据风控技术（DT）和互联网技术（IT）将电商平台/核心企业及其上下游企业的外部征信数据、内部业务数据转化为信用资产，充分满足中小企业的金融需求，大幅提高平台供应链业务效率，快速助力平台业务拓展。

量子金福团队由行业内专业人才构成，他们有丰富的供应链背景经验，不仅能够深度理解供应链业务场景、金融及支付产品设计创新，而且熟悉金融服务及运营、大数据建模及风控等业务。量子金福深刻理解垂直行业供应链，贴合电商及核心企业实际业务场景，着力构建创新的交易结构和大数据风控模型。并且，借助 IT 技术实现产品互联网化、利用 DT 技术进行数据挖掘及迭代风险建模、尝试区块链等新技术降低信用成本，从而为产品创新、高效运营提供坚实保障。

2. 主要产品

量子金福主营业务涵盖：直接满足电商平台及核心企业业务场景与需求的上下游供应链金融业务，以及用于支撑融资理财的钱包、支付、清结算等业务，并尝试通过区块链技术提升数据可信度，达到不断积累、沉淀小微企业数据，最终形成自有数据征信平台。与国内最主要的 C 端金服平台——蚂蚁金服业务生态对标，类比来看，融资产品相当于企业端（B 端）的蚂蚁花呗、借呗，理财产品类似于余额宝，账户体系、分账结算的功能等同于支付宝钱包，量子金福数据征信平台致力于成为 B 端的芝麻信用。主要产品介绍如下所示。

（1）量子金贷（下游供应链金融）。

量子金贷是业界第一款真正打通银行、满足互联网新经济需求、专门为 B2B 平台优质会员量身打造的创新在线供应链金融产品，具备在线开通、信用支付、一键还款等显著优势，既能有效满足平台下游小微企业经营过程中的实际业务需求，也能实现 B2B 平台财务及业务效率提升的目标。

（2）金易采（上游供应链金融）。

金易采是量子金福针对供应链交易结构中的上游供应商的应收款融资需求而设计的一款在线融资产品。它通过与核心企业系统打通来采集其采购订单数据，为供应商提供在线实名发起融资需求。金易采加速上游供应商回款，提升上游供应商的资金流转效率，从而提升了上游供应链的供货能力。同时可缓解核心企业的采购资金压力，提升核心企业的采购支付效率。

（3）量子钱包（账户体系）。

量子钱包是量子金福携手银行，针对 B2B 平台企业的供应链金融场景需求，通过与 B2B 平台系统的无缝对接，为平台搭建金融支付账户体系，并通过引入银行密令控件平台和账户验证机制，服务于平台管控好交易资金的使用安全，助力平台交易和结算的效率、安全、规范。

（4）量子分账（分账结算）。

量子分账是依托银行的账户产品并适应企业应用而二次开发定制的一款智能分账工具，解决原有卖方配件工厂、卖方大供应商与其下游买方客户既有的、存在收款慢/对账难等痛点的线下成熟集采分销业务，在不改变原有交易双方的模式下，通过线上实现快速对账及收款。

3. 经营数据

量子金福自上线以来运营平稳，开户数与放款额快速提升。截至当前，授信总额数亿元。开通客户数千家，每月均快速增长，放款额数亿元。同时，目前量子金福逾期率也远远低于行业平均水平，风控手段非常先进有效，资产质量非常优良。

（二）市场分析及行业痛点

1. 供应链金融市场规模巨大

2017 年我国供应链金融市场规模超过 13 万亿元，随着未来几年互联网金融领域创新力度增大以及中小企业信用评估体系逐步建立，预计 2020 年供应链金融市场规模将突破 18 万亿元，迎来巨大的市场发展期。就实际市场增速看，近年来供应链金融业务在发达国家增长率为 15% 左右，在新兴经济体增长率为 25% 左右。

2. “互联网 + 供应链金融”成为新常态

互联网供应链金融是基于互联网技术手段、通过数据资产化、依托大数据风控模型、三流合一的新型金融形态。互联网供应链金融解决了传统供应链金融交易信息电子化不足导致信用评估缺失的问题，其本质是填补信息盲区，补全信贷缺失环节，补充更多可用于小微企业画像的业务数据和动态信息，将服务覆盖更多的中小企业。互联网供应链金融不是对传统供应链金融的颠覆，而是拓展（见表 7 – 3）。

表 7 – 3　传统供应链金融与“互联网 + 供应链金融”对比分析

	传统供应链金融	“互联网 + 供应链金融”
成本效率	·传统供应链金融线下操作、线下尽调等效率低 ·没有体现场景和数据的信用价值、资金成本偏高	·互联网供应链金融在线操作提升效率 ·带入业务场景并将数据资产化，从而有效降低风险和资金成本
征信手段	传统供应链金融无论是仓单融资、存货融资还是保理都需要资产转让、抵押、质押或担保	互联网供应链金融是三流合一的业务闭环，并依托大数据模型实现风控，可以不依托抵押或担保
服务主体	·传统供应链金融更偏重于做上游供应商 ·对下游经销商缺乏关注或没有相应的产品方案	互联网供应链金融更适合小而分散的下游主体

随着互联网的发展以及对垂直产业的渗透，新的“互联网＋供应链金融”将以互动、协同、透明为理念，利用成熟互联网和 IT 技术构建平台，链接供应链的上下游及各参与方，实现产业各环节信息实时透明与强链接。

3. 小微企业端亟须平等化的普惠金融

B2B 平台两端至少有一端为中小企业，虽然 B2B 整体市场规模快速增长，但中小企业由于自身资信状况较差、财务制度不健全、缺乏足够的抵押担保等原因，难以获得银行信贷的支持。

传统供应链金融更多满足大型上市企业或者国有企业的供应链融资需求，而互联网新经济要求在线供应链金融平台创新地提供更低门槛、更加平等的企业级普惠金融。借助 B2B 平台大量交易数据，在线供应链金融基于“数”控的风险逻辑才能成立，从而为企业级普惠金融创造了前提条件。在线供应链金融还能扩展电商平台的产业链条，盘活企业库存和资金，捆绑平台客户，撬动竞争对手的客户资源，增强用户黏性，以及成为电商平台重要的盈利来源。

所以，无论是 B2C 还是 B2B，也不论是“自营”还是“撮合”模式，在线供应链金融已成为众多电商平台的标配。

（三）案例及解决方案

量子金福为中驰车福（中国汽车后市场最大的汽配 B2B 供应链云平台）提供了一整套供应链金融解决方案，核心解决中驰车福下游应收快收、上游应付慢付、中段动产质押的需求。下文将围绕量子金福与中驰车福就下游供应链金融部分（量子金贷）的合作案例进行深度剖析。

1. 实施背景

目前，中国汽车后市场大概有 44 万家汽修厂，在传统线下模式中，众多汽修厂均有账期结算的习惯，而多数汽配电商平台主要的支付方式为在线支付与货到付款，没有办法解决企业用户在线账期结算问题；另外，由于汽修厂在实际业务场景中的支付结算多为小额高频，而原来在线支付的企业网银支付效率太低，不能满足汽修厂支付高效的需求；同时，部分修理厂希望在线账期能够有弹性，到期后可以付出一定的利息成本进行延期融资。因此，中驰车福汽配电商平台希望利用创新的在线供应链金融方案解决支付、账期、融资等“一揽子”问题。

中驰车福在此之前与国内主流的 40 多家国有大行、股份制银行、城市商业银行进行过详细的方案探讨与可行性论证，银行由于存在属地管理原则及现场尽调面签等要求，无法满足中驰车福分布全国、小额分散、征信缺乏的客户；同时，中驰车福与主流保理公司、在线支付公司、专注于做 B 端应收的 P2P 平台均进行过需求探讨，无一能满足中驰车福下游供应链金融的需求。直到量子金福帮助中驰设计了量子金贷产品上线运营，才真正满足了中驰车福的“一揽子”需求。

2. 实施思路

第一步：核心信贷系统上线、跑通业务；

第二步：资金方 portal（门户网站）上线、资产与资金实现半自动化链接；

第三步：与银行系统全面对接、实现资产全生命周期深度穿透。

3. 实施目标

量子金福通过为中驰车福量身定制供应链金融产品，核心目标是帮助中驰车福不断优化整体供应链效率。一方面为中驰车福业务提效，引入资金方放款使中驰快速回款，同时减少中驰车福的应收款美化报表，并使中驰车福财务应收团队及线下业务团队的效率得到提升；另一方面向下游 B 端客户提供支付、账期、融资等三位一体的增值服务。

4. 典型解决方案

下文仅以量子金福为中驰车福提供的面向下游小 b 客户的创新供应链金融产品（量子金贷）进行详细分析。

1）总体交易结构

量子金福提供数据结构化基础上的产品设计、风险评估、信贷流程、账户及支付、IT 开发。中驰车福：作为电商平台上的销售方转让应收获得量子金福放款作为货款，并向汽修终端进行实物发货。小 b 客户到期还本付息，中驰车福提供一定的贴息期，贴息期内汽修终端免息、由中驰车福进行贴息。银行作为量子金福背后的大规模、低成本资金方穿透每笔底层资产。

2）基本流程

汽修厂通过 PC 端或移动端发起业务申请，系统根据客户提供的信息资料进行工商信息查询、黑名单查询、反欺诈过滤、风险关联查询等初审，通过后风控模型基于企业信息、法人信息、交易信息、其他外部数据对企业进行综合评分，额度模型结合账期配置及模型评估授信额度。

汽修厂每次使用量子金贷支付时，量子金福向中驰车福发放贷款，中驰车福财务收款确认。

临近还款期时，系统自动向客户发送对账短信，客户确认无误后，可通过多种线上、线下渠道进行还款。

3）技术应用

（1）业务系统技术应用。

①采用 dubbo + zookeeper + springMVC 集成的分布式应用技术架构，在高并发情况下合理分配系统资源，有效地解决负载均衡问题。

②集成 Mybatis，更加灵活地实现数据交互开发。

③集成 memcached，有效利用缓存机制，极大减轻数据库访问压力，加速服务响应能力。

④使用 H5、jquery、ajax、mui 等前沿的前端技术，增强客户体验，实现多平台的高适配性。

⑤数字签名与区块链，通过区块链与数字签名技术实现智能合约的去中心化存储、签订结果的不可篡改性，具备不可抵赖的法律效力。

（2）大数据风控系统。

①根据业务条线进行数据整理。数据条线梳理，做业务数据概念抽象，数据清理，使存储逻辑和业务逻辑相一致，然后在数据仓库和数据集市上实现。数据仓库基于 hadoop 计算框架是 hive 和 impala，实现上万个输入变量的计算。

②用统计方法和机器学习方法实现业务价值。统计方法：指标维度的确定，假设检验（正态检验、t 检验、卡方检验），方差分析，聚类分析，判别分析，逻辑回归，广义线性模型，随机森林。实现：用 R 和 python 语言实现神经网络算法及机器深度学习，生成自动化风控规则和动态评分卡模型。

③反欺诈。在数据预处理环节，反欺诈解决方案采用了全量样本进行数据建模。在特征工程阶段，机器学习和专家规则一样，首先需要抽取交易报文、用户信息、卡人卡片档等基本信息，之后再结合其他已有数据，在符合业务逻辑的情况下，通过将交易报文中的原始字段进行超高维组合、衍生。最终，对比于总数在千条之内的专家规则，大数据机器学习模型的反欺诈特征体系，在总量超过数亿维的特征集上进行探索，最终发现有效特征数千万维。

（四）绩效分析

量子金福基于平台业务数据对中驰车福的会员客户授信总额达数亿元，并且通过大数据风控模型定期自动更新客户画像，为优质客户主动提升授信额度，助力业务加速发展。

1. 助力中驰车福 B2B 平台业务增长

量子金福助力平台企业加快销售回款、提升业务效率，主要表现为回款快、应收少、效率高。例如，量子金福运营半年后，开户数每月快速增加，贷款额一年内迅速增加数十倍。

2. 助力下游小微企业提升采购规模

量子金福助力小微企业解决支付、账期、融资三大问题，不断提高客户黏性，主要表现为支付高效、账期可免息（中驰可以选择提供免息账期）、融资更灵活（可选延期融资、缓解资金压力）。例如北京和河北地区某客户，在使用量子金福一个季度后，月均采购额分别增加5倍和3倍。

3. 助力“产业B2B+供应链金融”成效显著

量子金福在深刻理解汽配领域供应链业务场景及支付/结算/融资等金融需求基础之上，充分利用互联网、大数据、区块链等新技术，通过数据连接资金和资产，对资金流、商流、物流和信息流进行有效整合，最终满足中驰车福平台下游小微企业的融资需求并提高整体供应链效率。

供应链金融资深专家、中国人民大学商学院副院长宋华教授认为量子金福在“业务闭合化、交易信息化、收入自偿化、管理垂直化、风险结构化、声誉资产化”六大方面做出了积极探索和创新，成为供应链金融在汽配领域的领先实践者。

（五）创新与应用亮点

1. 金融产品的创新

（1）“四方模式”的交易结构。

传统的供应链金融模式下，银行由于其面签等烦琐手续的限制，几乎无法做到全线上的流程；真实场景下，小微企业单笔订单金额小、下单频率高等特点，银行现有的信贷系统也无法为这些企业提供服务。而量子金福可以帮助银行完成这些小额高频的对接工作，简化小微企业准入环节的各种烦琐手续。

（2）“虚拟账户”的结算体系。

正是由于小微企业订单的小额、高频、反向交易处理场景复杂等特点，本方案创新推出了“虚拟账户”结算体系，使资金的放款回款以及各反向流程的资金处理均通过虚拟账户实现，有效提高资金流动的灵活性。

（3）“分段计息”的需求创新。

作为一款创新点的在线供应链金融产品，中驰车福和小微企业均会从中受益，前者可以减少应收、刺激销售；后者可以获得融资，缓解融资压力。

2. 技术方案的创新

创新设计并独立研发了“资金与资产精确匹配系统”，让每一个资金方可以根据自己的资金特点和风险偏好，配置自己的“资金产品”，并通过设置准入规则、单笔匹配规则，自动筛选匹配符合条件的单笔资产或多笔打包资产。

3. 综合服务和运营模式的创新

量子金福为核心企业提供“供应链管理+供应链金融”的整体服务，通过金融产品和服务解决核心企业供应链的问题和需求。将金融机构、定制化金融产品、大数据处理、支付&账户体系、风险控制平台、SaaS平台、云服务平台、区块链技术等整合到一起，将供应链优化和金融服务结合的需求组合到一起。

在底层通过 SaaS 平台等将供应链金融数据、运营和管理与核心企业打通，为整体服务和运营决策提供数据基础。核心企业可以随时了解到金融服务的各项数据，也可以看到金融服务与供应链相结合的数据。

同时，量子金福积累的互联网大数据运营、供应链金融运营能力、运营资源向核心企业输出。通过量子金福成熟的产品推广及体系优化、双向数据分析及大数据应用功能、B2B 用户运营体系、多平台高品质的客服服务、新媒体平台等输出及资源共享，帮助核心企业提升整体运营能力，帮助核心企业运营服务好其客户，提升平台体验，加强客户黏性。

最后，核心企业的战略目标是量子金福产品和服务的运营基础，双方目标统一，相互配合，通过供应链金融的加载，创造新的供应链价值，对供应链的优化、提升、目标达成起到了重要的推进作用。

（供稿单位：量子金福数据科技（北京）有限公司）

第八章 附录

一、物流与供应链领域投融资数据统计

2017 年全国物流与供应链领域投融资数据统计如表 8 – 1 所示。

表 8 – 1　　2017 年全国物流与供应链领域投融资数据统计

日期	投融资事件	金额	轮次	融资方	投资方		
				名称	名称	名称	名称
2017 – 12 – 05	迅蚁获得数千万元 A 轮融资		Series A	迅蚁	红杉资本	九合创投	
2017 – 11 – 28	三维通获得融资			三维通	松禾远望资本		
2017 – 11 – 07	蓝店获 2000 万元 A 轮融资	2000 万元	Series A	蓝店	海纳亚洲创投基金		
2017 – 11 – 06	小象驿站获千万级 Pre – A 轮融资		Pre – A	小象驿站	弘励创投	青松基金	
2017 – 10 – 17	火箭投递获数千万元 A 轮融资		Series A	火箭投递	火箭投递	旦恩创投	
2017 – 10 – 05	乐收获顺丰 3000 + 万元 A 轮融资	3000 万元	Series A	乐收	顺丰集团		
2017 – 09 – 26	菜鸟网络获得 53 亿元人民币战略投资	530000 万元	Growth	菜鸟网络	阿里巴巴集团		
2017 – 09 – 14	丰巢 8.1 亿元全资收购中集 e 栈	81000 万元	Buyout	中集 e 栈	丰巢		
2017 – 09 – 02	百世物流获得 4.5 亿美元融资	45000 万美元	IPO	百世物流	纽交所		
2017 – 08 – 02	申通快递 1.33 亿元投资快捷快递	13300 万元	Growth	快捷快递	申通快递		
2017 – 07 – 10	快送哥完成 600 万元 Pre – A 轮融资	600 万元	Pre – A	快送哥	投哪儿		

续 表

日期	投融资事件	金额	轮次	融资方	投资方		
				名称	名称	名称	名称
2017-07-07	速递易获4.8亿元融资	48000万元	Buyout	速递易	中邮资本	复星投资	菜鸟网络
2017-06-28	全球影子转运获得300万元天使轮融资	300万元	Angel	全球影子转运	汇卓资本		
2017-04-01	曹操到获数百万天使轮融资	300万元（估）	Series B	曹操到			
2017-01-05	丰巢科技获得25亿元融资	250000万元	Series A	丰巢科技	鼎晖	国开	钟鼎
2017-01-02	苏宁入股天天快递	425000万元	Buyout	天天快递	苏宁		
2017-01-01	优速物流获得普洛斯注资	20000万元（估）	Series B	优速物流	普洛斯		
2017-11-24	鲸仓科技获得亿元级B轮融资	10000万元	Series B	鲸仓科技	云峰资本	百度风投	金沙江
2017-08-28	头等仓获Pre-A轮融资		Pre-A	头等仓	光大安石		
2017-05-15	中国迷你仓获得2800万美元A轮投资	2800万美元	Series A	中国迷你仓	香港汇贯南丰		
2017-05-02	仓小微获得1000万元融资	1000万元	Angel	仓小微	N/A		
2017-04-27	心怡科技物流获得C轮融资	5000万元（估）	Series C	心怡科技物流	易凯资本	Borui Investment	汇勤
2017-04-05	易代储获5000万元A+轮融资	5000万元	Series A	易代储	中集集团旗下基金	展博投资	
2017-03-29	快仓获近2亿元B轮融资	20000万元	Series B	快仓	菜鸟网络	软银中国	
2017-03-27	欧亚集团拟增资国欧仓储			国欧仓储	欧亚集团		
2017-02-27	鲸仓获6800万元A轮融资	6800万元	Series A	鲸仓	金沙江	洪城资本	德国博世集团

续 表

日期	投融资事件	金额	轮次	融资方	投资方		
				名称	名称	名称	名称
2017-03-23	洋葱海外仓获得过亿元B轮融资		Series B	洋葱海外仓	险峰旗云	亦联资本	
2017-03-16	微仓获得225万元天使轮融资	225万元	Angel	微仓	亚杰天使基金		
2017-11-27	远洋资本4亿元投资郑明现代物流	40000万元	Growth	郑明物流	远洋资本		
2017-10-23	马力冷运获得千万元级天使轮融资		Angel	马力冷运	十维资本		
2017-07-07	信良记获得1.2亿元A+轮融资	12000万元	Series A+	信良记	钟鼎创投	峰瑞资本	
2017-06-19	易鲜冷链获得千万元级天使融资		Angel	易鲜冷链	冻品在线集团	国运通物流	
2017-06-12	冻品在线获得5000多万融资	5000万元	Series B	冻品在线	汇信资本	顺为资本	
2017-04-12	星星冷链获得数亿人民币融资			星星冷链	谱润投资		
2017-02-09	中商惠民控股爱鲜蜂			爱鲜蜂	中商惠民		
2017-01-23	九曳供应链获远洋资本2亿元B轮融资	20000万元	Series B	九曳供应链	远洋资本		
2017-01-04	冻品汇获得数千万融资		Pre-A	冻品汇	北京金海云天网络技术服务中心	金橡树投资控股(天津)有限公司	
2017-12-22	万超帮获数千万元Pre-A轮融资		Pre-A	万超帮	君上资本	君孜资本	
2017-11-29	食得鲜获天图资本领投的数千万元A轮融资		Series A	食得鲜	天图资本		
2017-11-23	生鲜传奇获得2亿元A轮融资	20000万元	Series A	生鲜传奇	红杉资本		
2017-10-17	U掌柜获1亿元人民币B+轮融资	10000万元	Series B	U掌柜	海尔资本	今日资本	峰尚资本

续 表

日期	投融资事件	金额	轮次	融资方	投资方		
				名称	名称	名称	名称
2017－09－15	食行生鲜获得2.9亿元C＋轮融资	29000万元	Series C＋	食行生鲜	天图资本	锐盛投资集团	道彤投资集团
2017－09－02	每日优鲜获得2.3亿美元C＋轮融资	23000万美元	Series C＋	每日优鲜	Tiger Global	元生资本	
2017－08－24	饿了么收购百度外卖	80000万美元	Buyout	百度外卖	饿了吗		
2017－08－31	风先生获数千万美元C轮融资		Series C	风先生	道生资本	浙江执御	
2017－06－09	UU跑腿获1亿元融资	10000万元	Series C	UU跑腿	启赋资本		
2017－06－05	闪送获得5000万美元融资	5000万美元	Growth	闪送	普思资本	赫斯特资本	顺为资本
2017－05－15	百胜中国收购到家美食会		Buyout	到家美食会	百胜中国		
2017－05－09	乐鲜派获700万元融资天使轮融资	700万元	Angel	乐鲜派			
2017－03－28	1号生活获得7800万元A＋轮融资	7800万元	Series A＋	1号生活	弘道资本	合力投资	华杉资本
2017－02－06	海纳亚洲等注资闪送	5000万美元	Series E	闪送	普思资本	执一资本	海纳亚洲
2017－02－06	闪送获得5000万美元融资	5000万美元	Series C	闪送	海纳亚洲创投基金	执一资本	普思资本
2017－01－24	口碑获得11亿美元的融资	110000万元		口碑	银湖资本	鼎晖投资	云锋基金
2017－01－23	每日优鲜获得1亿美元C轮融资	10000万元	Series C	每日优鲜	联想创投	浙商创投	腾讯
2017－01－13	快服务获数千万元Pre－A轮融资		Pre－A	快服务	明家联合	峰瑞资本	福源精益
2017－01－08	UU跑腿获得9600万元融资	9600万元	Series B	UU跑腿	锐旗资本		

续　表

日期	投融资事件	金额	轮次	融资方	投资方		
				名称	名称	名称	名称
2017-08-03	千鸟配送获1000万元天使轮融资	1000万元	Angel	千鸟配送	广东文投创工场		
2017-04-28	四川驹马获得4.5亿元增资	45000万元	Series C	四川驹马	Chongqing New Hope	普洛斯	
2017-02-09	云鸟配送获得1亿美元D轮融资	10000万美元	Series D	云鸟配送	经纬中国	金沙江创投	华平
2017-01-09	唯捷城配获A轮投资		Series A	唯捷城配	德屹资本		
2017-10-26	复融供应链获得数千万元A轮融资		Series A	复融供应链	邦明资本	创业接力天使	
2017-09-22	越海全球供应链获12亿元A轮融资	120000万元	Series A	越海全球供应链	涌铧投资	汇能金融	磐石资本
2017-09-19	雅澳供应链获得1000万元Pre-A+轮融资	1000万元	Pre-A	雅澳供应链	合力投资	华山资本	
2017-09-09	居家通获红星美凯龙5000万B轮融资	5000万	Series B	居家通	红星美凯龙集团		
2017-08-31	蚁安居获千万美元Pre-A轮融资		Pre-A	蚁安居			
2017-08-24	找油网获3180万美元B轮融资	3180万美元	Series B	找油网	DCM	货车帮	
2017-08-05	雅澳供应链获数千万元Pre-A轮融资		Pre-A	雅澳供应链	雄鹰新兴产业投资基金	上海元赋资本有限公司	舍得(北京)投资基金
2017-07-12	震坤行工业超市完成3.6亿元B轮融资	3.6亿元	Series B	震坤行工业超市	钟鼎创投	同创伟业	
2017-07-06	找船网获数百万pre-A轮融资		Pre-A	找船网	天润资本		
2017-07-04	找钢网获得超5亿元F轮融资	50000万元	Series F	找钢网	华兴私募股权基金	京西创投	中俄投资基金
2017-05-16	蚁安居获松禾资本2000万元融资	2000万元	Series A	蚁安居	松禾资本		

续 表

日期	投融资事件	金额	轮次	融资方	投资方		
				名称	名称	名称	名称
2017-05-15	钢铁电商欧冶云商获得融资10亿元	100000万元	Growth	欧冶云商	本钢集团	首钢基金	普洛斯
2017-04-10	农特微商获得天使轮融资		Angel	农特微商	深圳前海某投资机构	生鲜农产品电商专家杜非	某生鲜农产品电商领域企业家
2017-03-03	雅澳供应链获得千万级天使轮融资		Angel	雅澳供应链	冯涛	詹际盛	三银资本
2017-01-20	中远海运58亿元入股青岛港国际	580000万元	Buyout	青岛港国际	中远海运		
2017-01-09	有棵树获4亿C轮融资	40000万元	Series C	有棵树	方正和生	中信金石	华益资本
2017-01-03	万商壹站获得数千元融资		Series A	万商壹站	乔景资本	顺融资本	
2017-12-25	壹米滴答获数亿元B+轮融资		Series B	壹米滴答	国开国际	联峰投资	
2017-12-21	鸭嘴兽获千万级Pre-A轮融资		Pre-A	鸭嘴兽	上海拙朴投资		
2017-12-18	G7宣布获得普洛斯与中银集团7000万美元战略投资	7000万美元	Growth	G7	普洛斯	中银集团	
2017-11-27	运满满货车帮合并			货车帮/运满满			
2017-11-17	运满满获得1.2亿美元D3轮融资	12000万美元	Series D	运满满	老虎基金		
2017-10-11	货拉拉获得1亿美元C轮融资	10000万美元	Series C	货拉拉	顺为资本	襄禾资本	概念资本
2017-09-29	商桥物流获5000万A轮融资	5000万	Series A	商桥物流	启创资本	前海母基金	深创投
2017-08-28	好运虎获700万美元A轮融资	700万美元	Series A	好运虎	DCM	零一创投	君上资本
2017-08-17	货车帮获得B3轮5600万美元融资	5600万美元	Series B	货车帮	全明星基金		
2017-07-16	壹米滴答获3亿元B轮融资	30000万元	Series B	壹米滴答	鼎晖投资	普洛斯	源码资本

续 表

日期	投融资事件	金额	轮次	融资方	投资方		
				名称	名称	名称	名称
2017-07-06	叭叭速配获3000万元Pre-A轮融资	3000万元	Pre-A	叭叭速配	中科乐创		
2017-07-03	嘉里物流收购兰州捷时特物流50%股权		Buyout	兰州捷时特物流	嘉里物流		
2017-06-20	联想控股等收购东航物流股权	100000万元（估）	Series A	东航物流	绿地集团	普洛斯	
2017-06-19	华章科技2.05亿港元收购富安三七物流	20500万港元	Buyout	富安三七物流	华章科技		
2017-05-26	郑州煤电拟收购郑煤集团铁运处部分资产	5946.22万元	Buyout	郑煤集团铁运处	郑州煤电		
2017-05-23	地上铁租车获得5000万元融资	5000万元	Series A	地上铁租车	启明创投		
2017-05-02	货车帮获百度资本领投1.56亿美元融资	15600万美元	Series B2	货车帮	百度资本		
2017-04-28	找罐车获找油网350万元天使轮投资	350万元	Angel	找罐车	找油网		
2017-04-20	运车管家获数千万A轮融资		Series A	运车管家	孟虎	大搜车	珠海高鹄资本
2017-03-23	一智通获得6000万元A+轮融资	6000万元	Series A+	一智通	景林投资	清控银杏	
2017-03-22	好运虎获近千万元Pre-A轮融资		Pre-A	好运虎	君上资本		
2017-03-13	货运中国网获Pre-A轮融资		Pre-A	货运中国网			
2017-03-09	福佑卡车获2.5亿元C轮融资	25000万元	Series C	福佑卡车	君联资本	钟鼎创投	普洛斯
2017-02-23	龙洲股份重组拟12.4亿元并购兆华领先100%股权	124000万元	Buyout	兆华领先	龙洲股份		

续 表

日期	投融资事件	金额	轮次	融资方	投资方		
				名称	名称	名称	名称
2017-02-13	国开金融等注资 G7	4500 万美元	Growth	G7	普洛斯	国开金融	
2017-02-01	毅达资本注资盛航海运	5000 万元	Growth	盛航海运	毅达资本		
2017-01-13	啦啦快送获得 3000 万美元融资	3000 万美元	Series B	啦啦快送	N/A		
2017-01-10	货拉拉获 3000 万美元 B 轮融资	3000 万美元	Series B	货拉拉	襄禾资本	概念资本	清流资本
2017-01-10	天图物流获得 5888 万元融资	5888 万元		天图物流	东莞首润盛谷	广东大周一号	
2017-12-29	汉德网络获得 Pre-A 融资		Pre-A	汉德网络	峰瑞资本	钟鼎创投	汇通天下
2017-11-09	德知航创获 5000 万 A 轮融资	5000 万元	Series A	德知航创	复星锐正		
2017-10-25	知藏科技获数千万元 Pre-A 轮融资		Pre-A	知藏科技	信天创投	蓝驰创投	
2017-08-25	集行神州宣布获得新一轮 2500 万元战略投资	2500 万元	Growth	集行神州	探针资金	拙赢资管	
2017-08-10	箱箱共用获得 B 轮超亿元融资		Series B	箱箱共用	七海资本	永柏领中	
2017-08-03	爱吉威首轮融资 3000 万	3000 万元	Series A	爱吉威	东合创投	升鸿资本	
2017-04-18	喀什平途拟收购新通运 15% 股权		Buyout	新通运	喀什平途		
2017-09-22	雷励金服获得 6000 万元 A 轮融资	6000 万元	Series A	雷励金服	高榕资本		

续 表

日期	投融资事件	金额	轮次	融资方	投资方		
				名称	名称	名称	名称
2017－09－01	大东车慧获得 A＋轮的千万级融资		Series A＋	大车车慧	上海市科创委创业基金	宁波万豪铭锐投资	
2017－03－20	磁金融获 6500 万元 A 轮融资	6500 万元	Series A	磁金融	源码资本	经纬中国	云启资本
2017－02－23	投卓志跨境供应链获得普洛斯金融 2 亿元投资	20000 万元	Growth	投卓志跨境供应链	普洛斯金融		
2017－01－03	拓道金服获得 8000 万元融资	8000 万元	Series A	拓道金服	帮实资本	虫二文化产业基金	蓝山资本
2017－12－18	旺集科技获数千万元 B 轮融资		Series B	旺集科技	赛富基金		
2017－11－30	燕文物流获得数亿元人民币 B 轮融资		Series B	燕文物流	君联资本	毅达资本	
2017－10－31	运去哪获招商局创投近 1 亿元战略投资	10000 万元	Growth	运去哪	招商局创投		
2017－06－28	全球影子转运获得 300 万元天使轮融资	300 万元	Angel	全球影子转运	汇卓资本		
2017－06－22	运去哪获得 5000 万 A＋轮融资	5000 万	Series A＋	运去哪	DCM	星河	春晓资本
2017－03－02	微观互联获得千万元融资		Pre－A	微观互联	五岳资本		
2017－02－23	投卓志跨境供应链获得普洛斯金融 2 亿元投资	20000 万元	Growth	投卓志跨境供应链	普洛斯金融		
2017－11－13	苏宁云商与深创投成立 300 亿物流地产基金	3000000 万元	Growth	物流地产基金	苏宁云商	深创投	

续 表

日期	投融资事件	金额	轮次	融资方	投资方		
				名称	名称	名称	名称
2017-07-14	中国财团116亿美元收购普洛斯	1160000万美元	Buyout	普洛斯	厚朴投资	万科集团	高瓴资本
2017-01-04	易商红木获3亿美元上市前融资	30000万美元	Growth	易商红木	民银国际	光大控股	浦银国际

二、物流行业资本市场数据统计

（一）主板上市企业核心数据

2017年全国主板上市物流企业市值、收入、利润数据统计如表8-2所示。

表8-2　2017年全国主板上市物流企业市值、收入、利润数据统计

序号	企业名称	2017年		
		市值（元）	营业收入（元）	净利润（元）
1	西部创业	6971031233	659644140	86994815
2	铁龙物流	14125746677	11683514658	330800783
3	大秦铁路	134841798823	55636499436	13349516106
4	广深铁路	37764259501	18331422290	1015360963
5	盐田港	14896674000	343778903	404355216
6	粤高速A	16107520511	3089055399	1509922399
7	湖南投资	3324777301	970869368	130400037
8	东莞控股	11549033781	1452302261	886815932
9	同力水泥	7684000000	4720412335	602850812
10	现代投资	9486427088	10592858420	864932317
11	皖通高速	15508570169	2861411105	1091343092
12	中原高速	10922227104	5846531115	1172908071
13	福建高速	10017060000	2474266702	656193510
14	楚天高速	9017446759	2688435229	575702594
15	重庆路桥	4253679012	237824786	280263568

续 表

序号	企业名称	2017 年		
		市值（元）	营业收入（元）	净利润（元）
16	长江投资	4205232000	2840894698	-93702966
17	赣粤高速	11957283912	4327803253	982225823
18	山东高速	28818883483	7379531379	2644182045
19	五洲交通	4377458043	1792177210	367710809
20	宁沪高速	49740748913	9455680365	3587861857
21	深高速	17825770337	4836620834	1426402801
22	江西长运	1943924800	2832356345	20351378
23	大众交通	11249316442	2394296441	872602305
24	锦江投资	7050237276	2368745860	247462406
25	强生控股	5877761026	4077559849	100941689
26	交运股份	6746913713	9315052546	445992415
27	申通地铁	4520806640	752150236	51670169
28	四川成渝	11043448582	7984364201	888436674
29	龙江交通	5421419713	1787076586	352762632
30	吉林高速	4282596000	973620167	296686687
31	德新交运	7235028400	197336304	27101329
32	海汽集团	4041640000	1105401743	50736290
33	恒通股份	2877600000	4092144779	61954211
34	原尚股份	2701944700	392513418	51890836
35	深赤湾 A	13185836401	2456218835	504495064
36	珠海港	8037526555	1860636424	140607985
37	长航凤凰	4068575489	832431957	50819847
38	北部湾港	11770062048	3274872687	541337681
39	厦门港务	5596740000	13712697274	108656156
40	日照港	11933537085	4804316255	368875557
41	上港集团	154104936423	37423946227	11536191567
42	中远海能	21370380177	9759438472	1766339240
43	锦州港	8112793451	4531496189	143099149
44	重庆港九	4067666818	6320538389	483281160

续 表

序号	企业名称	2017 年		
		市值（元）	营业收入（元）	净利润（元）
45	营口港	21943412380	3818303048	535163759
46	中远海特	12042710825	6508692188	237560542
47	皖江物流	15739357313	9555983953	319916748
48	亚通股份	3518000000	—	—
49	天津港	17568328069	14234410632	823876472
50	宁波海运	5195488778	1587239982	148830607
51	唐山港	21470095208	7612185741	1463340041
52	连云港	4771510975	1273172640	8680733
53	宁波港	69947821866	18182917000	2676654000
54	广州港	37840329800	8307740032	697054673
55	秦港股份	31518489752	7033248749	962970849
56	中远海发	32065343706	15940338737	1461890461
57	招商轮船	23264621112	6095349579	614432923
58	大连港	27663171230	9031643350	500779944
59	中远海控	60386827261	90463957861	2661935871
60	渤海轮渡	5545728000	1510959696	362671932
61	白云机场	30419011556	6761550874	1595784593
62	上海机场	86732399744	8062379030	3683408500
63	南方航空	104389375575	127489000000	5914000000
64	东方航空	102609983002	101721000000	6352000000
65	海航控股	53743811748	59903948000	3322947000
66	厦门空港	6694768800	1660236184	410804367
67	春秋航空	29837616600	10970589893	1261581542
68	中国国航	158890114364	121362899000	7240312000
69	吉祥航空	27476336063	12411690491	1325631155
70	安通控股	26287680647	6760621856	552366108
71	外运发展	15646724122	6206624721	1352968804
72	华贸物流	8234350103	8715345272	278556694
73	中储股份	24197811363	25603249824	1337780594

续 表

序号	企业名称	2017 年		
		市值（元）	营业收入（元）	净利润（元）
74	保税科技	5394077099	1048540668	-226481591
75	音飞储存	4051378472	598911055	83334209
76	嘉诚国际	3895360000	1034261956	118814266
77	圆通速递	47326749582	19982200967	1442693264

（二）中小板上市企业核心数据

2017 年全国中小板物流企业市值、收入、利润数据统计如表 8－3 所示。

表 8－3　2017 年全国中小板物流企业市值、收入、利润数据统计

序号	企业名称	2017 年		
		市值（元）	营业收入（元）	净利润（元）
1	富临运业	3175643935	1075209433	103194181
2	宜昌交运	3447050272	2037367903	110829371
3	龙洲股份	4210000000	4750821263	167197737
4	天顺股份	2334496800	1017140994	41224557
5	南京港	4694477962	677836191	106329500
6	海峡股份	11018931242	978022412	227790311
7	深圳机场	17841694728	3320807950	661361735
8	中信海直	5466755188	1269761413	90983258
9	澳洋顺昌	10119646466	3588421311	354418061
10	恒基达鑫	3025350000	226499972	64961228
11	欧浦智网	11363317504	6921865326	210078595
12	韵达股份	55725873379	9985573870	1589319616
13	顺丰控股	222138741789	71094296984	4770689703
14	申通快递	37795505479	12657241388	1487836151

（三）创业板上市企业核心数据

2016 年、2017 年全国创业板物流企业市值、收入、利润数据统计如表 8－4 所示。

表 8-4　　2016 年、2017 年全国创业板物流企业市值、收入、利润数据统计

序号	企业名称	2016 年			2017 年		
		市值（元）	营业收入(元)	净利润（元）	市值（元）	营业收入(元)	净利润（元）
1	新宁物流	3850442931	758686910	60983629	3856398760	902338885	144013302
2	飞力达	4043090835	2384983443	66125897	4006534860	3065186993	71634819

（四）新三板上市企业核心数据

2017 年全国新三板物流企业市值、收入、利润数据统计如表 8-5 所示。

表 8-5　　2017 年全国新三板物流企业市值、收入、利润数据统计

序号	企业名称	2017 年		
		市值（元）	营业收入（元）	净利润（元）
1	海格物流	690532400	921054292	18762198
2	江苏铁发	460773334	215626644	75490628
3	天行健	6000000	21122446	59293
4	明硕股份	48000000	135443321	249892
5	壹玖壹玖	3240572181	3355296366	-49973492
6	全胜物流	720000000	88642908	10052730
7	安达物流	170424000	437991672	12198746
8	世航国际	—	42132093	-157668
9	软通股份	38430000	165613461	-656465
10	鸿益达	145458500	—	—
11	佳盈物流	20500000	—	—
12	胜禹股份	316920000	816500276	32023824
13	宏图物流	—	—	—
14	金巴赫	91244160	25469876	156196
15	海航冷链	1043955760	2281261012	38946074
16	齐畅物流	—	—	—
17	宇都股份	32500000	166183632	3224497
18	递家物流	399705300	242367129	2770414
19	荣进睿达	—	351112009	1683946
20	远大宏略	91280000	160383384	1250867

续 表

序号	企业名称	2017年		
		市值（元）	营业收入（元）	净利润（元）
21	大通物流	160200000	137461552	-21259182
22	同益物流	176105490	359136222	14803221
23	锦达保税	—	32230478	982696
24	保正股份	—	244250381	10659815
25	开瑞物流	72058517	206550394	1866935
26	安智物流	250400000	366996926	-2203128
27	侨益股份	395070588	529985432	32833159
28	小田冷链	336518975	216297075	16264947
29	万全物流	420323600	246056349	-10424076
30	凯东源	336380000	284955060	-1114728
31	立晨数据	—	17945997	4703265
32	厚谊俊捷	357731880	240061833	14003421
33	华贸广通	345532320	167769213	21872576
34	实邑科技	192500000	69747186	10802487
35	卓仕物流	195000000	—	—
36	信拓物流	—	10982279	-2238796
37	京博物流	4686930000	1766168756	115443978
38	海通基业	—	58831045	-655619
39	飓风股份	609075000	518329792	43542812
40	富鹰物流	34170000	27163391	-4539172
41	联畅物流	37440000	55456461	2599007
42	天图物流	1328360000	984624327	18617049
43	捷世通	10300000	45378868	846744
44	集万股份	110839000	1006131006	4651054
45	新华物流	—	89462521	2229015
46	康宏股份	161000000	134608334	817157
47	春风物流	219871800	327583332	1615218
48	中冷物流	—	151972134	2508628
49	西江物流	—	34551145	3370623

续 表

序号	企业名称	2017 年		
		市值（元）	营业收入（元）	净利润（元）
50	意天物联	16000000	216611542	5703701
51	同益股份	—	142235893	1221176
52	国际物流	—	294024286	-32520572
53	景鸿物流	277192800	442032875	24147881
54	高速物流	—	33991765	3449855
55	天璇物流	19656000	182594090	5740155
56	门对门	375000000	62975671	4195189
57	恒大教育	27600000	41787738	3349665
58	明邦物流	129000000	199848742	18772950
59	长虹民生	—	1894676770	61647106
60	嘉和融通	74480000	122158705	15477288
61	滴滴集运	98800000	43616686	-939612
62	川山甲	30101460780	3531238301	76334143
63	德利得	—	342088162	1449531
64	中海通	—	759565023	30001083
65	悦泰物流	134032500	121933980	1052356
66	宁腾物流	—	149518393	172437
67	至和天下	—	50573350	367238
68	亚风快运	396903000	136980870	8204662
69	恒邦物流	—	1617016564	26434781
70	明通集团	247859998	—	—
71	神州聚海	52800000	61251107	-631033
72	迷你仓	13400000	19475433	-5373752
73	富邦物流	—	292648880	18502085
74	恒胜澜海	—	140794766	1052360
75	华商物流	135000000	180435050	23795719
76	兴易达	36000160	224883994	-97050
77	津通报关	—	34121801	2414592
78	恒展远东	52000000	52688808	-5626453

续 表

序号	企业名称	2017 年		
		市值（元）	营业收入（元）	净利润（元）
79	酷武股份	—	90648934	-6600650
80	民大股份	15000000	93563690	-1199122
81	有您网	255000000	118762018	3862086
82	樱皇国际	—	136945434	-548848
83	宏运通	176400000	34429591	-3871285
84	宏伟世通	—	216135512	12047101
85	易安达	—	120807515	3572155
86	中集股份	170100000	784602250	93645469
87	明世国际	—	—	—
88	合新科技	—	242197293	-1741878
89	涅浦顿	—	388837110	109290
90	惠凌股份	945135000	173683179	14235016
91	黄兴冷链	—	10669117	1294609
92	圆融汇通	—	60790719	2627660
93	腾达国际	222750000	335495714	10043873
94	乐舱网	284120000	238383232	7926842
95	睿博龙	14200000	72938805	589113
96	东达物流	—	42110676	-28848
97	海带宝	—	154948321	4679170
98	逸群股份	—	—	—
99	万德物联	—	46610112	-903381
100	青鸟股份	85000000	14523655	-1713906
101	木业股份	—	253952562	69155353
102	合纵连横	—	55873090	2419004
103	沃美物流	—	208457102	811734
104	中集国际	54000000	50071540	-609794
105	卓航股份	—	235786729	8602544
106	成功网联	—	587313394	19332410
107	巨力冷链	—	15191692	893429

续 表

序号	企业名称	2017 年		
		市值（元）	营业收入（元）	净利润（元）
108	安广物流	—	100434570	2954653
109	集华股份	—	48564569	1844168
110	铁骑国际	13775000	16521755	-315725
111	雄通股份	—	3057968087	31538625
112	延长医疗	—	17296831	3116056
113	航威物流	541200000	110370145	-4640813
114	建伟物流	—	115655832	14078921
115	中原物流	1222400000	394580695	24728236
116	金力鸿	—	32907154	3264082
117	炬申物流	—	225172584	19330525
118	师帅冷链	—	21838151	3875816
119	智通恒大	82063000	38275028	4484162
120	丰亿港营	—	47639068	5403113
121	新宁酒业	150000000	22417508	-805392
122	德力物流	98880000	133776708	2829725
123	金煌物流	376020000	171365304	11888217
124	柏泽股份	—	70001509	-1371425
125	安捷股份	34200000	167420962	10887992
126	昊链科技	—	248929887	19615730
127	广东顺力	—	97219755	6804759
128	越顺物流	—	184778265	7630619
129	大顺股份	168000000	129387652	-377641
130	达达股份	—	253870442	4882659
131	陆行物流	—	77606035	3729510
132	恒道国际	—	228397781	10141265
133	快而捷	—	104303390	3517379
134	迈睿达	—	120129696	12483945
135	佳利达	55500000	545173718	24391836
136	大泽股份	—	52302318	582554

续 表

序号	企业名称	2017 年		
		市值（元）	营业收入（元）	净利润（元）
137	万泽冷链	117540000	31617967	2081411
138	诚昊启元	—	291681615	7921132
139	速搜物流	—	217802241	7451920
140	世开股份	—	39329056	-411955
141	海宏股份	—	93075696	-1517572
142	中工美	—	87396527	19692255
143	东源物流	—	111654484	2136647
144	宏马物流	301007700	225243305	42211080
145	乾丰股份	276000000	207599036	13415894
146	城业城	50000000	23007662	-453091
147	广珠物流	—	816223610	4067596
148	海南东源	—	56485071	1348329
149	航桥国际	—	140678113	-59188
150	鹏翔物流	—	43002576	-4033462
151	钢联物流	414846846	581587418	9622007
152	环国运	102300000	152640873	3587289
153	联冠物流	—	114462651	3776629
154	浩嘉冷链	25000000	62276534	1022175
155	粤储物流	—	33959109	5380563
156	海元国际	—	31522032	77968
157	厦航物联	—	27304614	1269501
158	华良物流	—	239014444	-9455480
159	玉柴物流	—	790236533	35110688
160	宝华物流	—	113664760	4612702
161	简达物流	—	1452393133	17831065
162	华光源海	173151000	428581803	11009890
163	金泰股份	—	198982932	1466629
164	凯鸿物流	—	348731434	24925429
165	鹏飞物流	—	134211020	1172577

续 表

序号	企业名称	2017年		
		市值（元）	营业收入（元）	净利润（元）
166	好顺发	—	24686490	131879
167	恒业国际	—	172378048	5523912

（五）港股上市企业核心数据

2017年港股上市物流企业市值、收入、利润数据统计如表8－6所示。

表8－6　　2017年港股上市物流企业市值、收入、利润数据统计

序号	企业名称	2017年		
		市值（元）	营业收入（元）	净利润（元）
1	香港飞机工程	8324558743	14546000000	－541000000
2	载通	10624763622	7899895000	1294834000
3	港铁公司	275118529932	55440000000	16829000000
4	进智公共交通	356206030	377663000	30416000
5	国泰航空	47678196213	97284000000	－1259000000
6	冠忠巴士集团	2082203860	2440862000	363909000
7	航基股份	3648472230	1762209393	580795316
8	广深铁路股份	37188569250	21977541836	1217316303
9	中国东方航空股份	82031210817	122857277500	7603423800
10	北京首都机场股份	51017884200	11478887232	3117692693
11	中国国航	137695247954	148695013578	8685216447
12	中国南方航空股份	81411558305	153226613400	7146642900
13	中国飞机租赁	5540725371	1846218000	734663000
14	中银航空租赁	28905530411	10261415126	4584059658
15	港通控股	4807677857	461591000	1180048000
16	四川成渝高速公路	8715471000	10627493193	1072267386
17	金辉集团	540895270	573663000	－13631000
18	招商局港口	67027314890	8692000000	6028000000
19	深圳国际	30183435473	11637156419	4605905246
20	江苏宁沪高速公路	59949195250	11336415190	4301487580
21	中国资源交通	1473594402	727616000	－1676202000

续 表

序号	企业名称	2017 年		
		市值（元）	营业收入（元）	净利润（元）
22	东方海外国际	47184814594	47730646900	1075643984
23	亚洲能源物流	234970201	15797000	-62004000
24	中外运航运	7944279000	7863970530	252165594
25	先丰服务集团	2377512925	724414000	-223760000
26	大同集团	204313536	275493000	-35351000
27	深圳高速公路股份	17293508685	5798624718	1710114318
28	珠江船务	2280912654	2428487000	268988000
29	浙江沪杭甬	37307353555	11541019026	3839033657
30	中国外运	23168308247	87000789704	2762494590
31	嘉里物流	18792645201	30787654000	2115897000
32	合和公路基建	15346817609	—	717721728
33	龙翔集团	1403722200	241464000	50276000
34	安徽皖通高速公路	10814137200	5165771165	1298690442
35	越秀交通基建	9603951573	3240439672	1136487664
36	中远海能	17216780316	11395466572	2127624288
37	勇利投资	498540695	77335158	77241390
38	中远海运港口	24854326414	4959623940	4004315556
39	长安民生物流	813561280	7930031735	152618771
40	海丰国际	20482310280	10536280390	1473821982
41	永丰集团控股	298200000	345004000	-1161000
42	北京体育文化	3682891836	156823000	-24106000
43	华昱高速	334212480	166928000	15845000
44	中远海控	41171585659	108379454614	3191395070
45	太平洋航运	7507438162	11627380466	28208540
46	中远海发	18693000000	19494833340	1754953417
47	大连港	18181295759	10828037213	600385075
48	秦港股份	14750767680	8432161925	1154505751
49	厦门港务	4143824000	15492568249	492936127
50	天津港发展	7081700000	16603493000	774592000

续 表

序号	企业名称	2017 年		
		市值（元）	营业收入（元）	净利润（元）
51	粤运交通	4055228346	8690218185	500276783
52	荣丰联合控股	1211579700	62913690	-170023140
53	环宇物流（亚洲）	662400000	163610000	23630000
54	圆通速递国际	1657080000	3670514000	97501000
55	青岛港	31632433760	12164309203	3648204076
56	宏海控股集团	511902582	198336000	-198553000
57	骏高控股	180000000	351141000	1682000
58	合和公路基建-R	12912282286	—	717721728
59	盛良物流	1520000000	186181281	-4171811
60	大丰港	978880000	3424606000	175000

三、物流行业发展相关数据统计

（一）仓储行业投资相关数据

2012—2016 年我国仓储业固定资产投资情况统计如表 8-7 所示。

表 8-7　　2012—2016 年我国仓储业固定资产投资情况统计　　单位：亿元

指标	2012 年	2013 年	2014 年	2015 年	2016 年
固定资产投资	3166.37	4235.73	5158.28	6620.15	6983.50
新建固定资产投资	2382.76	3264.92	4089.21	5217.31	5742.06
扩建固定资产投资	501.86	582.71	681.03	843.59	775.94
改建固定资产投资	243.39	243.39	323.45	416.8	373.65
固定资产投资建筑安装工程	2121.83	3019.08	3839.77	4921.56	5429.41
固定资产投资设备工器具购置	564.12	730.9	823.56	1141.24	960.98
固定资产投资本年资金来源	3397.65	4368.3	5244.56	6637.49	6545.17
固定资产投资国内贷款	357.1	463.12	550.98	524.9	535.16
固定资产投资利用外资	42.55	40.62	43.53	50.25	46.69
固定资产投资自筹资金	2820.92	3651.18	4446.61	5718.79	5632.51
新增固定资产	1853.3	2567.92	3325.14	4804.15	4150.09

资料来源：国家统计局。

（二）装卸搬运行业投资数据

2012—2016 年我国园区相关装卸搬运服务业固定资产投资情况统计如表 8－8 所示。

表 8－8　2012—2016 年我国园区相关装卸搬运服务业固定资产投资情况统计　单位：亿元

指标	2012 年	2013 年	2014 年	2015 年	2016 年
固定资产投资	713.72	993.43	1202	1275.2	1089.4
新建固定资产投资	530.42	768.09	971.78	983.49	829.91
扩建固定资产投资	97.05	133.04	123.84	156.96	139.28
改建固定资产投资	51.86	58.4	60.66	78.97	77.85
固定资产投资建筑安装工程	487.11	666.81	836.88	922.38	783.55
固定资产投资设备工器具购置	143.91	213.65	260.63	263.47	206.78
固定资产投资本年资金来源	753.62	1010.36	1231.4	1301.4	1024.68
固定资产投资国内贷款	62.84	86.64	112.12	134.09	79.11
固定资产投资利用外资	3.42	9.9	1.44	3.6	2.88
固定资产投资自筹资金	660.77	891.64	1079.4	1116.9	887.46
新增固定资产	476.69	573.65	835.7	939.49	633.04

资料来源：国家统计局。

（三）运输行业固定资产投资

1. 交通运输、仓储和邮政业

2012—2016 年我国交通运输、仓储和邮政业固定资产投资情况统计如表 8－9 所示。

表 8－9　2012—2016 年我国交通运输、仓储和邮政业固定资产投资情况统计　单位：亿元

指标	2012 年	2013 年	2014 年	2015 年	2016 年
固定资产投资	30881.39	36329.35	42889.52	48974.81	53628.48
新建固定资产投资	22730.66	25988.26	30713.61	35612.26	39971.34
扩建固定资产投资	3011.47	3700.76	4219.83	4959.89	5825.47
改建固定资产投资	3437.82	3906.24	4573.65	5054.44	4821.65
固定资产投资建筑安装工程	21581.04	25694.61	31311.72	36308.77	40302.73
固定资产投资设备工器具购置	4548.78	5124.59	5932.43	6429.42	5919.81
固定资产投资本年资金来源	30438.93	36875.21	42328.46	47337.61	47732.34

续 表

指标	2012 年	2013 年	2014 年	2015 年	2016 年
固定资产投资国内贷款	9211.9	9506.98	11107.07	9777.97	9855.31
固定资产投资利用外资	146.7	340.89	213.75	101.74	116.88
固定资产投资自筹资金	14513.33	18497.96	21044.62	25774.79	24165.12
新增固定资产	15033.86	20080.67	25088.68	29471.68	25037.81

资料来源：国家统计局。

2. 铁路运输业

2012—2016 年我国铁路运输业固定资产投资情况统计如表 8 – 10 所示。

表 8 – 10　　2012—2016 年我国铁路运输业固定资产投资情况统计　　单位：亿元

指标	2012 年	2013 年	2014 年	2015 年	2016 年
固定资产投资	6128.82	6690.66	7680.7	7729.94	7748.11
新建固定资产投资	5826.93	4981..96	5510.12	5738.4	6081.47
扩建固定资产投资	110.87	475.2	413.15	498.2	439.87
改建固定资产投资	165.04	180.86	280.79	256.14	321.44
固定资产投资建筑安装工程	3678.86	4173.6	4568.03	4529.48	5086.34
固定资产投资设备工器具购置	1273.54	1306.84	1829.6	1586.78	1048.59
固定资产投资本年资金来源	6037.05	6303.54	8059.01	7332.16	7020.73
固定资产投资国内贷款	2653.69	2540.79	3159.11	2077.34	1863.78
固定资产投资利用外资	13.06	24.06	23	23.03	13.68
固定资产投资自筹资金	1485.35	1677.64	1698.17	2328.33	2293.23
新增固定资产	1741.21	1814.69	4283.67	3280.9	835.96

资料来源：国家统计局。

3. 公路运输业

2012—2016 年我国公路运输业固定资产投资情况统计如表 8 – 11 所示。

表 8 – 11　　2012—2016 年我国公路运输业固定资产投资情况统计　　单位：亿元

指标	2012 年	2013 年	2014 年	2015 年	2016 年
固定资产投资	17466.42	20502.94	24513.16	28614.1	32937.34
新建固定资产投资	12380.16	14881.41	17692.62	20890.4	24543.00
扩建固定资产投资	1878.42	2137.88	2517.47	3081.62	3855.20
改建固定资产投资	2738.25	2943.04	3610.95	3991.39	3827.44

续 表

指标	2012 年	2013 年	2014 年	2015 年	2016 年
固定资产投资建筑安装工程	13636.52	15790.26	19534.27	23357.48	26492.27
固定资产投资设备工器具购置	1106.35	1318.99	1497.44	1731.73	1834.75
固定资产投资本年资金来源	16878.91	19853.22	23404.26	27283.21	28515.31
固定资产投资国内贷款	5277.02	5180.13	6140.79	5911.67	6248.04
固定资产投资利用外资	45.73	66.81	58.33	20.01	49.09
固定资产投资自筹资金	7398.7	9582.35	10989.53	13508.14	12684.7
新增固定资产	22730.66	25988.26	17692.62	20890.40	16882.47

资料来源：国家统计局。

4. 水路运输业

2012—2016 年我国水路运输业固定资产投资情况统计如表 8 – 12 所示。

表 8 – 12　　2012—2016 年我国水路运输业固定资产投资情况统计　　单位：亿元

指标	2012 年	2013 年	2014 年	2015 年	2016 年
固定资产投资	2008.44	2123.32	2434.58	2352.28	2163.33
新建固定资产投资	1156.57	1358.96	1611.9	1693.85	1517.37
扩建固定资产投资	233.75	210.32	262.46	182.58	204.96
改建固定资产投资	164.77	216.33	186.21	158.78	126.82
固定资产投资建筑安装工程	1128.53	1328.72	1632.1	1575.99	1367.10
固定资产投资设备工器具购置	674.69	608.42	671.71	578.73	560.41
固定资产投资本年资金来源	1968.64	2224.02	2423.45	2314.65	1967.36
固定资产投资国内贷款	385.03	504.94	592.1	481.88	354.62
固定资产投资利用外资	25.38	9.24	4.76	3.6	3，67
固定资产投资自筹资金	1378.94	1415.29	1641.21	1671	1291.53
新增固定资产	1039.59	1194.03	1650.54	1406.53	987.52

资料来源：国家统计局。

5. 航空运输业

2012—2016 年我国航空运输业固定资产投资情况统计如表 8 – 13 所示。

表 8 – 13　　2012—2016 年我国航空运输业固定资产投资情况统计　　单位：亿元

指标	2012 年	2013 年	2014 年	2015 年	2016 年
固定资产投资	1123.98	1314.06	1430.42	1839.86	2219.62

续 表

指标	2012 年	2013 年	2014 年	2015 年	2016 年
新建固定资产投资	248.12	356	484.25	669.84	909.75
扩建固定资产投资	167.65	128.6	180.6	144.89	339.02
改建固定资产投资	40.21	105.56	75.33	102.83	48.86
固定资产投资建筑安装工程	356.52	410.91	590.72	623.06	809.66
固定资产投资设备工器具购置	715.06	842.08	755	1013.02	1197.04
固定资产投资本年资金来源	1101.11	2596.76	1519.08	1888.2	2156.67
固定资产投资国内贷款	423.98	611.63	508.86	603.58	740.18
固定资产投资利用外资	14.32	189.69	79.94	1.25	—
固定资产投资自筹资金	547.19	924.73	831.8	930.86	949.94
新增固定资产	956.93	1034.32	990.63	1145.93	1294.42

资料来源：国家统计局。

（四）运输领域发展相关数据

1. 货运量

2013—2017 年我国运输行业货运量基本情况如表 8 – 14 所示。

表 8 – 14　　2013—2017 年我国运输行业货运量基本情况　　单位：亿吨

货运量	2013 年	2014 年	2015 年	2016 年	2017 年
铁路	39.67	38.13	33.58	33.32	36.89
公路	307.66	311.33	315.00	334.13	368.69
水路	63.09	67.30	68.83	63.82	66.78
民航（货邮运输量）	0.0561	0.0594	0.0629	0.0667	0.0706

资料来源：交通运输部。

2. 货运周转量

2013—2017 年我国运输行业货运周转量基本情况如表 8 – 15 所示。

表 8 – 15　　2013—2017 年我国运输行业货运周转量基本情况　　单位：亿吨・公里

货运周转量	2013 年	2014 年	2015 年	2016 年	2017 年
铁路	29173.9	27530.2	23754.3	21273.2	24091.7
公路	55738.1	56847	57955.7	61080.1	66771.5
水路	79435.7	92774.6	91772.4	97338.8	98611.3
民航（货邮周转量）	170.3	187.8	208.1	221.1	243.5

资料来源：交通运输部。

3. 货运汽车保有量与运力

2013—2017 年我国货运汽车保有量及运力基本情况如表 8－16 所示。

表 8－16　　2013—2017 年我国货运汽车保有量及运力基本情况

项目＼年份	2013 年	2014 年	2015 年	2016 年	2017 年
载货汽车数量（万辆）	1419.5	1453.4	1389.2	1351.8	1368.6
吨位（万吨）	9614	10292	10367	10827	11775

资料来源：交通运输部。

（五）快递行业发展规模数据

1. 按业务收入划分

2013—2017 年我国快递行业营业收入情况统计如表 8－17 所示。

表 8－17　　2013—2017 年我国快递行业营业收入情况统计　　单位：亿元

收入＼年份		2013 年	2014 年	2015 年	2016 年	2017 年
收入总计		1442.00	2045.00	2770.00	3974.40	4957.1
其中	同城	166.40	265.90	400.80	564.36	732.3
	异地	829.00	1130.60	1512.90	2098.48	2512.8
	国际/港澳台	270.70	315.90	369.60	429.24	528.9

资料来源：中国国家邮政局。

2. 按地区收入划分

2017 年我国快递服务企业业务量和业务收入情况如表 8－18 所示。

表 8－18　　2017 年我国快递服务企业业务量和业务收入情况

地区	快递业务量累计（万件）	同比增长（%）	快递收入累计（万元）	同比增长（%）
全国	4005591.9	28.0	49571088.8	24.7
北京	227452.1	16.0	3038329.8	18.4
天津	50199.0	22.4	763314.9	20.2
河北	119389.3	32.1	1264880.7	34.2
山西	24359.1	30.5	299901.6	35.4
内蒙古	11035.3	30.3	239592.8	29.5

续 表

地区	快递业务量累计（万件）	同比增长（%）	快递收入累计（万元）	同比增长（%）
辽宁	51434.5	29.1	680585.6	22.2
吉林	17569.4	26.5	304484.0	21.2
黑龙江	23185.6	6.5	358414.8	8.1
上海	311503.7	19.7	8688851.6	22.5
江苏	359627.8	26.7	4081730.6	20.3
浙江	793231.1	32.5	6682204.0	23.5
安徽	86332.3	25.3	895715.9	26.9
福建	166110.7	28.8	1619683.4	20.1
江西	43754.5	14.2	491976.7	19.1
山东	151474.6	25.7	1705165.2	22.7
河南	107377.6	28.0	1159337.9	22.9
湖北	101277.9	30.9	1190450.7	36.6
湖南	59181.6	21.8	641882.9	24.4
广东	1013468.0	32.1	11466893.4	30.3
广西	31750.3	39.0	448672.2	32.4
海南	5915.8	21.5	126970.8	26.5
重庆	32874.9	15.8	447311.3	14.8
四川	110795.9	38.2	1274785.5	32.3
贵州	15781.9	40.2	311536.8	43.0
云南	22775.8	30.6	360114.9	24.4
西藏	567.5	-22.7	20487.7	-1.1
陕西	45750.6	24.0	563581.1	23.5
甘肃	7201.7	18.7	148095.9	18.4
青海	1449.7	34.4	38832.9	29.3
宁夏	3721.5	14.8	67784.4	15.7
新疆	9042.3	4.4	189518.9	9.3

资料来源：中国国家邮政局。

3. 快递业务量前50位城市

2017年快递业务量前50位城市情况如表8－19所示。

表8－19　　2017年快递业务量前50位城市情况

排名	城市	快递业务量累计（万件）	排名	城市	快递业务量累计（万件）
1	广州市	393320.2	26	西安市	33956.0
2	上海市	311503.7	27	长沙市	33133.7
3	深圳市	259509.7	28	绍兴市	32917.9
4	金华（义乌）市	255479.0	29	重庆市	32874.9
5	杭州市	232630.4	30	中山市	31194.6
6	北京市	227452.1	31	青岛市	31149.9
7	东莞市	122485.8	32	济南市	30216.6
8	苏州市	104054.9	33	南通市	29254.7
9	成都市	82605.0	34	湖州市	25424.4
10	泉州市	74432.1	35	沈阳市	25365.0
11	温州市	72309.8	36	保定市	25141.0
12	武汉市	70249.0	37	厦门市	24364.7
13	宁波市	63879.4	38	徐州市	21360.0
14	南京市	63415.7	39	惠州市	20259.3
15	揭阳市	58330.3	40	常州市	18925.6
16	台州市	53945.0	41	南昌市	18576.4
17	天津市	50199.0	42	临沂市	17979.5
18	郑州市	49139.2	43	哈尔滨市	16753.4
19	无锡市	45089.8	44	南宁市	16126.4
20	嘉兴市	41107.4	45	廊坊市	15773.7
21	汕头市	39982.3	46	宿迁市	15726.3
22	合肥市	39110.8	47	昆明市	14543.9
23	佛山市	39016.6	48	潍坊市	13818.1
24	石家庄市	35959.4	49	太原市	13431.9
25	福州市	33959.6	50	淮安市	13293.8

资料来源：中国国家邮政局。

4. 快递业务收入前50位城市

2017年快递业务收入前50位城市情况如表8-20所示。

表8-20　　2017年快递业务收入前50位城市情况

排名	城市	快递业务收入累计（万元）	排名	城市	快递业务收入累计（万元）
1	上海市	8688851.6	26	济南市	378449.8
2	深圳市	3754945.3	27	长沙市	364503.3
3	广州市	3749587.0	28	中山市	348494.9
4	北京市	3038329.8	29	厦门市	348460.9
5	杭州市	2510478.7	30	福州市	332604.2
6	金华（义乌）市	1577875.1	31	台州市	331851.8
7	东莞市	1476834.4	32	汕头市	301793.7
8	苏州市	1326474.9	33	南通市	287790.6
9	成都市	856603.6	34	常州市	286895.1
10	武汉市	810703.2	35	沈阳市	279636.4
11	天津市	763314.9	36	绍兴市	262460.3
12	南京市	738560.7	37	保定市	241938.1
13	宁波市	701056.7	38	哈尔滨市	238359.5
14	泉州市	583441.1	39	惠州市	233882.4
15	郑州市	576662.9	40	南宁市	230274.5
16	温州市	556702.0	41	南昌市	220656.2
17	无锡市	552617.5	42	昆明市	216200.7
18	佛山市	498468.4	43	大连市	212322.5
19	重庆市	447311.3	44	长春市	181737.5
20	嘉兴市	434430.0	45	湖州市	177553.5
21	揭阳市	429270.9	46	徐州市	175195.4
22	西安市	413699.6	47	廊坊市	174038.3
23	青岛市	413316.8	48	潍坊市	152854.3
24	合肥市	398847.5	49	贵阳市	145480.4
25	石家庄市	395465.2	50	烟台市	142176.0

资料来源：中国国家邮政局。

5. 快递机构设备发展数据

2013—2017 年快递机构设备发展情况如表 8－21 所示。

表 8－21　　2013—2017 年快递机构设备发展情况

机构设备	2013 年	2014 年	2015 年	2016 年	2017 年
服务营业网点（万处）	11.8	13.2	18.3	—	21
专用货机（架）	54	67	71	86	100
服务汽车（万辆）	15.7	17.8	19	21.9	22.2
计算机（万台）	29.2	35.7	41	45.8	47.9
手持终端（万台）	44.4	57.1	76.6	94.3	97.4

资料来源：中国国家邮政局。

6. 盈利能力数据分析

2014—2017 年我国主要快递企业盈利情况如表 8－22 所示。

表 8－22　　2014—2017 年我国主要快递企业盈利情况

		顺丰	圆通	申通	韵达	中通
2014 年	收入（亿元）	389.1	82.3	91.5	46.7	39
	利润（亿元）	4.8	7.57	5.9	4.2	4.1
	业务量（亿件）	16.1	18.6	23.1	15.7	18.2
2015 年	收入（亿元）	481	121	77.1	50.5	60.9
	利润（亿元）	11	7.2	7.6	5.3	12.2
	业务量（亿件）	19.7	30.3	25.7	21.3	29.5
2016 年	收入（亿元）	574.8	168.2	98.8	73.5	97.9
	利润（亿元）	41.8	13.7	12.6	11.8	21.7
	业务量（亿件）	25.8	44.6	32.6	32.1	45
	网点数量（个）	13000	37713	20000	20000	26000
2017 年	收入（亿元）	710.94	199.82	126.57	88.86	39
	利润（亿元）	47.71	14.43	14.88	15.89	31.59
	业务量（亿件）	30.52	50.64	38.98	32.14	62.2
	网点数量（个）	12671	—	24000	19432	29000

资料来源：顺丰、圆通、申通、韵达、中通企业年报。

（六）冷链行业发展规模数据

1. 行业基础数据

2013—2016 年我国冷链行业基本数据情况统计如表 8－23 所示。

表 8－23　　2013—2016 年我国冷链行业基本数据情况统计

项目	2013 年	2014 年	2015 年	2016 年
冷链物流市场规模（亿元）	1300	1500	1799	2200
冷库总库容（万立方米）	7127	8299	9275	10037
冷藏车销量（辆）	14076	15916	17800	21958

资料来源：中物联冷链委。

2. 主要省市区数据

2016 年我国省市区冷藏车保有量前十位如表 8－24 所示。

表 8－24　　2016 年我国省市区冷藏车保有量前十位

序号	省市区	冷藏车保有量（辆）
1	上海	17292
2	河南	14075
3	广东	7114
4	北京	4901
5	湖南	4702
6	山东	4486
7	江苏	3300
8	福建	3269
9	新疆	3204
10	河北	1776

资料来源：《全国冷链物流企业分布图》。

（七）车辆设备发展规模数据

1. 汽车销量统计

（1）重型货车。2015—2016 年我国重型货车销量细分数据如表 8－25 所示。

表 8 - 25　　2015—2016 年我国重型货车销量细分数据

指标名称	2016 年销量（辆）	2015 年销量（辆）	同比增长（%）
重型货车（含非完整车辆、半挂牵引车）	732919	550716	33.08
中国第一汽车集团公司	148034	86205	71.72
东风汽车公司	142640	117151	21.76
中国重型汽车集团有限公司	122850	98823	24.31
陕西汽车集团有限责任公司	108060	80960	33.47
北汽福田汽车股份有限公司	78475	74912	4.76
安徽江淮汽车集团股份有限公司	42878	29935	43.24
成都大运汽车集团有限公司	23592	15202	55.19
上汽依维柯红岩商用车有限公司	15517	8708	78.19
安徽华菱汽车有限公司	14529	13167	10.34
北奔重型汽车集团有限公司	10018	9071	10.44
南京徐工汽车制造有限公司	9181	5157	78.03
奇瑞汽车股份有限公司	5147	0	0
湖北三环专用汽车有限公司	3561	4427	-19.56
四川现代汽车有限公司	2050	650	215.38
庆铃汽车（集团）有限公司	1918	2039	-5.93
广汽日野汽车有限公司	1801	1666	8.1
浙江飞碟汽车制造有限公司	792	642	23.36
山东唐骏欧铃汽车制造有限公司	662	90	635.56
湖北三江航天万山特种车辆有限公司	368	273	34.8
湖北三环汉阳特种汽车有限公司	204	97	110.31
山东凯马汽车制造有限公司	194	138	40.58
吉利四川商用车有限公司	168	351	-52.14
中国一拖集团有限公司	100	818	-87.78
河北长征汽车制造有限公司	90	79	13.92
江铃控股有限公司	52	33	57.58
丹东黄海汽车有限责任公司	38	97	-60.82
比亚迪汽车工业有限公司	0	25	-100

资料来源：盖世汽车网。

（2）中型货车。2015—2016 年我国中型货车销量细分数据如表 8－26 所示。

表 8－26　　2015—2016 年我国中型货车销量细分数据

指标名称	2016 年销量（辆）	2015 年销量（辆）	同比增长（%）
中型货车（含非完整车辆）	229063	200414	14.29
重庆力帆汽车有限公司	69664	40819	70.67
东风汽车公司	56503	55168	2.42
中国第一汽车集团公司	37187	42813	－13.14
安徽江淮汽车集团股份有限公司	14916	8017	86.05
庆铃汽车（集团）有限公司	13164	15750	－16.42
成都大运汽车集团有限公司	11175	7026	59.05
中国重型汽车集团有限公司	7791	5736	35.83
北汽福田汽车股份有限公司	5553	6138	－9.53
四川现代汽车有限公司	4489	10351	－56.63
山东唐骏欧铃汽车制造有限公司	2813	3322	－15.32
浙江飞碟汽车制造有限公司	2332	1170	99.32
湖北三环专用汽车有限公司	1150	1434	－19.8
陕西汽车集团有限责任公司	912	1274	－28.41
山东凯马汽车制造有限公司	733	706	3.82
吉利四川商用车有限公司	608	515	18.06
中国一拖集团有限公司	66	158	－58.23
湖北三环汉阳特种汽车有限公司	7	0	0
湖北三江航天万山特种车辆有限公司	0	16	－100
江西江铃集团晶马汽车有限公司	0	1	－100
南京徐工汽车制造有限公司	0	0	0

资料来源：盖世汽车网。

（3）轻型货车。2015—2016 年我国轻型货车销量细分数据如表 8－27 所示。

表 8-27　　2015—2016 年我国轻型货车销量细分数据

指标名称	2016 年销量（辆）	2015 年销量（辆）	同比增长（%）
轻型货车（含非完整车辆）	1539820	1558543	-1.2
北汽福田汽车股份有限公司	269531	266776	1.03
安徽江淮汽车集团股份有限公司	184862	166522	11.01
江铃控股有限公司	166142	169186	-1.8
东风汽车公司	127472	123464	3.25
长城汽车股份有限公司	105621	99463	6.19
重庆力帆汽车有限公司	74891	103347	-27.53
中国重型汽车集团有限公司	70061	51671	35.59
重庆长安汽车股份有限公司	65158	57621	13.08
金杯汽车股份有限公司	56317	137617	-59.08
庆铃汽车（集团）有限公司	53742	64203	-16.29
南京依维柯汽车有限公司	38715	36280	6.71
山东唐骏欧铃汽车制造有限公司	37996	38708	-1.84
山东凯马汽车制造有限公司	35917	33472	7.3
中国第一汽车集团公司	34797	28784	20.89
河北中兴汽车制造有限公司	33380	37858	-11.83
保定长安客车制造有限公司	31397	24079	30.39
成都大运汽车集团有限公司	24542	17573	39.66
北京汽车制造厂有限公司	22658	7452	204.05
丹东黄海汽车有限责任公司	21349	20694	3.17
浙江飞碟汽车制造有限公司	20411	10063	102.83
江西五十铃汽车有限公司	16201	8000	102.51
江西江铃集团轻型汽车有限公司	11018	9018	22.18
江西昌河汽车有限责任公司	9110	10936	-16.7
陕西汽车集团有限责任公司	6909	2808	146.05
四川现代汽车有限公司	6805	14492	-53.04
中国一拖集团有限公司	5829	5074	14.88

续 表

指标名称	2016 年销量（辆）	2015 年销量（辆）	同比增长（%）
湖北三环专用汽车有限公司	3406	2237	52.26
山东汽车制造有限公司	1899	6224	-69.49
金龙联合汽车工业（苏州）有限公司	1292	2702	-52.18
长丰集团有限责任公司	854	0	0
吉利四川商用车有限公司	652	557	17.06
天津天汽集团美亚汽车制造有限公司	299	19	1473.69
湖北三江航天万山特种车辆有限公司	297	0	0
贵州航天成功汽车制造有限公司	189	0	0
广州汽车集团乘用车（杭州）有限公司	95	1281	-92.58
湖北三环汉阳特种汽车有限公司	6	0	0
辽宁凌源凌河汽车制造有限公司	0	358	-100
江西江铃集团晶马汽车有限公司	0	4	-100
云南金马机械总厂	0	0	0

资料来源：盖世汽车网。

（4）微型货车。2015—2016 年我国微型货车销量细分数据如表 8-28 所示。

表 8-28　　2015—2016 年我国微型货车销量细分数据

指标名称	2016 年销量（辆）	2015 年销量（辆）	同比增长（%）
微型货车（含非完整车辆）	606058	546208	10.96
上汽通用五菱汽车股份有限公司	251981	242399	3.95
重庆长安汽车股份有限公司	85003	85736	-0.85
北汽福田汽车股份有限公司	81782	88102	-7.17
东风汽车公司	71073	54088	31.4
重庆力帆汽车有限公司	26947	0	0
四川现代汽车有限公司	25438	4028	531.53
奇瑞汽车股份有限公司	17754	15428	15.08

续 表

指标名称	2016年销量（辆）	2015年销量（辆）	同比增长（%）
金杯汽车股份有限公司	15623	19026	-17.89
山东凯马汽车制造有限公司	15561	17948	-13.3
中国第一汽车集团公司	7975	15563	-48.76
山东唐骏欧铃汽车制造有限公司	5605	517	984.14
北汽银翔汽车有限公司	678	112	505.36
广州汽车集团乘用车（杭州）有限公司	638	3261	-80.44

资料来源：盖世汽车网。

2. **工业车辆统计**

（1）机动工业车辆总销售量。2013—2017年我国机动工业车辆总销售量数据如表8-29所示。

表8-29　2013—2017年我国机动工业车辆总销售量数据　单位：辆

代号	产品类别	2013年	2014年	2015年	2016年	2017年
Ⅰ	电动平衡重乘驾式叉车	33339	45842	38166	39985	52946
Ⅱ	电动乘驾式仓储叉车	9713	6739	7661	8477	10247
Ⅲ	电动步行式仓储叉车	45890	67680	74290	93063	140458
Ⅳ+Ⅴ	内燃平衡重式叉车	239822	272105	207509	228542	293087

资料来源：中国工程机械工业协会工业车辆分会。

（2）机动工业车辆出口发货量。2013—2017年我国机动工业车辆出口发货量数据如表8-30所示。

表8-30　2013—2017年我国机动工业车辆出口发货量数据　单位：辆

代号	产品类别	2013年	2014年	2015年	2016年	2017年
Ⅰ	电动平衡重乘驾式叉车	7718	8732	7509	7534	9421
Ⅱ	电动乘驾式仓储叉车	4233	1051	1520	1955	2444
Ⅲ	电动步行式仓储叉车	21766	33131	38101	47669	61941
Ⅳ+Ⅴ	内燃平衡重式叉车	52830	58208	44856	45058	51919

资料来源：中国工程机械工业协会工业车辆分会。

四、中国物流与供应链金融年度大事记

（一）第一季度大事记

1. 一月物流与供应链金融大事（见表8－31）

表8－31　　2017年1月物流与供应链金融大事记

序号	日期	大事记
1	2017－01－02	苏宁云商旗下子公司江苏苏宁物流有限公司收购估值42.5亿元的天天快递全部股份。收购目的为强化苏宁物流最后一公里配送能力，可以在相对短期内整合双方在仓储、干线、末端等方面的快递网络资源
2	2017－01－04	京东金融与中国银联签署战略合作协议，京东金融旗下支付公司“网银在线”正式成为中国银联收单成员机构。京东将开展银联卡线上线下收单业务，并将在移动支付产品创新、联名卡、大数据应用、农村金融、国际业务等八大领域展开深度合作
3	2017－01－05	丰巢科技完成A轮25亿元融资，本轮融资由鼎晖领投，国开、钟鼎、熠遥跟投，原股东继续追加投资。本轮融资将加速拓展在一、二线城市的网点布局，同时进行信息流、数据流的互通和整合，为快递柜行业提供完整的末端快递解决方案
4	2017－01－18	韵达控股股份有限公司在深圳证券交易所挂牌上市，正式登陆资本市场。上市后将定位为综合服务商，新增仓储事业部、国际事业部、终端事业部、商业事业部四大事业部，拓展产业链、构建生态圈
5	2017－01－19	商务部等5部门关于印发《商贸物流发展“十三五”规划》的通知，扩大融资渠道，推广供应链金融。鼓励商贸物流企业通过股权投资、债券融资等方式直接融资
6	2017－01－23	生鲜电商每日优鲜完成1亿美元C轮融资，本轮融资由联想创投和浙商创投旗下管理基金领投，腾讯、韩国KTB、远翼、华创资本跟投。每日优鲜加大了对上游供应链生态体系以及社区冷链网络的投入

资料来源：中物联金融委整理。

2. 二月物流与供应链金融大事（见表8－32）

表8－32　　2017年2月物流与供应链金融大事记

序号	时间	大事记
1	2017－02－06	闪送公司完成5000万美元C轮融资，由SIG（海纳亚洲创投基金）和执一资本领投，普思资本等跟投。融资用于继续加大市场拓展，强化专人直送行业的绝对领导地位，加大研发投入，打造更快、更安全的产品与服务，确保客户的极致体验

续 表

序号	时间	大事记
2	2017-02-09	城配服务商云鸟科技获得1亿美元D轮融资，由美国华平投资集团领投，经纬中国、金沙江等投资方跟投。融资用于进一步发展同城配送以及“最后一公里”
3	2017-02-24	顺丰控股在深交所举行重组更名暨上市仪式，正式登陆A股。上午10点50分左右，顺丰控股成功封一字板，报55.21元/股，总市值达2310亿元，超越万科A和美的集团，成为深市第一大市值公司
4	2017-02-27	鲸仓科技完成6800万元A轮融资，由金沙江领投，洪城资本、德国博世集团、波智高远跟投，天使轮投资方合力投资与臻云创投本轮继续跟投。融资将用于完善业务、投资建厂和拓展海外市场

资料来源：中物联金融委整理。

3. 三月物流与供应链金融大事（见表8-33）

表8-33　　**2017年3月物流与供应链金融大事记**

序号	时间	大事记
1	2017-03-01	圆通于3月1日试运营快运业务，主要试运行地区为上海、浙江、江苏、安徽、河北、广东等地。圆通的快运网络采取“中心直营+网点加盟”的方式，与目前的快递网络分开运行
2	2017-03-01	2017年3月1日，京东集团签署了关于重组京东金融的最终协议。京东集团将出让其持有的所有京东金融股份，相当于京东金融68%的股份。这一举动被外界猜测是为了京东金融独立IPO铺路
3	2017-03-03	雅澳供应链获得千万级人民币的天使轮融资，投资方为冯涛（联创资本）、詹际盛（天天快递创始人）、三银资本以及上海普天物流有限公司。融资主要用于雅澳供应链技术平台和团队的搭建
4	2017-03-17	中国开发性金融促进会、安联保险集团共同主办了“国际金融合作研讨会”。由民生银行、中国中车、中国中铁等40余家金融机构和核心企业共同成立了“一带一路”供应链金融联盟
5	2017-03-20	泛供应链金融公司“磁金融”完成6500万元A轮融资，由源码资本领投，经纬中国、云启资本跟投。融资后将进一步加强小微金融领域，尤其是泛供应链金融领域的竞争，引进优秀互联网人才（包括技术、产品开发、运营、大数据领域），以及风险合规人才
6	2017-03-29	上海快仓智能科技有限公司完成近2亿元B轮融资（其中1.25亿为股权融资，其余为债权融资），由菜鸟网络和软银中国投资。融资主要用在公司发展方面，加快团队建设，更好地服务仓储物流行业用户，提升品牌影响力

资料来源：中物联金融委整理。

（二）第二季度大事记

1. 四月物流与供应链金融大事（见表 8－34）

表 8－34　　2017 年 4 月物流与供应链金融大事记

序号	时间	大事记
1	2017－04－05	“易代储仓储平台”完成 5000 万元 A＋轮融资，投资方为旗下基金和展博投资。融资主要用于团队建设以及产品模型打造，最重要的是“仓海战略”
2	2017－04－06	青旅物流正式宣布收购全峰快递，重组为“快递事业部”。青旅物流同时还设立了快运事业部、立马到事业部、e 派事业部、云仓事业部和冷运事业部
3	2017－04－12	世界电子商务大会在浙江省义乌市顺利举行。大会主题为“未来已来、连接世界”。大会围绕“全球电商发展趋势”“跨境电商发展的机遇与挑战”“商业巨变时代的电商下一步”“新技术驱动下的电商未来”等行业话题进行解读、探讨
4	2017－04－12	星星冷链获得数亿人民币融资，投资方为谱润投资。谱润投资助力星星冷链，主要会在拓展新业务、完善治理结构等方面提供帮助
5	2017－04－18	中国物流与采购联合会发起我国第一支产业供应链基金。这支产业供应链千亿基金分 5 年成立，合作对象为政策性银行、上市公司、国有投资公司、政府引导基金等，具体投向为新型能源、新型材料、智能制造、医疗健康等行业，重点覆盖有助于供应链创新的关键技术以及产业升级的相关方向
6	2017－04－20	汽车整车物流综合服务平台“运车管家”完成 A 轮数千万元融资，本轮投资由独立投资人清华企业家协会理事孟虎、大搜车、珠海高鹄资本三方共同出资。融资用于协助运车管家完成既定的营销目标，强化其在散车托运市场的地位，并继续推进平台开发和打造线下专业化标准化的服务体系
7	2017－04－21	由中国贸易金融网、《贸易金融》杂志、中国交易银行 50 人论坛主办，北京财资和供应链研究院承办的“2017 中国供应链金融年会暨中国供应链金融产业生态联盟成立仪式”在北京召开。此次年会围绕“产融结合下供应链金融 4.0 的机遇与挑战”主题，顺应了当前“产融结合、脱虚向实”的国家政策
8	2017－04－25	人民银行、工业和信息化部、财政部、商务部、国有资产监督管理委员会、银监会和国家外汇管理局七部门联合印发《小微企业应收账款融资专项行动工作方案（2017—2019 年）》，在全国开展为期 3 年的小微企业应收账款融资专项行动
9	2017－04－25	专注于便利店供应链服务的快消品 B2B 电商平台——豫便利宣布完成由中鹤集团投资的 1 亿元 Pre－A 轮融资，融资主要用于加速商品供应链、智能仓储、物流系统、终端门店升级等环节建设，进一步完善在便利店供应链服务体系的战略布局，打造便民社会化服务体系
10	2017－04－25	京东集团宣布：为了更好地向全社会输出京东物流的专业能力，帮助产业链上下游的合作伙伴降低供应链成本、提升流通效率，共同打造极致的客户体验，京东将正式组建京东物流子集团

续 表

序号	时间	大事记
11	2017－04－28	驹马物流获得由普洛斯、新希望、拓锋投资、联创投资和鼎祥投资五家机构联合增资4.5亿元。驹马物流将专注发展国内领先的城配专车和城市卡车服务

资料来源：中物联金融委整理。

2. 五月物流与供应链金融大事（见表8－35）

表8－35　　2017年5月物流与供应链金融大事记

序号	时间	大事记
1	2017－05－02	货运共享平台货车帮完成B2轮1.56亿美元融资，百度资本领投。融资用于巩固其全国性车货匹配平台，服务全国货主和货车司机。同时货车帮也将延续到其他车后市场，大力发展ETC卡、园区一体化、金融及其他车后服务领域
2	2017－05－03	海航集团登上欧洲老牌银行——德意志银行第一大股东的宝座。目前，海航物流的物流金融服务已经是全牌照的金融服务提供商，拥有供应链金融、保理、租赁、资产交易所、网络支付等金融工具
3	2017－05－09	京东金融宣布与中国银联合作完成了区块链技术底层打通并测试成功，这是中国银联与互联网企业之间建设的首条联盟链。苏宁银行成功接入基于区块链技术的国内信用证信息传输系统等
4	2017－05－15	中国迷你仓获得2800万美元A轮投资，投资方为香港汇贯南丰。融资用于扩充运营网点，升级技术系统，加大市场宣传力度及公司团队建设
5	2017－05－15	钢铁电商欧冶云商股份有限公司在上海宝武大厦举办股权开放及员工持股签约仪式，引入本钢集团、首钢基金、普洛斯、建信信托、沙钢和三井物产等企业投资，同时引入员工持股，126名核心骨干员工也在这一次成为股东
6	2017－05－16	唯品会在发布2017年第一季度未经审计财报，同时，唯品会正式宣布分拆互联网金融业务和重组物流业务。这意味着唯品会将打造一个由电商、金融和物流三大板块组成的战略矩阵
7	2017－05－21	第二届（2017）中国物流金融峰会在镇江隆重召开。本次会议以新物流·新金融·新科技·新动能为主题，旨在探讨新形势下物流金融的创新模式和行业解决方案，把握物流金融发展的最新趋势，进一步增强行业交流，搭建互动合作平台
8	2017－05－22	阿里集团在杭州举办2017全球智慧物流峰会，并发布了全新的品牌标识，宣布了赋能行业的两大升级战略。菜鸟新标识融合了货物和数据的流动，包含了人工智能和世界通用的技术语言，意味着菜鸟将持续运用大数据和智能，推动智慧物流升级

续 表

序号	时间	大事记
9	2017－05－26	顺丰发公告称 UPS（联合包裹速递服务公司）与顺丰控股宣布将在中国香港成立合资公司。新成立的环球速运控股有限公司，顺丰和 UPS 各占50%股份，双方共计投资1000万美元。环球速运控股有限公司的成立，有助于顺丰和 UPS 在网络、规模等方面取长补短，提升效率，为客户提供更多样化的选择和更优质的服务

资料来源：中物联金融委整理。

3. 六月物流与供应链金融大事（见表8－36）

表8－36　　　　2017年6月物流与供应链金融大事记

序号	时间	大事记
1	2017－06－01	菜鸟下线顺丰旗下快递柜系统丰巢的接口信息；同时顺丰关闭了自提柜的数据信息回传。此后，菜鸟、顺丰双方就关闭“丰巢接口信息”一事上演多轮口水战。最终在国家邮政总局的调节下，顺丰菜鸟双方同意于6月3日12时起，全面恢复业务合作和数据传输
2	2017－06－05	闪送获得5000万元 C＋轮融资，由顺为资本、华联集团领投，赫斯特国际集团和普思资本跟投。融资将用于提升闪送员的装备，为配送员提供更为规范化和标准化的装备，闪送的业务还将专注于专人配送的同城速递行业
3	2017－06－09	UU 跑腿获得1亿元 A＋轮融资，由启赋资本、天明资本等投资
4	2017－06－19	福州易鲜冷链物流有限公司获得千万级天使轮融资，由国内领先的 B2B 电商平台冻品在线集团领投，中国百强冷链物流企业国运通物流跟投，发力城市智慧冷链
5	2017－06－20	菜鸟网络与中国人寿共同设立规模为85亿元的物流仓储基金。这是菜鸟设立的首支物流仓储基金，也是中国市场的首支人民币核心基金。此次设立物流仓储基金，延续了菜鸟的平台模式战略，引入了更多的金融合作伙伴，共同建设智慧物流
6	2017－06－22	一站式国际物流服务平台“运去哪”已完成5000万元 A＋轮融资，DCM 领投，星河、春晓资本跟投，毅仁资本担任本轮融资财务顾问。本轮融资后公司将加速海外市场的布局，尤其在“一带一路”沿线国家，拓展分支机构及海外代理
7	2017－06－29	传化支付第三方支付牌照正式获得央行公示，传化智联智能物流业务（传化网）通过将原有物流各交易场景中的线下支付逐步引导转换成线上支付，成功完成了涵盖 B 端货主、物流企业和 C 端货运司机、商户等全场景、全流程的支付闭环

资料来源：中物联金融委整理。

（三）第三季度大事记

1. 七月物流与供应链金融大事（见表8-37）

表8-37　　2017年7月物流与供应链金融大事记

序号	时间	大事记
1	2017-07-03	嘉里物流联网有限公司收购兰州捷时特物流有限公司（捷时特物流）的50%股权，将以新股东的身份与另一股东中铁集装箱运输有限责任公司（中铁集装箱）共同合资经营捷时特物流。投资是嘉里物流在“一带一路”倡议下，进一步拓展其铁路货运及多式联运业务的战略性措施
2	2017-07-06	ofo小黄车完成超过7亿美元新一轮融资。本轮融资由阿里巴巴、弘毅投资和中信产业基金联合领投，滴滴出行和DST持续跟投。易凯资本担任本轮融资独家财务顾问。将进一步带动用户体验升级，加速推进国内外战略布局，继续引领共享单车行业的发展
3	2017-07-07	中邮资本、复星投资、菜鸟网络以约4.8亿元入股三泰控股集团子公司速递易，“国家队”正式入局智能快递柜行业
4	2017-07-09	中远海控联合A股上港集团拟492.3亿港元要约收购东方海外国际全部股份。每股要约现金78.67元，较东方海外国际收市价溢价37.8%。其中上港集团收购9.9%，中远海运收购58.8%；余下东方海外国际股份全部由中远海控收购
5	2017-07-13	顺丰集团正式宣布，顺丰大型物流无人机总部基地项目落户成都双流自贸试验区，该项目总投资7.4亿元。第一阶段将致力于开展大型物流无人机的相关试验工作，第二阶段将完成四川省区域内的无人机运行网络和基地建设。2020年起，开始向全国复制推广
6	2017-07-14	7月14日至15日全国金融工作会议强调“服务实体经济、防控金融风险、深化金融改革”。会议还决定成立金融稳定发展委员会，从“一行三会”到“一委一行三会”，中国金融行业将开启“监管新篇章”
7	2017-07-14	普洛斯（GLP）选择由厚朴、高瓴资本、万科等组成的中国财团进行每股3.38新加坡元的收购交易，停牌前普洛斯每股2.7新币。估值约为160亿新元（约790亿元）
8	2017-07-16	物流网络平台“壹米滴答”宣布已完成3亿元B轮融资签约，本轮融资由鼎晖投资、普洛斯、源码资本、险峰长青、拓锋投资、GVC提供。在未来将围绕快运核心业务，以快运为主航道，同时逐步孵化新的业务，为壹米滴答的健康、长远发展而布局
9	2017-07-20	京东宣布从7月25日起暂停天天快递服务，随后天天向国家邮政局投诉。京东官方将原因归结于：“（天天）服务质量和用户满意度得分较低。”8月11日消息，京东平台将于2017年8月21日终止与天天快递和百世快递的合作

续 表

序号	时间	大事记
10	2017－07－29	中国（深圳）第四届“创互联网金融无限未来”高峰论坛在深圳五洲宾馆华夏厅隆重举行。峰会围绕行业监管、互联网金融行业发展的挑战和机遇、市场机会等互联网金融行业相关话题展开智慧碰撞，提振互联网金融行业信心，为行业发展指出清晰的方向

资料来源：中物联金融委整理。

2. 八月物流与供应链金融大事（见表8－38）

表8－38　　2017年8月物流与供应链金融大事记

序号	时间	大事记
1	2017－08－02	申通快递以自有资金人民币1.33亿元对快捷快递有限公司进行增资，增资完成后公司将取得快捷快递10%的股权，成为快捷快递第三大股东
2	2017－08－17	国务院印发了《关于进一步推进物流降本增效促进实体经济发展的意见》，切实落实物流的降本增效。该意见从七个方面提出了27项具体措施，包括货运车辆年检（安全技术检验）和年审（综合性能检测）依据法律法规进行合并的措施，将在2017年年内落实
3	2017－08－17	货车帮宣布完成B3轮5600万美元融资，本轮融资由全明星基金领投，其他多名投资人跟投。融资用于继续扩大货车帮的经营规模，继续拉开和其他竞争对手的差距，继续提升车货匹配的效率，优化匹配算法
4	2017－08－24	饿了么收购百度外卖。行业格局由“蜂鸟配送”“美团专送”“达达配送”“百度骑士”四强争霸，变为三足鼎立
5	2017－08－28	58速运与东南亚的同城货运及物流平台GOGOVAN（快狗）合并，58到家持有新公司大部分股份。合并后新公司为企业和个人用户提供专业配送、实时货的及搬家服务，服务领域包括中国、新加坡、韩国、印度等地
6	2017－08－31	家居供应链一体化服务商“蚁安居”完成千万美元Pre－A轮融资。融资用于升级蚁安居的智慧供应链系统、搭建终端配装网络以及提升仓储自动化能力等

资料来源：中物联金融委整理。

3. 九月物流与供应链金融大事（见表8－39）

表8－39　　2017年9月物流与供应链金融大事记

序号	时间	大事记
1	2017－09－10	2017世界物联网博览会在江苏无锡开幕。博览会由工业和信息化部、科学技术部、江苏省人民政府主办，江苏省经济和信息化委员会、江苏省科学技术厅、无锡市人民政府、江南大学承办。本届物博会以“物联世界，共创未来”为主题

续 表

序号	时间	大事记
2	2017－09－14	顺丰旗下的快递柜品牌丰巢科技宣布以8.1亿元全资收购持有快递柜品牌“e栈”的中集电商。加上此前中国邮政控股快递柜品牌“速递易”，智能快递柜市场已形成两大强有力的“阵营”
3	2017－09－15	食行生鲜确认已完成由天图领投的新一轮融资，融资金额为2.9亿元。食行生鲜复制苏州发展模式，发挥苏沪经济半小时的区域优势，加大上海等地基础设施投入力度，发挥自身供应链优势，立足苏州，将上海、无锡等长江三角洲区域连成一片
4	2017－09－20	生鲜电商“每日优鲜”完成2.3亿美元C＋轮融资，本轮融资由Tiger Global和元生资本领投，时代资本参与联合投资。融资主要用于一到三线城市前置仓扩张、品牌建设与市场开拓
5	2017－09－20	百世集团在纽约证券交易所正式挂牌上市，交易代码“BSTI”，开盘价11.48美元。百世集团旗下有百世供应链、百世快递、百世快运、百世店加四大业务板块，定位为综合性供应链服务提供商
6	2017－09－22	由万联网主办的第三届中国物流金融创新高峰论坛在深圳隆重召开。此次论坛以“新模式、新金融、新技术”为主题，围绕当前变革时期的物流金融发展现状，深入探讨“互联网＋”大潮下的物流与金融融合创新之道，覆盖“互联网＋”物流平台的金融创新、金融科技驱动物流金融创新等多个热门话题
7	2017－09－22	专注物流行业的金融服务企业雷励金服完成由高榕资本领投的6000万元A轮融资。融资将主要投入到技术的升级扩容、服务平台的完善和团队的打造上
8	2017－09－22	深圳越海全球供应链有限公司今日宣布完成A轮融资，估值超过10亿美元，融资12亿元人民币。融资由涌铧投资、汇能金融领投，磐石资本、广田控股、唐融投资、惠友投资、宁波嘉展、盛世景等机构跟投，安永担任独家财务顾问
9	2017－09－26	阿里巴巴集团宣布，为进一步推进新零售战略，将增持旗下菜鸟网络的股份，并将在已投入数百亿元的基础上，未来五年继续投入1000亿元，加快建设全球领先的物流网络，实现中国24小时、全球72小时必达
10	2017－09－27	中国工商银行宣布与欧冶云商正式进行战略合作，双方将在数字供应链金融领域建立更深联系，提升对中小微企业的服务效率和水平

资料来源：中物联金融委整理。

（四）第四季度大事记

1. 十月物流与供应链金融大事（见表8-40）

表8-40　　2017年10月物流与供应链金融大事记

序号	时间	大事记
1	2017-10-10	由"韵达快运"承运的第一票货物由上海地区某客户发出，前往目的地浙江台州某公司。这件快件将经过下单、中转分拨、运输和派送等标准化服务环节，安全、高效地送到客户手中。自此，韵达快运正式亮相
2	2017-10-10	面对预计超过10亿件包裹的挑战，中通快递和韵达快递率先给出了方案——涨价。中通快递《告客户书》对涨价是这样解释的：今年以来，快递业受运输成本增加、人工成本提升、原材料价格上涨等多种因素影响，同时为了进一步提升服务质量，保障客户利益
3	2017-10-11	货拉拉获得1亿美元C轮融资，由顺为资本领投，襄禾资本、概念资本等原有投资机构跟投。光源资本担任货拉拉本轮融资的独家财务顾问，资金将主要用于中国大陆已开城市的精细化运营
4	2017-10-13	"三通一达"联手投资10亿元设立中邦保险公司，注册资本为10亿元。申通快递拟以自有资金1.6亿元出资，占中邦保险总股本的16%
5	2017-10-17	火箭投递完成了数千万元的A轮融资，由旦恩创投领投。融资将正式开启家庭物流快投递时代，资金主要用于招募城市合伙人计划
6	2017-10-23	人民银行成都分行营业管理部举行金融支持自贸区建设工作推进会，提出金融支持自贸区建设，将以航空金融和跨境物流金融为突破，今后培育更具四川特色的自贸区金融产品和服务
7	2017-10-23	冷链物流零担方案解决商马力冷运获得了由十维资本领投，多名产业投资人跟投的千万元级天使轮融资。融资主要用于全国冷库云仓的建立和后台操作系统的优化
8	2017-10-31	"运去哪"完成近1亿元人民币的新一轮战略融资，投资方为招商局创新投资管理有限责任公司（招商局创投）。融资绝大多数资金会运用在技术上，提升效率、降低成本、建立壁垒。其次用在创新产品上，如集运头等舱、拼箱头等舱的进一步推广方面。剩下的用于海外落地资源

资料来源：中物联金融委整理。

2. 十一月物流与供应链金融大事（见表8-41）

表8-41　　2017年11月物流与供应链金融大事记

序号	时间	大事记
1	2017-11-03	圆通速递发布《关于收购先达国际控股权项目交割》的公告，公告显示，圆通速递子公司圆通国际控股有限公司与香港联交所主板上市公司先达国际物流控股有限公司出售各方办理了相关股权交割手续。交割完成后，圆通速递通过圆通国际控股持有先达国际61.75%的股份，实现对先达国际的控股

续　表

序号	时间	大事记
2	2017－11－13	中国苏宁云商集团股份有限公司公告称，全资子公司江苏苏宁物流公司拟与深创投集团旗下的深创投不动产基金管理公司联合发起设立物流地产基金，该基金目标总规模为300亿元人民币。该基金首期募集目标50亿元，主要用于收购苏宁建成的成熟仓储设施、市场化收购及投资开发符合条件的高标准仓储物流设施
3	2017－11－18	中国物流与采购联合会在广东省广州市召开“2017（第十五届）中国物流企业家年会”。本届年会以“降本增效构建物流生态圈”为主题，围绕行业发展面临的新情况，共同探讨行业、企业如何把握机遇深化改革、物流业如何创新发展，如何降本增效提升物流综合服务能力，如何推进“互联网＋”高效物流发展，以及如何构建高效透明、开放共享、诚实守信的物流生态圈等问题，交流经验、凝聚智慧，共创行业新未来
4	2017－11－22	生鲜传奇以现有34家店，年销售2亿元，获得资本市场10亿元的估值。最终以稀释20%股份的代价，获得2亿元融资。本轮融资，由红杉资本领投
5	2017－11－24	电商仓储自动化公司“鲸仓科技”已经完成B轮亿元级的融资。投资方为云峰资本、百度风投和金沙江投资。鲸仓面市之后，得到了出口跨境电商公司环球易购和服装电商平台唯品会的订单
6	2017－11－27	贵阳货车帮科技有限公司（货车帮）与江苏满运软件科技有限公司（运满满）联合宣布战略合并，双方将共同成立一家新的集团公司，由天使投资人王刚担任集团公司的董事长兼CEO
7	2017－11－28	申通快递与快捷快递成立“申通岑达”，对大小件混合的产品进行细化，将大件产品的市场逐步交予新平台运营
8	2017－11－28	由化工产业互联网综合服务平台“优化工”和知名金融IT公司“宇信科技”共同打造的“融贸通供应链金融管理平台”上线。平台以区块链、大数据、云计算等金融科技手段，和优化工B2B电商平台无缝对接

资料来源：中物联金融委整理。

3. 十二月物流与供应链金融大事（见表8－42）

表8－42　　2017年12月物流与供应链金融大事记

序号	日期	大事记
1	2017－12－05	德邦物流通过证监会的审核，获得上市资格，预计2018年年初实现敲钟挂牌上市。上市后募集资金拟使用29.88亿元，主要用于网点建设、车辆和设备购置、物流信息一体化平台
2	2017－12－08	A股上市公司＊ST烯碳新材（000511.SZ）发布公告称，其控股股东银基集团的股东刘成文和黄东坡（通过广纳投资间接持有银基集团31.1%股权）与远成集团达成股权转让协议。转让完成后，物流企业远成集团的实际控制人黄远成将成为公司新的实际控制人

续 表

序号	日期	大事记
3	2017-12-15	沪深交易所、机构间私募产品报价与服务系统相继发布了《企业应收账款资产支持证券挂牌条件确认指南》（以下简称"《指南》"）和配套的《企业应收账款资产支持证券信息披露指南》，对应收账款ABS的发行和存续期管理进行了规范
4	2017-12-18	G7宣布获得全球领先的现代物流设施提供商普洛斯与中国银行全资持有的直接投资业务平台中银集团投资有限公司总计7000万美元的战略投资。同时，G7与中国银行北京分行达成战略合作，共同推进G7与中国银行在综合金融服务、小微金融及普惠金融、物联网、大数据等领域的深入合作
5	2017-12-19	传化智联公布增发预案，公司拟向特定对象非公开发行股票，募集资金总额不超过49.2亿元，进一步完善、丰富传化网生态圈。募集资金主要用于公路港城市物流中心网络化建设项目、基于提升平台黏性的物流供应链项目及可控运力池建设项目
6	2017-12-19	在广东有贝、腾讯、华夏银行的战略合作发布会上，以腾讯区块链技术为底层打造的供应链金融服务平台"星贝云链"首次公开亮相。腾讯区块链看好益邦旗下"有贝"这个平台的大健康战略，看好益邦物流在大健康产业中多年的仓储物流经验和供应链全流程管理服务能力
7	2017-12-21	滴滴出行完成新一轮超40亿美元的股权融资，将支持科技投资、国际化和新能源汽车生态建设。本轮融资的投资方包括阿布扎比慕巴达拉公司（Mubadala）和软银集团（SoftBank）
8	2017-12-25	苏宁云商公告宣布，子公司苏宁金服拟以270亿元投前估值融资53.35亿元，扩股16.50%。融资引入云峰基金、中金资本、光大控股、深创投集团等15家外部战略投资者
9	2017-12-25	重庆物流金融服务股份有限公司揭牌暨签约活动举行。重庆物流金融公司是经重庆市人民政府批准设立的市级综合金融公共服务平台，股东分别为大型物流企业、物流园区及新型金融服务机构，为混合所有制模式
10	2017-12-25	物流网络平台"壹米滴答"获国家开发银行旗下的股权投资平台国开国际投资有限公司领投的数亿元战略投资，联峰投资跟投。融资用于进一步建设全国基础网络，助力壹米滴答发展战略的执行落地，加速信息化系统建设，加快供应链金融业务发展，推动壹米滴答发展为千亿级的综合物流服务平台，为客户和合作伙伴创造更大价值

资料来源：中物联金融委整理。